EBS

교육방송교재

검스타트

www.gumstart.co.kr

2025

중졸 검정고시

수학

검정고시 합격을 위한 최적의 교재!

- 기본이론 정리와 예상문제 분석을 한번에!
- 2024년 1·2회 기출문제 수록!

시험 안내

중졸 검정고시는 부득이한 이유로 정규 중학교 과정을 마치지 못한 사람들을 대상으로 실시하는 국가 자격 시험으로, 중졸 검정고시에 합격한 자는 중학교를 졸업한 자와 동등한 자격을 인정받습니다.

※ 자세한 사항은 각 시 · 도별 공고문을 참고하십시오.

❶ 시행 기관

- 시 · 도 교육청 : 시행 공고, 원서 교부 및 접수, 시험 실시, 채점, 합격자 발표
- 한국교육과정평가원(KICE) : 문제 출제, 인쇄 및 배포

❷ 시험 일정*

구분	공고 기간	접수 기간	시험일	합격자 발표
제1회	1월 말 ~ 2월 초	2월 초 ~ 중순	4월 초 · 중순	5월 초 · 중순
제2회	5월 말 ~ 6월 초	6월 초 ~ 중순	8월 초 · 중순	8월 하순

※ 상기 일정은 시 · 도 교육청 협의에 따라 변경될 수 있습니다. 반드시 해당 시험 공고문을 참조하세요.

❸ 시험 과목 및 시간표

구분	1교시	2교시	3교시	4교시		5교시	6교시
시간	09:00~ 09:40	10:00~ 10:40	11:00~ 11:40	12:00~ 12:30	중식 12:30~ 13:30	13:40~ 14:10	14:30~ 15:00
	40분	40분	40분	30분		30분	30분
시험 과목	국어	수학	영어	사회		과학	선택 과목

※ 필수 과목 : 국어, 수학, 영어, 사회, 과학(이상 5과목)

※ 6교시 선택 과목은 '도덕, 기술 · 가정, 체육, 음악, 미술, 정보' 중 1과목(총 6과목 응시)

※ 유의 사항 : 1교시 응시자는 시험 당일 08:40분까지, 2~6교시 응시자는 해당 과목 시험 시간 10분 전까지 지정 시험실에 입실하여야 합니다.

❹ 출제 형식 및 배점

- 문항 형식 : 객관식 4지 택 1형
- 출제 문항 수 및 배점

구분	문항 수	배점
중졸	각 과목별 25문항(단, 수학은 20문항)	각 과목별 1문항당 4점(단, 수학은 1문항당 5점)

❺ 합격자 결정 및 취소

- 전과목 합격 ➜ 100점 만점 기준으로 결시 없이 평균 60점 이상 취득한 자(과락제 폐지)
- 과목 합격 ➜ 과목당 60점 이상 취득 과목
- 합격 취소 ➜ 응시 자격에 결격이 있는 자, 제출 서류를 위조 또는 변조한 자, 부정행위자

❻ 응시 자격 및 제한

◆ 응시자격 및 응시과목

응시자격	응시과목
초등학교 졸업자 및 이와 동등 이상의 학력이 있는 자	• 국어, 수학, 영어, 사회, 과학【필수 : 5과목】 • 도덕, 기술 · 가정, 체육, 음악, 미술, 정보【선택 : 1과목】
초등학교 졸업학력 검정고시 합격자	
초 · 중등교육법 시행령 제29조의 규정에 의하여 학적이 정원 외로 관리되는 자	
보호소년 등의 처우에 관한 법률 시행령 제69조 제2호에 해당하는 자	
3년제 고등공민학교 및 중학교에 준하는 각종학교의 졸업자 또는 졸업예정자	국어, 수학, 영어 【총 3과목】
'92.9.3 이전 사회교육법 시행령 제7조 제1항의 규정에 의한 중학교 교육과정에 상응하는 사회교육 과정을 이수한 자	
만 18세 이후에 평생교육법 제23조 제2항에 따라 평가 인정한 학습과정 중 고시과목에 관련된 과정을 교육부장관이 정하는 바에 따라 과목당 90시간 이상 이수한 자	국어, 수학, 영어【3과목】와 미이수 과목

◆ 응시 자격 제한

- 중학교 또는 초 · 중등교육법 시행령 제97조 제1항 제2호의 학교를 졸업한 자 또는 재학 중인 자(휴학 중인 자 포함)
- 공고일 이후 초등학교 졸업자
- 공고일 이후 '제1호'의 학교에 재학 중 학적이 정원 외로 관리되는 자
- 고시에 관하여 부정행위를 한 자로서 2년이 경과되지 아니한 자

❼ 제출 서류

- 검정고시 응시원서(소정서식) 1부
- 사진(최근 3개월 이내 촬영한 탈모 상반신 3.5㎝×4.5㎝) 2매
- 최종학력증명서 1부(아래에 해당서류 중 한 가지)
  - 초졸 검정고시 합격자 : 초졸 검정고시 합격증서 사본(원본 지참)
  - 중학교 정원 외 관리자 : 중학교 정원 외 관리증명서(유예증명서 아님)
  - 중학교 면제자 : 중학교 면제증명서
  - 중학교 제적자(의무교육이전) : 중학교 제적증명서
  - 초등학교 졸업 후 상급학교 미진학자 : 검정고시용 초등학교 졸업증명서, 미진학사실확인서
    ※ 졸업증명서는 반드시 검정고시용으로 제출하여야 함
  - 귀국자 : 귀국자 학력 인정 및 제출서류 내용에 따름
- 과목 면제자 : 과목합격증명서, 평생학습이력증명서(해당자에 한함)
- 장애인등록증 사본 또는 복지카드 사본(원본 제시) 1부(장애인으로 등록되어 있는 자에 한함)

8 출제 수준, 세부 출제 기준 및 방향

◆ 출제 수준
- 중학교 졸업 정도의 지식과 그 응용 능력을 측정할 수 있는 수준

◆ 세부 출제 기준 및 방향
- 2015 개정 교육과정에서 출제
- 각 교과의 검정(또는 인정) 교과서를 출제 범위에 활용
  - 가급적 최소 3종 이상의 교과서에서 공통으로 다루고 있는 내용으로 출제 (단, 국어와 영어의 경우 교과서 외의 지문 활용 가능)
- 문제은행(기출문항 포함) 출제 방식을 학교 급별로 차등 적용
  - 초졸 : 50% 내외, 중졸 : 30% 내외, 고졸 : 적용하지 않음.
  - 출제 비율은 과목에 따라서 달라질 수 있음.
- 출제 난이도 : 최근 5년간 평균 합격률을 고려하여 적정 난이도 유지
- 중졸 검정고시의 '사회' 과목에 역사(한국사만 출제, 세계사 제외)를 포함하여 출제

9 응시자 시험 당일 준비물

◆ 중졸 및 고졸

(필수) 수험표, 신분증, 컴퓨터용 수성사인펜
(선택) 아날로그 손목시계, 수정 테이프, 도시락

※ 수험표 분실자는 응시원서에 부착한 동일한 사진 1매를 지참하고 시험 당일 08시 20분까지 해당 고사장 시험 본부에서 수험표를 재교부 받을 수 있다.

※ 시험 당일 고사장에는 차량을 주차할 수 없으므로 대중교통을 이용해야 한다.

나이스 검정고시 서비스 ×

http://kged.sen.go.kr

검정고시 온라인 원서 접수, 이렇게 해요!

※ 사전 준비 : 본인의 '공동인증서' 발급 받기

1. 온라인 접수 기간에 시 · 도 교육청의 검정고시 서비스 사이트에 접속

   http://kged.sen.go.kr

2. 검정고시 전체 서비스 메인 화면에서, 화면 왼쪽의 검정고시 온라인 접수 클릭

3. 왼편의 검정고시 온라인 접수에서 해당하는 '시 · 도 교육청'을 선택하여 이동

4. 상단의 〈온라인 원서 접수〉 메뉴에서 본인이 희망하는 자격의 검정고시 선택
   ☞ 해당 자격의 원서 접수하기 버튼을 클릭하면 '온라인 원서 접수 페이지'로 이동

5. 성명과 주민등록번호(또는 외국인등록번호)를 입력하고, 원서 접수 허위 사실 기재에 관한 안내 및 서약서와 개인식별번호 처리 동의에 체크(✓)한 뒤, 인증서 로그인을 클릭한 후 본인의 공동인증서를 통해 로그인

6. 응시자 정보 ➜ 학력 과목 정보 ➜ 고사장 선택 ➜ 접수 완료 순으로 작성
   (1) 응시자 정보에서 본인의 기본 신상 정보와 검정고시 응시 기본 정보를 입력한 후 저장 버튼을 클릭하여 저장 (*표시는 필수 입력 항목으로, 미입력 시 다음 순서로 진행되지 않음) ➜ 다음 버튼 클릭
   • 사진 파일은 100kb 크기 미만의 jpg와 gif 파일만 저장 가능
   (2) 학력 과목 정보에서 응시자 본인의 학력 정보와 과목 응시 정보를 등록, 관련된 서류를 첨부한 후 저장 버튼을 클릭하여 저장 ➜ 다음 버튼 클릭
   (3) 고사장 선택에서 금회차의 고사장이 조회되며, 고사장별 수용 인원이 도달할 때까지 응시자가 신청할 수 있음 ➜ 다음 버튼 클릭
   ※ 고사장을 변경할 시에는 상단의 〈원서 조회〉 메뉴에서 '3. 고사장 선택 입력 단계 화면'에서 수정
   (4) 접수 완료에서 이전 단계에서 등록했던 주요 항목을 다시 한번 확인한 후, 제출 버튼을 클릭하여, 최종적으로 원서 제출
   ※ 입력을 완료하였으나 제출을 하지 않을 경우 오프라인으로 재접수를 해야만 응시 가능
   ※ 제출 완료한 응시원서에 수정이 필요한 경우, 〈수정후제출〉 버튼을 클릭하여 수정

7. 상단의 〈원서 조회〉 메뉴를 통해 본인이 응시한 검정고시 원서 조회 가능(공동인증서로 로그인)

8. 상단의 〈수험표 출력〉 메뉴에서 수험표 출력 가능(해당 자격의 '수험표 출력하기' 버튼 클릭)
   ※ 식별이 가능하도록 가급적 컬러프린터로 출력하여 시험 당일 소지할 것

이 책의 구성과 특징

알찬 개념 정리

개정 교육과정 완벽 반영!

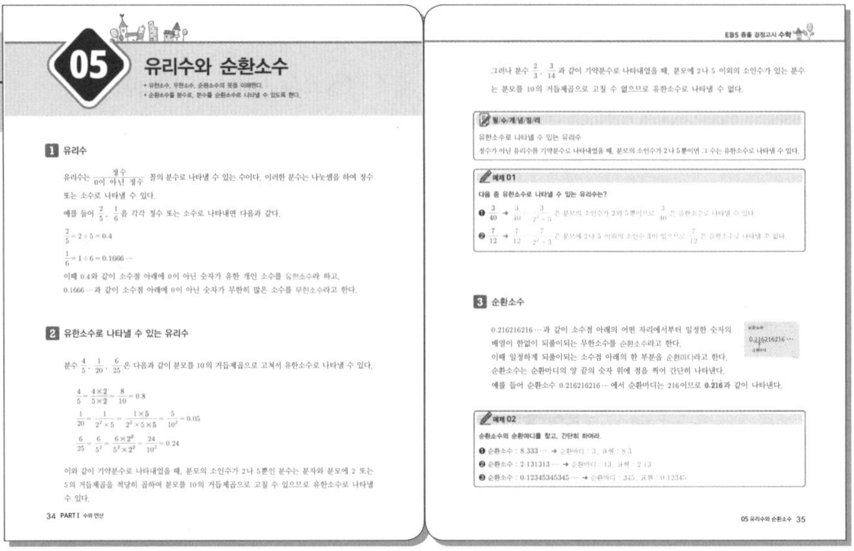
05 유리수와 순환소수

1 유리수

2 유한소수로 나타낼 수 있는 유리수

3 순환소수

예제 01

예제 02

- 해당 단원에서 자주 출제되는 핵심 개념 제시
- 각종 도형, 그래프, 수식 등의 자료를 충분히 활용하여 개념 이론 정리 끝

적중 예상 문제

'개념별 예제' → '적중 예상 문제'로 기본 학습 확인 및 실전 감각을 최상으로 UP!

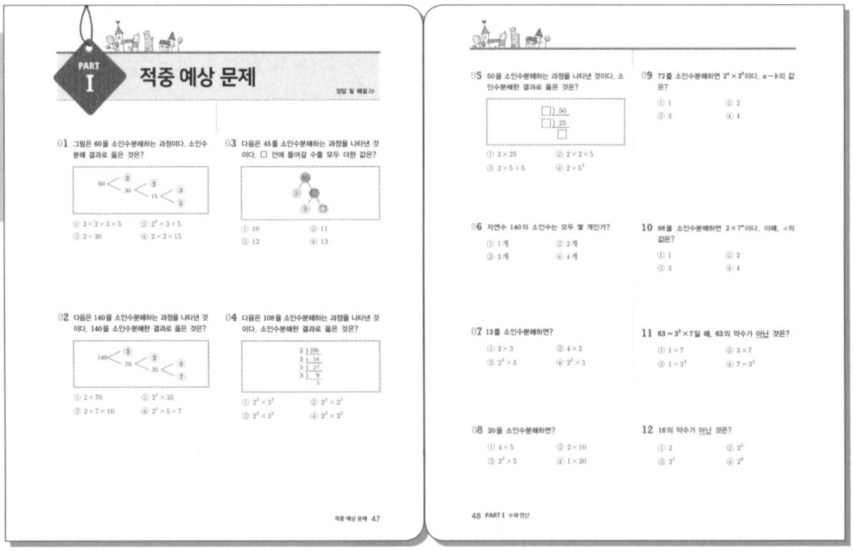
PART I 적중 예상 문제

- 완벽한 개념 이해와 암기를 위한 예제 풀이 후 시험에 꼭 나올 만한 예상 문제로 마무리

최신 기출문제(2024) 수록

기출을 보면 합격이 보인다!

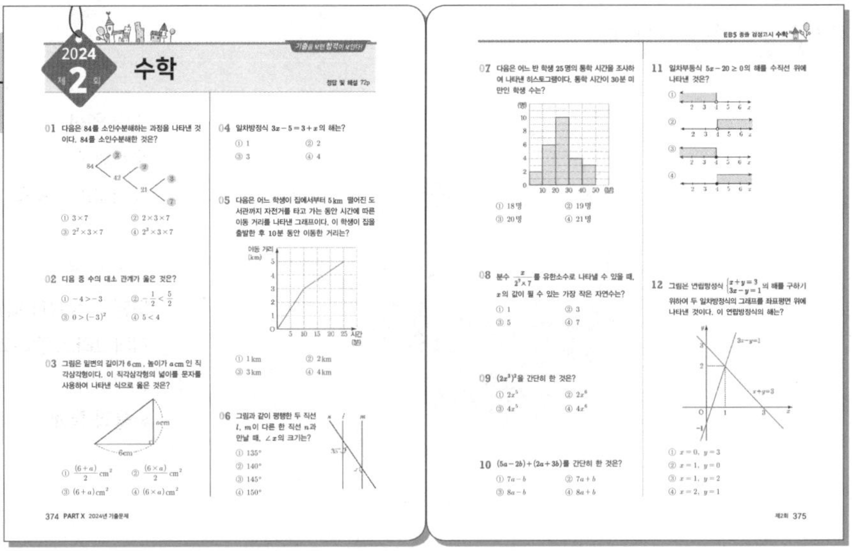

- 2024년 제1회, 제2회 기출문제를 수록하여 최신 기출 유형을 정확하게 파악

친절하고 상세한 해설

정답으로 직행하는 명쾌하고 알찬 해설 수록!

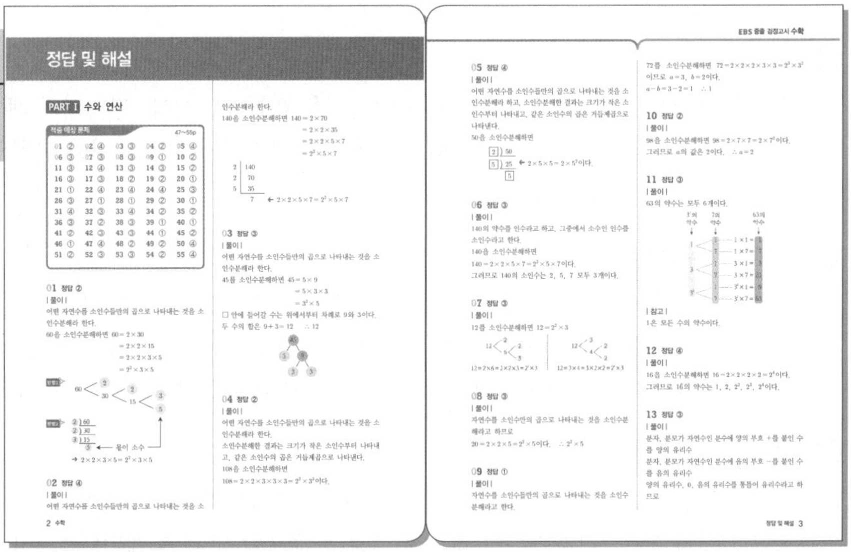

- 정답을 정확하게 알 수 있도록 명쾌하게 해설
- 중요하거나 이해가 잘 안 될 수 있는 부분은 선생님이 알아서 콕, 더 상세하게 해설

중졸 검정고시 수학 출제 경향 분석

단원별 출제 빈도

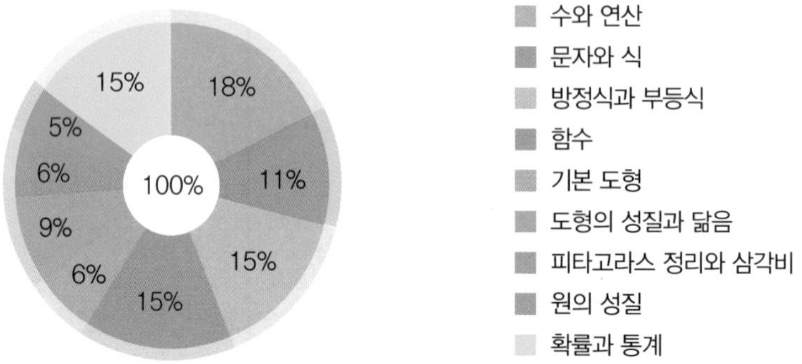

기출 분석에 따른 학습 포인트

❶ 수와 연산

매회 3~4문제씩 반드시 출제되는 단원으로, 매회 같은 유형으로 숫자만 변형하여 출제되고 있다. 응용 문제로 제곱근을 이용하여 선분의 길이나, 도형의 넓이를 구하는 문제도 가끔 출제되고 있다.

❷ 문자와 식

매회 2~3문제씩 출제되고 문자를 사용하여 식을 표현하는 문제, 단항식의 계산, 곱셈공식 또는 인수분해 문제가 주로 출제되고 있다. 특히, 문자와 식, 단항식의 계산은 다른 단원의 학습에 기초가 되는 단원이므로 꼼꼼히 학습하도록 한다.

❸ 방정식과 부등식

매회 3~4문제씩 출제되고 있다. 모든 범위에서 고르게 1문항씩 출제되고 있다. 주로 일차 · 이차방정식은 해를 구하는 문제가 출제된다. 일차부등식의 경우는 수직선을 이용하여 해를 구하거나 나타내는 문제, 이차방정식의 경우는 간단한 인수분해만으로 해결할 수 있는 문제가 주로 출제되고 있다.

❹ 함수

매회 3문항씩 출제되고 있다. 순서쌍과 좌표, 그래프의 해석, 일차함수, 이차함수 각 1문항씩 출제되고 일차함수 · 이차함수의 경우는 주로 그래프와 함께 출제된다. 특히 이차함수의 경우 학습에 어려움을 느낄 수 있으나 이차함수에서 반드시 알고 있어야 하는 개념만 정확히 학습한다면 해결할 수 있는 문항이 출제되고 있다.

❺ 기본 도형

매회 1~2문항 정도 나오는 단원이지만 출제 범위가 가장 광범위한 단원이다. 주로 평행선에서 동위각과 엇각의 크기를 구하는 문제, 삼각형의 내 · 외각의 크기를 구하는 문제, 또는 부채꼴에 대한 문제가 주로 출제되지만, 그 외에도 다른 모든 부분에서 가끔씩 1문항씩 출제되고 있다. 범위는 가장 광범위하지만 대부분 기본적인 개념만 알면 쉽게 해결할 수 있는 문제가 출제되고 있으므로 전체적인 기본 내용을 이해하도록 한다.

❻ 도형의 성질과 닮음

매회 2문항씩 출제되고 있고, 닮음의 경우 매회 반드시 1문항씩 출제가 되고 있다. 도형의 성질은 이등변삼각형, 닮음은 주로 닮음비를 이용하여 변의 길이를 구하거나, 넓이를 구하는 문제가 출제되고 있다.

❼ 피타고라스 정리와 삼각비

매회 2문제 정도가 출제되었지만 교육과정의 변화로 출제비율이 줄어들고 있는 단원이다. 피타고라스 정리의 경우는 공식을 적용하여 삼각형의 변의 길이를 구하는 문제가 주로 출제되고 있고, 삼각비의 경우는 기본적인 개념만 알면 쉽게 풀 수 있는 문제들이 출제되니 삼각비의 개념을 정확히 암기하도록 한다.

❽ 원의 성질

매회 항상 마지막 문항으로 1문제가 출제되고 있다. 원주각과 중심각의 관계를 이용하여 각의 크기를 구하는 문제나 원의 현, 접선의 성질 등 단순한 원의 성질을 묻는 문제들이 출제되고 있다. 단원의 개념은 조금 어렵지만, 출제되는 개념이 한정적이므로 기본 개념과 성질들을 익힌 후 기출문제 위주로 반복해서 학습하도록 한다.

❾ 확률과 통계

매 시험 3문제 정도 출제되고 있다. 통계는 줄기와 잎 그림, 도수분포표와 히스토그램의 개념을 익히고 자료를 읽는 연습만으로 풀 수 있는 문제들이 출제되고, 확률은 일상생활과 연관지어 생각하면 쉽게 해결할 수 있는 문제들이 출제되고 있다. 대푯값은 중앙값과 최빈값에서 주로 출제되고 있으니 정확히 개념을 익히고 학습하도록 한다. 또한 산점도와 상관관계에 대해서도 가끔 출제되므로 간단히 학습해 두어야 한다.

검스타트 합격 스토리!
다음 합격 스토리의 주인공은 바로 당신!

고득점 합격

k******

선생님들의 좋은 강의와 교재로 열심히 공부한 결과
고득점(평균 98.86점)을 받았습니다.

검스타트는 검정고시 관련 정보를 다양하게 제공하고 있어
시험 준비에 많은 도움을 받았습니다.
특히 다양한 학습자료가 정말 맘에 들었습니다.

수험생들의 학습을 위해 많은 배려를 하고 있다는 느낌을
받았고, 저렴한 수강료도 좋았지만
수험생의 합격을 위한 진실함이 있다고 느꼈습니다.

이 모든 것들이 검스타트를 선택한 배경이었습니다.

고득점 합격

동*

전체에서 한 문제 틀렸습니다.

과학에서 아쉽게 틀려서 만점을 못 받았습니다.

첫 관문을 잘 넘었으니 이제 대학 진학이라는 더 큰 목표를
위해 더 열심히 공부하려고 합니다.

강의해 주신 선생님들 정말 감사합니다.
핵심을 잘 정리해 주시고 이해하기 쉽도록
강의를 잘 해주신 덕분에 높은 점수를 받았습니다.

검스타트 최고 !!!

고령 합격

합***

인강 선택을 위해 제 아들과 상의하고 합격수기가 많은
검스타트를 선택했습니다.

공부한 지 오래되어 기초실력이 없기에
제일 처음 기초강의부터 반복해서 들었습니다.
이어서 이론공부를 시작했습니다.

강의와 교재를 반복해서 공부하다 보니 어느새 틀이
잡혀지고 자신감이 생겼습니다.

이론을 마치고 문제풀이, 기출풀이를 공부하니 검정고시가
그다지 어렵지 않게 느껴졌습니다.

시험을 마치고 채점을 해보니 총점은 합격점수를
충분히 넘었습니다.

고령 합격

t***

50대 중반 주부입니다.
38년 만에 처음으로 도전해 보았는데 혼자 공부하는 거라
처음엔 막막하고 지루하고 어려웠습니다.

검스타트 상담선생님께서 말씀해 주신 대로 쉬운 과목부터
완벽하게 준비해 나갔습니다.
기본강의, 예상문제, 모의고사, 기출문제 순서로 공부했고
무엇보다도 문제를 많이 풀어보았습니다.

특히 핵심총정리가 많은 도움이 되었습니다.
향후 사이버 대학에 도전해보려 합니다.

열심히 강의해 주신 선생님들께 감사드립니다.

중+고졸 합격

심****

검스타트와 인연을 맺은 지 1년.

훌륭하신 선생님들의 헌신적인 강의에 힘입어
70 가까운 나이에 중학교 과정과 고등학교 과정을 잘 마쳤고
특히 고등학교 과정은 7과목 중 4과목을
만점을 받을 정도의 성적으로 무사히 마쳤습니다.

이 모두가 검스타트 임직원 여러분과 각 과목 선생님들의
땀과 아낌 없는 희생 덕분이라 생각합니다.

고맙습니다.
이제부터는 대입 준비 열심히 하여 대입에 도전해 보려
합니다.

이젠, 여러분이
합격할 차례입니다!

차례

100% 합격을 위한 나만의 학습 계획

◆ 『중졸 검정고시 수학』 학습 진도표

구분		진도 체크(✓)*				
		1회	2회	3회	4회	5회
PART I 수와 연산	01~04					
	05~07					
	적중 예상 문제					
PART II 문자와 식	01~03					
	04~05					
	적중 예상 문제					
PART III 방정식과 부등식	01~02					
	03~04					
	적중 예상 문제					
PART IV 함수	01~02					
	03~04					
	적중 예상 문제					
PART V 기본 도형	01~03					
	04~06					
	07~08					
	적중 예상 문제					
PART VI 도형의 성질과 닮음	01~03					
	04~05					
	06~07					
	적중 예상 문제					
PART VII 피타고라스 정리와 삼각비	01~02					
	03~04					
	적중 예상 문제					
PART VIII 원의 성질	01~02					
	03~04					
	적중 예상 문제					
PART IX 확률과 통계	01~02					
	03~04					
	적중 예상 문제					
PART X 2024년 기출문제	제1회 기출문제					
	제2회 기출문제					

* 학습 완료한 날짜를 적으셔도 좋습니다.

● 진도 체크(✓) 요령

1회 • 해당 부분 모두를 정독(精讀)했을 때를 1회로 간주합니다. 단순히 체크(✓)하셔도 좋고 권하는 대로 해당 날짜를 적어 넣으셔도 좋습니다.

2회 • 해당 부분 모두를 두 번째로 정독했을 때를 2회로 간주합니다. 띄엄띄엄 부분적으로 공부한 것은 해당하지 않습니다. 반드시 해당 부분 모두를 두 번째로 정독했을 경우에만 표시하도록 합니다.

3회 • 해당 부분에서 취약하거나 중요한 부분을 중심으로 처음부터 끝까지 모두 공부했을 때를 3회로 간주합니다. 실력(이해와 암기)을 키우기 위한 집중 학습에 해당합니다.

4회 • 3회와 같은 방식으로 취약하거나 중요한 부분을 중심으로 처음부터 끝까지 다시 한번 모두 공부했을 때를 4회로 간주합니다.

5회 • 시험을 목전에 두고 최종적으로 해당 부분 모두를 정독했을 때를 5회로 간주합니다. 1회에서 4회까지의 학습 과정이 있었기 때문에 1회, 2회보다는 훨씬 빠른 속도로 끝마칠 수 있을 것입니다.

◆ 취약 부분 극복 계획

학습 진도 중에서 자신이 취약하다고 생각되는 부분을 적고 이를 극복할 수 있는 방안을 고민해 봅니다.

진도 중 취약 부분	극복 방안	극복한 날
예) 시의 비유법들이 잘 구분되지 않는다(특히 은유법). 어렵다.	예) 교재와 강의에서 비유법 관련 내용이 나올 때마다 초집중한다.	예) 7월 7일(화) 비유법 극복!

◆ 나의 다짐과 소감

본격적인 학습에 앞서 다짐의 말을 적어 봅니다. 또 주변 사람들로부터 응원의 말을 받아 보세요. 물론 스스로에게 하는 응원의 말을 적으셔도 좋습니다. 마지막 포스트잇은 합격 후에 기분 좋게 작성하세요.

● (학습 전) 나의 다짐

● 응원의 말

● 합격 소감

PART

I

수와 연산

자연수, 정수, 유리수, 무리수의 기본적인 연산과 소인수분해, 순환소수(유리수), 실수 체계에 대하여 학습하는 단원이고, 주로 동일한 유형의 문제가 반복해서 나오고 있는 단원이므로, 정확하게 개념을 숙지한 후 예전 기출문제 유형을 반복해서 학습하도록 한다.

01 소인수분해

- 거듭제곱의 뜻을 이해한다.
- 소인수분해를 익히고, 자연수를 소인수분해할 수 있도록 한다.

1 수의 거듭제곱

같은 수를 여러 번 곱할 때는 곱하는 수와 곱하는 횟수를 이용하여 다음과 같이 간단히 표현할 수 있다.

$$\underbrace{5\times5}_{2\text{번}}=5^2,\quad \underbrace{5\times5\times5}_{3\text{번}}=5^3,\quad \underbrace{5\times5\times5\times5}_{4\text{번}}=5^4,\quad \cdots$$

이때 5^2은 5의 제곱, 5^3은 5의 세제곱, 5^4은 5의 네제곱, ⋯ 으로 읽고, 이들을 통틀어 5의 거듭제곱이라고 한다. 그리고 곱하는 수 5를 거듭제곱의 밑, 곱하는 횟수를 나타내는 2, 3, 4, ⋯를 거듭제곱의 지수라고 한다.

$$5^3$$

(3 ← 지수, 5 ← 밑)

| 참고 | 5^1은 5로 나타낸다.

예제 01

다음 식을 간단히 하여라.

❶ $3\times3\times3\times3=3^4$

❷ $5\times5\times7\times7\times7=5^2\times7^3$

2 소수와 합성수

6은 1×6, 2×3과 같이 두 자연수의 곱으로 나타낼 수 있고, 이때 6의 약수는 1, 2, 3, 6이다. 한편, 5는 1×5 이외의 두 자연수의 곱으로 나타낼 수 없으므로 5의 약수는 1과 자기 자신뿐이다. 이와 같이 1보다 큰 자연수 중에서 1과 자기 자신만을 약수로 가지는 수를 소수라고 한다.
또, 1보다 큰 자연수 중에서 소수가 아닌 수를 합성수라고 한다.
즉, 합성수는 1보다 크고 자기 자신보다 작은 약수를 한 개 이상 가지는 자연수이다.

| 참고 | 1은 소수도 아니고 합성수도 아니다.
소수는 약수가 2개뿐인 자연수이고, 합성수는 약수가 3개 이상인 자연수이다.

예제 02

주어진 수가 소수이면 ○, 합성수이면 △으로 표시하여 아래 표를 완성하여라.

2	3	4	5	6	7	8	9	10	11	12	13
○	○	△	○	△	○	△	△	△	○	△	○

3 소인수분해

12의 약수는 1, 2, 3, 4, 6, 12이고, 이들을 12의 인수라고도 한다. 특히, 2, 3과 같이 소수인 인수를 소인수라고 한다.
12는 $12 = 2 \times 2 \times 3 = 2^2 \times 3$과 같이 소인수들만의 곱으로 나타낼 수 있다.
이와 같이 어떤 자연수를 소인수들만의 곱으로 나타내는 것을 소인수분해라고 한다.
예를 들어 60을 소인수분해하면 다음과 같다.

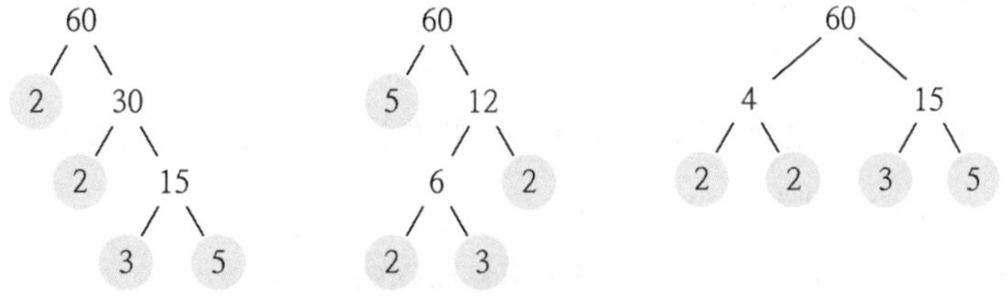

$60 = 2 \times 30 = 2 \times 2 \times 15 = 2 \times 2 \times 3 \times 5 = 2^2 \times 3 \times 5$

$60 = 5\times12 = 5\times6\times2 = 5\times2\times3\times2 = 2^2\times3\times5$

$60 = 4\times15 = 2\times2\times3\times5 = 2^2\times3\times5$

위와 같이 60을 소인수분해하는 방법은 그 순서에 따라 여러 가지가 있지만 그 결과는 모두 $2^2\times3\times5$로 같다.

일반적으로 자연수를 소인수분해한 결과는 곱하는 순서를 생각하지 않으면 오직 한 가지뿐이다.

| 참고 | 소인수분해한 결과는 보통 크기가 작은 소인수부터 차례로 쓰고, 같은 소인수의 곱은 거듭제곱으로 나타낸다.

```
2 ) 60
2 ) 30
3 ) 15
      5  →  60 = 2²×3×5
```

예제 03

다음은 72를 소인수분해하는 과정을 나타낸 것이다.

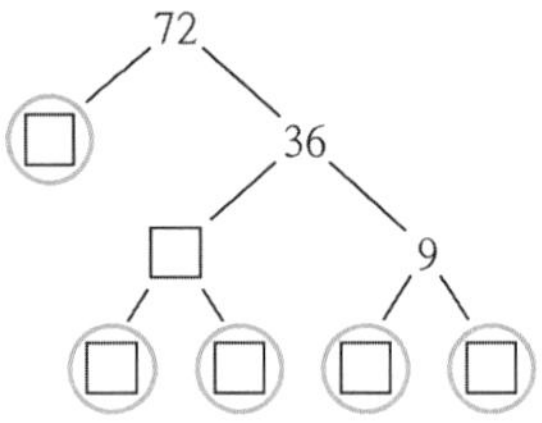

❶ □ 안에 알맞은 수를 써넣어라. → 2, 4, 2, 2, 3, 3

❷ 72의 소인수를 모두 구하여라. → 2, 3

❸ 72를 소인수분해한 결과를 구하여라. → $2^3\times3^2$

4 소인수분해를 이용한 약수의 개수 구하기 심화 과정

자연수 A가 $A=a^x\times b^y$으로 소인수분해될 때, 자연수 A의 약수의 개수는 $(x+1)\times(y+1)$이다.

예를 들어 72를 소인수분해하면 $2^3\times3^2$이므로

72의 약수의 개수는 $(3+1)\times(2+1)=4\times3=12$개이다.

02 최대공약수와 최소공배수

• 최대공약수와 최소공배수의 개념을 익히고, 최대공약수와 최소공배수를 구할 수 있도록 한다.

1 최대공약수

두 개 이상의 자연수의 공통인 약수를 그 자연수들의 공약수라 하고, 공약수 중에서 가장 큰 것을 최대공약수라고 한다.

예를 들어 24와 36의 공약수는 1, 2, 3, 4, 6, 12이고 최대공약수는 12이다.

이때 24와 36의 공약수는 두 수의 최대공약수인 12의 약수와 같다.

즉, 두 개 이상의 자연수의 공약수는 그 수들의 최대공약수의 약수이다.

한편, 두 자연수 7과 12의 최대공약수는 1이다.

이와 같이 최대공약수가 1인 두 자연수를 서로소라고 한다.

2 소인수분해를 이용하여 최대공약수 구하기

방법1 두 자연수 24와 36을 각각 소인수분해하면 여기서 두 수의 공통인 소인수 2, 2, 3을 모두 곱한 $2\times2\times3=12$가 24와 36의 최대공약수이다.

$$
\begin{array}{l}
24=2\times2\times2\times3\\
36=2\times2\quad\ \ \times3\times3\\
\hline
\quad\ \ 2\times2\quad\ \ \times3\quad=12
\end{array}
$$

공통인 소인수 (2, 2, 3) → 최대공약수 (12)

방법2 결과를 거듭제곱으로 나타내었을 때, 최대공약수는 공통인 소인수 중에서 지수가 같으면 그대로, 다르면 작은 것을 택하여 모두 곱한 것과 같다.

$$
\begin{array}{l}
24=2^3\times3\\
36=2^2\times3^2\\
\hline
\quad\ 2^2\times3=12
\end{array}
$$

최대공약수 (12)

방법3 공약수로 나누어 구하는 방법

$$\begin{array}{r|rr} 2 & 24 & 36 \\ \hline 2 & 12 & 18 \\ \hline 3 & 6 & 9 \\ \hline & 2 & 3 \end{array} \rightarrow 2 \times 2 \times 3 = \underline{12}$$

(2, 3: 서로소)

(12: 최대공약수)

예제 01

소인수분해를 이용하여 두 수 42, 54의 최대공약수를 구하여라.

주어진 두 수를 각각 소인수분해하여 공통인 소인수를 모두 곱하면

$$\begin{array}{l} 42 = 2 \times 3 \qquad\qquad \times 7 \\ 54 = 2 \times 3 \times 3 \times 3 \\ \hline \qquad\ \ 2 \times 3 \end{array}$$

따라서 구하는 최대공약수는 $2 \times 3 = 6$

3 최소공배수

두 개 이상의 자연수의 공통인 배수를 그 자연수들의 공배수라 하고, 공배수 중에서 가장 작은 것을 최소공배수라고 한다.

예를 들어 24와 36의 공배수는 72, 144, 216, ⋯이고 최소공배수는 72이다.

이때 24와 36의 공배수는 두 수의 최소공배수인 72의 배수와 같다.

즉, 두 개 이상의 자연수의 공배수는 그 수들의 최소공배수의 배수이다.

4 소인수분해를 이용하여 최소공배수 구하기

방법1 두 자연수 24와 36을 각각 소인수분해하면
여기서 두 수의 공통인 소인수 2, 2, 3과
공통이 아닌 소인수 2, 3을 모두 곱한
$2\times2\times2\times3\times3=72$가 24와 36의 최소공배수이다.

공통이 아닌 소인수

$$
\begin{array}{rl}
24= & 2\times2\times2\times3 \\
36= & 2\times2\qquad\times3\times3 \\
\hline
 & 2\times2\times2\times3\times3 \quad 72
\end{array}
$$

공통인 소인수 최소공배수

방법2 소인수분해한 결과를 거듭제곱으로 나타내었을 때, 최소공배수는 공통인 소인수 중에서 지수가 같으면 그대로, 지수가 다르면 큰 것을 택하고, 공통이 아닌 소인수는 모두 택하여 곱한 것과 같다.

$$
\begin{array}{rl}
24= & 2^3\times3 \\
36= & 2^2\times3^2 \\
\hline
 & 2^3\times3^2=72
\end{array}
$$

최소공배수

방법3 공약수로 나누어 구하는 방법

$$
\begin{array}{r|rr}
2 & 24 & 36 \\
\hline
2 & 12 & 18 \\
\hline
3 & 6 & 9 \\
\hline
 & 2 & 3
\end{array}
\rightarrow 2\times2\times3\times2\times3=72
$$

서로소 최소공배수

예제 02

소인수분해를 이용하여 두 수 54, 84의 최소공배수를 구하여라.

주어진 두 수를 각각 소인수분해하여 공통인 소인수와 공통이 아닌 소인수를 모두 곱하면

$$
\begin{array}{rl}
54= & 2\qquad\times3\times3\times3 \\
84= & 2\times2\times3\qquad\qquad\times7 \\
\hline
 & 2\times2\times3\times3\times3\times7
\end{array}
$$

따라서 구하는 최소공배수는 $2\times2\times3\times3\times3\times7=756$

03 정수와 유리수

- 정수와 유리수의 개념을 익히고, 수의 대소 관계를 이해한다.
- 절댓값의 개념을 익히고, 절댓값을 구한다.

1 정수

$+1$, $+2$, $+3$, $\cdots$과 같이 자연수에 양의 부호 $+$를 붙인 수를 양의 정수라 하고, -1, -2, -3, $\cdots$과 같이 자연수에 음의 부호 $-$를 붙인 수를 음의 정수라고 한다.
또, 양의 정수, 0, 음의 정수를 통틀어 정수라고 한다.
양의 정수 $+1$, $+2$, $+3$, $\cdots$은 양의 부호 $+$를 생략하여 1, 2, 3, $\cdots$과 같이 나타내기도 한다.
즉, 양의 정수는 자연수와 같다.

정수 { 양의 정수 : 자연수에 양의 부호를 붙인 수
0
음의 정수 : 자연수에 음의 부호를 붙인 수 }

2 유리수

$+\frac{1}{2}$, $+\frac{2}{3}$, $+\frac{8}{3}$, $\cdots$과 같이 분자, 분모가 자연수인 분수에 양의 부호 $+$를 붙인 수를 양의 유리수라 하고, $-\frac{1}{2}$, $-\frac{2}{3}$, $-\frac{8}{3}$, $\cdots$과 같이 분자, 분모가 자연수인 분수에 음의 부호 $-$를 붙인 수를 음의 유리수라 한다.
또, 양의 유리수, 0, 음의 유리수를 통틀어 유리수라 한다. 양의 정수와 마찬가지로 양의 유리수에서도 양의 부호 $+$를 생략하여 나타낼 수 있다.
한편, $+2=+\frac{2}{1}$, $-5=-\frac{5}{1}$와 같이 나타낼 수 있으므로 모든 정수는 유리수임을 알 수 있다. 양의 유리수를 줄여서 양수, 음의 유리수를 줄여서 음수라 한다.

유리수
- 정수
  - 양의 정수(자연수) : $+1,\ +2,\ +3,\ \cdots$
  - 0
  - 음의 정수 : $-1,\ -2,\ -3,\ \cdots$
- 정수가 아닌 유리수 : $-\frac{1}{2},\ -0.1,\ +\frac{5}{3},\ +0.3,\ \cdots$

예제 01

다음에 해당하는 수를 〈보기〉에서 모두 찾아라.

보기

$$-4,\ 0,\ -0.3,\ 38.7,\ 3,\ \frac{1}{2},\ 100,\ -\frac{3}{8}$$

❶ 양수 ➜ $38.7,\ 3,\ \frac{1}{2},\ 100$

❷ 음수 ➜ $-4,\ -0.3,\ -\frac{3}{8}$

❸ 양의 정수 ➜ $3,\ 100$

❹ 음의 정수 ➜ -4

❺ 정수 ➜ $-4,\ 0,\ 3,\ 100$

❻ 정수가 아닌 유리수 ➜ $-0.3,\ 38.7,\ \frac{1}{2},\ -\frac{3}{8}$

3 수직선

수를 직선에 대응시키는 방법은 아래 그림과 같이 직선 위의 한 점을 기준점으로 정하고 그 점에 수 0을 대응시킨다. 이 점을 원점이라고 한다. 원점의 오른쪽에 한 점을 정하고 그 두 점 사이의 거리를 1로 정한다.

원점의 좌우에 원점으로부터의 거리가 1, 2, 3, ⋯이 되는 점을 각각 정한 후, 원점으로부터 오른쪽의 점들에 차례로 양의 정수 +1, +2, +3, ⋯을, 왼쪽의 점들에 차례로 음의 정수 −1, −2, −3, ⋯을 대응시킨다. 이와 같은 직선을 수직선이라고 한다.

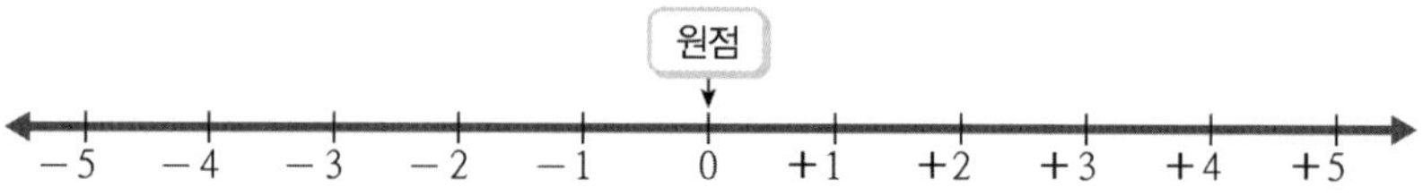

마찬가지로 정수가 아닌 유리수도 수직선 위의 점에 대응시킬 수 있다.

예를 들어 −1.5, $\frac{2}{3}$를 수직선 위의 점에 대응시키면 다음 그림과 같다.

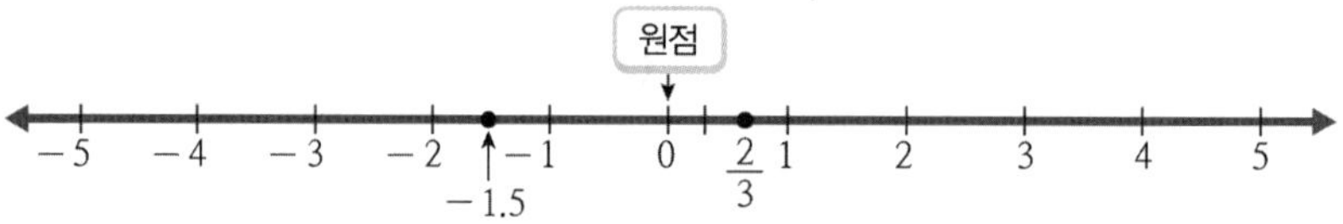

수직선 위에 수를 나타낼 때, 양수는 원점보다 오른쪽에, 음수는 원점보다 왼쪽에 있게 된다.

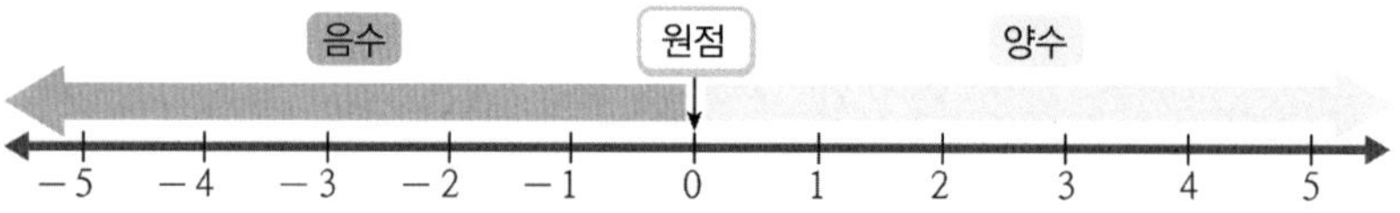

예제 02

다음 수직선에서 네 점 A, B, C, D가 나타내는 수를 각각 말하여라.

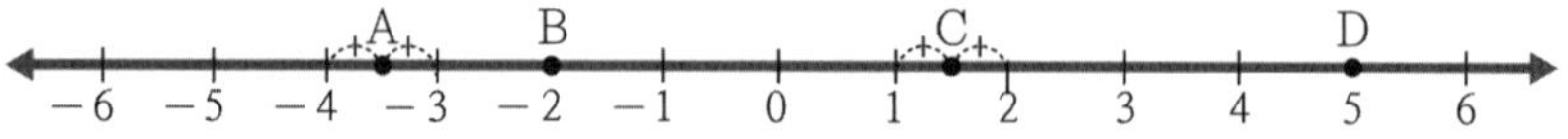

A =− 3.5, B =− 2, C = 1.5, D = 5

4 절댓값

아래 수직선 위에서 $+3$을 나타내는 점은 원점으로부터의 거리가 3이고, -2를 나타내는 점은 원점으로부터의 거리가 2이다.

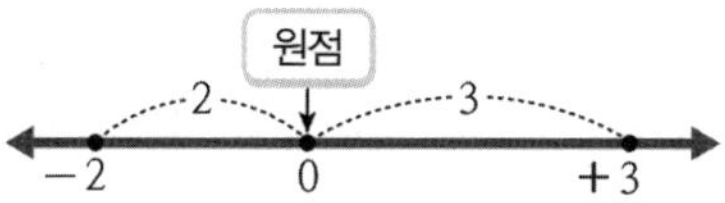

이와 같이 수직선 위에서 원점으로부터 어떤 수를 나타내는 점까지의 거리를 그 수의 절댓값이라 하고, 기호 | |를 사용하여 나타낸다. 예를 들어 $|+3|=3$, $|-2|=2$ 이다.
특히, 0의 절댓값은 0이다. 즉, $|0|=0$이다.

예제 03

다음 수의 절댓값을 구하여라.

❶ -5 → $|-5|=5$

❷ $+13$ → $|+13|=13$

❸ $-\frac{1}{4}$ → $\left|-\frac{1}{4}\right|=\frac{1}{4}$

❹ $+0.35$ → $|+0.35|=0.35$

5 수의 대소 관계

수를 수직선 위에 나타내었을 때, 양수끼리는 절댓값이 큰 수일수록 원점에서 오른쪽으로 멀리 떨어져 있으므로 절댓값이 큰 수가 크다. 또, 음수끼리는 절댓값이 큰 수일수록 원점에서 왼쪽으로 멀리 떨어져 있으므로 절댓값이 큰 수가 작다.

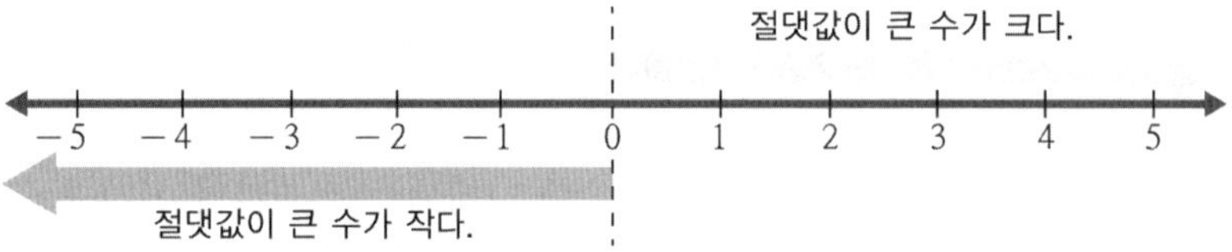

예를 들어 세 수 -4, $-\frac{3}{2}$, $+\frac{5}{2}$를 수직선 위에 나타내면 아래 그림과 같다.

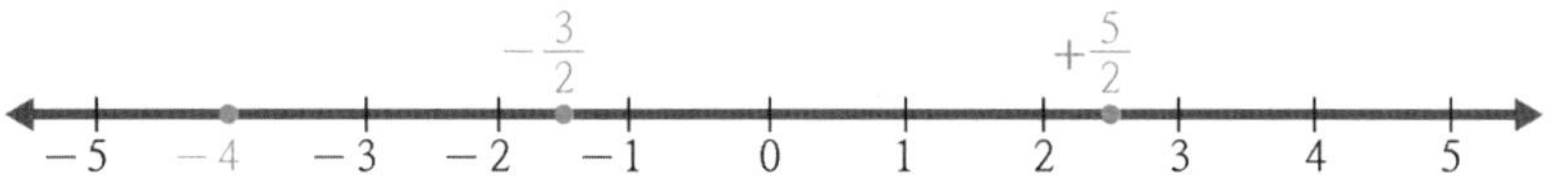

이때 $-\frac{3}{2}$은 -4보다 오른쪽에 있으므로 $-\frac{3}{2}$은 -4보다 크다.

또, $+\frac{5}{2}$는 $-\frac{3}{2}$보다 오른쪽에 있으므로 $+\frac{5}{2}$는 $-\frac{3}{2}$보다 크다. 즉, $-4<-\frac{3}{2}<+\frac{5}{2}$이다.

필/수/개/념/정/리

수의 대소 관계

① 양수는 0보다 크고, 음수는 0보다 작다.
② 양수는 음수보다 크다.
③ 양수끼리는 절댓값이 큰 수가 크다.
④ 음수끼리는 절댓값이 큰 수가 작다.

04 정수와 유리수의 덧셈, 뺄셈, 곱셈, 나눗셈

• 정수와 유리수의 사칙연산을 익히고, 그 계산을 할 수 있도록 한다.

1 정수와 유리수의 덧셈

양수+양수 → $(+3)+(+2)$는 수직선 위의 원점에서 오른쪽으로 3만큼 간 후, 다시 오른쪽으로 2만큼 간 것으로 생각할 수 있다.
원점에서 오른쪽으로 5만큼 간 것이므로 $+5$이다. 즉, $(+3)+(+2)=+5$

공통인 부호

$$(+3)+(+2)=+5$$

절댓값의 합

음수+음수 → $(-3)+(-2)$는 수직선 위의 원점에서 왼쪽으로 3만큼 간 후, 다시 왼쪽으로 2만큼 간 것으로 생각할 수 있다.
원점에서 왼쪽으로 5만큼 간 것이므로 -5이다. 즉, $(-3)+(-2)=-5$

공통인 부호

$$(-3)+(-2)=-5$$

절댓값의 합

양수+음수 → $(+2)+(-5)$는 수직선 위의 원점에서 오른쪽으로 2만큼 간 후, 왼쪽으로 5만큼 간 것으로 생각할 수 있다.
원점에서 왼쪽으로 3만큼 간 것이므로 -3이다. 즉, $(+2)+(-5)=-3$

절댓값이 큰 수의 부호

$$(+2)+(-5)=-3$$

절댓값의 차

필/수/개/념/정/리

정수와 유리수의 덧셈

두 수의 합의 부호 $(+)+(+) \rightarrow +$

$(-)+(-) \rightarrow -$

$\left.\begin{matrix}(+)+(-)\\(-)+(+)\end{matrix}\right] \rightarrow$ 절댓값이 큰 수의 부호

2 정수와 유리수의 뺄셈

두 수의 덧셈에서 $(+4)+(+3)=+7$이므로 $(+4)-(-3)=(+4)+(+3)$이다.

즉, $+4$에서 -3을 빼는 것은 $+4$에 $+3$을 더하는 것과 같다.

$(+4)-(-3)=+7$

두 수의 뺄셈은 빼는 수의 부호를 바꾸어 더하는 것과 같다.

덧셈으로 고친다.

$(+4)-(-3)=(+4)+(+3)$

부호를 바꾼다.

필/수/개/념/정/리

정수와 유리수의 뺄셈

두 수의 뺄셈은 빼는 수의 부호를 바꾸어 더한다.

예제 01

다음 식을 계산하여라.

❶ $(+2)-(+4)=(+2)+(-4)=-(4-2)=-2$

❷ $(+7)-(-3)=(+7)+(+3)=+(7+3)=+10$

❸ $\left(-\frac{1}{2}\right)-\left(+\frac{5}{2}\right)=\left(-\frac{1}{2}\right)+\left(-\frac{5}{2}\right)=-\left(\frac{1}{2}+\frac{5}{2}\right)=-3$

❹ $(-0.5)-(-2)=(-0.5)+(+2)=+(2-0.5)=+1.5$

3 정수와 유리수의 곱셈

양수×양수 → $(+2)\times(+3)$은 원점에서 출발하여 $+2$를 같은 방향으로 3번 가는 것이다.
따라서 원점에서 오른쪽으로 6만큼 간 것이므로 $+6$이다.
즉, $(+2)\times(+3)=+6$

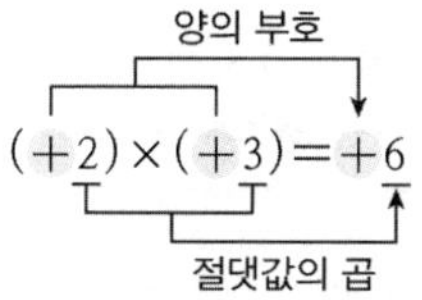

음수×양수 → $(-2)\times(+3)$은 원점에서 출발하여 -2를 같은 방향으로 3번 가는 것이다.
따라서 원점에서 왼쪽으로 6만큼 간 것이므로 -6이다.
즉, $(-2)\times(+3)=-6$

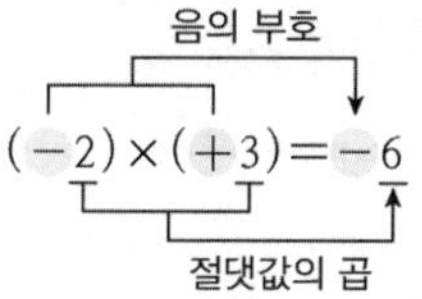

음수×음수 → $(-2)\times(-3)$은 원점에서 출발하여 -2를 반대 방향으로 3번 가는 것이다.
따라서 원점에서 오른쪽으로 6만큼 간 것이므로 $+6$이다. 즉, $(-2)\times(-3)=+6$

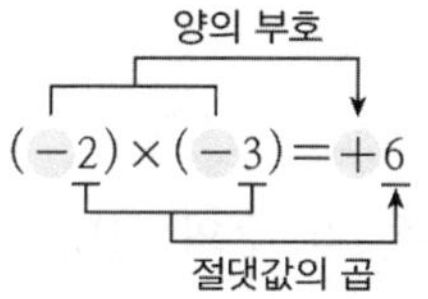

필/수/개/념/정/리

정수와 유리수의 곱셈

두 수의 곱의 부호

$(+)\times(+)$, $(-)\times(-)$ → $+$

$(+)\times(-)$, $(-)\times(+)$ → $-$

모든 수와 0과의 곱은 0이다.

0이 아닌 여러 개의 수를 곱할 때 심화 과정

그 곱의 부호는 음수가 짝수 개이면 +, 홀수 개이면 −가 된다. 따라서 여러 개의 수를 곱할 때는 먼저 음수의 개수를 세어 곱의 부호를 정하고, 각 수의 절댓값의 곱에 그 부호를 붙여서 계산하면 편리하다.

$$\underbrace{(-)\times(-)\times\cdots\times(-)}_{\text{짝수 개}}=+$$

$$\underbrace{(-)\times(-)\times\cdots\times(-)}_{\text{홀수 개}}=-$$

예제 02

다음 식을 계산하여라.

❶ $(-1)\times(+2)\times(-3)$ ➔ $(-1)\times(+2)\times(-3)=+(1\times2\times3)=+6$
(2개)

❷ $(-1)\times(-2)\times(-3)$ ➔ $(-1)\times(-2)\times(-3)=-(1\times2\times3)=-6$
(3개)

4 정수와 유리수의 나눗셈

부호가 같은 두 정수의 나눗셈의 몫은 각 수의 절댓값의 나눗셈의 몫에 양의 부호 +를 붙이고, 부호가 다른 두 정수의 나눗셈의 몫은 각 수의 절댓값의 몫에 음의 부호 −를 붙인다.
유리수의 나눗셈도 정수의 나눗셈과 같은 방법으로 계산한다.

또, $\frac{4}{5}\div\frac{2}{3}$를 $\frac{4}{5}\times\frac{3}{2}$으로 계산한 것과 같이 부호가 있는 수의 나눗셈도 역수를 이용하여 곱셈으로 고쳐서 계산할 수 있다.

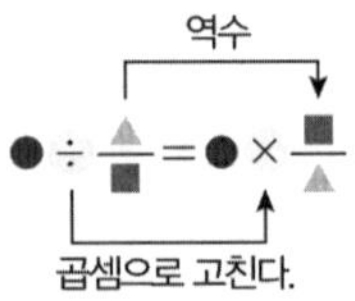

필/수/개/념/정/리

정수와 유리수의 나눗셈

① 부호가 같은 두 수의 나눗셈의 몫

→ 두 수의 절댓값의 나눗셈의 몫에 양의 부호 +를 붙인다.

② 부호가 다른 두 수의 나눗셈의 몫

→ 두 수의 절댓값의 나눗셈의 몫에 음의 부호 −를 붙인다.

③ 0을 0이 아닌 수로 나눈 몫은 0이다.

예제 03

다음 식을 계산하여라.

❶ $(-18)\div(+9)=-(18\div9)=-2$

❷ $(-4.8)\div(-1.2)=+(4.8\div1.2)=+4$

❸ $\left(+\frac{2}{5}\right)\div\left(+\frac{7}{10}\right)=\left(+\frac{2}{5}\right)\times\left(+\frac{10}{7}\right)=+\left(\frac{2}{5}\times\frac{10}{7}\right)=+\frac{4}{7}$

05 유리수와 순환소수

- 유한소수, 무한소수, 순환소수의 뜻을 이해한다.
- 순환소수를 분수로, 분수를 순환소수로 나타낼 수 있도록 한다.

1 유리수

유리수는 $\dfrac{\text{정수}}{\text{0이 아닌 정수}}$ 꼴의 분수로 나타낼 수 있는 수이다. 이러한 분수는 나눗셈을 하여 정수 또는 소수로 나타낼 수 있다.

예를 들어 $\dfrac{2}{5}$, $\dfrac{1}{6}$을 각각 정수 또는 소수로 나타내면 다음과 같다.

$$\frac{2}{5}=2\div5=0.4$$

$$\frac{1}{6}=1\div6=0.1666\cdots$$

이때 0.4와 같이 소수점 아래에 0이 아닌 숫자가 유한 개인 소수를 유한소수라 하고, $0.1666\cdots$과 같이 소수점 아래에 0이 아닌 숫자가 무한히 많은 소수를 무한소수라고 한다.

2 유한소수로 나타낼 수 있는 유리수

분수 $\dfrac{4}{5}$, $\dfrac{1}{20}$, $\dfrac{6}{25}$은 다음과 같이 분모를 10의 거듭제곱으로 고쳐서 유한소수로 나타낼 수 있다.

$$\frac{4}{5}=\frac{4\times2}{5\times2}=\frac{8}{10}=0.8$$

$$\frac{1}{20}=\frac{1}{2^2\times5}=\frac{1\times5}{2^2\times5\times5}=\frac{5}{10^2}=0.05$$

$$\frac{6}{25}=\frac{6}{5^2}=\frac{6\times2^2}{5^2\times2^2}=\frac{24}{10^2}=0.24$$

이와 같이 기약분수로 나타내었을 때, 분모의 소인수가 2나 5뿐인 분수는 분자와 분모에 2 또는 5의 거듭제곱을 적당히 곱하여 분모를 10의 거듭제곱으로 고칠 수 있으므로 유한소수로 나타낼 수 있다.

그러나 분수 $\frac{2}{3}$, $\frac{3}{14}$과 같이 기약분수로 나타내었을 때, 분모에 2나 5 이외의 소인수가 있는 분수는 분모를 10의 거듭제곱으로 고칠 수 없으므로 유한소수로 나타낼 수 없다.

필/수/개/념/정/리

유한소수로 나타낼 수 있는 유리수

정수가 아닌 유리수를 기약분수로 나타내었을 때, 분모의 소인수가 2나 5뿐이면 그 수는 유한소수로 나타낼 수 있다.

예제 01

다음 중 유한소수로 나타낼 수 있는 유리수는?

❶ $\frac{3}{40}$ → $\frac{3}{40}=\frac{3}{2^3\times5}$은 분모의 소인수가 2와 5뿐이므로 $\frac{3}{40}$은 유한소수로 나타낼 수 있다.

❷ $\frac{7}{12}$ → $\frac{7}{12}=\frac{7}{2^2\times3}$은 분모에 2나 5 이외의 소인수 3이 있으므로 $\frac{7}{12}$은 유한소수로 나타낼 수 없다.

3 순환소수

0.216216216…과 같이 소수점 아래의 어떤 자리에서부터 일정한 숫자의 배열이 한없이 되풀이되는 무한소수를 순환소수라고 한다.

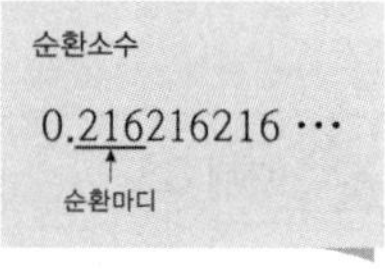

이때 일정하게 되풀이되는 소수점 아래의 한 부분을 순환마디라고 한다.
순환소수는 순환마디의 양 끝의 숫자 위에 점을 찍어 간단히 나타낸다.
예를 들어 순환소수 0.216216216…에서 순환마디는 216이므로 $0.\dot{2}1\dot{6}$과 같이 나타낸다.

예제 02

순환소수의 순환마디를 찾고, 간단히 하여라.

❶ 순환소수 : 8.333… → 순환마디 : 3, 표현 : $8.\dot{3}$

❷ 순환소수 : 2.131313… → 순환마디 : 13, 표현 : $2.\dot{1}\dot{3}$

❸ 순환소수 : 0.12345345345… → 순환마디 : 345, 표현 : $0.12\dot{3}4\dot{5}$

4 순환소수를 분수로 나타내는 방법

방법1 순환소수 $0.\dot{7}$을 분수로 나타내려면

$0.\dot{7}$을 x라고 하면 $x = 0.777\cdots$ ➜ ㉠이고,

㉠의 양변에 10을 곱하면 $10x = 7.777\cdots$ ➜ ㉡이다.

이때 ㉠, ㉡은 소수 부분이 같으므로 ㉡에서 ㉠을 변끼리 빼면

$9x = 7 \quad \therefore x = \frac{7}{9}$, 즉 순환소수 $0.\dot{7}$을 분수로 나타내면 $\frac{7}{9}$이다.

$$\begin{array}{rr} & 10x = 7.777\cdots \\ -) & x = 0.777\cdots \\ \hline & 9x = 7 \end{array}$$

방법2 순환소수를 분수로 바로 변환하는 방법

① **분모** : 순환마디 숫자의 개수만큼 9를 쓰고, 소수점 아래 순환하지 않는 숫자만큼 0을 쓴다.

② **분자** : 수 전체를 쓰고, 순환하지 않는 수를 뺀다.

③ 단, 순환하지 않은 수가 없을 경우 분자에 그대로 쓴다.

$$0.\dot{7} = \frac{\text{순환마디는}7}{\text{순환마디 1개이므로}9} = \frac{7}{9}$$

예제 03

$0.2\dot{3}\dot{9}$를 분수로 나타내어라.

$$0.2\dot{3}\dot{9} = \frac{\text{순환마디를 포함한 전체의 수} - \text{순환마디가 아닌 수}}{\text{순환마디 숫자의 개수만큼 9, 소수점 아래 순환하지 않는 숫자만큼 0을 쓴다.}}$$

$$= \frac{(239-2)}{990} = \frac{237}{990}$$

06 제곱근과 실수

- 제곱근의 뜻을 알고, 그 성질을 익힌다.
- 무리수와 실수의 개념을 익힌다.

1 제곱근의 뜻

$2^2=4$, $(-2)^2=4$이므로 제곱하여 4가 되는 수는 2 이외에도 -2가 있다.
이와 같이 어떤 수 x를 제곱하여 a가 될 때,

$$x^2=a$$

일 때, x를 a의 제곱근이라고 한다. 그러므로 4의 제곱근은 2와 -2이다.
양수나 음수를 제곱하면 항상 양수가 되므로 음수의 제곱근은 생각하지 않는다.
또, 제곱하여 0이 되는 수는 0뿐이므로 0의 제곱근은 0이다.

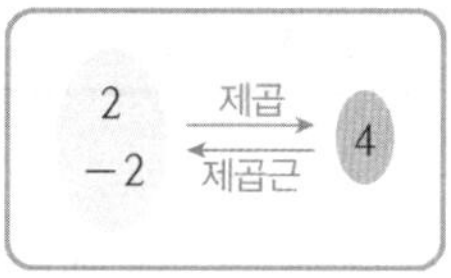

예제 01

❶ 9의 제곱근은?

$3^2=9$, $(-3)^2=9$이므로 9의 제곱근은 3과 -3

❷ $\frac{1}{16}$의 제곱근은?

$\left(\frac{1}{4}\right)^2=\frac{1}{16}$, $\left(-\frac{1}{4}\right)^2=\frac{1}{16}$이므로 $\frac{1}{16}$의 제곱근은 $\frac{1}{4}$과 $-\frac{1}{4}$

2 제곱근의 표현

x가 양수 a의 제곱근이면 $(-x)^2 = x^2 = a$이므로 $-x$도 양수 a의 제곱근이다. 양수 a의 제곱근은 양수와 음수 2개가 있고, 이 두 수의 절댓값은 같고 부호가 서로 반대이다.

양수 a의 두 제곱근 중에서 양수인 것을 양의 제곱근, 음수인 것을 음의 제곱근, 기호 $\sqrt{\ }$를 사용하여 양의 제곱근을 $\sqrt{a}$, 음의 제곱근을 $-\sqrt{a}$로 나타낸다.

여기서 기호 $\sqrt{\ }$를 근호라 하고, $\sqrt{a}$를 '제곱근 a' 또는 '루트 a'라고 읽는다.

또, $\sqrt{a}$와 $-\sqrt{a}$를 한꺼번에 $\pm\sqrt{a}$로 나타낼 수 있다.

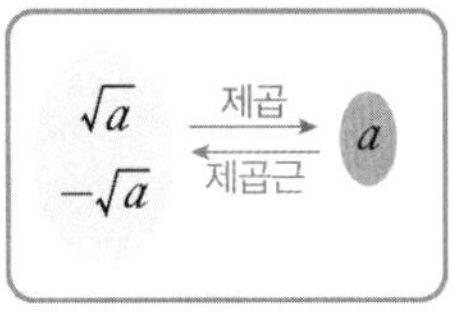

예제 02

2의 제곱근은?

2의 양의 제곱근은 $\sqrt{2}$, 음의 제곱근은 $-\sqrt{2}$이다.

$\therefore$ 2의 제곱근 ➜ $\pm\sqrt{2}$

3 제곱근의 성질

$4^2=16$, $(-4)^2=16$이고, 16의 양의 제곱근은 4이므로
$\sqrt{4^2}=\sqrt{16}=4$, $\sqrt{(-4)^2}=\sqrt{16}=4$이다.
일반적으로 양수 a에 대하여 $a^2=(-a)^2$이므로 $\sqrt{a^2}=a$, $\sqrt{(-a)^2}=a$이다.

필/수/개/념/정/리

제곱근의 성질

$a>0$일 때,

① $(\sqrt{a})^2=a$, $(-\sqrt{a})^2=a$

② $\sqrt{a^2}=a$, $\sqrt{(-a)^2}=a$

예제 03

다음을 근호를 사용하지 않고 나타내어라.

❶ $(\sqrt{8})^2=8$, $(-\sqrt{8})^2=8$

❷ $\sqrt{\left(\frac{1}{3}\right)^2}=\frac{1}{3}$, $\sqrt{\left(-\frac{1}{3}\right)^2}=\frac{1}{3}$

예제 04

다음을 계산하여라.

$\sqrt{3^2}+(-\sqrt{2})^2$

$\sqrt{3^2}=3$, $(-\sqrt{2})^2=2$이므로 $\sqrt{3^2}+(-\sqrt{2})^2=3+2=5$

4 제곱근의 크기 비교

넓이가 1, 2, 3, 4, 5인 정사각형의 한 변의 길이는 각각 $\sqrt{1}$, $\sqrt{2}$, $\sqrt{3}$, $\sqrt{4}$, $\sqrt{5}$이고, $1<2<3<4<5$이므로 $\sqrt{1}<\sqrt{2}<\sqrt{3}<\sqrt{4}<\sqrt{5}$이다.

이와 같이 어떤 양수가 커지면 그 수의 양의 제곱근도 커진다.

두 양수 a, b에 대하여 $a<b$이면 $\sqrt{a}<\sqrt{b}$이고, $\sqrt{a}<\sqrt{b}$이면 $a<b$이다.

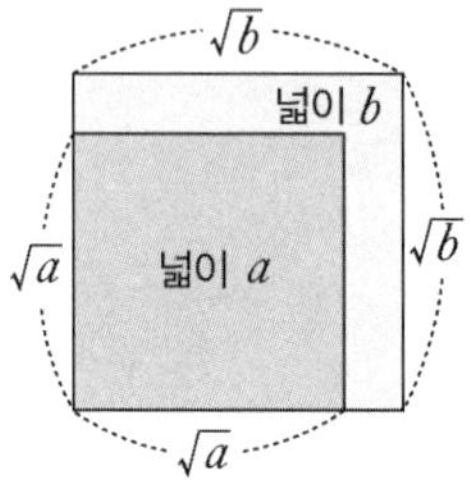

필/수/개/념/정/리

제곱근의 대소 관계

$a>0$, $b>0$일 때,

① $a<b$이면 $\sqrt{a}<\sqrt{b}$

② $\sqrt{a}<\sqrt{b}$이면 $a<b$

예제 05

$\sqrt{8}$과 $\sqrt{6}$의 대소를 비교하여라.

$8>6$이므로 $\sqrt{8}$과 $\sqrt{6}$의 대소를 비교하면 $\sqrt{8}>\sqrt{6}$이다.

5 무리수

수 중에는 유한소수나 순환소수로 나타낼 수 없는 수가 있다.
예를 들어 $\sqrt{2}$, π는 소수로 나타내면
$\sqrt{2} = 1.414213562373095048\cdots$
$\pi = 3.141592653589793238\cdots$이므로 이는 순환하지 않는 무한소수이다.
따라서 $\sqrt{2}$, π는 유리수가 아니다.
이와 같이 순환하지 않는 무한소수로 표현되는 수, 유리수가 아닌 수를 무리수라고 한다.

6 실수

유리수와 무리수를 통틀어 실수라고 한다.

실수를 분류하면

- 실수
  - 유리수
    - 정수
      - 양의 정수(자연수)
      - 0
      - 음의 정수
    - 정수가 아닌 유리수
  - 무리수

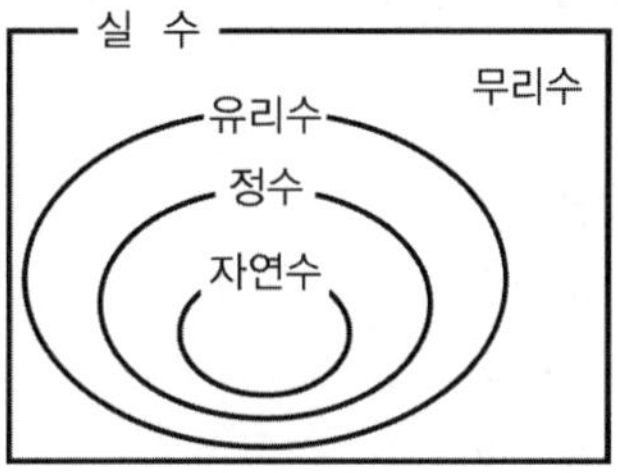

7 실수의 크기 비교

실수의 대소 관계는 유리수의 경우와 마찬가지로 수직선 위에서 오른쪽에 있는 수가 왼쪽에 있는 수보다 크다.

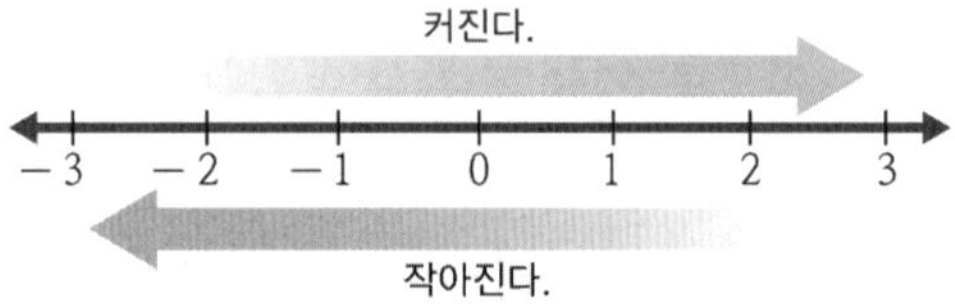

또, 실수에서도 유리수에서와 같이 부등식의 성질이 성립한다.
즉, 임의의 두 실수 a, b에 대하여
$a-b>0$이면 $a-b+b>0+b$이므로 $a>b$
$a-b=0$이면 $a-b+b=0+b$이므로 $a=b$
$a-b<0$이면 $a-b+b<0+b$이므로 $a<b$이다.
그러므로 두 실수 a, b의 대소 관계는 $a-b$의 부호를 조사하여 비교한다.

필/수/개/념/정/리

실수의 대소 관계

두 실수 a, b에 대하여
① $a-b>0$이면 $a>b$
② $a-b=0$이면 $a=b$
③ $a-b<0$이면 $a<b$

예제 06

두 실수 2와 $3-\sqrt{3}$의 대소를 비교하여라.

$2-(3-\sqrt{3})=2-3+\sqrt{3}=-1+\sqrt{3}$
이때 $1<3$ ➜ $\sqrt{1}<\sqrt{3}$이고 $-\sqrt{1}+\sqrt{3}>0$ ➜ $-1+\sqrt{3}>0$
그러므로 $2-(3-\sqrt{3})>0$이므로 $2>3-\sqrt{3}$

07 근호를 포함한 식의 계산

- 제곱근의 곱셈과 나눗셈을 익히고, 분모의 유리화를 할 수 있도록 한다.
- 근호를 포함한 식의 계산을 할 수 있도록 한다.

1 제곱근의 곱셈

① $a>0$, $b>0$일 때, $\sqrt{a}\sqrt{b}=\sqrt{ab}$ 이다.
예를 들어 $\sqrt{2}\times\sqrt{3}=\sqrt{2\times3}=\sqrt{6}$

② 그리고 $\sqrt{12}=\sqrt{2^2\times3}$ 과 같이 근호 안의 수에 제곱인 인수가 있으면 이것을 근호 밖으로 꺼내어 간단히 나타낸다.
$\sqrt{12}=\sqrt{4\times3}=\sqrt{2^2\times3}=\sqrt{2^2}\sqrt{3}=2\sqrt{3}$

$$\sqrt{2^2\times3}=2\sqrt{3}$$

필/수/개/념/정/리

제곱근의 곱셈

① $a>0$, $b>0$일 때, $\sqrt{a}\sqrt{b}=\sqrt{ab}$

② $a>0$, $b>0$일 때, $\sqrt{a^2b}=a\sqrt{b}$

예제 01

❶ 다음 식을 $\sqrt{a}$ 꼴로 나타내어라.

$\sqrt{2}\sqrt{5}=\sqrt{2\times5}=\sqrt{10}$, $\sqrt{6}\sqrt{\dfrac{1}{3}}=\sqrt{6\times\dfrac{1}{3}}=\sqrt{2}$

❷ 다음 수를 $a\sqrt{b}$ 꼴로 나타내어라.

$\sqrt{50}=\sqrt{25\times2}=\sqrt{5^2\times2}=5\sqrt{2}$

2 제곱근의 나눗셈

$a>0$, $b>0$일 때, $\dfrac{\sqrt{a}}{\sqrt{b}}=\sqrt{\dfrac{a}{b}}$이다. 예를 들어 $\dfrac{\sqrt{2}}{\sqrt{3}}=\sqrt{\dfrac{2}{3}}$

예제 02

다음을 간단히 하여라.

$\dfrac{\sqrt{6}}{\sqrt{3}}=\sqrt{\dfrac{6}{3}}=\sqrt{2}$

3 분모의 유리화

$\dfrac{1}{\sqrt{3}}$의 분모와 분자에 각각 $\sqrt{3}$을 곱하면

$\dfrac{1}{\sqrt{3}}=\dfrac{1\times\sqrt{3}}{\sqrt{3}\times\sqrt{3}}=\dfrac{\sqrt{3}}{3}$과 같이 분모를 유리수로 고칠 수 있다.

위와 같이 분수의 분모가 근호를 포함한 무리수일 때, 분모와 분자에 0이 아닌 같은 수를 곱하여 분모를 유리수로 고치는 것을 분모의 유리화라고 한다.

필/수/개/념/정/리

분모와 유리화

$a>0$, $b>0$일 때, $\dfrac{\sqrt{a}}{\sqrt{b}}=\dfrac{\sqrt{a}\sqrt{b}}{\sqrt{b}\sqrt{b}}=\dfrac{\sqrt{ab}}{b}$

예제 03

다음 수의 분모를 유리화하여라.

❶ $\dfrac{\sqrt{3}}{\sqrt{5}}=\dfrac{\sqrt{3}\times\sqrt{5}}{\sqrt{5}\times\sqrt{5}}=\dfrac{\sqrt{15}}{5}$

❷ $\dfrac{1}{2\sqrt{3}}=\dfrac{1\times\sqrt{3}}{2\sqrt{3}\times\sqrt{3}}=\dfrac{\sqrt{3}}{6}$

4 근호를 포함한 식의 계산 (I)

근호를 포함한 식의 덧셈과 뺄셈은 다항식의 덧셈과 뺄셈에서 동류항끼리 모아서 계산한 것과 같이 근호 안의 수가 같은 것끼리 모아서 계산한다.

예를 들면 $2\sqrt{2}+3\sqrt{2}=(2+3)\sqrt{2}=5\sqrt{2}$이다.

이것은 $\sqrt{2}$를 문자 a로 생각하여 다항식 $2a+3a$를 계산한 것과 같다.

$$2a+3a=(2+3)a=5a$$
$$2\sqrt{2}+3\sqrt{2}=(2+3)\sqrt{2}=5\sqrt{2}$$

근호를 포함한 식의 뺄셈도 같은 방법으로 계산한다.

예를 들면 $6\sqrt{3}-4\sqrt{3}=(6-4)\sqrt{3}=2\sqrt{3}$이다.

| 참고 | 근호 안의 수가 같은 것을 다항식의 동류항과 같이 생각한다.

5 근호를 포함한 식의 계산 (II)

근호를 포함한 식이 복잡할 경우에는 근호 안의 수에 제곱인 인수가 있으면

$\sqrt{a^2b}=a\sqrt{b}$ $(a>0,\ b>0)$임을 이용하고,

분모에 근호가 있는 분수가 있으면 분모를 유리화하여 간단히 한 후에 계산한다.

예제 04

$\sqrt{32}+3\sqrt{2}$를 간단히 하여라.

$\sqrt{32}+3\sqrt{2}=\sqrt{4^2\times 2}+3\sqrt{2}=4\sqrt{2}+3\sqrt{2}=(4+3)\sqrt{2}=7\sqrt{2}$

6 근호를 포함한 식의 계산 (Ⅲ)

근호를 포함한 식에 괄호가 있는 경우에는 분배법칙과 곱셈 공식을 이용하여 괄호를 푼 후에 식을 간단히 한다.

또, 실수의 덧셈, 뺄셈, 곱셈, 나눗셈이 섞여 있을 때에는 유리수의 경우에서와 마찬가지로 곱셈과 나눗셈을 먼저 계산한다.

예제 05

$\sqrt{2}(2+\sqrt{8})$을 간단히 하여라.

$$\sqrt{2}(2+\sqrt{8})=\sqrt{2}\times 2+\sqrt{2}\times\sqrt{8}$$
$$=2\sqrt{2}+\sqrt{16}=2\sqrt{2}+\sqrt{4^2}=2\sqrt{2}+4$$

PART I

적중 예상 문제

정답 및 해설 2p

01 다음은 60을 소인수분해하는 과정을 나타낸 것이다. 60을 소인수분해한 결과로 옳은 것은?

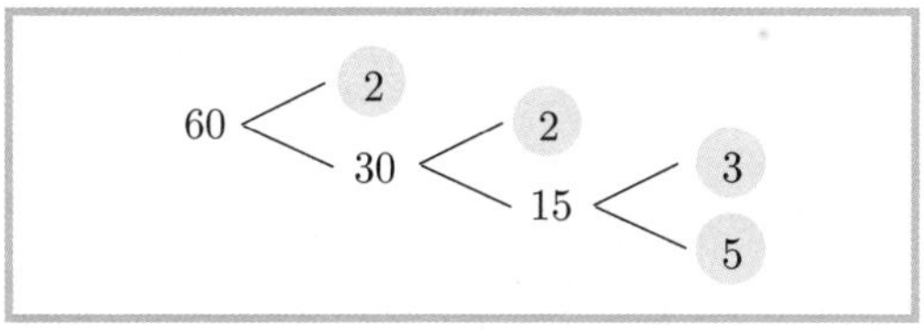

① $2\times2\times3\times5$　② $2^2\times3\times5$
③ 2×30　④ $2\times2\times15$

02 다음은 140을 소인수분해하는 과정을 나타낸 것이다. 140을 소인수분해한 결과로 옳은 것은?

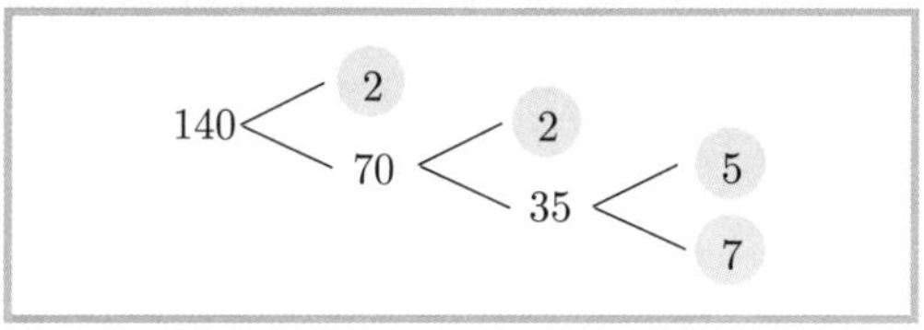

① 2×70　② $2^2\times35$
③ $2\times7\times10$　④ $2^2\times5\times7$

03 다음은 45를 소인수분해하는 과정을 나타낸 것이다. □ 안에 들어갈 수를 모두 더한 값은?

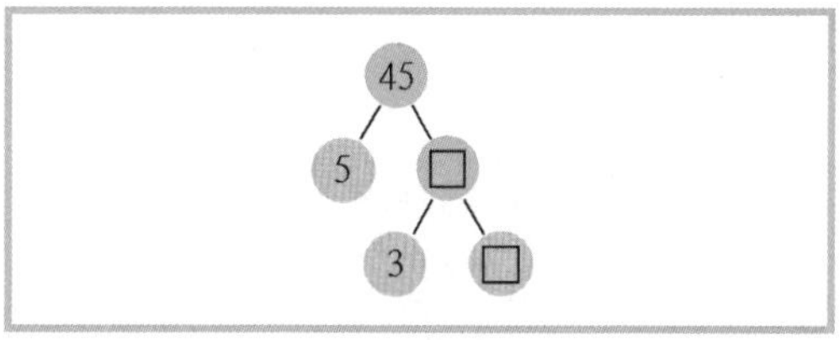

① 10　② 11
③ 12　④ 13

04 다음은 108을 소인수분해하는 과정을 나타낸 것이다. 108을 소인수분해한 결과로 옳은 것은?

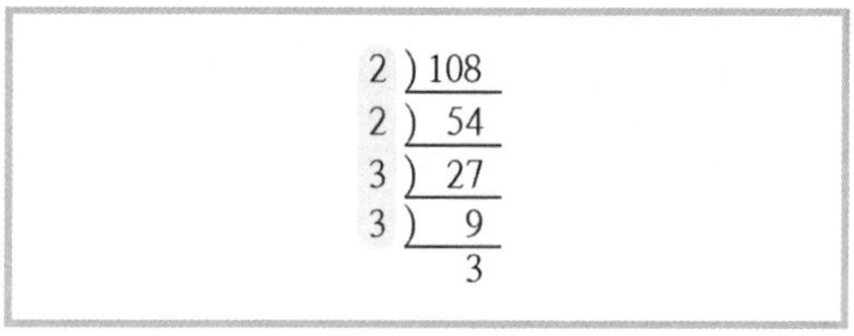

① $2^2\times3^2$　② $2^2\times3^3$
③ $2^3\times3^2$　④ $2^3\times3^3$

05 다음은 50을 소인수분해하는 과정을 나타낸 것이다. 50을 소인수분해한 결과로 옳은 것은?

$$\begin{array}{r|l} \square & 50 \\ \hline \square & 25 \\ \hline & \square \end{array}$$

① 2×25 ② $2\times2\times5$
③ $2\times5\times5$ ④ 2×5^2

06 자연수 140의 소인수는 모두 몇 개인가?

① 1개 ② 2개
③ 3개 ④ 4개

07 12를 소인수분해하면?

① 2×3 ② 4×3
③ $2^2\times3$ ④ $2^3\times3$

08 20을 소인수분해하면?

① 4×5 ② 2×10
③ $2^2\times5$ ④ 1×20

09 72를 소인수분해하면 $2^a\times3^b$이다. $a-b$의 값은?

① 1 ② 2
③ 3 ④ 4

10 98을 소인수분해하면 2×7^a이다. 이때, a의 값은?

① 1 ② 2
③ 3 ④ 4

11 $63=3^2\times7$일 때, 63의 약수가 아닌 것은?

① 1×7 ② 3×7
③ 1×3^3 ④ 7×3^2

12 16의 약수가 아닌 것은?

① 2 ② 2^2
③ 2^4 ④ 2^6

13 다음 중 정수가 아닌 유리수는?

① 5 ② 0

③ $-\frac{1}{3}$ ④ -4

14 〈보기〉에서 정수는 모두 몇 개인가?

보기

$-\frac{1}{2}$, -4, 0, 0.47, 3, -0.12, $\frac{2}{5}$, 0.1

① 1개 ② 2개

③ 3개 ④ 4개

15 〈보기〉의 수들 중에서 음의 정수는 모두 몇 개인가?

보기

5, $-\frac{1}{3}$, -3, 0, $\frac{2}{5}$, -2, -0.4

① 1개 ② 2개

③ 3개 ④ 4개

16 다음 중 절댓값이 가장 작은 수는?

① -10 ② -7

③ 2 ④ 5

17 수의 대소 관계가 옳은 것은?

① $\frac{1}{2} > 2$ ② $0 > 4$

③ $-\frac{4}{5} > -1$ ④ $-5 > -3$

18 두 수의 대소 관계가 옳지 않은 것은?

① $5 > 2$ ② $0 < -\frac{4}{7}$

③ $-\frac{1}{5} > -\frac{3}{5}$ ④ $4 > 1$

19 수직선 위에 수를 나타낼 때 가장 오른쪽에 있는 수는?

① -5　② 2
③ $\frac{1}{3}$　④ $-\frac{1}{5}$

20 $(+5)+(-3)$의 값은?

① 2　② 4
③ 6　④ 8

21 $(-8)+(+3)$의 값은?

① -5　② 5
③ 11　④ -11

22 $(-3)+(-5)$의 값은?

① -2　② -4
③ -6　④ -8

23 $(+3)-(-4)$의 값은?

① 1　② 3
③ 5　④ 7

24 $(-3)\times(-6)$의 값은?

① -18　② -9
③ 9　④ 18

25 〈보기〉의 수들 중에서 절댓값이 가장 큰 수와 가장 작은 수의 합은?

보기

$10,\ -5,\ 3,\ 0,\ -1,\ -2$

① 5　② 8
③ 10　④ 13

26 〈보기〉에서 가장 작은 수와 가장 큰 수의 합은?

> 보기
> $-5,\ 4,\ 0,\ -2,\ 6,\ 1,\ -3$

① -1　　② 0
③ 1　　④ 2

27 〈보기〉의 수를 작은 것부터 차례로 나열할 때, 두 번째 수와 네 번째 수의 합은?

> 보기
> $-5,\ 0,\ 2,\ -3,\ 7,\ 4$

① -1　　② 0
③ 1　　④ 2

28 〈보기〉의 수들 중 가장 큰 수와 가장 작은 수의 곱은?

> 보기
> $3,\ -5,\ 0,\ -2,\ 6,\ 1$

① -30　　② 30
③ 10　　④ -10

29 다음 분수 중 유한소수로 나타낼 수 <u>없는</u> 것은?

① $\frac{1}{2}$　　② $\frac{1}{3}$
③ $\frac{1}{4}$　　④ $\frac{1}{5}$

30 분수 $\frac{3}{5\times a}$을 소수로 바꾸었더니 유한소수가 되었다. a의 값으로 가능한 것은?

① 2　　② 7
③ 9　　④ 13

31 다음 중 순환소수의 표현으로 옳지 <u>않은</u> 것은?

① $0.24444\cdots=0.2\dot{4}$
② $1.232323\cdots=1.\dot{2}\dot{3}$
③ $2.343434\cdots=2.\dot{3}\dot{4}$
④ $0.05555\cdots=0.\dot{0}\dot{5}$

32 분수 $\frac{13}{99}$ 을 순환소수로 나타내면 아래와 같다. 이 순환소수의 순환마디는?

보기

$$\frac{13}{99} = 0.13131313131313\cdots$$

① 1　　② 3
③ 13　　④ 131

33 순환소수 $1.3\dot{4}\dot{1}$ 의 순환마디는?

① 341　　② 13
③ 1341　　④ 41

34 〈보기〉의 수들 중 무리수는 모두 몇 개인가?

보기

$$-\sqrt{3},\ 3,\ 0.9,\ \sqrt{5},\ \frac{1}{2},\ -2$$

① 1개　　② 2개
③ 3개　　④ 4개

35 5의 제곱근은?

① ± 5　　② $\pm\sqrt{5}$
③ ± 25　　④ $\pm\sqrt{25}$

36 3의 제곱근은?

① $+\sqrt{3}$　　② $-\sqrt{3}$
③ $\pm\sqrt{3}$　　④ ± 3

37 그림과 같은 정사각형의 넓이가 12cm^2일 때, 이 정사각형의 한 변의 길이는?

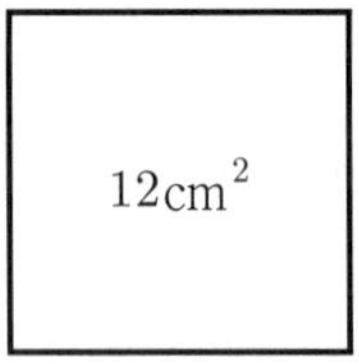

① $\sqrt{2}$　　② $2\sqrt{3}$
③ $3\sqrt{2}$　　④ $4\sqrt{2}$

38 가로의 길이가 7cm, 세로의 길이가 5cm인 직사각형이 있다. 이 직사각형과 넓이가 같은 정사각형의 한 변의 길이는?

① $\sqrt{12}$　② 12
③ $\sqrt{35}$　④ 35

39 그림과 같이 가로의 길이가 2, 세로의 길이가 1인 직사각형이 있다. 이 직사각형과 넓이가 같은 정사각형의 한 변의 길이는?

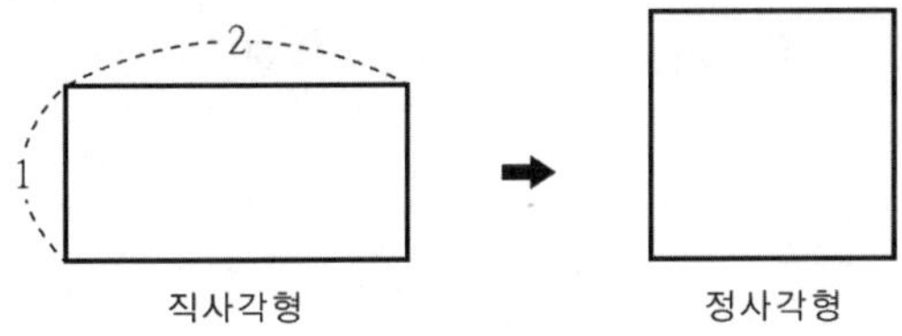

① $\sqrt{2}$　② $\sqrt{3}$
③ 2　④ 3

40 $\sqrt{5} < x < \sqrt{26}$에 들어갈 수 <u>없는</u> x의 값은?

① 2　② 3
③ 4　④ 5

41 $\sqrt{6} \le x \le \sqrt{11}$을 만족하는 자연수 x의 값은?

① 2　② 3
③ 4　④ 5

42 $\sqrt{18}$을 $a\sqrt{b}$의 꼴로 나타내면?

① $2\sqrt{9}$　② $9\sqrt{2}$
③ $3\sqrt{2}$　④ $2\sqrt{3}$

43 $5\sqrt{2}$를 $\sqrt{a}$의 꼴로 나타내면?

① $\sqrt{25}$　② $\sqrt{7}$
③ $\sqrt{50}$　④ $\sqrt{10}$

44 다음 중 가장 작은 수는?

① $\sqrt{2^2}$　② $\sqrt{10}$
③ $\sqrt{(-3)^2}$　④ $3\sqrt{2}$

45 $\sqrt{(-4)^2}-(\sqrt{2})^2$ 의 값은?

① 1 ② 2
③ 3 ④ 4

46 $\sqrt{(-2)^2}+\sqrt{4}$ 의 값은?

① 4 ② 5
③ 6 ④ 7

47 $7\sqrt{5}+2\sqrt{5}$ 의 값은?

① 5 ② $\sqrt{5}$
③ $9\sqrt{10}$ ④ $9\sqrt{5}$

48 $\sqrt{28}+5\sqrt{7}$ 을 간단히 한 것은?

① $5\sqrt{7}$ ② $7\sqrt{7}$
③ $8\sqrt{7}$ ④ $15\sqrt{7}$

49 〈보기〉의 수들 중 가장 큰 수와 작은 수의 합은?

보기

$-3\sqrt{2},\ \sqrt{2},\ 0,\ 5\sqrt{2},\ -\sqrt{2}$

① $\sqrt{2}$ ② $2\sqrt{2}$
③ $3\sqrt{2}$ ④ $4\sqrt{2}$

50 $5\sqrt{2}\times3\sqrt{2}$ 의 값은?

① 15 ② 20
③ 25 ④ 30

51 $\sqrt{8}\times\sqrt{2}$ 의 값은?

① 2 ② 4
③ 6 ④ 8

52 $\sqrt{(-2)^2}\times\sqrt{(-3)^2}$ 의 값은?

① 4 ② 5
③ 6 ④ 7

53 그림과 같은 두 직사각형의 넓이의 합은?

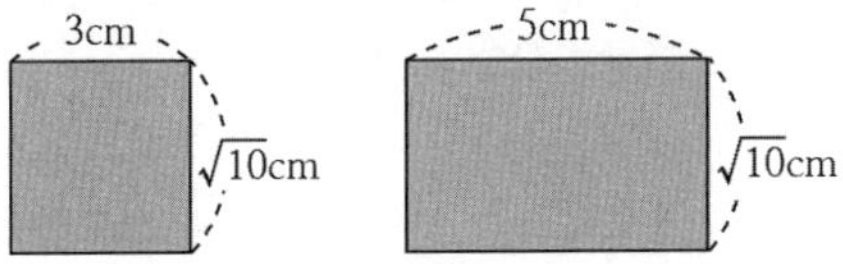

① $3\sqrt{10}\,\text{cm}^2$　② $5\sqrt{10}\,\text{cm}^2$
③ $8\sqrt{10}\,\text{cm}^2$　④ $15\sqrt{10}\,\text{cm}^2$

54 $\sqrt{2}(2+\sqrt{3})$을 간단히 하면?

① $\sqrt{4}+\sqrt{6}$　② $2\sqrt{2}+\sqrt{6}$
③ $\sqrt{2}+\sqrt{6}$　④ $\sqrt{4}+\sqrt{5}$

55 무리수 $\dfrac{1}{\sqrt{5}}$을 유리화하면?

① $\dfrac{1}{5}$　② $\dfrac{5}{\sqrt{5}}$
③ $\dfrac{\sqrt{5}}{10}$　④ $\dfrac{\sqrt{5}}{5}$

EBS 교육방송교재

중졸 검정고시 수학

PART

Ⅱ

문자와 식

문자를 사용하여 식을 표현하고, 단항식과 다항식의 곱셈과 나눗셈, 일차식의 계산을 학습하고 지수법칙, 곱셈 공식, 인수분해의 공식들을 암기하고 학습하는 단원이고, 특히 곱셈 공식과 인수분해는 다음 단원인 방정식과 부등식 단원에서도 꼭 필요한 부분이므로 반드시 공식을 암기하고 여러 가지 유형의 문제들을 반복해서 학습하도록 한다.

01 문자의 사용과 식의 계산

- 숫자 대신 문자를 사용하여 식을 표현하는 방법을 익힌다.
- 단항식의 곱셈과 나눗셈을 익히고, 일차식을 계산할 수 있도록 한다.

1 문자의 사용

개미 한 마리의 다리의 개수는 6개이므로 개미 여러 마리의 다리의 전체 개수는 $6\times$(개미의 수)(개)로 구할 수 있다.
위의 식에서 개미의 수 대신 문자 x를 사용하면 개미의 다리의 전체 개수는 $6\times x$(개)와 같이 나타낼 수 있다.

| 참고 | 개미의 수를 문자로 나타낼 때,
문자 x 대신 다른 문자 a, b, c, $\cdots$, y, z를 사용할 수도 있다.

예제 01

❶ 한 자루에 200원인 연필 a자루의 값은? → $(200\times a)$원

❷ 300개의 귤을 학생 35명에게 각각 x개씩 나누어 줄 때, 나누어 준 귤의 개수는? → $(35\times x)$개
이때, 남은 귤의 개수는 $(300-35\times x)$개이다.

2 곱셈 기호와 나눗셈 기호의 생략

(1) 문자를 사용한 식 $5\times a\times b$는 곱셈 기호 $\times$를 생략하여 $5ab$로 나타낼 수 있다.
수와 문자의 곱에서는 수를 문자 앞에 쓴다. 예) $a\times 5=5a$
문자와 문자의 곱에서는 알파벳 순서로 쓴다.
1 또는 -1과 문자의 곱에서 1은 생략한다.
예를 들어 $a\times 1=1\times a=a$, $a\times(-1)=(-1)\times a=-a$

(2) 문자를 사용한 식 $x \div 6$은 나눗셈 기호 $\div$를 생략하여 $\frac{x}{6}$와 같이 분수의 꼴로 나타낸다.

예제 02

다음 식을 간단히 하여라.

❶ $x \times 6 = 6 \times x = 6x$

❷ $b \times a \times b = a \times b \times b = ab^2$

❸ $(x-y) \times 3 = 3 \times (x-y) = 3(x-y)$

❹ $x \div (-3) = \frac{x}{-3} = -\frac{x}{3}$

❺ $(a+b) \div 2 = \frac{a+b}{2}$

3 식의 값

$x=15$일 때 $200+10x$의 값을 구하면 $200+10 \times 15 = 200+150 = 350$

위와 같이 문자를 포함한 식에서 문자 대신 수를 넣는 것을 문자에 수를 대입한다고 한다.

또, 문자에 수를 대입하여 계산한 결과를 식의 값이라고 한다.

| 참고 | 대입(代入)은 '대신 다른 것을 넣는다.'는 뜻이다.

음수를 대입할 때는 괄호를 사용한다.

$200+10\,x$

↓ x에 15를 대입

$200+10 \times 15 = 350$

↑ 식의 값

예제 03

다음 식의 값을 구하여라.

❶ $a=-3$일 때, 식 $-2a+5$의 값은?

$-2 \times (-3)+5 = 6+5 = 11$

❷ $x=2$일 때, 식 x^2+5의 값은?

$2^2+5 = 4+5 = 9$

4 단항식과 다항식

식 $2x+3$은 $2x$와 3의 합으로 이루어져 있다.
이때 $2x$, 3과 같이 수 또는 문자의 곱으로 이루어진 부분을 각각 식 $2x+3$의 항이라 하고, 3과 같이 수로만 이루어진 항을 상수항이라 한다.
$2x$와 같이 수와 문자의 곱으로 이루어진 항에서 수 2를 x의 계수라고 한다.
그리고 $2x+3$과 같이 한 개 이상의 항의 합으로 이루어진 식을 다항식이라 하고, $5x$와 같이 하나의 항으로만 이루어진 다항식을 단항식이라고 한다.

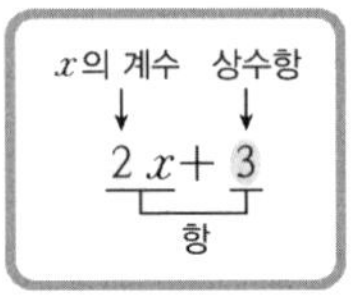

예제 04

다항식 $2x-3y-5$의 항을 각각 구하고, 각 항의 계수를 구하여라.

다항식 $2x-3y-5$에서 항은 $2x$, $-3y$, -5이고, 상수항은 -5, x의 계수는 2, y의 계수는 -3

5 차수와 일차식

두 단항식 $5x$와 $3x^2$에서 $5x=5\times x$, $3x^2=3\times x\times x$이므로 $5x$에는 문자 x가 한 번, $3x^2$에는 문자 x가 두 번 곱해져 있다.
이와 같이 어떤 항에서 문자가 곱해진 개수를 그 문자에 대한 항의 차수라 한다. 그러므로 $5x$의 차수는 1이고, $3x^2$의 차수는 2이다.
다항식에서 차수가 가장 큰 항의 차수를 그 다항식의 차수라 하고, 차수가 1인 다항식을 일차식이라고 한다.

$$3x^2 \leftarrow \text{차수}$$

| 참고 | 상수항의 차수는 0으로 한다.

6 단항식과 수의 곱셈과 나눗셈

단항식과 수의 곱셈은 수끼리 곱하여 문자 앞에 쓴다.
단항식을 수로 나눌 때는 수의 나눗셈과 마찬가지로 나누는 수의 역수를 곱하여 계산한다.

| 참고 | 곱하여 1이 되는 두 수를 서로의 역수라고 한다.

$2x\times 3=2\times x\times 3$
$=2\times 3\times x$ (교환법칙)
$=(2\times 3)\times x$ (결합법칙)
$=6x$

예제 05

다음 식을 간단히 하여라.

❶ $3x\times(-5)=3\times x\times(-5)=3\times(-5)\times x=-15x$

❷ $12a\div 3=12a\times\frac{1}{3}=12\times a\times\frac{1}{3}=12\times\frac{1}{3}\times a=4a$

7 일차식과 수의 곱셈과 나눗셈

일차식과 수의 곱셈은 분배법칙을 이용하여 일차식의 각 항에 그 수를 곱하여 계산한다.

$$3(4x+2)=\underbrace{3\times 4x}_{①}+\underbrace{3\times 2}_{②}=12x+6$$

일차식을 수로 나눌 때는

$$(3x+6)\div 3=(3x+6)\times\frac{1}{3}$$
$$=\underbrace{3x\times\frac{1}{3}}_{①}+\underbrace{6\times\frac{1}{3}}_{②}=x+2$$

예제 06

다음 식을 간단히 하여라.

❶ $\frac{1}{2}(4x-6)=\frac{1}{2}\times 4x+\frac{1}{2}\times(-6)=2x-3$

❷ $(6a-2)\div 2=(6a-2)\times\frac{1}{2}=6a\times\frac{1}{2}+(-2)\times\frac{1}{2}=3a-1$

8 일차식의 덧셈과 뺄셈

문자와 차수가 같은 항을 동류항이라고 한다. 특히, 상수항은 모두 동류항이다.
동류항이 있는 다항식에서는 동류항끼리 모으고 분배법칙을 이용하여 식을 간단히 할 수 있다.

$$\underbrace{2x+1+3x}_{\text{동류항}}=2x+3x+1=(2+3)x+1=5x+1$$

괄호가 있는 두 일차식의 덧셈은 괄호를 푼 후, 동류항끼리 모아서 계산한다.

$(2x+5)+(6x+4)$
$=2x+5+6x+4$
$=(2x+6x)+(5+4)$
$=8x+9$

괄호를 푼다.
동류항끼리 모은다.
동류항끼리 계산한다.

괄호가 있는 두 일차식의 뺄셈은 빼는 식의 각 항의 부호를 바꾸어 더한 후, 두 일차식을 더할 때와 같이 계산한다.

$(2x+5)-(6x+4)$
$=(2x+5)+(-6x-4)$
$=2x+5-6x-4$
$=(2x-6x)+(5-4)$
$=-4x+1$

빼는 식의 각 항의 부호를 바꾸어 더한다.
괄호를 푼다.
동류항끼리 모은다.
동류항끼리 계산한다.

예제 07

$2(3x-1)+3(x+3)$을 계산하여라.

$2(3x-1)+3(x+3)=6x-2+3x+9=(6x+3x)+(-2+9)=9x+7$

02 단항식의 계산

• 지수법칙을 익히고, 계산한다.

1 지수법칙 (I)

$a^2 \times a^3$에서 a^2은 a를 두 번 곱한 수이고, a^3은 a를 세 번 곱한 수이다.

$a^2 \times a^3 = (\underbrace{a \times a}_{2번}) \times (\underbrace{a \times a \times a}_{3번}) = \underbrace{a \times a \times a \times a \times a}_{5번} = a^5$ 이다.

이때 a^5의 지수 5는 $a^2 \times a^3$의 두 지수 2와 3의 합과 같다.

지수의 합

$$a^2 \times a^3 = a^{2+3} = a^5$$

필/수/개/념/정/리

지수법칙 (I)

m, n이 자연수일 때, $a^m \times a^n = a^{m+n}$

2 지수법칙 (II)

$(a^5)^3$은 a^5을 세 번 곱한 수이므로 $(a^5)^3 = a^5 \times a^5 \times a^5 = a^{5+5+5} = a^{5\times 3} = a^{15}$

이때 a^{15}의 지수 15는 $(a^5)^3$의 두 지수 5와 3의 곱과 같다.

지수의 곱

$$(a^5)^3 = a^{5\times3} = a^{15}$$

> **필/수/개/념/정/리**
>
> 지수법칙 (Ⅱ)
>
> m, n이 자연수일 때, $(a^m)^n = a^{mn}$

3 지수법칙 (Ⅲ)

$a \neq 0$일 때, $a^5 \div a^3$, $a^3 \div a^3$, $a^3 \div a^5$은

$$a^5 \div a^3 = \frac{a^5}{a^3} = \frac{\cancel{a}\times\cancel{a}\times\cancel{a}\times a\times a}{\cancel{a}\times\cancel{a}\times\cancel{a}} = a\times a = a^2$$

$$a^3 \div a^3 = \frac{a^3}{a^3} = \frac{\cancel{a}\times\cancel{a}\times\cancel{a}}{\cancel{a}\times\cancel{a}\times\cancel{a}} = 1$$

$$a^3 \div a^5 = \frac{a^3}{a^5} = \frac{\cancel{a}\times\cancel{a}\times\cancel{a}}{\cancel{a}\times\cancel{a}\times\cancel{a}\times a\times a} = \frac{1}{a\times a} = \frac{1}{a^2}$$ 이다.

a^2의 지수 2는 $a^5 \div a^3$의 두 지수 5와 3의 차와 같고, 지수가 같은 거듭제곱의 나눗셈은 1이다. $\frac{1}{a^2}$에서 분모 a^2의 지수 2는 $a^3 \div a^5$의 두 지수 3과 5의 차와 같다.

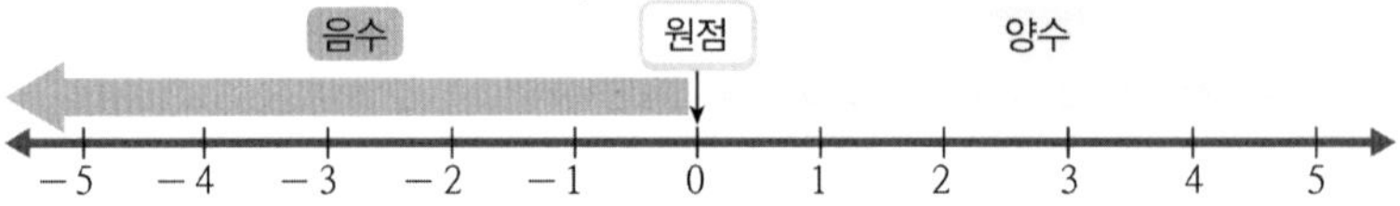

지수의 차

$$a^5 \div a^3 = a^{5-3} = a^2$$

$$a^3 \div a^5 = \frac{1}{a^{5-3}} = \frac{1}{a^2}$$

지수의 차

> **필/수/개/념/정/리**
>
> 지수법칙 (Ⅲ)
>
> $a \neq 0$이고, m, n이 자연수일 때,
>
> ① $m > n$이면 $a^m \div a^n = a^{m-n}$
>
> ② $m = n$이면 $a^m \div a^n = 1$
>
> ③ $m < n$이면 $a^m \div a^n = \frac{1}{a^{n-m}}$

4 지수법칙 (Ⅳ)

$(ab)^3$, $\left(\dfrac{a}{b}\right)^3 (b \neq 0)$은 밑이 각각 ab, $\dfrac{a}{b}$이므로

$(ab)^3 = ab \times ab \times ab = a \times a \times a \times b \times b \times b = a^3b^3$

$\left(\dfrac{a}{b}\right)^3 = \dfrac{a}{b} \times \dfrac{a}{b} \times \dfrac{a}{b} = \dfrac{a \times a \times a}{b \times b \times b} = \dfrac{a^3}{b^3}$이다.

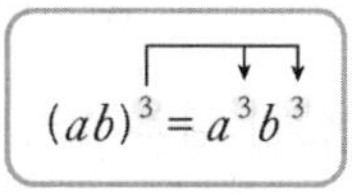

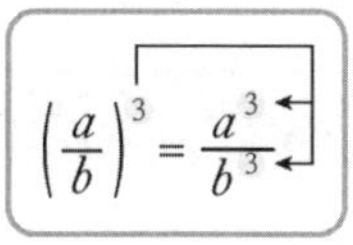

필/수/개/념/정/리

지수법칙 (Ⅳ)

m이 자연수일 때,

① $(ab)^m = a^mb^m$　　② $\left(\dfrac{a}{b}\right)^m = \dfrac{a^m}{b^m} (b \neq 0)$

5 단항식의 곱셈

단항식의 곱셈은 계수는 계수끼리, 문자는 문자끼리 계산한다.

두 단항식의 곱 $4a \times 3b$를 계산하면

$4a \times 3b = (4 \times a) \times (3 \times b) = (4 \times 3) \times (a \times b) = 12ab$

이때 $12ab$에서 12는 두 계수 4와 3의 곱이고, ab는 두 문자 a와 b의 곱이다.

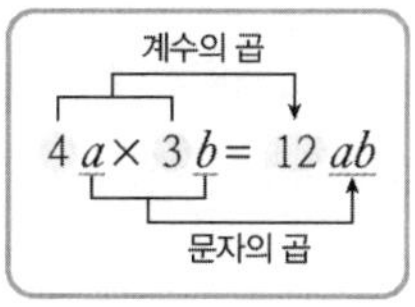

6 단항식의 나눗셈

단항식의 나눗셈은 나눗셈을 곱셈으로 바꾸거나 분수 꼴로 바꾼 다음, 계수는 계수끼리, 문자는 문자끼리 계산한다.

두 단항식의 나눗셈

$$30a^3 \div 6a^2 = 30a^3 \times \frac{1}{6a^2} = 30 \times a^3 \times \frac{1}{6} \times \frac{1}{a^2} = 30 \times \frac{1}{6} \times a^3 \times \frac{1}{a^2} = 5 \times a = 5a$$

이때 $5a$에서 5는 계수끼리의 나눗셈 $30 \div 6$의 몫이고, a는 문자끼리의 나눗셈 $a^3 \div a^2$의 몫이다.

| 참고 | 단항식의 계산에서 곱셈과 나눗셈이 섞여 있는 경우에는 나눗셈을 곱셈으로 바꾸어 계산한다.

예제 01

$12a^3b^2 \times 2b \div 3a^2$을 간단히 하여라.

$$12a^3b^2 \times 2b \div 3a^2 = 12a^3b^2 \times 2b \times \frac{1}{3a^2} = 8ab^3$$

03 다항식의 계산

• 다항식의 계산을 익히고, 그 계산을 할 수 있도록 한다.

1 다항식의 덧셈과 뺄셈

문자가 2개 이상인 다항식의 덧셈, 뺄셈은 일차식의 덧셈, 뺄셈과 같이 괄호가 있으면 괄호를 먼저 풀고 동류항끼리 모아서 계산한다.

이때 다항식의 뺄셈은 빼는 식의 각 항의 부호를 바꾸어 더한다.

그리고 여러 가지 괄호가 있는 다항식의 덧셈과 뺄셈은 소괄호, 중괄호, 대괄호의 순서로 괄호를 풀고 동류항끼리 모아서 계산한다.

소괄호 ( )

↓

중괄호 { }

↓

대괄호 [ ]　　← 괄호를 푸는 순서

예제 01

다음 식을 간단히 하여라.

❶ $(3a-b)+(a+2b) = 3a-b+a+2b$

$= 3a+a-b+2b$

$= 4a+b$

❷ $(3x+2y)-(x-3y) = 3x+2y+(-x+3y)$

$= 3x+2y-x+3y$

$= 3x-x+2y+3y$

$= 2x+5y$

2 이차식과 이차식의 덧셈과 뺄셈

x에 대한 다항식 중에서 차수가 가장 큰 항의 차수가 2인 다항식을 x에 대한 이차식이라고 한다.
예를 들어 다항식 $5x^2+x+2$는 세 개의 항 $5x^2$, x, 2의 합으로 이루어져 있으며 이 중에서 차수가 가장 큰 항은 $5x^2$이고 그 차수는 2이다.
그러므로 $5x^2+x+2$는 x에 대한 이차식이다.
이차식의 덧셈, 뺄셈은 일차식의 덧셈, 뺄셈과 같이 괄호가 있으면 먼저 괄호를 풀고 동류항끼리 모아서 계산한다.

예제 02

다음 식을 간단히 하여라.

❶ $$\begin{aligned}(2x^2+2x+1)+(3x^2-5x+2) &= 2x^2+2x+1+3x^2-5x+2\\ &= 2x^2+3x^2+2x-5x+1+2\\ &= 5x^2-3x+3\end{aligned}$$

$$\begin{array}{r} 2x^2+2x+1 \\ +\,\underline{)\,3x^2-5x+2} \\ 5x^2-3x+3 \end{array}$$

❷ $$\begin{aligned}(3x^2-2x+1)-(2x^2-2x+3) &= 3x^2-2x+1-2x^2+2x-3\\ &= 3x^2-2x^2-2x+2x+1-3\\ &= x^2-2\end{aligned}$$

$$\begin{array}{r} 3x^2-2x+1 \\ -\,\underline{)\,2x^2-2x+3} \\ x^2\qquad\;\,-2 \end{array}$$

3 다항식의 곱셈

단항식과 다항식의 곱셈은 수와 다항식의 곱셈과 같이 분배법칙을 이용하여 단항식을 다항식의 각 항에 곱하여 계산한다.

예를 들어 $2x(x+y)$를 계산하면

$$2x(x+y) = 2x \times x + 2x \times y$$
$$= 2x^2 + 2xy$$

그리고, 단항식과 다항식의 곱셈에서 괄호를 풀어 하나의 다항식으로 나타내는 것을 전개한다고 한다.

$$2x(x+y) = 2x^2 + 2xy$$

전개

예제 03

다음 식을 전개하여라.

❶ $2a(3a+5b) = 2a \times 3a + 2a \times 5b = 6a^2 + 10ab$

❷ $-3x(2x+y-4) = (-3x) \times 2x + (-3x) \times y + (-3x) \times (-4)$

$= -6x^2 - 3xy + 12x$

4 다항식을 단항식으로 나누는 방법

다항식을 단항식으로 나눌 때에는

나눗셈을 곱셈으로 바꾸거나 ➜ $(A+B)\div C=(A+B)\times\frac{1}{C}=A\times\frac{1}{C}+B\times\frac{1}{C}=\frac{A}{C}+\frac{B}{C}$

분수 꼴로 바꾼다. ➜ $(A+B)\div C=\frac{A+B}{C}=\frac{A}{C}+\frac{B}{C}$

그 다음 계수는 계수끼리, 문자는 문자끼리 계산한다.

예제 04

다음 식을 간단히 하여라.

방법1 $(6a^2-10ab)\div 2a=(6a^2-10ab)\times\frac{1}{2a}$

$=6a^2\times\frac{1}{2a}-10ab\times\frac{1}{2a}$

$=3a-5b$

방법2 $(6a^2-10ab)\div 2a=\frac{6a^2-10ab}{2a}$

$=\frac{6a^2}{2a}-\frac{10ab}{2a}$

$=3a-5b$

04 곱셈 공식

- 다항식의 곱셈을 익히고, 다항식을 전개할 수 있도록 한다.
- 곱셈 공식을 암기한다.

1 다항식과 다항식의 곱셈

다항식과 다항식의 곱셈을 전개할 때, 분배법칙을 이용하여 정리하고 동류항이 있으면 동류항끼리 모아서 계산한다.

필/수/개/념/정/리

다항식의 곱셈

$$(a+b)(c+d)=\underset{①}{ac}+\underset{②}{ad}+\underset{③}{bc}+\underset{④}{bd}$$

예제 01

다음 식을 전개하여라.

$(a+1)(b-2)=a\times b+a\times(-2)+1\times b+1\times(-2)=ab-2a+b-2$

2 같은 다항식을 두 번 곱하는 경우의 전개 [곱셈 공식 (I)]

분배법칙을 이용하여 $(a+b)^2$, $(a-b)^2$을 각각 전개하면

$(a+b)^2=(a+b)(a+b)=a^2+ab+ab+b^2=a^2+2ab+b^2$

$(a-b)^2=(a-b)(a-b)=a^2-ab-ab+b^2=a^2-2ab+b^2$

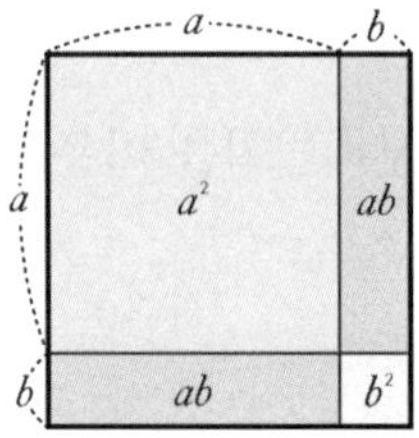

$(a+b)^2=a^2+2ab+b^2$

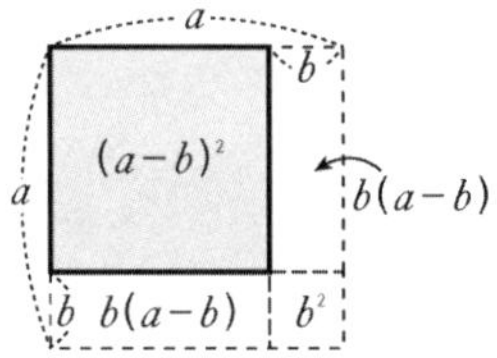

$(a-b)^2=a^2-2ab+b^2$

필/수/개/념/정/리

곱셈 공식 (I)

① $(a+b)^2=a^2+2ab+b^2$

② $(a-b)^2=a^2-2ab+b^2$

예제 02

다음 식을 전개하여라.

❶ $(a+5)^2=a^2+2\times a\times 5+5^2=a^2+10a+25$

❷ $(x-2y)^2=x^2-2\times x\times 2y+(2y)^2=x^2-4xy+4y^2$

3 합과 차를 곱하는 경우의 전개 [곱셈 공식 (Ⅱ)]

분배법칙을 이용하여 $(a+b)(a-b)$를 전개하면 $(a+b)(a-b)=a^2-ab+ab-b^2=a^2-b^2$

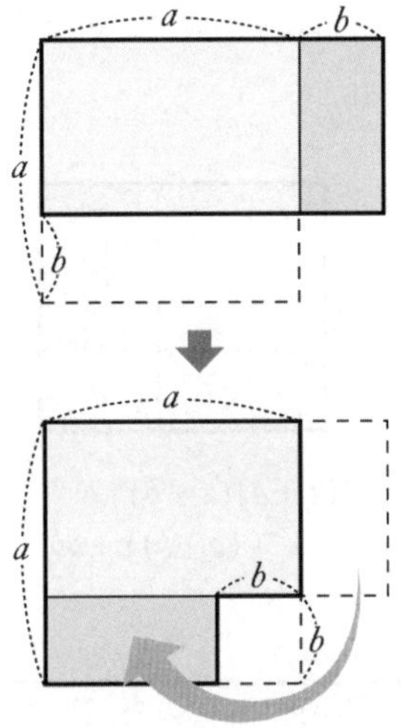

$(a+b)(a-b)=a^2-b^2$

필/수/개/념/정/리

곱셈 공식 (Ⅱ)

$(a+b)(a-b)=a^2-b^2$

예제 03

다음 식을 전개하여라.

❶ $(a+2)(a-2)=a^2-2^2=a^2-4$

❷ $(x+3y)(x-3y)=x^2-(3y)^2=x^2-9y^2$

4 일차식과 일차식의 곱의 전개 [곱셈 공식 (Ⅲ)]

분배법칙을 이용하여 $(x+a)(x+b)$, $(ax+b)(cx+d)$를 각각 전개하면

$(x+a)(x+b)=x^2+bx+ax+ab=x^2+(a+b)x+ab$

$(ax+b)(cx+d)=acx^2+adx+bcx+bd=acx^2+(ad+bc)x+bd$

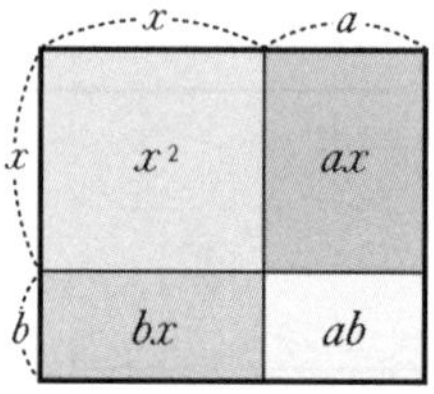

$(x+a)(x+b)$
$=x^2+(a+b)x+ab$

필/수/개/념/정/리

곱셈 공식 (Ⅲ)

① $(x+a)(x+b)=x^2+(a+b)x+ab$

② $(ax+b)(cx+d)=acx^2+(ad+bc)x+bd$

예제 04

다음 식을 전개하여라.

❶ $(x+5)(x+2)=x^2+(5+2)x+5\times2=x^2+7x+10$

❷ $(3x-1)(5x+2)=(3\times5)x^2+\{3\times2+(-1)\times5\}x+(-1)\times2$
$=15x^2+x-2$

05 다항식의 인수분해

- 인수분해의 뜻을 익히고, 인수분해 공식을 암기한다.
- 여러 가지 복잡한 식을 인수분해할 수 있도록 한다.

1 인수분해

하나의 다항식을 두 개 이상의 다항식의 곱으로 나타낼 때, 각각의 다항식을 처음 다항식의 인수라고 한다.

또, $x^2+4x+3=(x+1)(x+3)$과 같이 하나의 다항식을 두 개 이상의 인수의 곱으로 나타내는 것을 그 다항식을 인수분해한다고 한다.

$$x^2+4x+3 \underset{\text{전개}}{\overset{\text{인수분해}}{\rightleftarrows}} (x+1)(x+3)$$

2 $mx+my$의 인수분해

다항식의 각 항에 공통으로 들어 있는 인수가 있으면 그 인수로 묶어 내어 인수분해한다.

다항식 $ma+mb$를 분배법칙을 이용하여 두 항 ma, mb에 공통으로 들어 있는 인수 m으로 묶어 내면

$$ma+mb=m(a+b)$$

예제 01

다음 식을 인수분해하여라.

❶ $ax-ay$

ax, $-ay$에 공통으로 들어 있는 인수는 a이므로

$ax-ay=a\times x-a\times y=a(x-y)$

❷ $3x^2+6xy$

$3x^2$, $6xy$에 공통으로 들어 있는 인수는 $3x$이므로

$3x^2+6xy=3x\times x+3x\times 2y=3x(x+2y)$

3 인수분해 공식 (I)

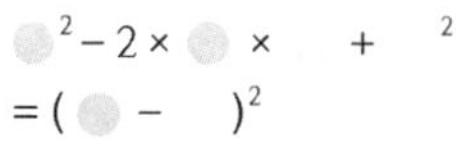

다항식 $(a+b)^2$, $2(x+5)^2$과 같이 다항식의 제곱으로 된 식 또는 이 식에 상수를 곱한 식을 완전제곱식이라고 한다.

필/수/개/념/정/리

인수분해 공식 (I)

$a^2+2ab+b^2=(a+b)^2$, $a^2-2ab+b^2=(a-b)^2$

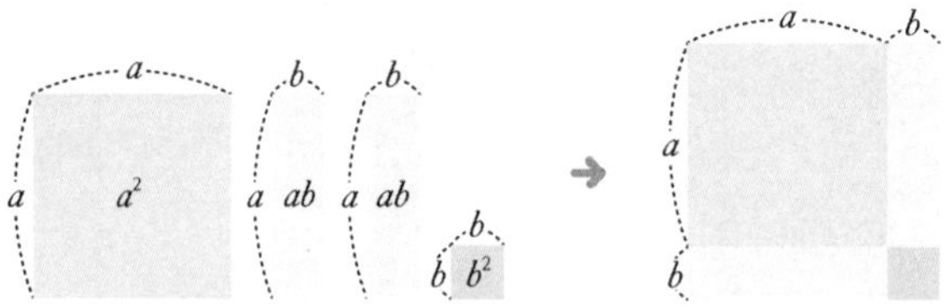

예제 02

다항식 $4x^2-12xy+9y^2$을 인수분해하여라.

$$4x^2-12xy+9y^2=(2x)^2-2\times 2x\times 3y+(3y)^2$$
$$=(2x-3y)^2$$

4 인수분해 공식 (Ⅱ)

필/수/개/념/정/리

인수분해 공식 (Ⅱ)

$a^2-b^2=(a+b)(a-b)$

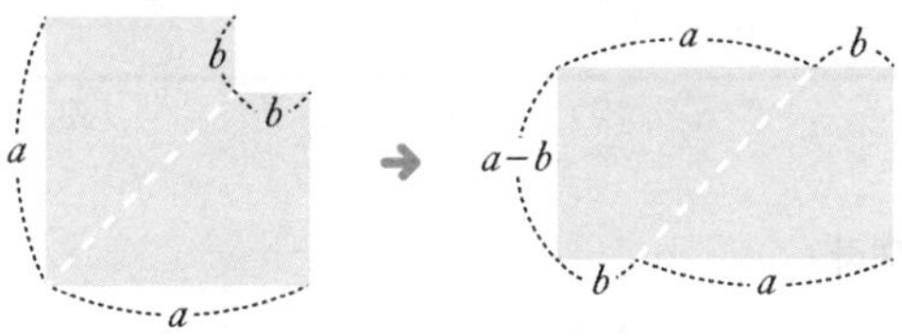

예제 03

다음 식을 인수분해하여라.

❶ $a^2-4=a^2-2^2=(a+2)(a-2)$

❷ $4x^2-25y^2=(2x)^2-(5y)^2=(2x+5y)(2x-5y)$

5 인수분해 공식 (Ⅲ)

곱셈 공식 $(x+a)(x+b)=x^2+(a+b)x+ab$에서 좌변과 우변의 위치를 서로 바꾸어 생각하면 $x^2+(a+b)x+ab=(x+a)(x+b)$가 된다.

그러므로 $x^2+\underbrace{(a+b)}_{\text{합}}x+\underbrace{ab}_{\text{곱}}$는 $(x+a)(x+b)$로 인수분해된다.

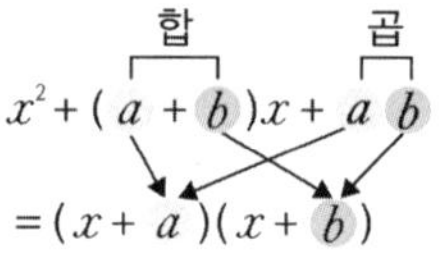

필/수/개/념/정/리

인수분해 공식 (Ⅲ)

$x^2+(a+b)x+ab=(x+a)(x+b)$

예제 04

다항식 x^2+5x+6을 인수분해하여라.

곱이 6인 두 정수 중에서 합이 5인 두 정수는 2와 3이므로

x^2+5x+6을 인수분해하면

$x^2+5x+6=(x+2)(x+3)$

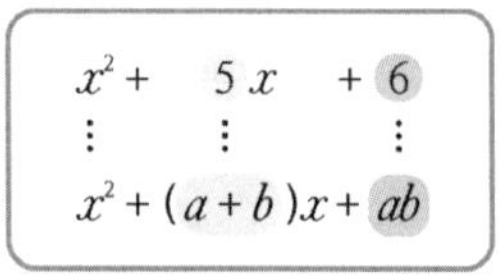

6 인수분해 공식 (Ⅳ)

필/수/개/념/정/리

인수분해 공식 (Ⅳ)

$acx^2 + (ad + bc)x + bd = (ax + b)(cx + d)$

예를 들어 다항식 $3x^2 + 7x + 2$를 인수분해하려면 먼저 다항식 $3x^2 + 7x + 2$를 위의 공식의 좌변과 비교한다.

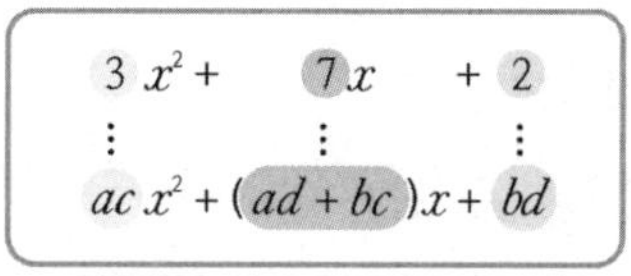

→ $ac = 3,\ ad + bc = 7,\ bd = 2$

이것을 만족하는 네 정수 $a,\ b,\ c,\ d$를 찾는다.

$ac = 3$인 두 정수 $a,\ c$와

$bd = 2$인 두 정수 $b,\ d$를 구하여 나열한 후,

$ad + bc = 7$이 되는 $a,\ b,\ c,\ d$는

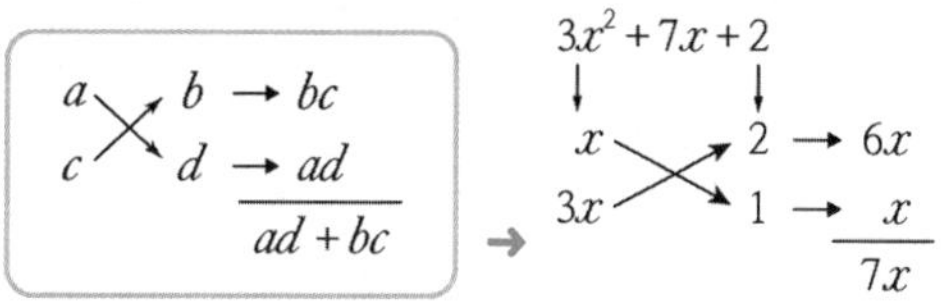

$a = 1,\ b = 2,\ c = 3,\ d = 1$이므로 $3x^2 + 7x + 2$를 인수분해하면

$\therefore\ 3x^2 + 7x + 2 = (x + 2)(3x + 1)$

| 참고 | 다항식을 인수분해할 때, 각 항에 공통으로 들어 있는 인수가 있으면 먼저 그 인수로 묶어 낸 다음에 인수분해 공식을 이용하여 인수분해한다.

예제 05

다항식 $2x^2-11x+5$를 인수분해하여라.

$ac=2$, $ad+bc=-11$, $bd=5$를 만족하는 네 정수 a, b, c, d를 찾으면

$$\begin{array}{llcl} 1 & \searrow\nearrow \; -5 & \rightarrow & -10 \\ 2 & \nearrow\searrow \; -1 & \rightarrow & -1 \\ \hline & & & -11 \end{array} \Rightarrow a=1,\ b=-5,\ c=2,\ d=-1$$

다항식 $2x^2-11x+5$를 인수분해하면

$\therefore\ 2x^2-11x+5=(x-5)(2x-1)$

$$\begin{array}{ccccc} 2\,x^2 + & (& -11 &)x\ + & 5 \\ \vdots & & \vdots & & \vdots \\ ac\,x^2 + & (& ad+bc &)x + & bd \end{array}$$

PART II

적중 예상 문제

정답 및 해설 9p

01 $x=1$, $y=-3$일 때, $3x+2y$의 값은?

① -5　② -3
③ 3　④ 6

02 $x=4$일 때, $3x-6$의 값은?

① 2　② 4
③ 6　④ 8

03 다음을 문자를 사용한 식으로 바르게 나타낸 것은?

> 형의 나이가 a살일 때, 형보다 3살 적은 동생의 나이

① $a+3$　② $a\times3$
③ $a-3$　④ $a\div3$

04 다음을 문자를 사용한 식으로 바르게 나타낸 것은?

> 딸기를 4명에게 a개씩 나누어 주고 1개가 남았을 때, 딸기의 총 개수

① $4a-1$　② $a+5$
③ $(4-a)+1$　④ $4a+1$

05 다음을 문자를 사용한 식으로 바르게 나타낸 것은?

> 한 권에 500원 하는 공책 x권을 사고 3000원을 냈을 때의 거스름돈

① $3000+500x$　② $500x-3000$
③ $3000-500x$　④ $3000\times500x$

06 다음을 문자를 사용한 식으로 바르게 나타낸 것은?

길이가 x cm 인 끈을 5등분했을 때, 한 조각의 길이

① $x+5$(cm) ② $x-5$(cm)
③ $x\times5$(cm) ④ $x\div5$(cm)

07 $x=-2$일 때, $-3x+4$의 값은?

① 5 ② 10
③ 15 ④ 20

08 $x=-1$일 때, 다음 중 식의 값이 가장 큰 것은?

① $3x$ ② $x+3$
③ $-3x$ ④ $x-3$

09 $a=5$, $b=-4$일 때, $2a+5b$의 값은?

① -10 ② 10
③ -20 ④ 20

10 $-3x-4+5x$를 간단히 하면?

① $2x$ ② $8x-4$
③ $2x-4$ ④ $2x+4$

11 $-4(-3x+1)$을 계산하면?

① $-12x+4$ ② $-12x-4$
③ $12x+4$ ④ $12x-4$

12 $3x^2 \times (-x^3)$을 간단히 하면?

① $-3x^6$　② $-3x^5$　③ $3x^5$　④ $3x^6$

13 $x^3 \times y^2 \times x^4 \times y^6$을 간단히 하면?

① x^5y^6　② x^6y^7　③ x^7y^8　④ x^8y^8

14 $5a^3 \times 2a^3$을 간단히 하면?

① $7a^6$　② $10a^6$　③ $7a^9$　④ $10a^9$

15 $x^2 \times x^3 \times x^4$을 간단히 하면?

① x^{24}　② x^{12}　③ x^{10}　④ x^9

16 식의 계산 결과가 $2a^3$인 것은?

① $a \times a^2$　② $2a \times a^3$　③ $2a \times a^2$　④ $2a^2 \times a^2$

17 $-3a^4 \times 7a^6$을 간단히 하면?

① $-10a^{10}$　② $-21a^{24}$　③ $-21a^{10}$　④ $-10a^{10}$

18 $2x^2 \times x^3y^2 \times x^4y^3 = 2x^ay^b$일 때, $a+b$의 값은?

① 11　② 12

③ 13　④ 14

19 $(-2ab)^2$을 간단히 하면?

① $-4a^2b^2$　② $4a^2b^2$

③ $2a^2b^2$　④ $-2a^2b^2$

20 다음 중 옳은 것은?

① $x^2 \times x^4 = x^8$　② $x^8 \div x^4 = x^2$

③ $(x^2)^4 = x^8$　④ $x^2 + x^3 = x^5$

21 $x^{\square} \times x^3 = x^7$일 때, □ 안에 알맞은 수는?

① 1　② 2

③ 3　④ 4

22 $(3x+2y)+(2x-5y)$를 간단히 하면?

① $5x-3y$　② $6x+5y$

③ $5x+3y$　④ $6x-10y$

23 아래 직사각형은 □ABFE와 □EFCD를 합쳐 놓은 것이다. 합쳐진 직사각형 □ABCD의 넓이는?

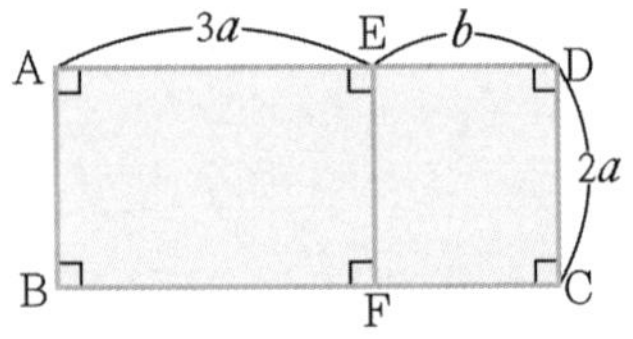

① $3a^2+b$　② $5a+b$

③ $6a^2+2ab$　④ $6a^2+2b^2$

24 $(a+2)(a+6)$을 전개한 것은?

① $a^2-8a+12$　② $a^2+8a+12$
③ $a^2+12a+12$　④ $a^2-12a+12$

25 $(a+5)^2$을 전개하면?

① a^2+5　② a^2+25
③ $a^2+10a+25$　④ $a^2+5a+10$

26 $(a+5)(a-5)$를 전개하면?

① a^2-10　② $a^2+10a+25$
③ a^2+25　④ a^2-25

27 $(a+4)^2$을 전개하면?

① $a^2+8a+16$　② a^2+16
③ $a^2+4a+16$　④ a^2+8a+4

28 $(a+1)(a-5)$를 전개하면?

① a^2-6a+5　② a^2-4a+5
③ a^2-4a-5　④ a^2+4a-5

29 $ab+3ac$를 인수분해하면?

① $a^2(b+3c)$　② $a(b+3c)$
③ $3a(b+c)$　④ $a(ab+3ac)$

30 x^2-6x+9를 인수분해하면?

① $(x+1)^2$ ② $(x-2)^2$
③ $(x+3)^2$ ④ $(x-3)^2$

31 x^2-5x+6을 인수분해하면?

① $(x+2)(x+3)$ ② $(x-2)(x+3)$
③ $(x+2)(x-3)$ ④ $(x-2)(x-3)$

32 $x=5$일 때, $x^2+10x+25$의 값은?

① 10 ② 100
③ 50 ④ 500

33 x^2-4를 인수분해하면?

① $(x+2)^2$ ② $(x-2)^2$
③ $(x+2)(x-2)$ ④ $(x-1)(x+4)$

34 $x^2+6x+9=(x+\square)^2$에서 □ 안에 알맞은 수는?

① 1 ② 2
③ 3 ④ 4

35 x^2-81을 인수분해하면
$x^2-81=(x+\square)(x-\square)$ 이다.
□ 안에 공통으로 들어갈 수 있는 수는?

① 3 ② 9
③ -81 ④ 81

36 이차식 x^2+x-6을 인수분해하면?

① $(x-2)(x+3)$ ② $(x+2)(x+3)$
③ $(x-2)(x-3)$ ④ $(x+2)(x-3)$

37 $a^2-1=(a+1)(\quad)$에서 $\boxed{\quad}$에 들어갈 알맞은 식은?

① $a+1$ ② $-a+1$
③ $a-1$ ④ $-a-1$

38 다항식 x^2-6x+8의 인수는?

① $x-2$ ② $x-3$
③ $x+4$ ④ $x-6$

39 $x^2-7x+10$의 인수가 아닌 것은?

① $x-2$ ② $x-5$
③ $(x-2)(x-5)$ ④ $x-4$

40 x^2+3x+2의 인수인 것은?

① $x+1$ ② $x-1$
③ $x+3$ ④ $x-3$

41 직사각형 모양의 사진이 있다. 이 사진의 넓이는 x^2+4x+3이고 세로의 길이는 $x+1$일 때, 가로의 길이는?

① $x+1$ ② $x+2$
③ $x+3$ ④ $x+4$

42 그림과 같이 넓이가 x^2-7x+6인 직사각형 모양의 동물원이 있다. 이 동물원의 세로의 길이가 $x-6$일 때, 가로의 길이는?

① $x-1$ ② $x-2$
③ $x-3$ ④ $x-4$

43 가로의 길이가 5, 세로의 길이가 $x-3$인 직사각형이 있다. 이 직사각형의 둘레의 길이를 x에 관한 식으로 나타내면?

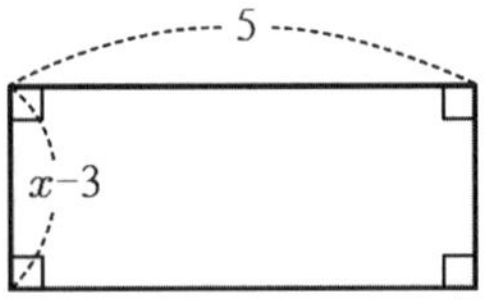

① $2x+4$ ② $2x-4$
③ $3x+5$ ④ $3x-5$

44 다음 사각형의 둘레의 길이를 문자를 사용한 식으로 나타내면?

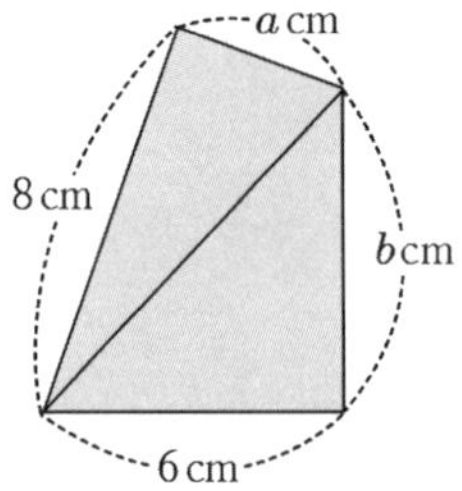

① $ab+14$ ② $8a+6b$
③ $a+b+14$ ④ $48ab$

memo

EBS 교육방송교재

중졸 검정고시 수학

PART

III

방정식과 부등식

등식의 성질, 가감법, 대입법, 인수분해 등을 이용하여 일차방정식, 이차방정식, 연립방정식과 같은 여러 가지 방정식들의 해를 구하는 방법을 학습하고, 부등식의 성질을 이용하여 일차부등식의 해를 구하고 그 해를 수직선 위에 나타내는 방법을 학습하는 단원이다.

01 일차방정식

- 방정식과 항등식의 뜻을 알고 익힌다.
- 등식의 성질을 익히고, 여러 가지 복잡한 일차방정식의 해를 구한다.

1 등식

식 $3+6=9$, $3x+1=7$과 같이 등호(=)를 사용하여 수량 사이의 관계를 나타낸 식을 등식이라 한다.
등식에서 등호의 왼쪽 부분을 좌변, 오른쪽 부분을 우변이라 하고, 좌변과 우변을 통틀어 양변이라고 한다.

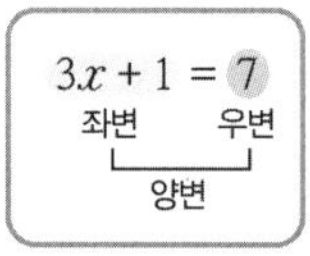

예제 01

❶ 다음 중 등식을 모두 찾아라.

㉠ $7-2=5$

㉡ $(1+10)+(2+9)$

㉢ $1+2x=11$

㉣ $(x-1)+x+(x+1)$

→ ㉠과 ㉢

❷ 아래 문장을 등식으로 나타내어라.

㉠ 어떤 수 x에 3배를 하고 5를 더하면 11이 된다.

→ $3x+5=11$

㉡ 길이가 100cm 인 끈을 $x$cm 씩 3번을 잘랐더니 13cm 가 남았다.

→ $100-3x=13$

2 방정식

x의 값에 따라 참이 되기도 하고 거짓이 되기도 하는 등식을 x에 대한 방정식이라고 한다. 이때 문자 x를 그 방정식의 미지수라 하고, 방정식을 참이 되게 하는 미지수의 값을 그 방정식의 해 또는 근이라 한다. 또, 방정식의 해를 구하는 것을 방정식을 푼다고 한다.
예를 들어 $2x+1=7$은 x에 대한 방정식이고, 이 방정식의 해는 $x=3$이다.

$2x + 1 = 7$
↑
미지수

$2 \times 3 + 1 = 7$
↑
해 또는 근

3 항등식

미지수 x에 어떤 값을 대입하여도 항상 참이 되는 등식을 x에 대한 항등식이라 한다.
예를 들어 등식 $x+(x+1)=2x+1$은 x에 어떤 값을 대입하여도 항상 참이 되므로 항등식이다.

예제 02

다음 등식이 방정식인지 항등식인지 구분하여라.

❶ 등식 $2x-2=4$
$x=3$일 때는 참이 되지만 $x=1$일 때는 거짓이 되므로 방정식이다.

❷ 등식 $3(x-1)=3x-3$
미지수 x에 어떤 값을 대입하여도 항상 참이 되므로 항등식이다.

4 등식의 성질

등식의 양변에 같은 수를 더하거나 빼거나 곱하거나 0이 아닌 수로 나누어도 등식은 변하지 않는다.

필/수/개/념/정/리

등식의 성질

① 등식의 양변에 같은 수를 더하여도 등식은 성립한다.

$a=b$이면 ➔ $a+c=b+c$

② 등식의 양변에서 같은 수를 빼어도 등식은 성립한다.

$a=b$이면 ➔ $a-c=b-c$

③ 등식의 양변에 같은 수를 곱하여도 등식은 성립한다.

$a=b$이면 ➔ $ac=bc$

④ 등식의 양변을 0이 아닌 같은 수로 나누어도 등식은 성립한다.

$a=b$이면 ➔ $\frac{a}{c}=\frac{b}{c}\ (c\neq 0)$

5 등식의 성질을 이용한 방정식의 풀이

등식의 성질을 이용하여 방정식을 $x=$(수)의 꼴로 고쳐서 그 해를 구한다.

예를 들어 방정식 $2x-3=7$을 등식의 성질을 이용하여 풀 수 있다.

$$2x-3=7 \xrightarrow[\text{등식의 성질 ①}]{\text{양변에 3을 더한다.}} 2x=10 \xrightarrow[\text{등식의 성질 ④}]{\text{양변을 2로 나눈다.}} x=5$$

이므로 $x=5$는 방정식의 해이다.

6 이항

등식의 성질을 이용하여 등식의 한 변에 있는 항을 부호를 바꾸어 다른 변으로 옮기는 것을 이항이라고 한다.

$x-5=2$

이항

$x=2+5$

7 일차방정식의 풀이

방정식의 모든 항을 좌변으로 이항하여 정리한 식이
(x에 대한 일차식)$=0$ 의 꼴이 되는 방정식을 미지수 x에 대한 일차방정식이라 한다.
예를 들어 방정식 $x-5=-2x+3$에서 우변에 있는 항 $-2x$, 3을 모두 좌변으로 이항하여 동류항끼리 모아서 정리하면 $3x-8=0$이고, 좌변 $3x-8$은 x에 대한 일차식이므로 $x-5=-2x+3$은 일차방정식이다.
일차방정식을 풀 때는 미지수 x를 포함한 항은 좌변으로, 상수항은 우변으로 이항하여 $ax=b$의 꼴로 고쳐서 푼다.

예제 03

일차방정식 $x+5=-2x+11$을 풀어라.

5를 우변으로, $-2x$를 좌변으로 이항하면 $x+2x=11-5$ ➜ $3x=6$

양변을 3으로 나누면 $\frac{3x}{3}=\frac{6}{3}$

따라서 $x=2$

8 복잡한 일차방정식의 풀이 (I)

괄호가 있는 일차방정식은 분배법칙을 이용하여 괄호를 푼 후에 해를 구한다.

예제 04

일차방정식 $2(x+5)=x+9$를 풀어라.

괄호를 풀면 $2x+10=x+9$

10을 우변으로, x를 좌변으로 이항하면 $2x-x=9-10$

따라서 $x=-1$

9 복잡한 일차방정식의 풀이 (II)

계수가 소수인 일차방정식은 양변에 10, 100, 1000, … 중에서 알맞은 수를 곱하여 계수를 정수로 고친 후 해를 구한다.

예제 05

일차방정식 $0.1x-2=-0.2x+1.6$을 풀어라.

양변에 10을 곱하면 $x-20=-2x+16$

-20을 우변으로, $-2x$를 좌변으로 이항하면 $x+2x=16+20$, $3x=36$

양변을 3으로 나누면 $\frac{3x}{3}=\frac{36}{3}$

따라서 $x=12$

10 복잡한 일차방정식의 풀이 (Ⅲ)

계수가 분수인 일차방정식은 양변에 분모의 최소공배수를 곱하여 계수를 정수로 고친 후 해를 구한다.

예제 06

일차방정식 $\frac{1}{4}x+\frac{5}{4}=-\frac{1}{6}x$ 를 풀어라.

양변에 분모 4, 6의 최소공배수 12를 곱하면 $3x+15=-2x$

15를 우변으로, $-2x$를 좌변으로 이항하면 $3x+2x=-15$ ➜ $5x=-15$

양변을 5로 나누면 $\frac{5x}{5}=-\frac{15}{5}$

따라서 $x=-3$

필/수/개/념/정/리

일차방정식의 풀이 방법

① 계수가 소수 또는 분수이면 양변에 알맞은 수를 곱하여 계수를 모두 정수로 고친다.

② 괄호가 있으면 괄호를 푼다.

③ 미지수 x를 포함한 항은 좌변으로, 상수항은 우변으로 이항하여 $ax=b$의 꼴로 정리한다.

④ 양변을 x의 계수 a로 나누어 $x=$(수)의 꼴로 나타낸다.

11 일차방정식의 활용 심화 과정

일차방정식을 활용하여 실생활 문제를 해결할 때는 구하려고 하는 수량을 미지수로 놓고, 문제에 주어진 조건을 이용하여 수량 사이의 관계를 일차방정식으로 나타내어 푼다.

예를 들어 "2023년 올해 아버지의 나이는 52세, 딸의 나이는 14세이다. 아버지의 나이가 딸의 나이의 3배가 되는 것은 몇 년 후인지 구하여라"는 문제를 일차방정식으로 나타내어 해를 구하면

<table>
<tr><td>❶ 미지수 정하기</td><td>문제의 뜻을 이해하고,
구하려는 것을
미지수 x로 놓는다.</td><td>x년 후에 아버지의 나이가
딸의 나이의 3배가 된다고 하자.</td></tr>
<tr><td>❷ 방정식 세우기</td><td>주어진 조건을 이용하여
수량 사이의 관계를
찾아 방정식을 세운다.</td><td>올해와 x년 후의 아버지와 딸의
나이를 표로 나타내면
<table>
<tr><th>구분</th><th>올해(세)</th><th>x년 후(세)</th></tr>
<tr><td>아버지</td><td>52</td><td>$52+x$</td></tr>
<tr><td>딸</td><td>14</td><td>$14+x$</td></tr>
</table>
표를 보고 방정식을 세우면
$52+x=3(14+x)$</td></tr>
<tr><td>❸ 방정식 풀기</td><td>❷에서 세운
일차방정식을 푼다.</td><td>괄호를 풀면
$52+x=42+3x$
52는 우변으로, $3x$는 좌변으로
각각 이항하면
$x-3x=42-52$
$-2x=-10 \quad \therefore x=5$
따라서 5년 후에 아버지의 나이가
딸의 나이의 3배가 된다.</td></tr>
</table>

02 연립방정식

- 미지수가 2개인 일차방정식을 익힌다.
- 가감법, 대입법을 이용하여 연립방정식의 해를 구한다.

1 미지수가 2개인 일차방정식

등식 $2x+y=10$은 미지수가 x, y의 2개이고 x, y에 대한 차수가 모두 1이다.
이와 같이 미지수가 2개이고 그 차수가 모두 1인 방정식을 미지수가 2개인 일차방정식 또는 간단히 일차방정식이라고 한다.
미지수가 x, y 2개인 일차방정식은

$$ax+by+c=0 \ (a,\ b,\ c\text{는 상수},\ a\neq 0,\ b\neq 0)$$

2 미지수가 2개인 연립방정식

미지수가 2개인 두 일차방정식을 한 쌍으로 묶어 놓은 것을 미지수가 2개인 연립일차방정식 또는 간단히 연립방정식이라고 한다.
두 일차방정식을 동시에 만족시키는 x, y의 값 또는 그 순서쌍 $(x,\ y)$를 연립방정식의 해라고 하며, 연립방정식의 해를 구하는 것을 연립방정식을 푼다고 한다.
두 일차방정식 $x+y=6$, $4x+2y=20$을 동시에 만족시키는 x, y의 값을 구할 때, 두 일차방정식을 한 쌍으로 묶어서 나타낼 수 있다.

$\begin{cases} x+y=6 \\ 4x+2y=20 \end{cases}$ ← 연립일차방정식 또는 간단히 연립방정식

3 연립방정식의 풀이 (가감법 Ⅰ)

미지수가 2개인 연립방정식을 풀 때, 두 일차방정식을 변끼리 더하거나 빼서 한 미지수를 소거하여 해를 구할 수 있다.

예제 01

연립방정식 $\begin{cases} 2x+3y=2300 \\ 2x+y=1700 \end{cases}$ 의 해를 구하면?

연립방정식 $\begin{cases} 2x+3y=2300 & \cdots\cdots \text{㉠} \\ 2x+y=1700 & \cdots\cdots \text{㉡} \end{cases}$ 에서

㉠에서 ㉡을 좌변은 좌변끼리, 우변은 우변끼리 빼면

$(2x+3y)-(2x+y)=2300-1700$

$2y=600$ ⋯⋯ ㉢이다.

그러면 미지수가 1개인 일차방정식이 된다.

이때 방정식 ㉢의 양변을 2로 나누어 y의 값을 구하면 $y=300$이고,

$y=300$을 방정식 ㉡에 대입하여 x의 값을 구하면

$2x+300=1700$ ➜ $2x=1400$ ➜ $x=700$

따라서 연립방정식의 해는 $x=700$, $y=300$

$$\begin{array}{rr} & 2x+3y=2300 \\ -) & 2x+y=1700 \\ \hline & 2y=600 \end{array}$$

4 연립방정식의 풀이 (가감법 Ⅱ)

연립방정식의 두 일차방정식에서 미지수 x, y의 계수의 절댓값이 각각 다른 경우에는 두 식을 변끼리 더하거나 빼어도 미지수가 소거되지 않는다.

이와 같은 경우에는 각 방정식의 양변에 적당한 수를 곱하여 x 또는 y의 계수의 절댓값이 같도록 한 다음 변끼리 더하거나 빼어서 해를 구한다.

예제 02

연립방정식 $\begin{cases} 3x+2y=11 \\ 4x-3y=9 \end{cases}$ 의 해를 구하면?

연립방정식 $\begin{cases} 3x+2y=11 & \cdots\cdots \text{㉠} \\ 4x-3y=9 & \cdots\cdots \text{㉡} \end{cases}$ 에서

y를 소거하기 위하여 ㉠의 양변에 3을 곱하고,

㉡의 양변에 2를 곱하여 y의 계수의 절댓값을 같게 하면

$\begin{cases} 9x+6y=33 & \cdots\cdots \text{㉢} \\ 8x-6y=18 & \cdots\cdots \text{㉣} \end{cases}$

㉢과 ㉣을 변끼리 더하면

$(9x+6y)+(8x-6y)=33+18$

$17x=51 \quad \therefore x=3$

$x=3$을 ㉠에 대입하면

$3\times3+2y=11 \rightarrow 9+2y=11 \rightarrow 2y=2 \quad \therefore y=1$

따라서 구하는 해는 $x=3$, $y=1$

$$\begin{array}{rr} & 9x+6y=33 \\ +) & 8x-6y=18 \\ \hline & 17x \quad\ \ =51 \end{array}$$

5 연립방정식의 풀이 (대입법)

어느 한 방정식이 $x=$(y에 대한 식) 또는 $y=$(x에 대한 식) 꼴일 때에는 그 식을 다른 방정식의 문자에 대입하여 해를 구할 수 있다.

예제 03

연립방정식 $\begin{cases} y=x+4 \\ x+y=20 \end{cases}$ 의 해를 구하면?

연립방정식 $\begin{cases} y=x+4 & \cdots\cdots ㉠ \\ x+y=20 & \cdots\cdots ㉡ \end{cases}$ 에서

y를 소거하기 위하여 ㉠을 ㉡에 대입하면

$x+(x+4)=20$ …… ㉢이다.

그러면 미지수가 1개인 일차방정식이 된다.

㉢을 정리하여 풀면 $2x+4=20$ ➜ $2x=16$

$\therefore\ x=8$

$x=8$을 ㉠에 대입하면 $y=8+4$ $\therefore\ y=12$

따라서 연립방정식의 해는 $x=8$, $y=12$

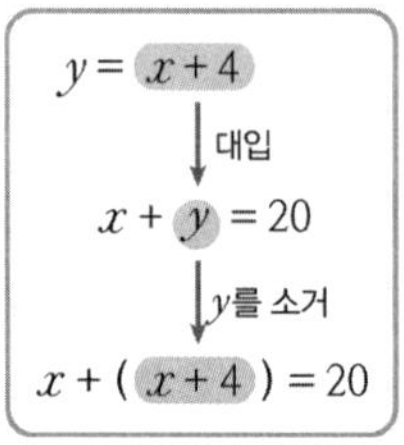

6 연립방정식의 활용 심화 과정

실생활 문제를 해결하려고 할 때, 연립방정식을 활용하는 경우가 있다.
이때는 수량 사이의 관계를 각각 등식으로 나타내어 연립방정식을 세워서 푼다.
예를 들어 "수정이는 학교축제 준비를 위하여 모두 250개의 사탕과 초콜릿을 준비하였다.
사탕과 초콜릿 한 상자에는 각각 20개, 50개의 분량이 들어 있다.
사탕과 초콜릿을 합하여 8상자를 준비하였을 때, 각각의 상자 수를 구하여라."

❶ 미지수 정하기	구하려고 하는 것을 x, y로 놓는다.	사탕과 초콜릿의 상자 수를 각각 x상자, y상자라고 하자.
❷ 방정식 세우기	문제의 뜻에 알맞게 연립방정식을 세운다.	모두 8상자를 준비하였으므로 $x+y=8$ 모두 250개를 준비하였으므로 $20x+50y=250$ 연립방정식을 세우면 $\begin{cases} x+y=8 \\ 20x+50y=250 \end{cases}$
❸ 방정식 풀기	연립방정식을 풀어 해를 구한다.	연립방정식을 풀면 $x=5$, $y=3$이다. 따라서 사탕 5상자, 초콜릿 3상자를 준비하였다.

필/수/개/념/정/리

연립방정식을 활용하여 문제를 해결하는 순서

① 문제의 뜻을 이해하고, 구하려고 하는 것을 x, y로 놓는다.
② 문제의 뜻에 알맞게 연립방정식을 세운다.
③ 연립방정식을 풀어 해를 구한다.

03 부등식

- 부등식의 기본 성질을 이용하여, 일차부등식의 해를 구한다.
- 연립부등식과 그 해의 의미를 이해하고, 연립일차부등식의 해를 구한다.

1 부등식

x와 y의 값의 범위를 각각 부등호를 사용하여 나타내면 $x \leq 60$, $y < 4.5$
이와 같이 부등호 $<$, $>$, $\leq$, $\geq$를 사용하여 수 또는 식의 대소 관계를 나타낸 식을 부등식이라고 한다.

2 부등식의 성질

부등식의 양변에 같은 수를 더하거나 양변에서 같은 수를 빼어도 부등호의 방향은 바뀌지 않는다.
예를 들어 부등식 $-2<4$의 양변에 2를 더하면
$-2+2<4+2$ ➜ $0<6$이므로 부등호의 방향은 바뀌지 않는다.

$$\begin{array}{ccc} -2 & < & 4 \\ \downarrow{\scriptstyle +2} & & \downarrow{\scriptstyle +2} \\ 0 & < & 6 \end{array}$$

부등식의 양변에 같은 양수를 곱하거나 양변을 같은 양수로 나누어도 부등호의 방향은 바뀌지 않는다.
예를 들어 부등식 $-2<4$의 양변에 2를 곱하면
$(-2)\times 2<4\times 2$ ➜ $-4<8$이므로 부등호의 방향은 바뀌지 않는다.

$$\begin{array}{ccc} -2 & < & 4 \\ \downarrow{\scriptstyle \times 2} & & \downarrow{\scriptstyle \times 2} \\ -4 & < & 8 \end{array}$$

부등식의 양변에 같은 음수를 곱하거나 양변을 같은 음수로 나누면 부등호의 방향이 바뀐다.
예를 들어 부등식 $-2<4$의 양변에 -2를 곱하면
$(-2)\times(-2)>4\times(-2)$ ➜ $4>-8$이므로 부등호의 방향이 바뀐다.

$$-2 < 4$$
$$\times(-2)\downarrow \quad \downarrow\times(-2)$$
$$4 > -8$$

필/수/개/념/정/리

부등식의 성질

① 부등식의 양변에 같은 수를 더하거나 양변에서 같은 수를 빼어도
부등호의 방향은 바뀌지 않는다. ➜ $a<b$이면 $a+c<b+c$, $a-c<b-c$

② 부등식의 양변에 같은 양수를 곱하거나 양변을 같은 양수로 나누어도
부등호의 방향은 바뀌지 않는다. ➜ $a<b$, $c>0$이면 $ac<bc$, $\frac{a}{c}<\frac{b}{c}$

③ 부등식의 양변에 같은 음수를 곱하거나 양변을 같은 음수로 나누면
부등호의 방향이 바뀐다. ➜ $a<b$, $c<0$이면 $ac>bc$, $\frac{a}{c}>\frac{b}{c}$

3 일차부등식

부등식의 성질을 이용하여

$$(\text{일차식})<0,\ (\text{일차식})>0,\ (\text{일차식})\le 0,\ (\text{일차식})\ge 0$$

이 중 어느 하나의 꼴로 나타낼 수 있는 부등식을 일차부등식이라고 한다.
부등식 $x+5>2$의 양변에서 2를 빼어 정리하면 $x+3>0$이다.
이때 좌변 $x+3$은 x에 대한 일차식이다.

$$\underbrace{x+3}_{\text{일차식}}>0$$

4 일차부등식의 풀이

일차부등식에서도 방정식을 풀 때와 마찬가지로 미지수를 포함한 항은 좌변으로, 상수항은 우변으로 이항한 후에 동류항끼리 정리하여 푼다.
일차부등식 $x-2>3$의 해를 부등식의 성질을 이용하여 양변에 2를 더하여 풀면

$x-2+2>3+2$ ➜ $x>3+2$ ➜ $x>5$

$x-2>3$
이항
$x>3+2$
$x>5$

| 참고 | 수직선에서 '○' 에 대응하는 수는 부등식의 해에 포함되지 않고,
'●' 에 대응하는 수는 부등식의 해에 포함된다.

예제 01

일차부등식 $2x+8 \geq 5x+2$를 풀고, 그 해를 수직선 위에 나타내어라.

8과 $5x$를 이항하면 $2x-5x \geq 2-8$

$-3x \geq -6$

양변을 -3으로 나누면 $\dfrac{-3x}{-3} \leq \dfrac{-6}{-3}$

$\therefore\ x \leq 2$

수직선 위에 나타내면

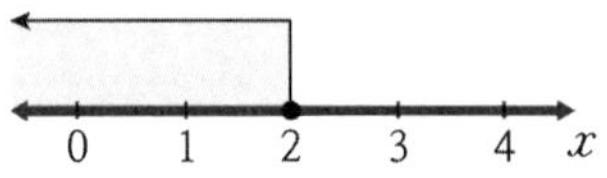

5 괄호가 있는 일차부등식의 풀이 (Ⅰ)

일차부등식에 괄호가 있으면 먼저 괄호를 풀고, 동류항끼리 계산하여 식을 간단히 한 후에 푼다.

예제 02

일차부등식 $x+2(x-5)>2$를 풀어라.

괄호를 풀면　　$x+2x-10>2$

-10을 이항하면　　$x+2x>2+10$

$3x>12$

양변을 3으로 나누면　　$\frac{3x}{3}>\frac{12}{3}$

$\therefore\ x>4$

수직선 위에 나타내면

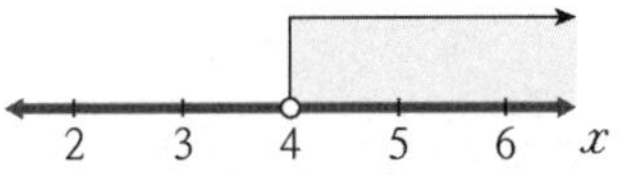

6 계수가 소수, 분수인 일차부등식의 풀이 (Ⅱ)

일차부등식에서 계수가 소수인 경우에는 부등식의 양변에 10, 100, 1000, … 중에서 적당한 수를 곱하여 계수를 정수로 바꾸어 풀고, 계수가 분수인 경우에는 부등식의 양변에 분모의 최소공배수를 곱하여 계수를 정수로 바꾸어 푼다.

예제 03

다음 일차부등식을 풀고, 그 해를 수직선 위에 나타내어라.

❶ $0.7x+1>x-0.5$

양변에 10을 곱하면 $7x+10>10x-5$

10과 $10x$를 이항하면 $7x-10x>-5-10$

$-3x>-15$

양변을 -3으로 나누면 $\frac{-3x}{-3}<\frac{-15}{-3}$

$\therefore x<5$

수직선 위에 나타내면

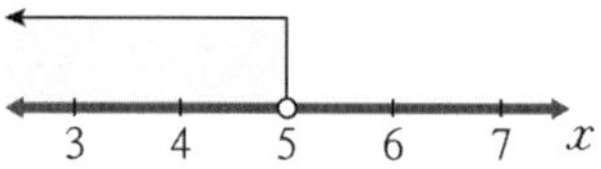

❷ $\frac{1}{2}x-\frac{2}{3}\geq\frac{1}{6}x-1$

양변에 6을 곱하면 $3x-4\geq x-6$

-4와 x를 이항하면 $3x-x\geq-6+4$

$2x\geq-2$

양변을 2로 나누면 $\frac{2x}{2}\geq\frac{-2}{2}$

$\therefore x\geq-1$

수직선 위에 나타내면

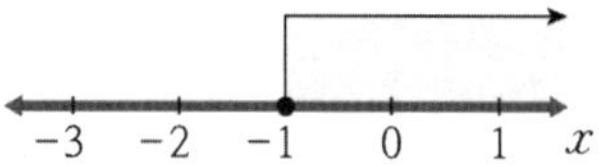

필/수/개/념/정/리

일차부등식의 풀이

① 계수가 소수나 분수이면 양변에 적당한 수를 곱하여 계수를 정수로 바꾼다.

② 괄호가 있으면 먼저 괄호를 푼다.

③ 미지수 x를 포함하는 항은 좌변으로, 상수항은 우변으로 이항한다.

④ 양변을 간단히 하여 다음 중 어느 하나의 꼴로 나타낸다.

$$ax < b,\ ax > b,\ ax \le b,\ ax \ge b\ (a \ne 0)$$

⑤ 양변을 x의 계수 a로 나눈다. 이때 a가 음수이면 부등호의 방향이 바뀐다.

04 이차방정식

- 인수분해나 근의 공식을 이용하여 이차방정식의 해를 구한다.
- 중근을 가지는 이차방정식을 판별할 수 있도록 한다.

1 이차방정식과 그 해

방정식의 모든 항을 좌변으로 이항하여 정리하였을 때, (x에 대한 이차식)$=0$ 꼴로 나타낼 수 있는 방정식을 x에 대한 이차방정식이라고 한다.

$$ax^2+bx+c=0 \quad (a,\ b,\ c\text{는 상수},\ a\neq 0)$$

x에 대한 이차방정식 $ax^2+bx+c=0$을 참이 되게 하는 x의 값을 이차방정식의 해 또는 근이라 하고, 이차방정식의 해를 모두 구하는 것을 이차방정식을 푼다고 한다.

| 참고 | 이차방정식 $ax^2+bx+c=0$의 좌변이 반드시 이차식이어야 하므로 $a\neq 0$이어야 한다.

2 이차방정식의 풀이 (I)

두 식 A, B에 대하여 $AB=0$이면 다음 세 가지 경우 중 어느 하나가 성립한다.

❶ $A=0,\ B=0$ ❷ $A=0,\ B\neq 0$ ❸ $A\neq 0,\ B=0$

이 세 가지 경우를 통틀어 $A=0$ 또는 $B=0$이라고 한다.

$AB=0$이면 $A=0$ 또는 $B=0$

위의 성질을 이용하면 이차방정식을 풀 수 있다.
예를 들어 이차방정식 $(x+2)(x-4)=0$을 풀면
$x+2=0$ 또는 $x-4=0$
이므로 주어진 이차방정식의 해는 $x=-2$ 또는 $x=4$

$(x+2)(x-4)=0$
$A \times B = 0$

예제 01

이차방정식 $(x+1)(2x-3)=0$을 풀어라.

$(x+1)(2x-3)=0$에서 $x+1=0$ 또는 $2x-3=0$

따라서 해는 $x=-1$ 또는 $x=\frac{3}{2}$

3 이차방정식의 풀이 (Ⅱ) [인수분해 이용]

이차방정식 $ax^2+bx+c=0$의 좌변을 두 일차식의 곱으로 인수분해할 수 있는 경우에는 그 식을 인수분해하여 이차방정식을 푼다.
예를 들어 이차방정식 $x^2+x-6=0$의 좌변을 인수분해하면 $(x-2)(x+3)=0$이므로 이를 풀면 $x-2=0$ 또는 $x+3=0$이므로 해는 $x=2$ 또는 $x=-3$

예제 02

다음 이차방정식을 풀어라.

❶ $x^2+3x=-2$

모든 항을 좌변으로 이항하면 $x^2+3x+2=0$
좌변을 인수분해하면 $(x+1)(x+2)=0$
$x+1=0$ 또는 $x+2=0$
따라서 해는 $x=-1$ 또는 $x=-2$

❷ $(x-2)^2=3x-6$

먼저 괄호를 풀면 $x^2-4x+4=3x-6$
모든 항을 좌변으로 이항하여 정리하면 $x^2-7x+10=0$
좌변을 인수분해하면 $(x-2)(x-5)=0$
$x-2=0$ 또는 $x-5=0$
따라서 해는 $x=2$ 또는 $x=5$

4 중근을 가지는 이차방정식

두 근이 중복되어 서로 같을 때, 이 근을 주어진 이차방정식의 중근이라고 한다.
이차방정식 $x^2+2x+1=0$의 좌변을 인수분해하면
$(x+1)^2=0$, 즉 $(x+1)(x+1)=0$이므로 $x+1=0$ 또는 $x+1=0$이다.
따라서 근은 $x=-1$ 또는 $x=-1$이다.
이때 두 근이 서로 같으므로 이차방정식 $x^2+2x+1=0$은 중근을 가진다라고 하며,
근은 $x=-1$(중근)

| 참고 | (완전제곱식)$=0$ 꼴로 나타낼 수 있는 이차방정식은 중근을 갖는다.

5 이차방정식의 풀이 (Ⅲ) [제곱근 이용]

일차항이 없는 이차방정식 $ax^2+c=0$은
$x^2=k\,(k\geq 0)$꼴로 고친 후 k의 제곱근을 이용하여 이차방정식을 푼다.

이차방정식 $x^2=k\,(k\geq 0)$의 근은 $x=\sqrt{k}$ 또는 $x=-\sqrt{k}$

| 참고 | $x=\sqrt{k}$ 또는 $x=-\sqrt{k}$를 간단히 $x=\pm\sqrt{k}$로 나타내기도 한다.

예제 03

이차방정식 $x^2-3=0$의 해를 구하여라.

좌변의 -3을 우변으로 이항하면 $x^2=3$이고, 이 식을 참이 되게 하는 x의 값은 3의 제곱근이다.
따라서 해는 $x=\sqrt{3}$ 또는 $x=-\sqrt{3}$

6 이차방정식의 풀이 (Ⅳ) [제곱근 이용] 심화 과정

이차방정식 $ax^2+bx+c=0$의 좌변을 두 일차식의 곱으로 인수분해할 수 없는 경우에는 식을 변형하여 좌변을 완전제곱식으로 만든 후에 제곱근을 이용하여 이차방정식을 풀 수 있다.

예제 04

이차방정식 $x^2+4x-2=0$을 풀어라.

좌변의 상수항 -2를 우변으로 이항하면 $x^2+4x=2$

양변에 $\left(4\times\frac{1}{2}\right)^2=2^2$을 더하면 $x^2+4x+2^2=2+2^2$

좌변을 완전제곱식으로 만들고, 우변을 정리하면 $(x+2)^2=6$

$x+2$는 6의 제곱근이므로 $x+2=\pm\sqrt{6}$

좌변의 2를 우변으로 이항하면 $x=-2\pm\sqrt{6}$

그러므로 해는 $x=-2\pm\sqrt{6}$

7 이차방정식의 풀이 (Ⅴ) [근의 공식 이용]

이차방정식의 근을 구하는 공식에 대입하여 해를 구할 수 있다. 그리고 이 공식을 이차방정식의 근의 공식이라고 한다.

필/수/개/념/정/리

이차방정식의 근의 공식

이차방정식 $ax^2+bx+c=0\ (a\neq 0)$의 근은

$$x=\frac{-b\pm\sqrt{b^2-4ac}}{2a}\quad (\text{단, } b^2-4ac\geq 0)$$

예제 05

다음 이차방정식을 근의 공식을 이용하여 풀어라.

❶ $x^2+x-3=0$

근의 공식에 $a=1$, $b=1$, $c=-3$을 대입하면

$$x=\frac{-1\pm\sqrt{1^2-4\times1\times(-3)}}{2\times1}$$
$$=\frac{-1\pm\sqrt{1+12}}{2}$$
$$=\frac{-1\pm\sqrt{13}}{2}$$

❷ $2x^2+6x-1=0$

근의 공식에 $a=2$, $b=6$, $c=-1$을 대입하면

$$x=\frac{-6\pm\sqrt{6^2-4\times2\times(-1)}}{2\times2}$$
$$=\frac{-6\pm\sqrt{36+8}}{4}=\frac{-6\pm\sqrt{44}}{4}$$
$$=\frac{-6\pm2\sqrt{11}}{4}=\frac{-3\pm\sqrt{11}}{2}$$

8 계수가 분수나 소수인 이차방정식의 풀이 (Ⅵ)

계수가 분수나 소수인 이차방정식은 양변에 적당한 수를 곱하여 계수를 정수로 고친 후 인수분해나 근의 공식에 대입하여 푼다.

일반적으로 계수가 분수인 이차방정식은 양변에 분모의 최소공배수를 곱하고, 계수가 소수인 이차방정식은 양변에 10의 거듭제곱을 곱한다.

PART III

적중 예상 문제

정답 및 해설 15p

01 일차방정식 $3x+4=x-2$의 해는?

① $x=3$ ② $x=-2$
③ $x=2$ ④ $x=-3$

02 일차방정식 $5x-4=-2x+10$의 해는?

① $x=1$ ② $x=2$
③ $x=3$ ④ $x=4$

03 해가 $x=3$인 일차방정식은?

① $2x+1=7$ ② $x-3=5$
③ $2x-1=3$ ④ $x+1=3$

04 일차방정식 $-3x=2x+10$의 해는?

① $x=-1$ ② $x=-2$
③ $x=-3$ ④ $x=-4$

05 일차방정식 $5x-5=15$의 해는?

① $x=1$ ② $x=2$
③ $x=3$ ④ $x=4$

06 일차방정식 $3(x-2)=x+8$의 해는?

① $x=3$ ② $x=5$
③ $x=7$ ④ $x=9$

07 일차방정식 $5x=14-2x$의 해는?

① $x=-1$　　② $x=-2$
③ $x=1$　　④ $x=2$

08 민호의 몸무게의 2배에 10kg을 빼면 100kg이다. 민호의 몸무게는 몇 kg인가?

① 50kg　　② 55kg
③ 60kg　　④ 65kg

09 연필을 학생들에게 나누어 줄 때 연필을 2개씩 나누어 주면 6개가 남고, 3개씩 나누어 주면 9개가 모자란다. 학생 수를 구하면?

① 5명　　② 10명
③ 15명　　④ 20명

10 어떤 수와 12의 합은 어떤 수의 4배보다 3만큼 작다. 어떤 수를 구하면?

① 2　　② 3
③ 4　　④ 5

11 지현이가 가지고 있는 돈으로 가격이 같은 음료수를 8개 사면 600원이 남고, 10개 사면 800원이 부족하다. 음료수 1개의 가격은?

① 500원　　② 600원
③ 700원　　④ 800원

12 미지수가 2개인 일차방정식은?

① $3x-5y$　　② $y=-2$
③ $2x+y=5$　　④ $y=-3x^2+4$

13 x, y가 자연수일 때, 방정식 $3x+y=12$를 만족하는 해는?

① $x=1,\ y=5$ ② $x=1,\ y=7$
③ $x=2,\ y=9$ ④ $x=1,\ y=9$

14 x, y가 자연수일 때, 방정식 $2x+y=10$을 만족시키는 x, y의 값이 아닌 것은?

① $x=1,\ y=8$ ② $x=2,\ y=7$
③ $x=3,\ y=4$ ④ $x=4,\ y=2$

15 다음 그래프는 연립방정식 $\begin{cases} x+y=4 \\ x-y=2 \end{cases}$ 의 해를 구하기 위하여 두 일차방정식의 그래프를 각각 그린 것이다. 이 연립방정식의 해는?

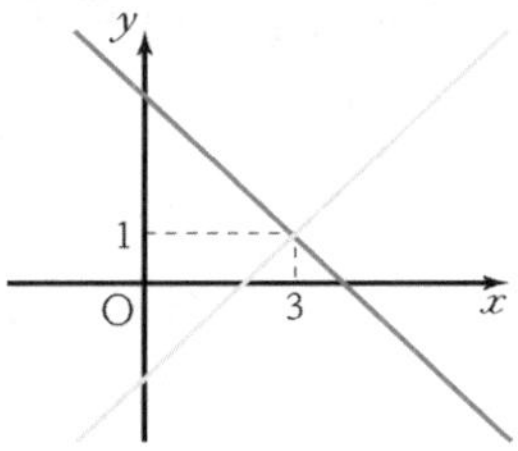

① $x=3,\ y=1$ ② $x=3,\ y=-1$
③ $x=1,\ y=0$ ④ $x=3,\ y=0$

16 다음 그래프를 이용하여 연립일차방정식 $\begin{cases} 3x+y=3 \\ x-y=1 \end{cases}$ 의 해를 구하면?

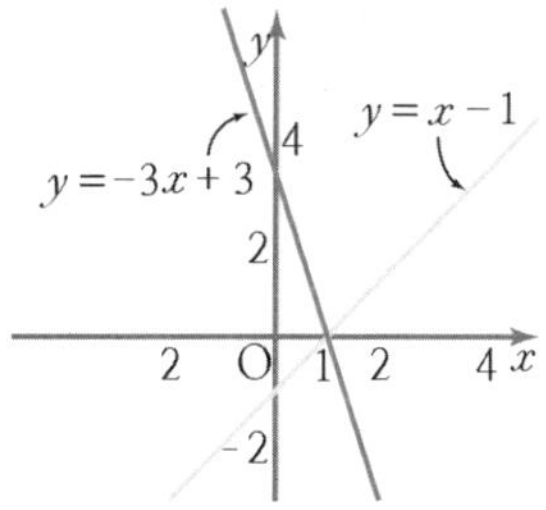

① $x=1,\ y=3$ ② $x=2,\ y=-1$
③ $x=1,\ y=0$ ④ $x=3,\ y=-1$

17 다음 그래프는 연립방정식 $\begin{cases} x-y=2 \\ ax+y=3 \end{cases}$ 의 해를 구하기 위하여 그래프로 나타낸 것이다. a의 값은?

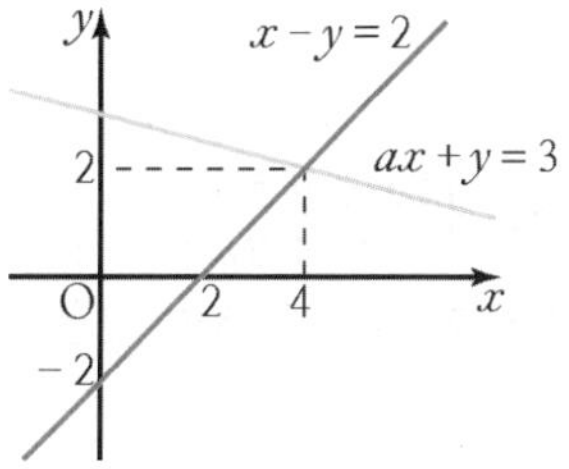

① $a=\frac{1}{2}$ ② $a=\frac{1}{3}$
③ $a=\frac{1}{4}$ ④ $a=\frac{1}{5}$

18 연립방정식 $\begin{cases} 4x+y=6 \\ 2x+y=4 \end{cases}$ 의 해는?

① $x=-1,\ y=-2$
② $x=1,\ y=2$
③ $x=-1,\ y=2$
④ $x=1,\ y=-2$

19 연립방정식 $\begin{cases} -x+y=2 \\ x+3y=6 \end{cases}$ 의 해는?

① $x=0,\ y=1$
② $x=1,\ y=2$
③ $x=0,\ y=2$
④ $x=2,\ y=3$

20 연립방정식 $\begin{cases} 2x+y=1 \\ -2x+3y=-5 \end{cases}$ 의 해를 $x=a$, $y=b$라고 할 때, $a+b$의 값은?

① 0　② 1
③ 2　④ 3

21 연립방정식 $\begin{cases} x+y=8 \\ y=3x \end{cases}$ 의 해는?

① $x=1,\ y=5$　② $x=2,\ y=6$
③ $x=3,\ y=6$　④ $x=4,\ y=4$

심화 과정

22 연립방정식 $\begin{cases} 3x+2y=11 \\ 4x-3y=9 \end{cases}$ 의 해는?

① $x=1,\ y=1$　② $x=2,\ y=1$
③ $x=3,\ y=2$　④ $x=3,\ y=1$

23 연립방정식 $\begin{cases} x+y=6 \\ 3x+y=10 \end{cases}$ 을 만족시키는 x의 값은?

① $x=1$　② $x=2$
③ $x=3$　④ $x=4$

24 한 개에 300원 하는 지우개 3개와 한 개에 500원 하는 연필 몇 개를 사고 2900원을 지불하였다. 연필은 몇 개를 샀는가?

① 1개　　② 2개
③ 3개　　④ 4개

25 어른 입장료가 청소년 입장료의 3배인 동물원이 있다. 어른 5명과 청소년 2명의 입장료의 합이 17000원일 때, 청소년 1명의 입장료는?

① 500원　　② 1000원
③ 1500원　　④ 200원

26 $x > y$일 때, □ 안에 알맞은 부등호의 방향이 <u>다른</u> 것은?

① $x+1$ □ $y+1$
② $x-5$ □ $y-5$
③ $x\times(-3)$ □ $y\times(-3)$
④ $x\div 4$ □ $y\div 4$

27 $a\leq b$일 때, 다음 중 옳지 <u>않은</u> 것은?

① $a+5\leq b+5$
② $a-3\leq b-3$
③ $a\times 6\leq b\times 6$
④ $a\div(-2)\leq b\div(-2)$

28 다음 수직선 위에 나타낸 x의 값의 범위를 부등식으로 나타내면?

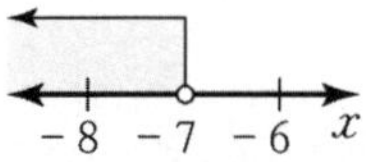

① $x\leq -7$　　② $x<-7$
③ $x\geq -7$　　④ $x>-7$

29 그림은 일차부등식을 풀기 위하여 각 부등식의 해를 수직선 위에 함께 나타낸 것이다. 이 일차부등식의 해는?

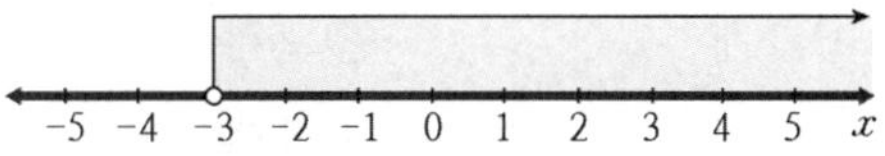

① $x\geq -3$　　② $x<-3$
③ $x>-3$　　④ $x\leq -3$

30 부등식 $3x \geq 9$의 해는?

① $x \leq 2$　　② $x \geq 2$
③ $x \leq 3$　　④ $x \geq 3$

31 일차부등식 $4x+1 \leq 3x+5$의 해는?

① $x \leq 4$　　② $x \geq 4$
③ $x \leq -4$　　④ $x \geq -4$

32 일차부등식 $4x < -x+15$의 해 중에서 자연수의 개수는?

① 1개　　② 2개
③ 3개　　④ 4개

33 다음 중 일차부등식 $6+2x < 3+5x$의 해를 수직선 위에 바르게 나타낸 것은?

① 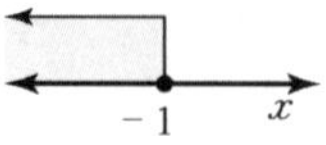

② 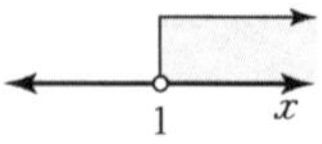

③ 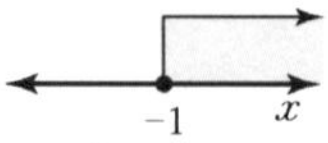

④ 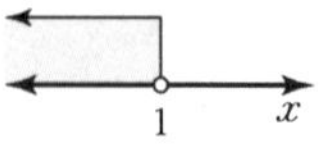

34 다음 중 일차부등식 $3x-1 < -2x+9$의 해를 수직선 위에 바르게 나타낸 것은?

① 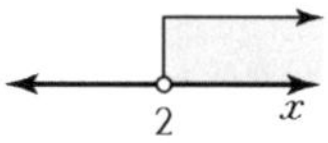

② 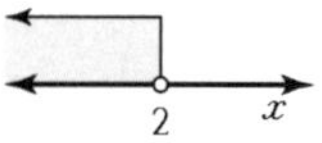

③ 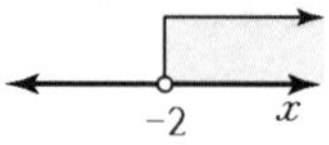

④ 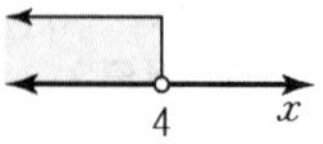

35 일차부등식 $3x-2<x+8$의 해를 수직선 위에 나타내면?

① 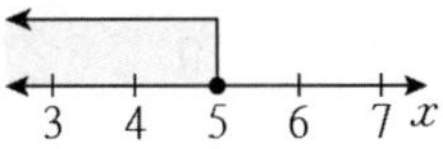

② 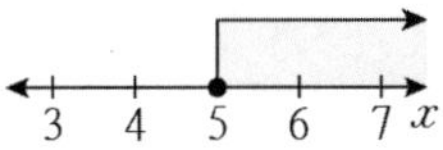

③ 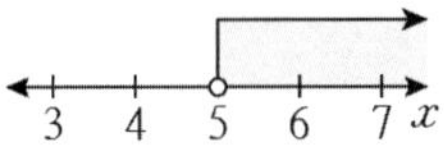

④ 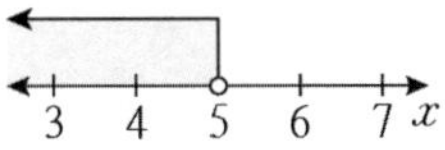

36 일차부등식 $x-4\leq-1$의 해를 수직선 위에 나타내면?

① 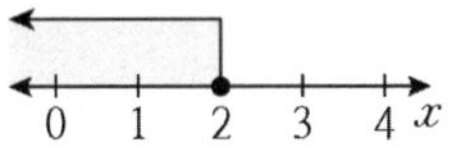

② 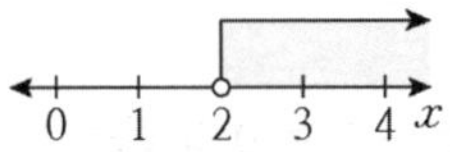

③ 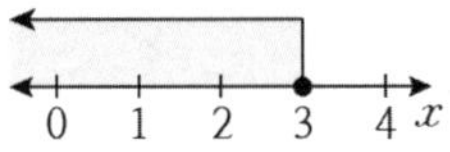

④ 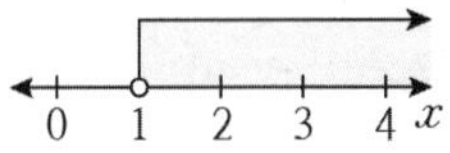

37 일차부등식 $2x+1\leq 5x+7$ 의 해는?

① $x\leq-1$　　② $x\geq-1$
③ $x\leq-2$　　④ $x\geq-2$

38 일차부등식 $3x-1>5$의 해의 범위 안에 들어갈 수 없는 수는?

① 1　　② 3
③ 5　　④ 7

39 이차방정식 $x^2-5x+a=0$의 한 근이 $x=3$일 때, a의 값은?

① 2　　② 4
③ 6　　④ 8

40 이차방정식 $x^2+ax-10=0$의 한 근이 5일 때, 상수 a의 값은?

① -1 ② -2
③ -3 ④ -4

41 이차방정식 $(x+4)(x-5)=0$의 한 근이 -4이다. 다른 한 근은?

① 4 ② 5
③ -5 ④ 6

42 이차방정식 $(x-2)(x+5)=0$의 한 근이 2일 때, 다른 한 근은?

① -2 ② 5
③ -5 ④ 7

43 이차방정식 $(x-4)(x-5)=0$의 두 근의 합은?

① -9 ② 9
③ -10 ④ 10

44 이차방정식 $(x+3)(x+7)=0$의 해는?

① $x=3$ 또는 $x=7$
② $x=-3$ 또는 $x=7$
③ $x=3$ 또는 $x=-7$
④ $x=-3$ 또는 $x=-7$

45 이차방정식 $3x(x-7)=0$의 해는?

① $x=3$ 또는 $x=7$
② $x=0$ 또는 $x=7$
③ $x=0$ 또는 $x=-7$
④ $x=-3$ 또는 $x=7$

46 이차방정식 $(x-5)^2=0$의 해는?

① $x=5$(중근)
② $x=-5$(중근)
③ $x=0$ 또는 $x=5$
④ $x=0$ 또는 $x=-5$

47 이차방정식 $(x+6)(x-4)=0$의 두 근을 a, b라고 할 때, a^2+b^2의 값은?

① 48 ② 50
③ 52 ④ 54

48 이차방정식 $x^2-7x+10=0$의 해는?

① $x=2$ 또는 $x=5$
② $x=-2$ 또는 $x=-5$
③ $x=3$ 또는 $x=4$
④ $x=-3$ 또는 $x=-4$

49 이차방정식 $x^2+4x+3=0$의 해는?

① $x=1$ 또는 $x=3$
② $x=-1$ 또는 $x=3$
③ $x=-1$ 또는 $x=-3$
④ $x=1$ 또는 $x=-3$

50 이차방정식 $x^2-x-6=0$의 두 근의 합은?

① 1 ② -1
③ 2 ④ -2

EBS 교육방송교재

중졸 검정고시 수학

PART IV

함수

함수의 기본 개념과 좌표를 좌표평면 위에 표현하는 방법을 학습하고, 일차함수와 이차함수를 그래프로 표현하고, 성질을 암기하고 학습하는 단원이고, 일차함수는 기울기와 x절편, y절편, 이차함수는 그래프의 개형과 꼭짓점 위주로 반복해서 학습하도록 한다. 특히 함수 문제의 경우 대부분 그래프와 함께 문제가 출제되고 있다.

01 함수와 그래프

• 함수의 개념 및 순서쌍과 좌표에 대해 익힌다.

1 함수의 뜻

x와 y 사이의 관계식이 $y=1000x$이면 x의 값은 1, 2, 3, ⋯으로 변할 때, 이에 따라 y의 값도 1000, 2000, 3000, ⋯으로 변한다.
이와 같이 변하는 값을 나타내는 문자 x, y를 변수라고 한다.
두 변수 x, y에 대하여 x의 값이 변함에 따라 y의 값이 하나씩 정해질 때, y를 x의 함수라고 하며, 이것을 기호로 $y=f(x)$ 또는 $f(x)$와 같이 나타낸다.

$$y=1000x$$

변수

예제 01

시속 60 km로 달리는 자동차가 x시간 동안 이동한 거리를 $y$km라고 할 때, 다음 물음에 답하여라.

❶ x와 y 사이의 관계를 다음 표에 나타내어라.

x(시간)	1	2	3	4	5	⋯
y(km)	60	120	180	240	300	⋯

❷ x와 y 사이의 관계식을 구하여라.

1시간에 60 km를 이동하므로 x시간 동안 이동한 거리는 $60x$ km이다.
따라서 x와 y 사이의 관계식은 $y=60x$

2 함숫값

함수 $y=f(x)$에서 x의 값이 정해지면 $f(x)$의 값을 구할 수 있다.
예를 들어 함수 $f(x)=6x$에서 x에 -1, 0, 1을 각각 대입하면
$f(-1)=6\times(-1)=-6$, $f(0)=6\times0=0$, $f(1)=6\times1=6$이다.
이 값들을 각각 함수 $f(x)=6x$에서 $x=-1$, 0, 1에 대한 함숫값이라고 한다.

예제 02

함수 $f(x)=-\frac{1}{3}x$에서 $x=3$에 대한 함숫값을 구하여라.

$f(3)=-\frac{1}{3}\times3=-1$이다.

3 수직선 위의 점의 위치

수직선 위의 점을 나타내는 수를 그 점의 좌표라고 하며,
a가 점 P의 좌표일 때, 이것을 기호로 $\mathrm{P}(a)$로 나타낸다.
예를 들어 아래 수직선 위의 세 점 A, O, B가 나타내는 수는 각각 -3, 0, 3이고,
이것을 각각 기호로 $\mathrm{A}(-3)$, $\mathrm{O}(0)$, $\mathrm{B}(3)$과 같이 나타낸다.

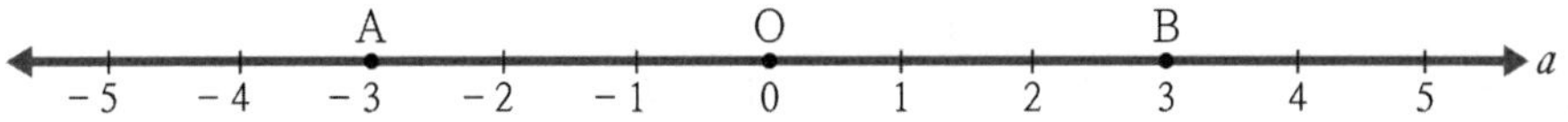

4 좌표평면

순서를 생각하여 두 수를 짝지어 나타낸 것을 순서쌍이라 한다.

두 수직선을 점 O에서 서로 수직으로 만나게 할 때, 가로의 수직선을 x축, 세로의 수직선을 y축이라고 한다.

x축과 y축을 통틀어 좌표축이라고 하며, 좌표축이 만나는 점 O를 원점이라고 한다.

이와 같이 좌표축이 정해져 있는 평면을 좌표평면이라고 한다.

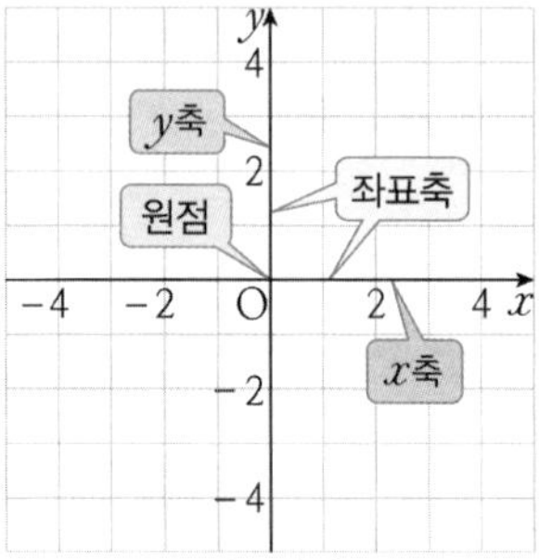

좌표평면

좌표평면 위의 점 P에서 x축, y축에 각각 수선을 내려 x축, y축과 만나는 점을 나타내는 수를 각각 a, b라고 하자. 이때 순서쌍 (a, b)를 점 P의 좌표라 하고, 이것을 기호로 $P(a, b)$로 나타낸다. 여기서 a를 점 P의 x좌표, b를 점 P의 y좌표라고 한다.

| 참고 | 원점 O의 좌표는 $(0, 0)$이다.

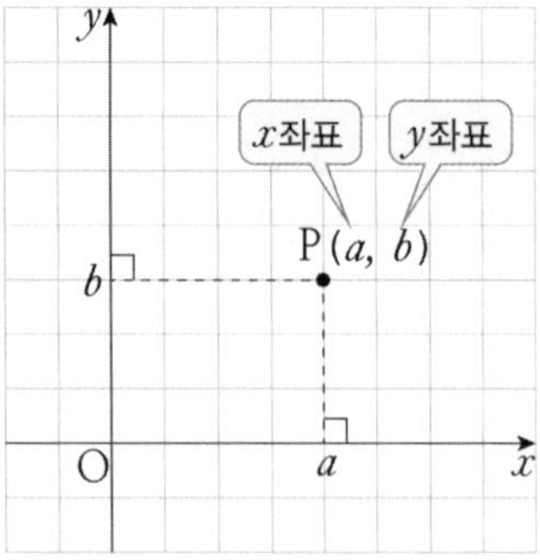

예제 03

좌표평면에서 점 A, B, C의 좌표를 구하여라.

점 A의 x좌표와 y좌표는 각각 2, 1이므로 A(2, 1)
점 B의 x좌표와 y좌표는 각각 −4, −2이므로 B(−4, −2)
점 C의 x좌표와 y좌표는 각각 3, −4이므로 C(3, −4)

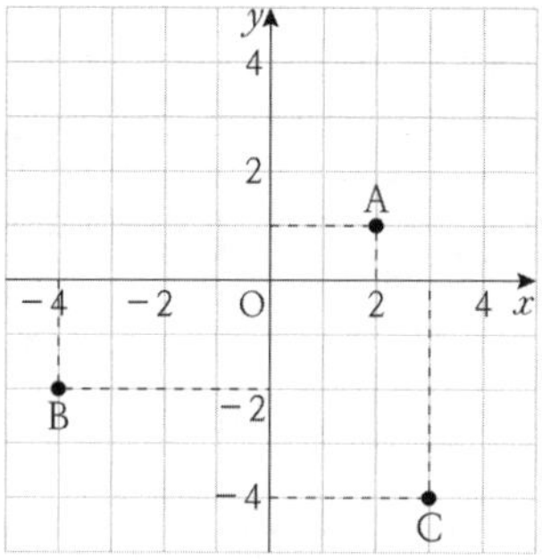

5 사분면

좌표평면은 좌표축에 의하여 네 부분으로 나누어진다. 이때 이들을 각각 제1사분면, 제2사분면, 제3사분면, 제4사분면이라 한다.

| 참고 | 좌표축 위의 점은 어느 사분면에도 속하지 않는다.

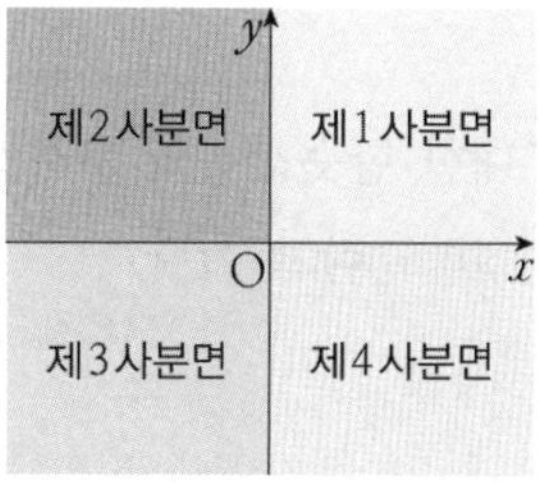

각 사분면 위에 있는 점의 x좌표, y좌표의 부호는

구분	제 1사분면	제 2사분면	제 3사분면	제 4사분면
x좌표의 부호	+	−	−	+
y좌표의 부호	+	+	−	−

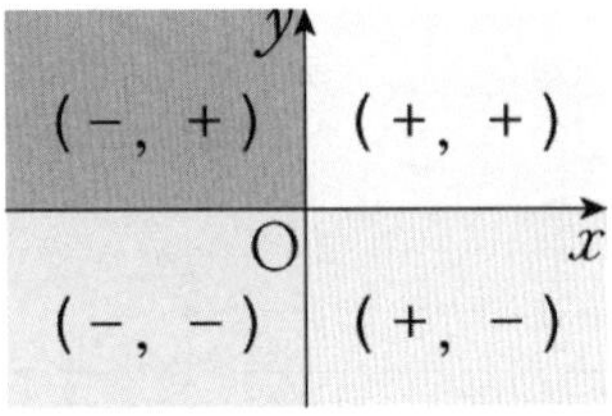

예제 04

다음 점은 제 몇 사분면 위에 있는지 말하여라.

❶ A(5, 3) → 제 1 사분면
❷ B(−3, 2) → 제 2 사분면
❸ C(−3, −4) → 제 3 사분면
❹ D(3, −5) → 제 4 사분면

6 함수의 그래프

함수 $y=f(x)$에서 변수 x와 그에 대한 함숫값 y의 순서쌍 (x, y)를 좌표로 하는 점을 모두 좌표평면 위에 나타낸 것을 그 함수의 그래프라고 한다.

7 정비례

일반적으로 두 변수 x, y에서 x의 값이 2배, 3배, 4배, ⋯로 변함에 따라 y의 값도 2배, 3배, 4배, ⋯로 변하는 관계가 있으면 x와 y는 정비례한다고 한다.

x	1	2	3	4
y	3	6	9	12

← x와 y가 정비례하는 것($y=3x$)

8 함수 $y=ax$ $(a \neq 0)$의 그래프 [정비례 그래프]

x의 값이 -2, -1, 0, 1, 2일 때, 함수 $y=2x$의 그래프는 [그림 1]
x의 값의 간격을 더 작게 할수록, 함수 $y=2x$의 그래프는 [그림 2]와 같이 점들이 촘촘하게 되어 직선에 가까운 모양이 된다.
x의 값의 범위를 수 전체로 생각하면 함수 $y=2x$의 그래프는 [그림 3]과 같이 원점을 지나는 직선이 된다.

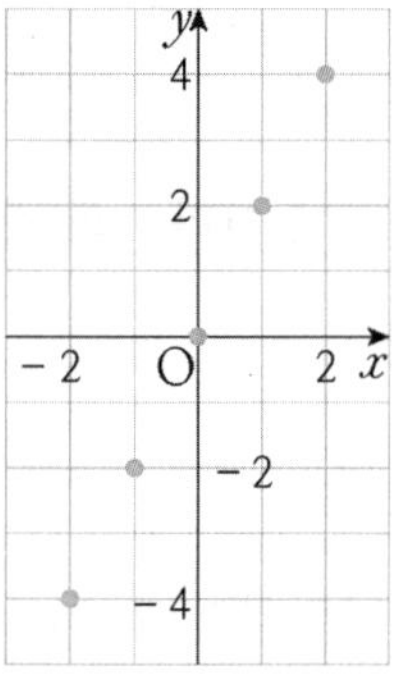

[그림 1]

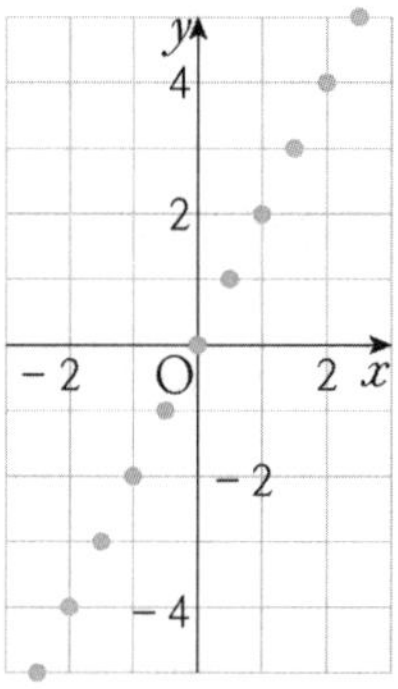

[그림 2]

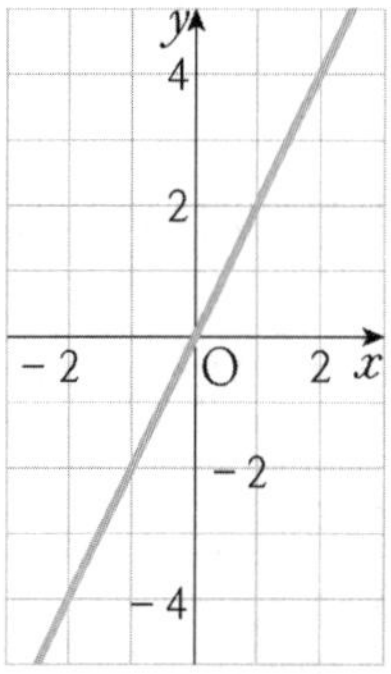

[그림 3]

필/수/개/념/정/리

함수 $y=ax\,(a\neq0)$의 그래프

함수 $y=ax$의 그래프는 원점을 지나는 직선이다.

① $a>0$일 때

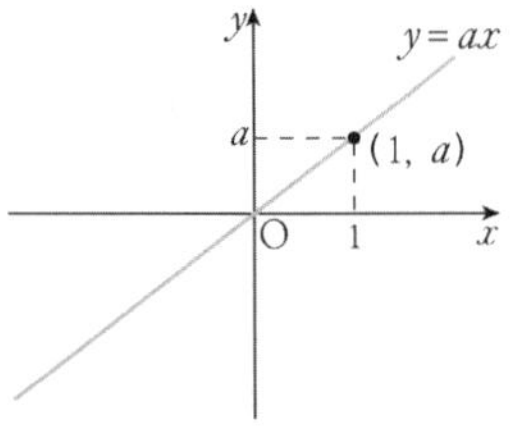

그래프는 제1, 3사분면을 지난다.

➜ 오른쪽 위로 향하는 직선

② $a<0$일 때

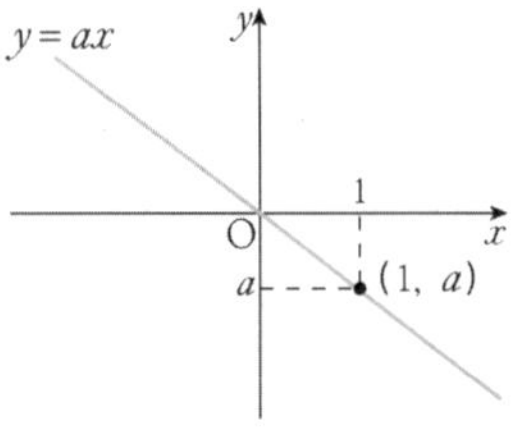

그래프는 제2, 4사분면을 지난다.

➜ 오른쪽 아래로 향하는 직선

| 참고 | 함수 $y=ax\,(a\neq0)$의 그래프는 원점과 이 그래프가 지나는 다른 한 점을 찾아 직선으로 이으면 쉽게 그릴 수 있다.

9 반비례

일반적으로 두 변수 x, y에서 x의 값이 2배, 3배, 4배, ⋯로 변함에 따라 y의 값은 $\frac{1}{2}$배, $\frac{1}{3}$배, $\frac{1}{4}$배, ⋯로 변하는 관계가 있으면 x와 y는 반비례한다고 한다.

x	1	2	3	4
y	24	12	8	6

← x와 y가 반비례하는 것$\left(y=\frac{24}{x}\right)$

10 함수 $y=\frac{a}{x}\,(a\neq 0)$의 그래프 [반비례 그래프]

x의 값이 $-6,\ -4,\ -2,\ -1,\ 1,\ 2,\ 4,\ 6$일 때, 함수 $y=\frac{4}{x}$의 그래프는 [그림 1]

x의 값의 간격을 더 작게 할수록, 함수 $y=\frac{4}{x}$의 그래프는 [그림 2]와 같이 점들이 촘촘하게 되어 한 쌍의 매끄러운 곡선에 가까운 모양이 된다.

x의 값의 범위를 0을 제외한 수 전체로 생각하면 함수 $y=\frac{4}{x}$의 그래프는 [그림 3]과 같이 좌표축에 점점 가까워지면서 한없이 뻗어 나가는 한 쌍의 매끄러운 곡선이 된다.

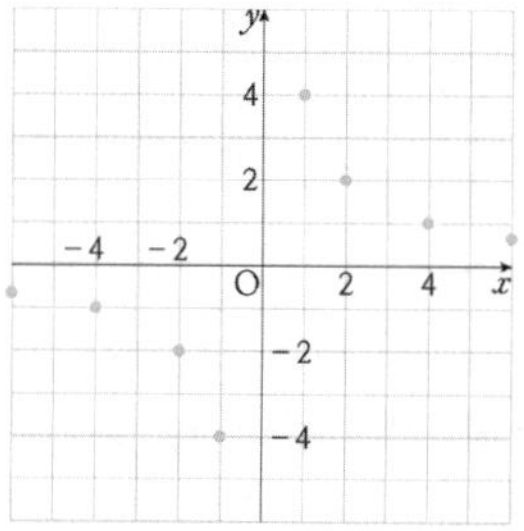
[그림 1]

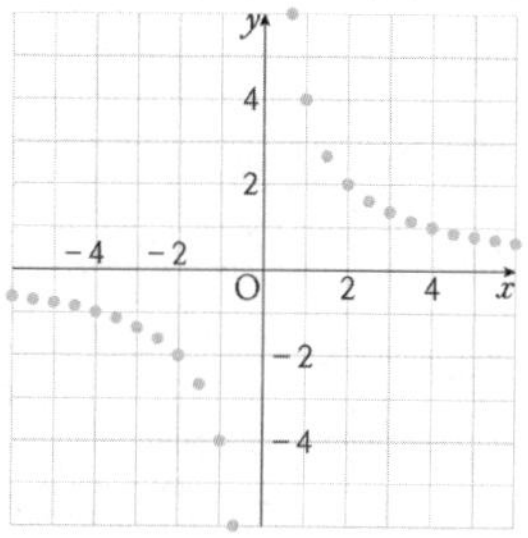
[그림 2]

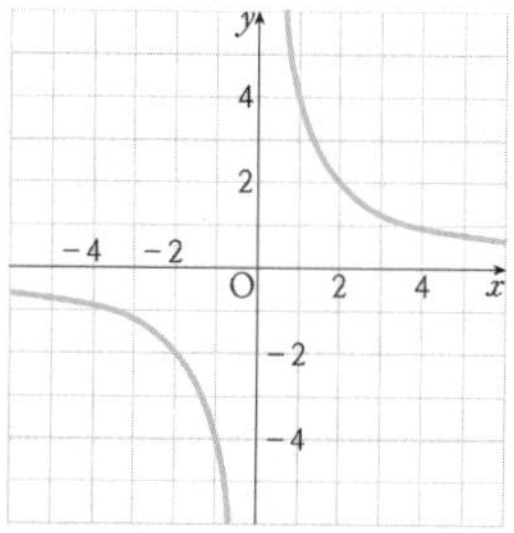
[그림 3]

필/수/개/념/정/리

함수 $y=\frac{a}{x}\,(a\neq 0)$의 그래프

함수 $y=\frac{a}{x}$의 그래프는 원점에 대하여 대칭인 한 쌍의 매끄러운 곡선이다.

① $a>0$일 때

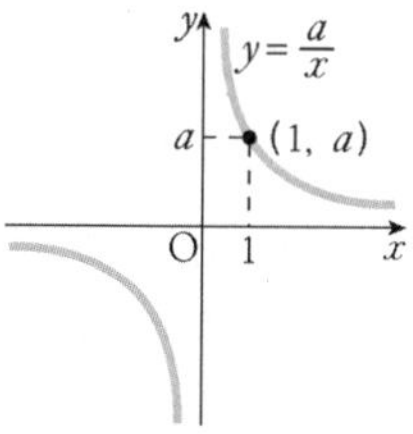

그래프는 제1, 3 사분면 위에 있다.

② $a<0$일 때

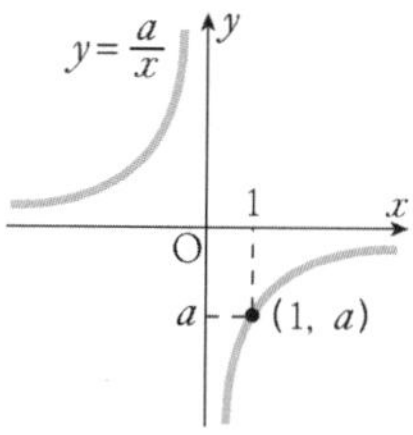

그래프는 제2, 4 사분면 위에 있다.

| 참고 | 함수 $y=\frac{a}{x}\,(a\neq 0)$의 그래프는 x축, y축과 만나지 않는다.
그래프에서 x의 값의 범위는 0을 제외한 수 전체로 생각한다.

11 함수의 활용 [정비례와 그 그래프]

우리 주변에서 일어나는 문제들을 뜻과 주어진 조건을 잘 파악하여 함수를 활용하여 문제의 변수 사이의 관계를 식으로 나타내고, 이를 이용하여 문제를 푼다. 그리고 함수를 그래프로 나타내면 두 양 사이의 변화 관계를 쉽게 알아볼 수 있다.

예제 05

소리는 1초에 340m 씩 이동한다고 한다. 준호는 번개가 치는 것을 보고 7초 후에 천둥소리를 들었다. 이때 준호가 있는 곳에서 번개가 친 곳까지의 거리를 구하면?

❶ 변수 정하기

번개가 치는 것을 보고 x초 후에 천둥소리를 들었을 때,
준호가 있는 곳에서 번개가 친 곳까지의 거리를 ym 라고 하자.

❷ 관계식 세우기

상온에서 소리는 1초에 340m 씩 이동하므로 x초 동안에는 $340x$m 를 이동한다.
x와 y 사이의 관계식은 $y = 340x$

❸ 구하는 값 찾기

번개가 치는 것을 보고 7초 후에 천둥소리를 들었으므로
$y = 340x$ 에 $x = 7$을 대입하면 $y = 340 \times 7 = 2380$
그러므로 준호가 있는 곳에서 번개가 친 곳까지의 거리는 2380m 이다.

02 일차함수와 그래프

• 일차함수를 그래프로 나타내고, 일차함수의 성질을 익힌다.

1 일차함수

함수 $y=f(x)$에서 y가 x에 대한 일차식

$$y=ax+b\ (a\neq 0,\ a,\ b\text{는 상수})$$

로 나타내어질 때, 이 함수를 x에 대한 일차함수라고 한다.

예제 01

일차함수 $y=-x+2$에서 x의 값이 다음과 같을 때, y의 값을 구하면?

❶ $x=0$ ➔ $y=-x+2$에 $x=0$을 대입하면 $y=-0+2=2$

❷ $x=1$ ➔ $y=-x+2$에 $x=1$을 대입하면 $y=-1+2=1$

2 일차함수의 그래프

한 도형을 일정한 방향으로 일정한 거리만큼 옮기는 것을 평행이동이라 한다.

필/수/개/념/정/리

일차함수 $y=ax+b$의 그래프

일차함수 $y=ax+b$의 그래프는
일차함수 $y=ax$의 그래프를
y축의 방향으로 b만큼 평행이동한 직선이다.

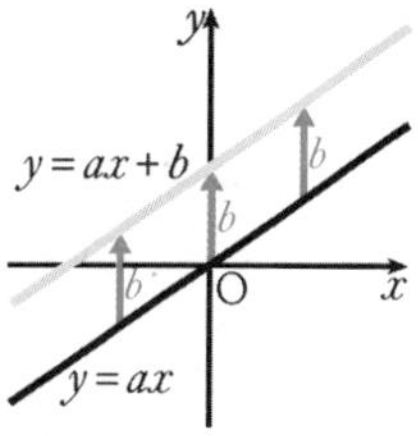

예제 02

일차함수 $y=-x$의 그래프를 이용하여 일차함수 $y=-x-2$의 그래프를 그려라.

일차함수 $y=-x-2$의 그래프는 일차함수 $y=-x$의 그래프를 y축의 방향으로 -2만큼 평행이동한 것이다. 그러므로 일차함수 $y=-x-2$의 그래프는 아래 그림과 같다.

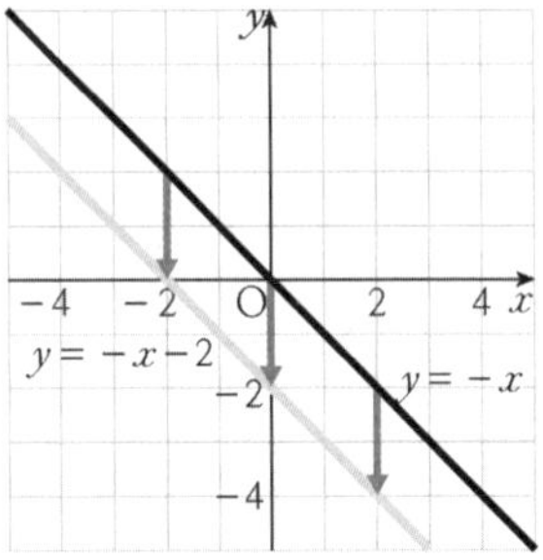

3 일차함수의 기울기

일차함수 $y=ax+b$에서 x의 값의 증가량에 대한 y의 값의 증가량의 비율은 항상 일정하고, 이 비율은 x의 계수 a와 같다.

이 증가량의 비율 a를 일차함수 $y=ax+b$의 그래프의 기울기라고 한다.

$$y=ax+b$$

↑ 기울기 (a)

필/수/개/념/정/리

일차함수의 그래프의 기울기

일차함수 $y=ax+b$의 그래프에서

$$(\text{기울기})=\frac{(y\text{의 값의 증가량})}{(x\text{의 값의 증가량})}=a$$

예제 03

다음 일차함수의 그래프의 기울기를 구하여라.

❶ $y=x-3$ ➜ x의 계수가 1이므로 기울기는 1이다.

❷ $y=-\frac{2}{3}x-2$ ➜ x의 계수가 $-\frac{2}{3}$이므로 기울기는 $-\frac{2}{3}$이다.

❸ $y=2x+4$ ➜ x의 계수가 2이므로 기울기는 2이다.

4 일차함수의 x절편, y절편

일차함수의 그래프가 x축과 만나는 점의 x좌표를 이 그래프의 x절편, y축과 만나는 점의 y좌표를 이 그래프의 y절편이라고 한다.

일차함수 $y=ax+b$의 그래프가 x축과 만나는 점의 y좌표는 0이므로

$0=ax+b$이다. ➜ x절편은 $-\frac{b}{a}$

일차함수 $y=ax+b$의 그래프가 y축과 만나는 점의 x좌표는 0이므로

$y=a\times0+b$이다. ➜ y절편은 b

예를 들어 일차함수 $y=-2x+4$의 그래프가 x축과 만나는 점의 좌표는 (2, 0)이고, 이 점의 x좌표는 2이다. 또, 이 그래프가 y축과 만나는 점의 좌표는 (0, 4)이고, 이 점의 y좌표는 4이다.

그러므로 일차함수 $y=-2x+4$의 그래프의 x절편은 2이고, y절편은 4이다.

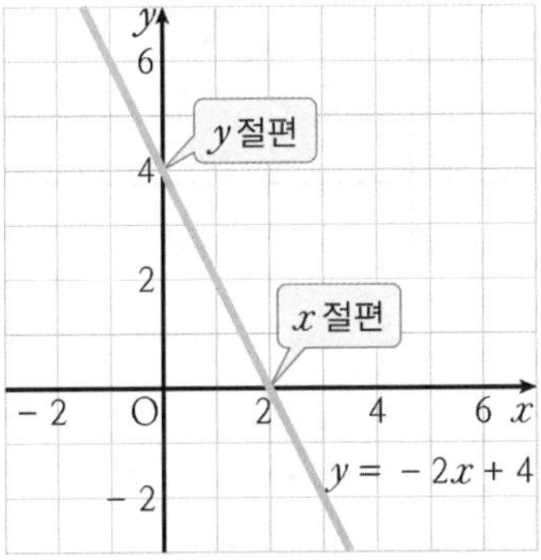

필/수/개/념/정/리

일차함수의 그래프의 x절편, y절편

일차함수 $y=ax+b$의 그래프에서

$$x\text{절편은 } -\frac{b}{a},\ y\text{절편은 } b$$

$y=ax+b$

↑ y절편

예제 04

일차함수 $y=3x-3$의 그래프의 x절편과 y절편을 각각 구하여라.

$y=3x-3$에 $y=0$을 대입하면 $0=3x-3$ ➜ $x=1$

$y=3x-3$에 $x=0$을 대입하면 $y=3\times0-3$ ➜ $y=-3$

그러므로 x절편은 1, y절편은 -3이다.

5 일차함수의 그래프 그리기 (I) [두 점을 이용]

일차함수의 그래프는 직선이고, 한 평면 위에서 서로 다른 두 점을 지나는 직선은 오직 하나이다. 그러므로 일차함수의 그래프 위의 서로 다른 두 점을 알면 그래프를 그릴 수 있다.

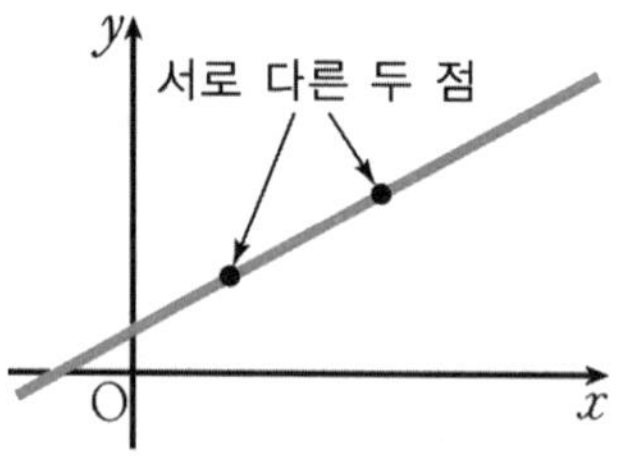

예제 05

일차함수 $y=-2x+3$의 그래프 위에 있는 두 점을 이용하여 그래프를 그려라.

일차함수 $y=-2x+3$에서

$x=1$일 때 ➜ $y=-2\times1+3=1$

$x=2$일 때 ➜ $y=-2\times2+3=-1$

일차함수 $y=-2x+3$의 그래프는 두 점 $(1,\ 1)$, $(2,\ -1)$을 지나는 직선이다.

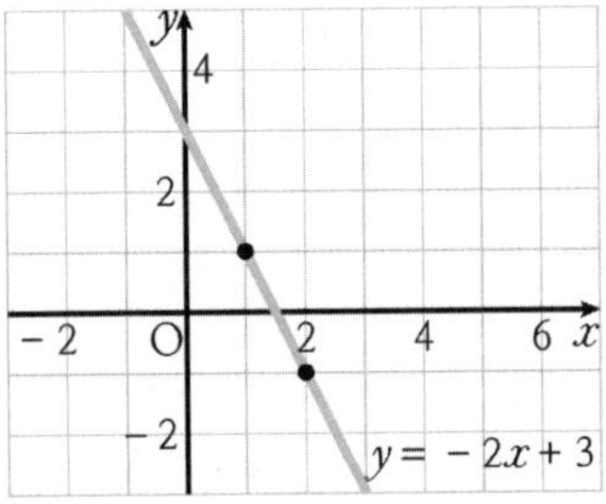

6 일차함수의 그래프 그리기 (Ⅱ) [x절편, y절편을 이용]

일차함수의 그래프가 원점을 지나지 않을 때, x절편과 y절편을 알면 그 그래프가 x축, y축과 만나는 두 점을 알 수 있다.

예를 들어 x절편이 -4, y절편이 3인 일차함수의 그래프는 두 점 $(-4,\ 0)$, $(0,\ 3)$을 지나는 직선이다.

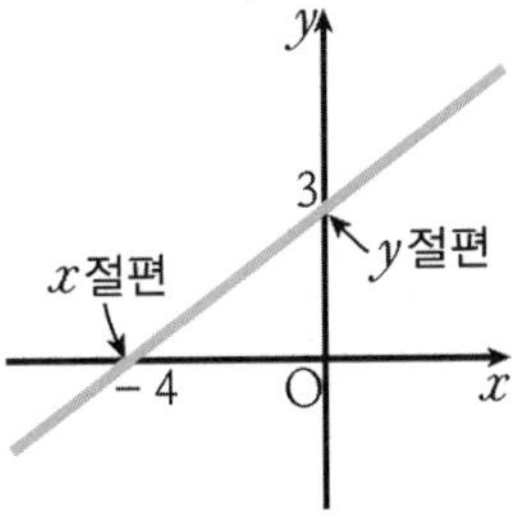

예제 06

일차함수 $y=\frac{2}{3}x-2$의 그래프를 x절편과 y절편을 이용하여 그려라.

$y=\frac{2}{3}x-2$에 $y=0$을 대입하면

$0=\frac{2}{3}x-2$ ➜ $x=3$

$y=\frac{2}{3}x-2$에 $x=0$을 대입하면

$y=\frac{2}{3}\times 0-2$ ➜ $y=-2$

그러므로 x절편은 3, y절편은 -2이므로

일차함수 $y=\frac{2}{3}x-2$의 그래프는 두 점 $(3,\ 0)$, $(0,\ -2)$를 지나는 직선이다.

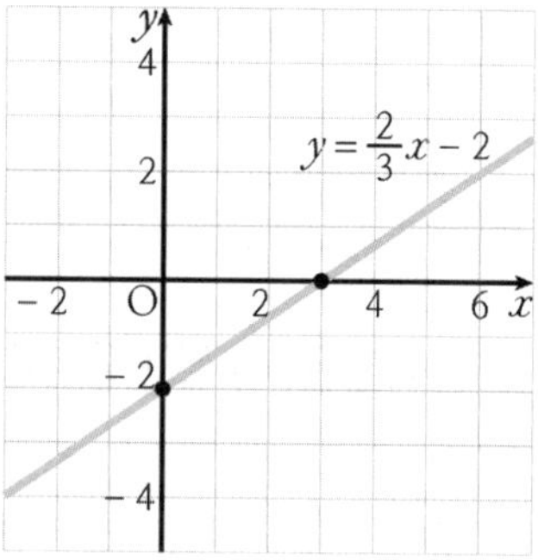

7 일차함수의 그래프 그리기 (Ⅲ) [기울기, y절편을 이용]

일차함수의 그래프의 y절편을 이용하면 그 그래프가 y축과 만나는 점을 알 수 있고, 그 점과 기울기를 이용하면 또 다른 점을 알 수 있다.

일차함수 $y=ax+b$에서 y절편은 b이므로 이 그래프는 점 $(0,\ b)$를 지나고, 기울기가 a이므로 x의 값의 증가량에 대한 y의 값의 증가량을 이용하여 또 다른 한 점을 알 수 있다.

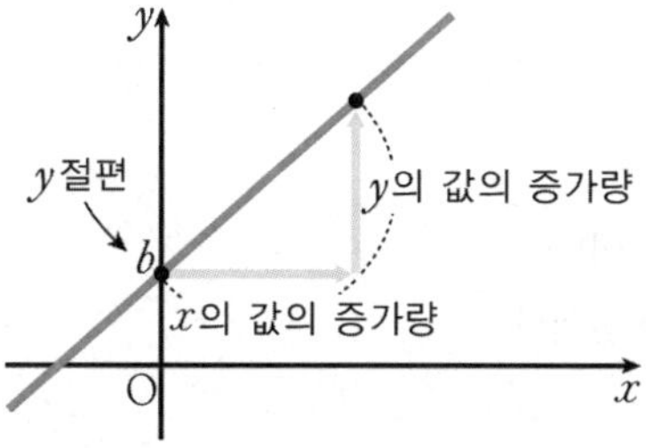

예제 07

일차함수 $y=-\frac{1}{2}x+3$의 그래프를 기울기와 y절편을 이용하여 그려라.

일차함수 $y=-\frac{1}{2}x+3$에서 y절편은 3이므로

일차함수 $y=-\frac{1}{2}x+3$의 그래프는 점 $(0,\ 3)$을 지난다.

기울기가 $-\frac{1}{2}=\frac{-1}{2}$이므로 점 $(0,\ 3)$에서

x축의 방향으로 2만큼 증가, y축의 방향으로 1만큼 감소한 점 $(2,\ 2)$를 지난다.

그러므로 일차함수 $y=-\frac{1}{2}x+3$의 그래프는 두 점 $(0,\ 3)$, $(2,\ 2)$를 지나는 직선이다.

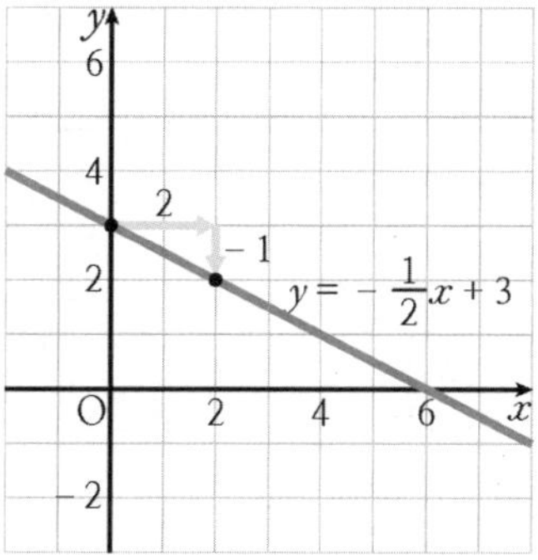

8 그래프와 기울기의 관계

일차함수 $y = ax + b$의 그래프는 기울기 a가 양수이면 x의 값이 증가할 때 y의 값도 증가하므로 오른쪽 위로 향하는 직선이고, 기울기 a가 음수이면 x의 값이 증가할 때 y의 값은 감소하므로 오른쪽 아래로 향하는 직선이다.

필/수/개/념/정/리

일차함수 $y = ax + b$의 그래프

① $a > 0$이면 오른쪽 위로 향하는 직선이다.

② $a < 0$이면 오른쪽 아래로 향하는 직선이다.

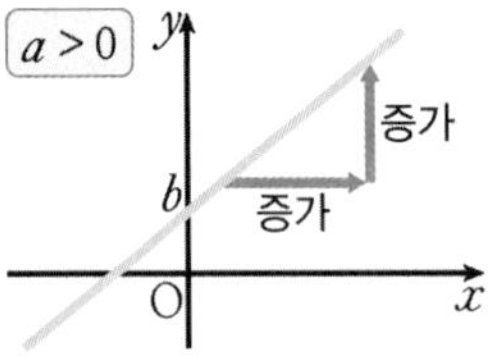

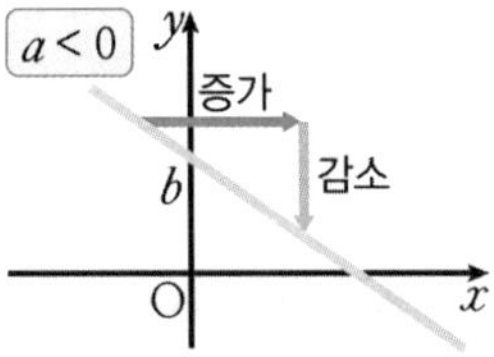

예제 08

다음 일차함수가 오른쪽 위로 향하는지 아래로 향하는지 구하여라.

❶ $y = 3x + 2$

일차함수 $y = 3x + 2$의 그래프는 기울기가 $3 > 0$이므로 오른쪽 위로 향하는 직선이다.

❷ $y = -4x + 3$

일차함수 $y = -4x + 3$ 의 그래프는 기울기가 $-4 < 0$이므로 오른쪽 아래로 향하는 직선이다.

9 평행한 두 일차함수의 그래프

일차함수 $y=ax+b$의 그래프는 일차함수 $y=ax$의 그래프를
y축의 방향으로 b만큼 평행이동한 것이고,
일차함수 $y=ax-b$의 그래프는 일차함수 $y=ax$의 그래프를
y축의 방향으로 $-b$만큼 평행이동한 것이다.
이때 일차함수 $y=ax+b$, $y=ax$, $y=ax-b$의 그래프의 기울기는 모두 a이고,
이들 그래프는 모두 서로 평행하다.

필/수/개/념/정/리

일차함수의 그래프의 기울기와 평행

① 기울기가 같은 두 일차함수의 그래프는 서로 평행하거나 일치한다.
② 서로 평행한 두 일차함수의 그래프의 기울기는 같다.

03 일차함수의 그래프와 식

- 기울기와 y절편을 이용하여 일차함수의 그래프를 그리고, 일차함수 그래프로 해를 구한다.

1 기울기와 y절편을 이용하여 일차함수 식 구하기

기울기가 a이고, y절편이 b인 직선의 방정식은 $y=ax+b$이다.

예제 01

다음 직선을 그래프로 하는 일차함수의 식을 구하여라.

❶ 기울기가 2이고, y절편이 -1인 직선 ➜ $y=2x-1$

❷ 기울기가 -3이고, y절편이 2인 직선 ➜ $y=-3x+2$

2 기울기와 한 점의 좌표를 이용하여 일차함수 식 구하기

기울기 a와 직선 위의 한 점의 좌표를 알 때, 구하는 일차함수의 식을 $y=ax+b$로 놓고 직선이 지나는 한 점의 좌표를 이 식에 대입하여 y절편 b를 구한다.

예제 02

기울기가 2이고, 점 (1, 5)를 지나는 직선을 그래프로 하는 일차함수의 식을 구하여라.

기울기가 2이므로 y절편을 b라고 하면 구하는 일차함수의 식은 $y=2x+b$

이 그래프가 점 $(1,\ 5)$를 지나므로 $y=2x+b$에 $x=1$, $y=5$를 대입하면

$5=2\times1+b$ ➜ $b=3$

그러므로 구하는 일차함수의 식은 $y=2x+3$이다.

3 직선 위의 두 점을 이용하여 일차함수 식 구하기

직선 위의 서로 다른 두 점의 좌표를 알 때,

$(\text{기울기}) = \dfrac{(y\text{의 값의 증가량})}{(x\text{의 값의 증가량})}$ 으로 기울기를 구할 수 있고,

주어진 두 점 중에서 한 점을 직선에 대입하여 일차함수의 식을 구한다.

예제 03

두 점 (2, 1), (4, 7)을 지나는 직선을 그래프로 하는 일차함수의 식을 구하여라.

두 점 (2, 1), (4, 7)을 지나는 직선의 기울기는

$(\text{기울기}) = \dfrac{(y\text{의 값의 증가량})}{(x\text{의 값의 증가량})} = \dfrac{7-1}{4-2} = 3$

y절편을 b라고 하면 구하는 일차함수의 식은 $y=3x+b$

이 그래프가 점 (2, 1)을 지나므로 $y=3x+b$에

$x=2$, $y=1$을 대입하면 $1=3\times2+b$ ➜ $b=-5$

그러므로 구하는 일차함수의 식은 $y=3x-5$이다.

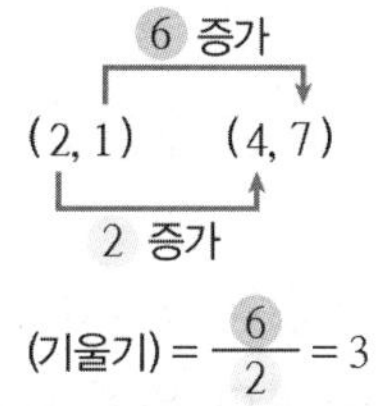

4 x절편, y절편을 이용하여 일차함수 식 구하기

x절편이 a, y절편이 b인 직선의 방정식은 두 점 $(a,\ 0)$, $(0,\ b)$를 지나는 직선의 방정식이므로 이 두 점으로 기울기를 구하고 y절편 b를 대입한다.

예제 04

x절편이 3, y절편이 2인 직선을 그래프로 하는 일차함수의 식을 구하여라.

x절편이 3이므로 $(3,\ 0)$을 지나고, y절편이 2이므로 $(0,\ 2)$를 지난다.
두 점 $(3,\ 0)$, $(0,\ 2)$를 지나는 직선의 기울기는

$$(\text{기울기}) = \frac{(y\text{의 값의 증가량})}{(x\text{의 값의 증가량})} = \frac{2-0}{0-3} = -\frac{2}{3}$$

이때 y절편이 2이므로 일차함수의 식은 $y = -\frac{2}{3}x + 2$이다.

5 일차방정식과 일차함수

일차방정식 $ax+by+c=0$ (a, b, c는 상수, $a \neq 0$ 또는 $b \neq 0$)의 해는 무수히 많고, 이들 해의 순서쌍 $(x,\ y)$를 좌표로 하는 점을 좌표평면 위에 나타내면 직선이 된다.
이때 일차방정식 $ax+by+c=0$ ($a \neq 0$ 또는 $b \neq 0$)을 직선의 방정식이라 한다.

$a \neq 0$이고 $b \neq 0$일 때, 그 직선은 일차함수 $y = -\frac{a}{b}x - \frac{c}{b}$의 그래프와 같다.

필/수/개/념/정/리

일차함수와 일차방정식

일차방정식 $ax+by+c=0$ $a \neq 0$ $b \neq 0$	해의 그래프 → / ← 방정식	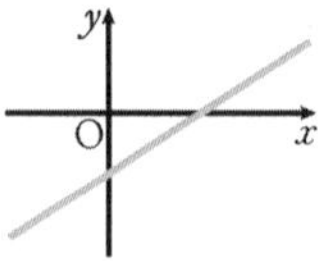	← 그래프 / 함수 →	일차함수 $y = -\frac{a}{b}x - \frac{c}{b}$

6 좌표축에 평행한 직선의 방정식

x좌표가 a인 모든 점을 좌표평면 위에 나타내면
일차방정식 $x=a$의 해를 나타내는 그래프는 점 $(a,\ 0)$을 지나고,
y축에 평행한 직선이 된다.
일차방정식 $y=b$의 해를 나타내는 그래프는 점 $(0,\ b)$를 지나고,
x축에 평행한 직선이 된다.

필/수/개/념/정/리

일차방정식 $x=m$, $y=n$의 해를 나타내는 그래프

① 일차방정식 $x=m$의 해를 나타내는 그래프는 점$(m,\ 0)$을 지나고, y축에 평행한 직선이다.

② 일차방정식 $y=n$의 해를 나타내는 그래프는 점 $(0,\ n)$을 지나고, x축에 평행한 직선이다.

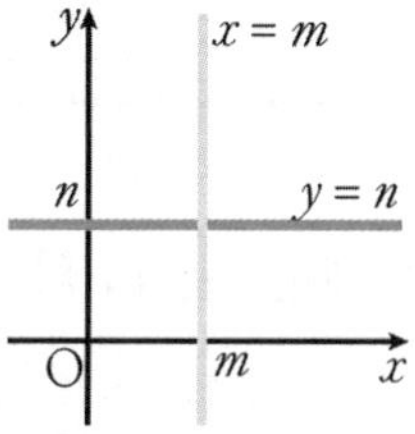

| 참고 | $x=0$의 해를 나타내는 그래프는 y축, $y=0$의 해를 나타내는 그래프는 x축

예제 05

다음 조건을 만족하는 직선의 방정식을 구하여라.

❶ 점 $(3,\ 1)$을 지나고, y축에 평행한 직선

구하는 직선은 y축에 평행하므로 $x=m$이다.
이때 직선이 점 $(3,\ 1)$을 지나므로 직선의 방정식은 $x=3$

❷ 점 $(4,\ -3)$을 지나고, x축에 평행한 직선

구하는 직선은 x축에 평행하므로 $y=n$이다.
이때 직선이 점 $(4,\ -3)$을 지나므로 직선의 방정식은 $y=-3$

7 연립방정식의 해와 일차함수의 그래프

연립방정식의 해는 두 일차방정식의 해를 나타내는 그래프, 즉 일차함수의 그래프로 나타나는 두 직선의 교점의 좌표와 같다.

필/수/개/념/정/리

연립방정식의 해와 일차함수의 그래프 (I)

연립방정식의 해는 두 일차함수의 그래프의 교점의 좌표와 같다.

연립방정식의 해		두 일차함수의 그래프의 교점의 좌표
$x=a,\ y=b$	⇄	(a, b)

한 평면 위에서 두 직선의 위치 관계는 한 점에서 만나거나 평행하거나 일치하는 세 가지 경우가 있다.

필/수/개/념/정/리

연립방정식의 해와 일차함수의 그래프 (II)

연립방정식에서 각 방정식의 해를 그래프로 나타내었을 때,

① 두 직선이 한 점에서 만나면 연립방정식의 해는 하나이다.

② 두 직선이 평행하면 연립방정식의 해는 없다.

③ 두 직선이 일치하면 연립방정식의 해는 무수히 많다.

예제 06

연립방정식 $\begin{cases} 2x+y=6 \\ x-y=-3 \end{cases}$을 그래프를 이용하여 풀어라.

두 일차방정식을 각각 y에 관하여 풀면 $\begin{cases} y=-2x+6 \\ y=x+3 \end{cases}$ 이고 그래프로 나타내면

아래 그림과 같이 점 $(1,\ 4)$에서 만난다.

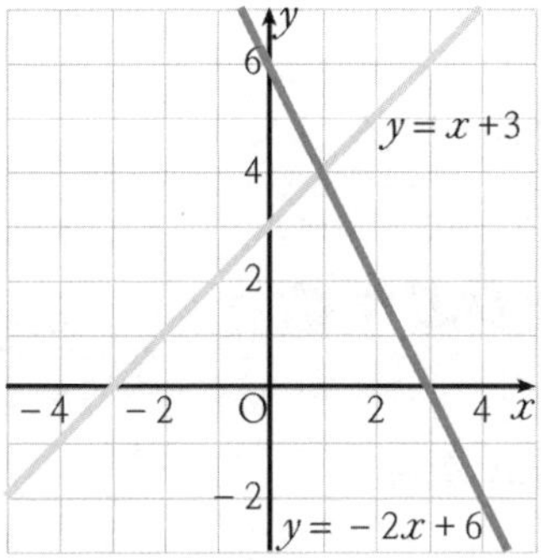

그러므로 구하는 해는 $x=1$, $y=4$이다.

04 이차함수와 그래프

- 이차함수의 개념을 익히고, 이차함수 그래프를 그린다.
- 이차함수의 꼭짓점, 축의 방정식을 구하는 방법을 익힌다.

1 이차함수

함수 $y=f(x)$에서 y가 x에 대한 이차식

$$y=ax^2+bx+c$$ (a, b, c는 상수, $a \neq 0$)로 나타날 때,

이 함수를 x에 대한 이차함수라고 한다.

예제 01

다음 식이 이차함수인지 확인하여라.

❶ 함수 $y=2x^2+3x-4$, $y=-x^2+2$

y가 x에 대한 이차식이므로 x에 대한 이차함수이다.

❷ 함수 $y=3x-1$, $y=-\dfrac{2}{x}$

y가 x에 대한 이차식이 아니므로 x에 대한 이차함수가 아니다.

예제 02

이차함수 $f(x)=x^2+5x-6$에서 다음을 구하여라.

❶ $f(1)$

$f(x)=x^2+5x-6$에 $x=1$을 대입하면

$f(1)=1^2+5\times1-6=0$

❷ $f(-1)$

$f(x)=x^2+5x-6$에 $x=-1$을 대입하면

$f(-1)=(-1)^2+5\times(-1)-6=-10$

2 이차함수 $y=ax^2$의 그래프

이차함수 $y=ax^2$의 그래프는 $a>0$이면 아래로 볼록하고, $a<0$이면 위로 볼록한 곡선이다. 또, 원점 O를 지나고 y축에 대칭이며, a의 절댓값이 클수록 그래프의 폭이 좁아진다.

이차함수 $y=ax^2$의 그래프와 같은 모양의 곡선을 포물선이라 한다.

포물선은 선대칭도형으로 그 대칭축을 포물선의 축이라 하고, 포물선과 축의 교점을 포물선의 꼭짓점이라고 한다.

이차함수 $y=ax^2$의 그래프는 y축을 축으로 하고, 원점을 꼭짓점으로 하는 포물선이다.

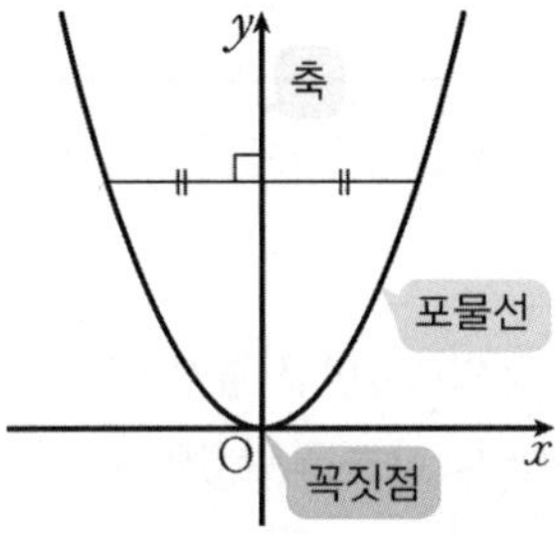

필/수/개/념/정/리

이차함수 $y=ax^2$의 그래프

① y축을 축으로 하고, 원점을 꼭짓점으로 하는 포물선이다.

② $a>0$이면 아래로 볼록하고, $a<0$이면 위로 볼록하다.

③ a의 절댓값이 클수록 그래프의 폭이 좁아진다.

④ 이차함수 $y=-ax^2$의 그래프와 x축에 대칭이다.

예제 03

다음 물음에 답하여라.

$y=4x^2$, $y=-2x^2$, $y=\frac{1}{2}x^2$, $y=-\frac{1}{3}x^2$, $y=x^2$, $y=-x^2$

❶ 그래프가 아래로 볼록한 것은? ➜ $y=4x^2$, $y=\frac{1}{2}x^2$, $y=x^2$

❷ 그래프의 폭이 가장 좁은 것은? ➜ $y=4x^2$

❸ 그래프의 폭이 가장 넓은 것은? ➜ $y=-\frac{1}{3}x^2$

3 이차함수 $y=ax^2+q$의 그래프

이차함수 $y=ax^2+q$의 그래프는 이차함수 $y=ax^2$의 그래프를 y축의 방향으로 q만큼 평행이동한 것이다.

$y=ax^2$

↓ y축의 방향으로 q만큼 평행이동

$y=ax^2+q$

필/수/개/념/정/리

이차함수 $y=ax^2+q$의 그래프

① 이차함수 $y=ax^2$의 그래프를 y축의 방향으로 q만큼 평행이동한 것이다.

② y축을 축으로 하고, 점 $(0,\ q)$를 꼭짓점으로 하는 포물선이다.

$a>0,\ q>0$

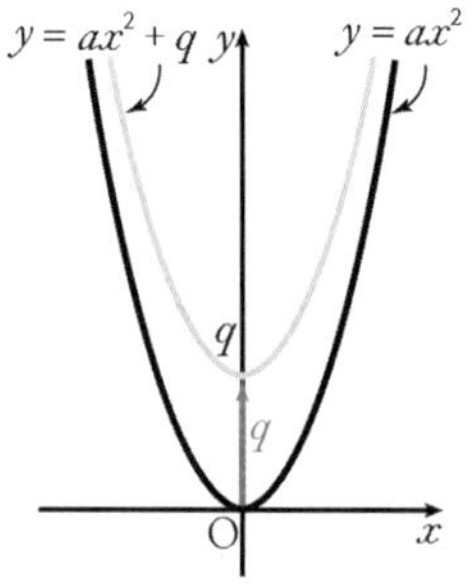

예제 04

이차함수 $y=-x^2-2$의 그래프를 그리고, 축의 방정식과 꼭짓점의 좌표를 구하여라.

이차함수 $y=-x^2-2$의 그래프는

이차함수 $y=-x^2$의 그래프를 y축의 방향으로 -2만큼 평행이동한 것이다.

그러므로 축의 방정식 ➜ $x=0$

꼭짓점의 좌표 ➜ $(0,\ -2)$

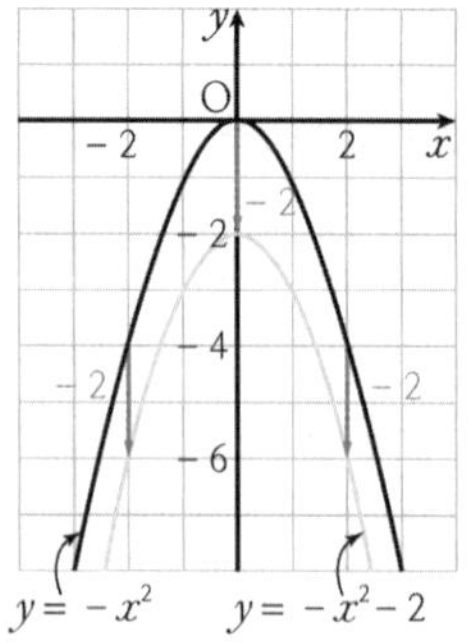

4 이차함수 $y=a(x-p)^2$의 그래프

이차함수 $y=ax^2$의 그래프를 x축의 방향으로 p만큼 평행이동한 것이다.

$y=ax^2$

↓ x축의 방향으로 p만큼 평행이동

$y=a(x-p)^2$

필/수/개/념/정/리

이차함수 $y=a(x-p)^2$의 그래프

① 이차함수 $y=ax^2$의 그래프를 x축의 방향으로 p만큼 평행이동한 것이다.

② 직선 $x=p$를 축으로 하고, 점 $(p,\ 0)$을 꼭짓점으로 하는 포물선이다.

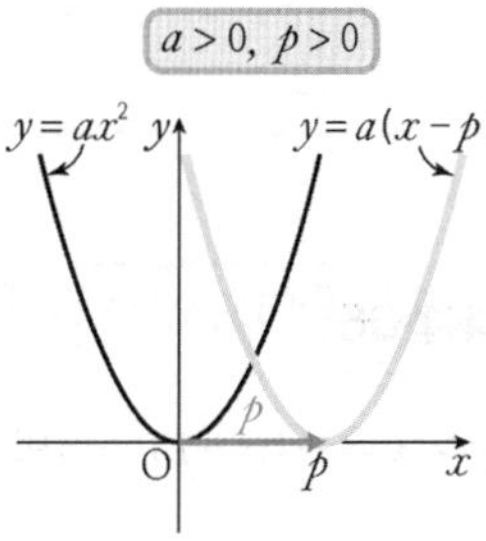

예제 05

이차함수 $y=-(x+3)^2$의 그래프를 그리고, 축의 방정식과 꼭짓점의 좌표를 구하여라.

이차함수 $y=-(x+3)^2$의 그래프는

이차함수 $y=-x^2$의 그래프를 x축의 방향으로 -3만큼 평행이동한 것이다.

축의 방정식 ➜ $x=-3$

꼭짓점의 좌표 ➜ $(-3,\ 0)$

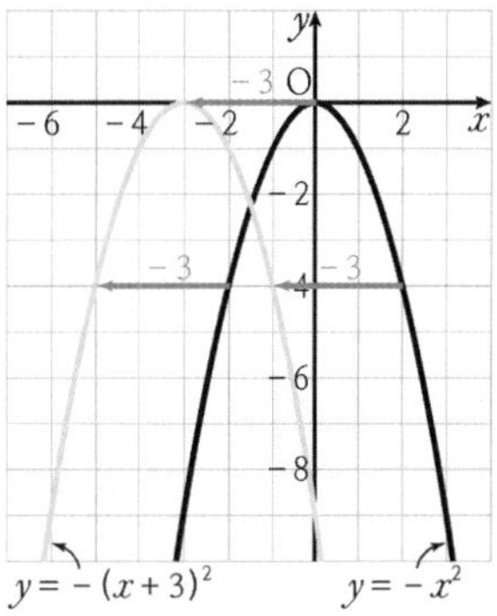

5 이차함수 $y=a(x-p)^2+q$의 그래프

이차함수 $y=ax^2$의 그래프를 x축의 방향으로 p만큼, y축의 방향으로 q만큼 평행이동한 것이다.

필/수/개/념/정/리

이차함수 $y=a(x-p)^2+q$의 그래프

① 이차함수 $y=ax^2$의 그래프를 x축의 방향으로 p만큼, y축의 방향으로 q만큼 평행이동한 것이다.

② 직선 $x=p$를 축으로 하고, 점 $(p,\ q)$를 꼭짓점으로 하는 포물선이다.

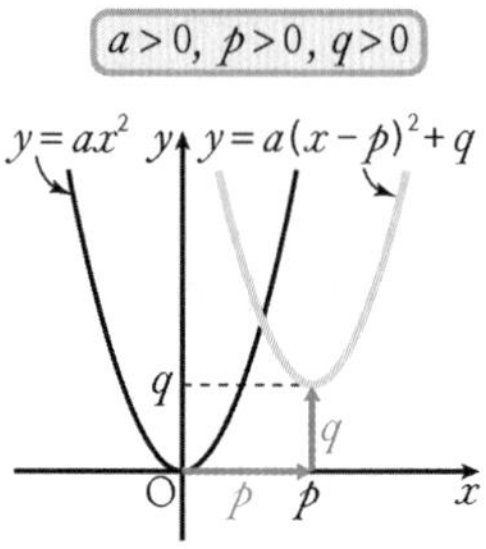

예제 06

이차함수 $y=-(x+2)^2-3$의 그래프에서 축의 방정식과 꼭짓점의 좌표를 구하여라.

이차함수 $y=-(x+2)^2-3$의 그래프는 이차함수 $y=-x^2$의 그래프를 x축의 방향으로 -2만큼, y축의 방향으로 -3만큼 평행이동한 것이다.

축의 방정식 ➜ $x=-2$

꼭짓점의 좌표 ➜ $(-2,\ -3)$

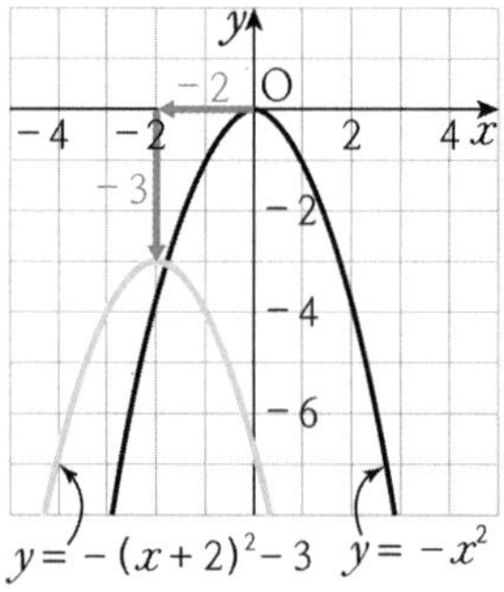

6 이차함수 ax^2+bx+c의 그래프 심화 과정

이차함수 $y=ax^2+bx+c$의 그래프는 완전제곱식을 이용하여 주어진 식을 $y=a(x-p)^2+q$ 꼴로 나타내어 그래프를 그린다.

필/수/개/념/정/리

이차함수 $y=ax^2+bx+c$의 그래프

① $a>0$이면 아래로 볼록하고, $a<0$이면 위로 볼록하다.

② 점 $(0,\ c)$를 지난다.

③ 이차함수 $y=a(x-p)^2+q$ 꼴로 고쳐서 그래프를 그린다.

예제 07

이차함수 $y=-x^2+6x-4$의 그래프를 그리고, 축의 방정식과 꼭짓점의 좌표를 구하여라.

$$
\begin{aligned}
y&=-x^2+6x-4\\
&=-(x^2-6x+9-9)-4\\
&=-(x^2-6x+3^2-9)-4\\
&=-(x^2-6x+3^2)+9-4\\
&=-(x-3)^2+5
\end{aligned}
$$
이므로

이차함수 $y=-x^2+6x-4$의 그래프는

축의 방정식 ➜ $x=3$

꼭짓점의 좌표 ➜ $(3,\ 5)$

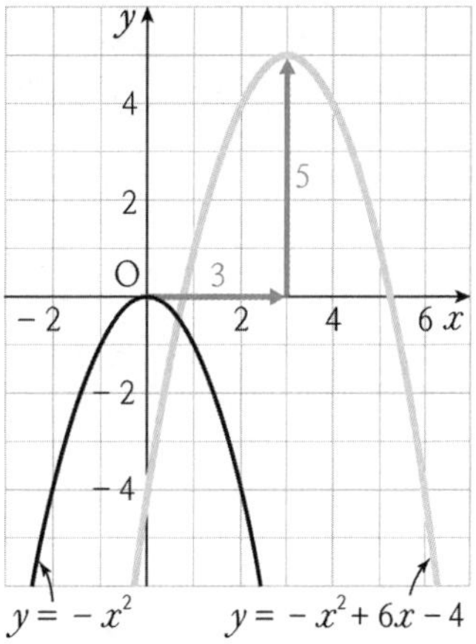

예제 08

이차함수 $y=ax^2+bx+c$의 그래프가 점 $(0,\ 3)$을 지나고, 꼭짓점의 좌표가 $(2,\ -1)$일 때, 이 이차함수의 식을 구하여라.

꼭짓점의 좌표가 $(2,\ -1)$이므로

이차함수의 식은 $y=a(x-2)^2-1$이다.

점 $(0,\ 3)$을 지나므로 $y=a(x-2)^2-1$의 식에

$x=0,\ y=3$을 대입하면 $3=a(0-2)^2-1$

$3=4a-1$ ➜ $3+1=4a$ ➜ $4=4a$ $\therefore\ a=1$

a에 1을 대입하여 정리하면 이차함수의 식은 $y=(x-2)^2-1$이고

우변을 전개하면 $(x^2-4x+4)-1$ $\therefore\ y=x^2-4x+3$

PART IV

적중 예상 문제

정답 및 해설 23p

01 좌표평면 위의 점의 좌표로 옳지 않은 것은?

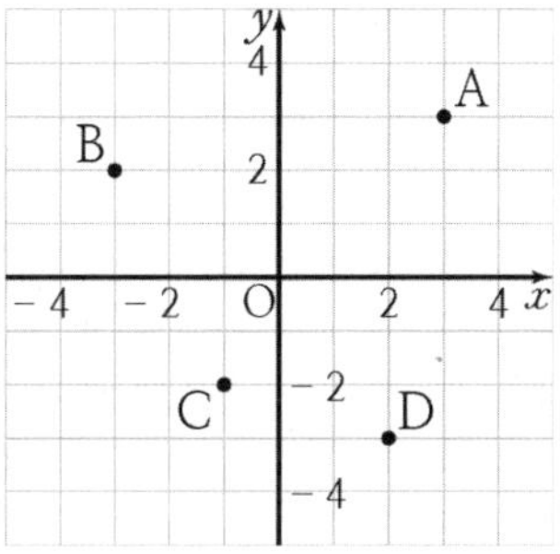

① A(3, 3)　② B(−3, 2)
③ C(1, −2)　④ D(2, −3)

02 좌표평면 위의 점 A의 좌표는?

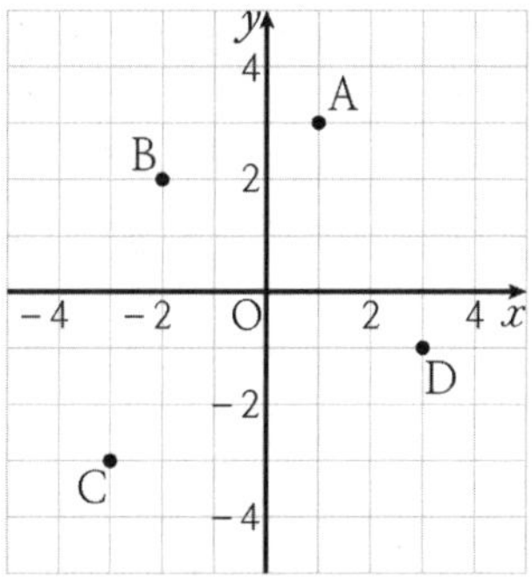

① (1, 3)　② (−2, 2)
③ (−3, −3)　④ (3, −1)

03 좌표평면 위의 점 P의 좌표는?

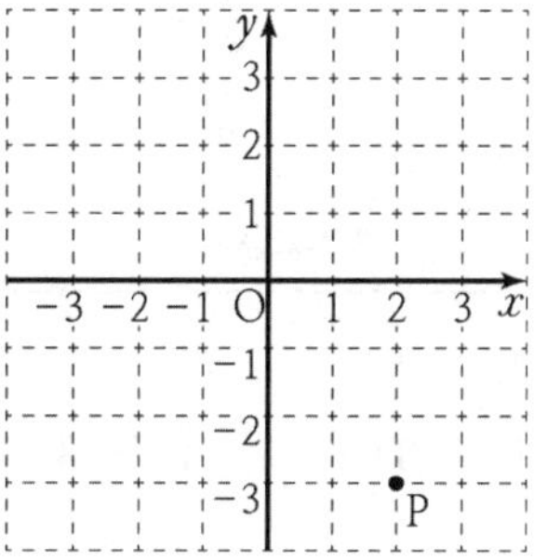

① P(2, 3)　② P(2, −3)
③ P(−2, 3)　④ P(−2, −3)

04 좌표평면 위의 세 점 A, B, C의 좌표로 옳은 것은?

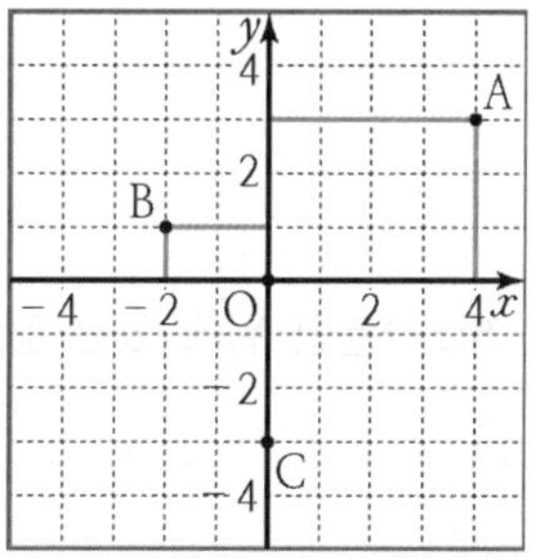

① A(4, 4), B(−2, −2), C(0, −3)
② A(4, 3), B(−2, 1), C(0, −3)
③ A(−4, 4), B(−2, −1), C(0, 3)
④ A(4, −4), B(2, 1), C(0, 3)

05 그림은 우리 집에서 집 주변의 약도를 좌표평면 위에 표시한 것이다. 약국 Q의 좌표는?

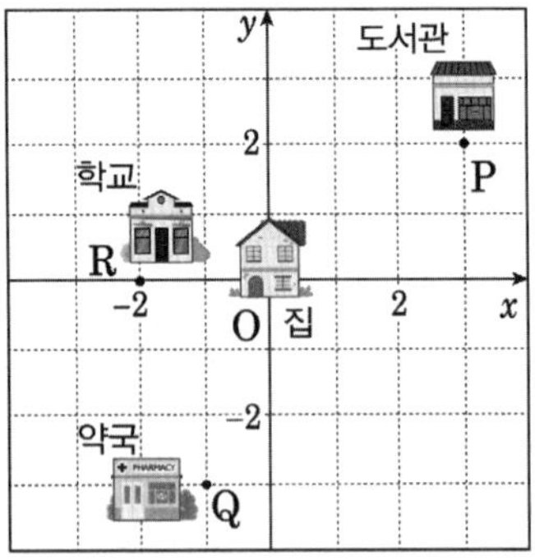

① $(-2,\ -2)$　② $(-1,\ 3)$
③ $(-1,\ -3)$　④ $(-3,\ -1)$

06 좌표평면 위의 점 $(1,\ -4)$는 제 몇 사분면에 있는가?

① 제1사분면　② 제2사분면
③ 제3사분면　④ 제4사분면

07 다음 중 제2사분면 위에 있는 점의 좌표는?

① $(1,\ 4)$　② $(-2,\ 5)$
③ $(4,\ -2)$　④ $(-4,\ -1)$

08 좌표평면에서 제3사분면 위의 점의 개수는?

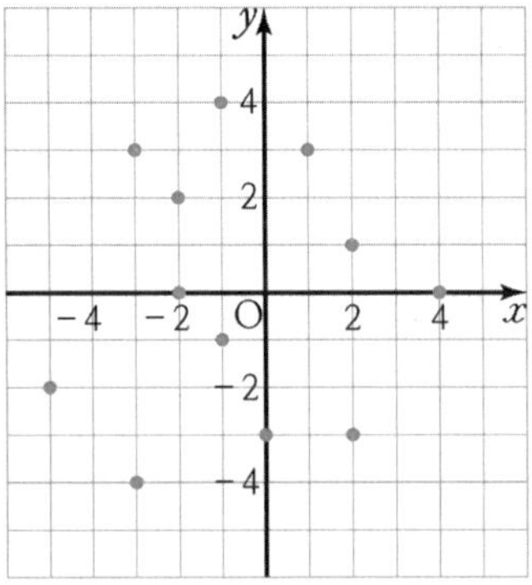

① 1개　② 3개
③ 5개　④ 7개

09 한 개에 500원 하는 아이스크림이 있다. 이 아이스크림을 x개 살 때, 금액을 y원이라 할 때, x와 y의 관계식을 구하면?

x(개)	1	2	3	4	5	…
y(원)	500	1000	1500	2000	2500	…

① $y=5x$　② $y=50x$
③ $y=500x$　④ $y=-5x$

10 함수 $y=ax$의 그래프가 아래 그림과 같을 때, 상수 a의 값은?

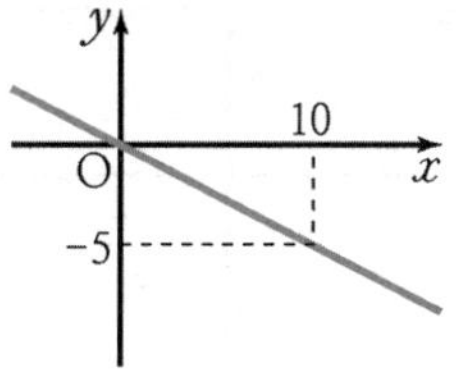

① $\frac{1}{2}$　　② $-\frac{1}{2}$
③ 2　　④ -2

11 함수 $f(x)=24x$의 $x=2$일 때의 함숫값은?

① 12　　② 24
③ 36　　④ 48

12 함수 $f(x)=1-3x$에 대하여 $f(-2)$의 값은?

① 1　　② 3
③ 5　　④ 7

13 $f(x)=2x+5$일 때, $f(1)+f(2)$의 값은?

① 12　　② 14
③ 16　　④ 18

14 다음 일차함수 $y=-2x-3$의 기울기는?

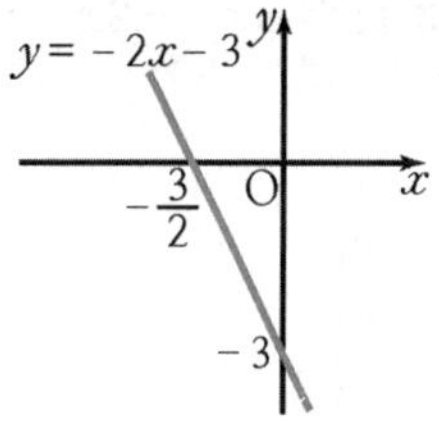

① 2　　② 3
③ -2　　④ -3

15 다음 일차함수 $y=-3x+3$의 그래프에서 기울기는?

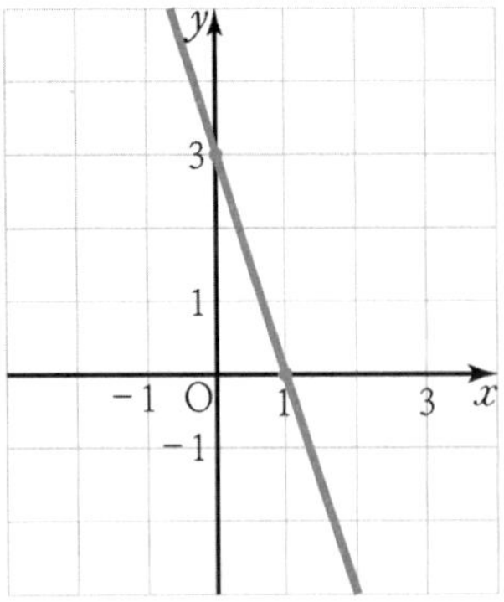

① -1 ② -2
③ -3 ④ -4

16 그림은 일차함수 $y=-2x+b$의 그래프이다. b의 값은?

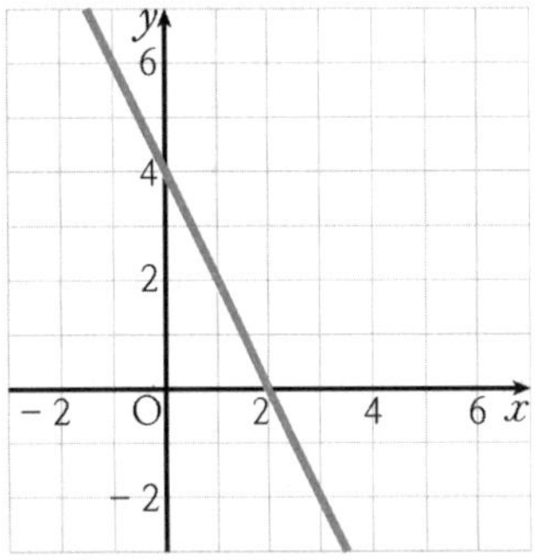

① 2 ② 4
③ -2 ④ -4

17 그림은 일차함수 $y=ax-4$의 그래프이다. 상수 a의 값은?

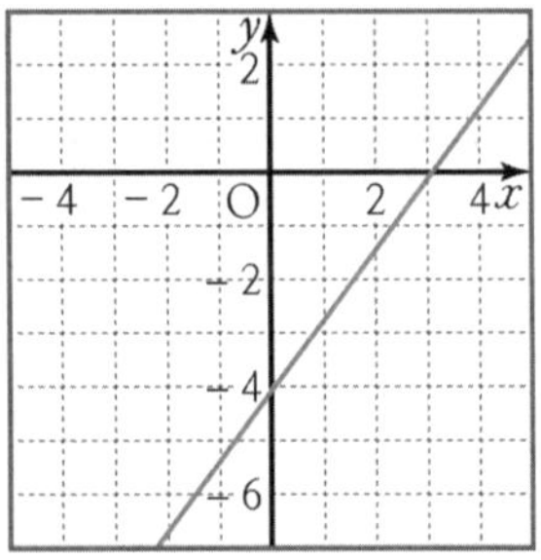

① $\frac{4}{3}$ ② $-\frac{3}{4}$
③ $\frac{3}{4}$ ④ $-\frac{4}{3}$

18 그림은 일차함수 $y=ax+4$의 그래프이다. 상수 a의 값은?

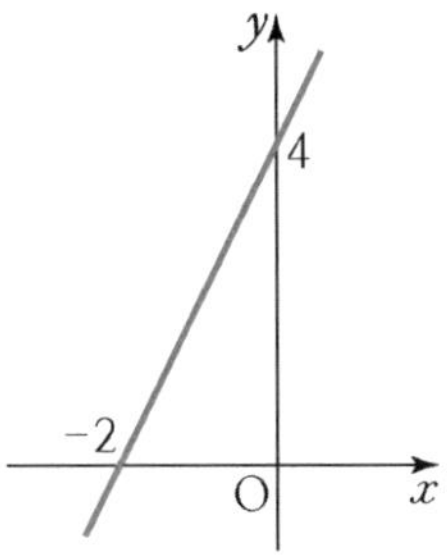

① -4 ② -2
③ 2 ④ 4

19 그림은 일차함수 $y=ax+2$의 그래프이다. a의 값은?

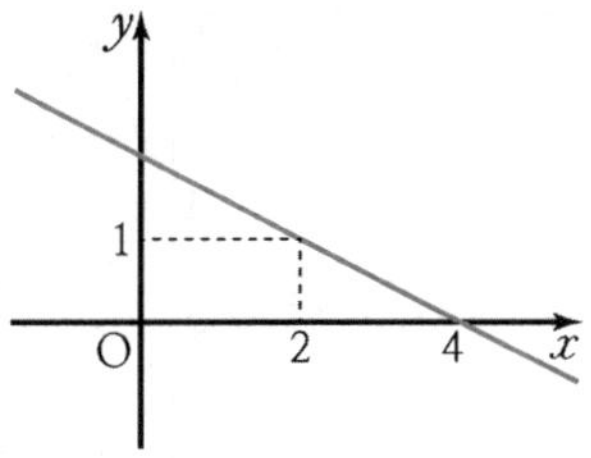

① -2　　② -1

③ $-\frac{1}{2}$　　④ 1

20 그림은 일차함수 $y=-x+a$의 그래프이다. a의 값은?

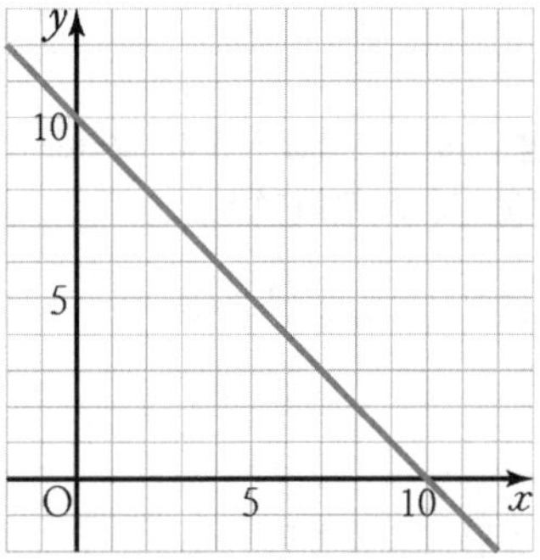

① 10　　② -10

③ 20　　④ -20

21 그림은 일차함수 $y=x-2$의 그래프이다. 이 그래프가 점 $(5,\ a)$를 지날 때, a의 값은?

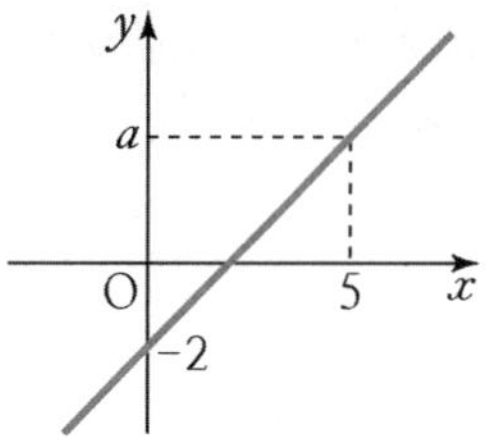

① 2　　② 3

③ 4　　④ 5

22 일차함수 $y=ax-5$에서 x의 값이 5만큼 증가할 때, y의 값은 15만큼 감소한다고 한다. 이때 a의 값은?

① 5　　② 15

③ 3　　④ -3

23 기울기가 4이고, 점 $(0,\ 2)$를 지나는 직선을 그래프로 하는 일차함수의 식은?

① $y=4x-2$　　② $y=4x+2$

③ $y=-4x-2$　　④ $y=-4x+2$

24 기울기가 -3이고, 점 $(2,\ 1)$을 지나는 일차함수의 식은?

① $y=-3x+7$　② $y=-3x+5$
③ $y=-3x+3$　④ $y=-3x+1$

25 기울기가 -5이고, y절편이 3인 직선을 그래프로 하는 일차함수의 식은?

① $y=-5x-3$　② $y=5x-3$
③ $y=-5x+3$　④ $y=5x+3$

26 기울기가 2이고, x절편이 -4인 직선을 그래프로 하는 일차함수의 식은?

① $y=2x-4$　② $y=-2x+4$
③ $y=2x-8$　④ $y=2x+8$

27 그림은 일차함수 $y=2x+4$의 그래프이다. x절편과 y절편을 각각 구하면?

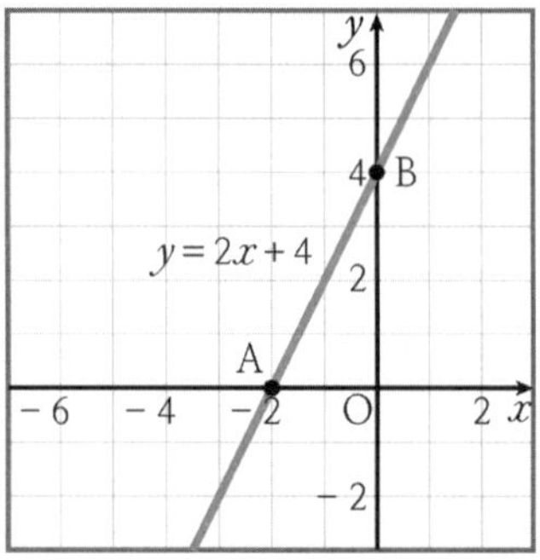

① x절편 -2, y절편 -4
② x절편 2, y절편 -4
③ x절편 -2, y절편 4
④ x절편 2, y절편 4

28 일차함수 $y=-3x+6$의 그래프의 x절편과 y절편을 각각 구하면?

① x절편 2, y절편 -3
② x절편 2, y절편 6
③ x절편 -3, y절편 6
④ x절편 2, y절편 -6

29 두 점 $(1,\ 0)$, $(0,\ 2)$를 지나는 직선을 그래프로 하는 일차함수의 식은?

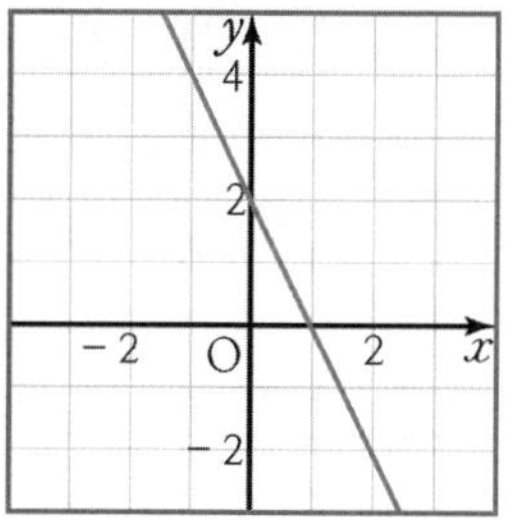

① $y=-2x+1$　② $y=-2x-1$
③ $y=2x+2$　④ $y=-2x+2$

30 일차함수 $y=\frac{3}{2}x-2$의 그래프의 y절편은?

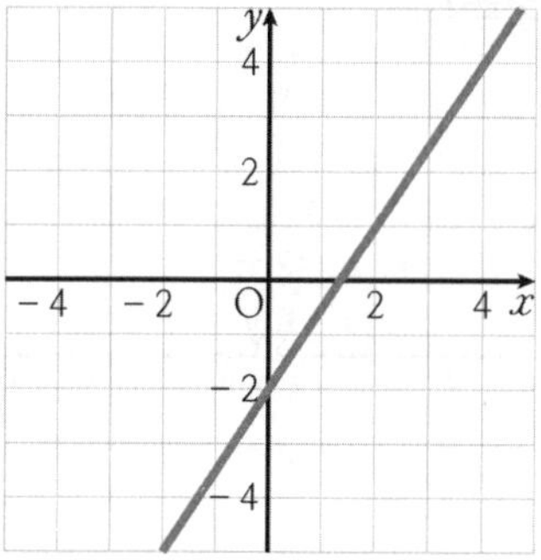

① 2　② 0
③ -2　④ $\frac{3}{2}$

31 x절편이 -3이고, y절편이 -6인 일차함수의 식은?

① $y=2x-3$　② $y=2x-6$
③ $y=-2x-3$　④ $y=-2x-6$

32 다음 그림은 일차함수의 그래프이다. y절편을 구하면?

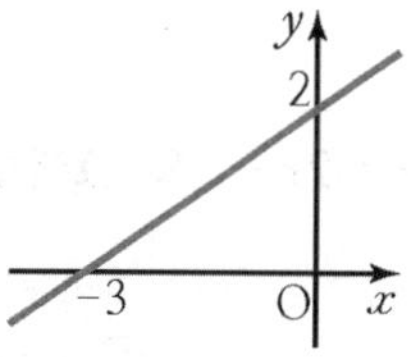

① 2　② -3
③ -2　④ 3

33 일차함수 $y=3x-2$의 그래프에 대한 설명으로 옳지 않은 것은?

① 기울기가 3이다.
② y절편이 -2이다.
③ 점 $(1,\ 1)$을 지난다.
④ 오른쪽 아래로 향하는 직선이다.

34 일차함수 $y=-x+6$의 그래프에 대한 설명으로 옳은 것은?

① 기울기가 6이다.
② y절편이 -1이다.
③ 점 $(-1,\ 7)$을 지난다.
④ 제3사분면을 지난다.

35 일차함수 $y=2x-1$의 그래프와 평행하지 <u>않은</u> 것은?

① $y=2x$ ② $y=2x+1$
③ $y=-2x-1$ ④ $y=2x-3$

36 일차함수 $y=-5x+2$의 그래프와 평행한 것은?

① $y=5x$ ② $y=-\frac{1}{5}x$
③ $y=-5x$ ④ $y=\frac{1}{5}x$

37 두 점 $(-2,\ -1)$, $(1,\ 5)$를 지나는 직선을 그래프로 하는 일차함수의 식은?

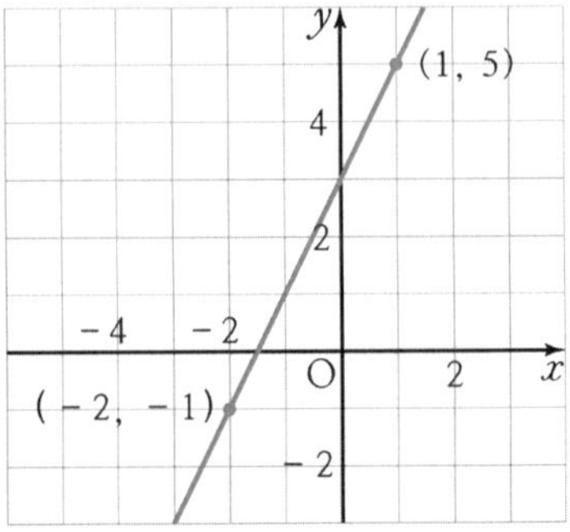

① $y=2x+1$ ② $y=2x+3$
③ $y=2x+5$ ④ $y=2x+7$

38 이차함수 $y=4x^2$의 그래프에 대한 설명으로 옳은 것은?

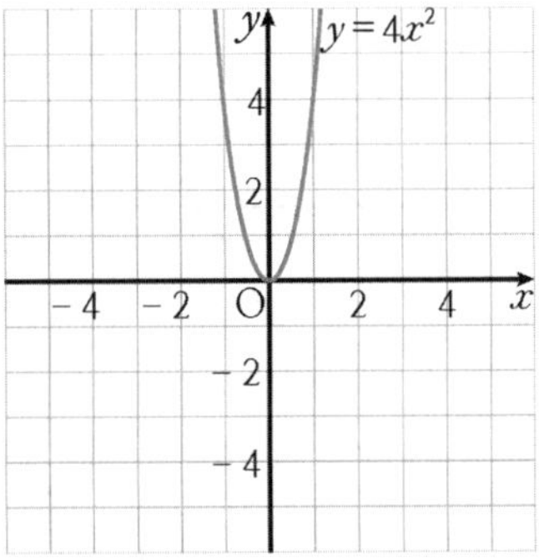

① 위로 볼록하다.
② 제3사분면을 지난다.
③ 꼭짓점의 좌표는 $(0,\ 0)$이다.
④ 점 $(2,\ -4)$를 지난다.

39 이차함수 $y=-(x-3)^2+5$의 그래프에 대한 설명으로 옳지 않은 것은?

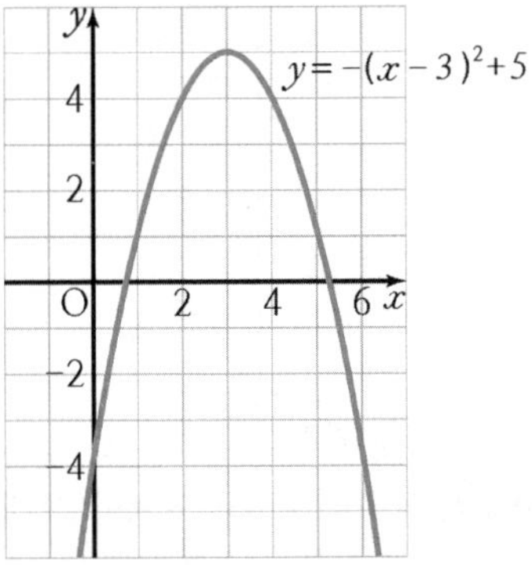

① 위로 볼록하다.
② 제1, 3, 4사분면을 지난다.
③ 꼭짓점의 좌표는 (3, 5)이다.
④ 축의 방정식은 $x=-3$이다.

40 이차함수 $y=-2x^2+2$의 그래프에 대한 설명으로 옳은 것은?

① 아래로 볼록하다.
② 점 (1, 0)을 지난다.
③ 꼭짓점의 좌표는 (2, 0)이다.
④ 축의 방정식은 $x=2$이다.

41 그림은 컴퓨터를 이용하여 이차함수 $y=-(x-2)^2+3$의 그래프를 그린 것이다. 꼭짓점을 구하면?

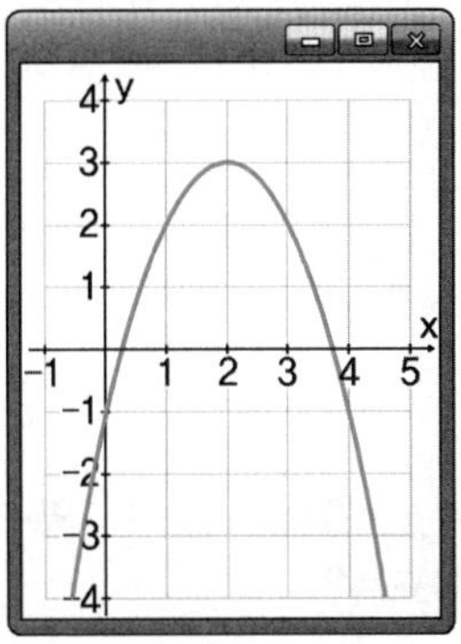

① (2, 0) ② (3, 2)
③ (2, 3) ④ (0, 3)

42 이차함수 $y=-\frac{1}{2}x^2$의 그래프에 대한 설명으로 옳은 것은?

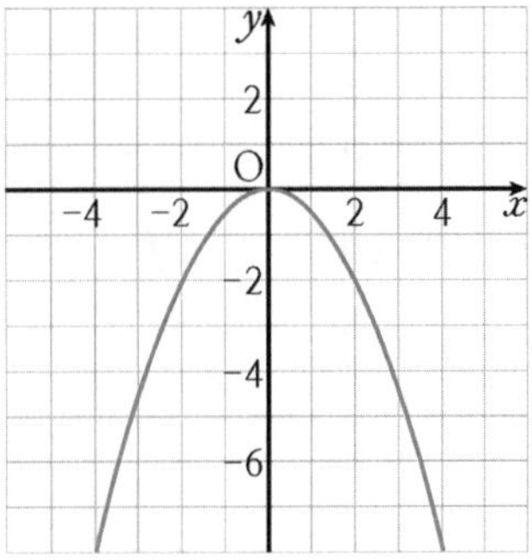

① 축의 방정식은 $x=-\frac{1}{2}$이다.
② 아래로 볼록하다.
③ 이차함수 $y=-3x^2$ 그래프보다 폭이 좁다.
④ 꼭짓점의 좌표는 (0, 0)이다.

43 다음 이차함수 그래프 중 폭이 가장 좁은 것은?

① $y=-\frac{1}{2}x^2$　　② $y=x^2$

③ $y=-2x^2$　　④ $y=-x^2$

44 이차함수 $y=3(x-4)^2+5$의 그래프에서 꼭짓점의 좌표는?

① $(4,\ 5)$　　② $(4,\ -5)$

③ $(-4,\ -5)$　　④ $(-4,\ 5)$

45 이차함수 $y=\frac{1}{2}(x-2)^2$의 그래프에 대한 설명으로 옳은 것은?

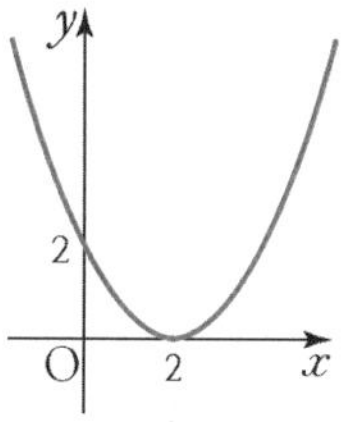

① 축의 방정식은 $x=\frac{1}{2}$이다.

② 위로 볼록하다.

③ 점 $(2,\ 2)$를 지난다.

④ 꼭짓점의 좌표는 $(2,\ 0)$이다.

46 이차함수 $y=-\frac{1}{3}x^2+3$의 그래프에 대한 설명으로 옳지 않은 것은?

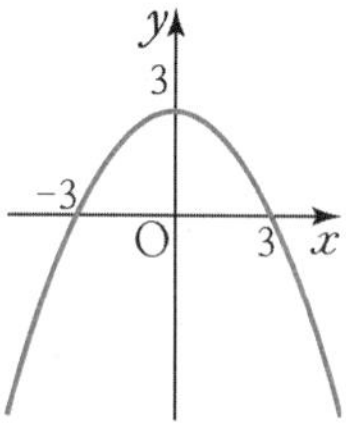

① 위로 볼록하다.

② 이차함수 $y=-4x^2+3$의 그래프보다 폭이 넓다.

③ 꼭짓점의 좌표는 $(3,\ 0)$이다.

④ 축의 방정식은 $x=0$이다.

47 이차함수 $y=\frac{3}{2}x^2$의 그래프를 x축, y축으로 평행이동한 그래프가 아래 그림과 같을 때 이차함수의 식은?

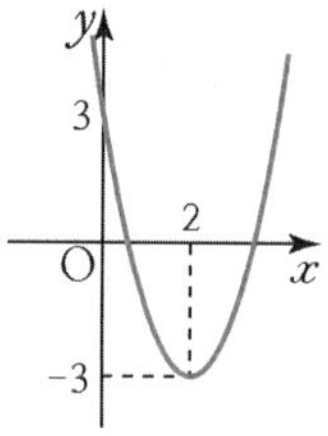

① $y=\frac{3}{2}(x-2)^2+3$

② $y=\frac{3}{2}(x-2)^2-3$

③ $y=\frac{3}{2}(x+2)^2+3$

④ $y=\frac{3}{2}(x+2)^2-3$

48 이차함수 $y=-x^2+1$의 그래프는?

①

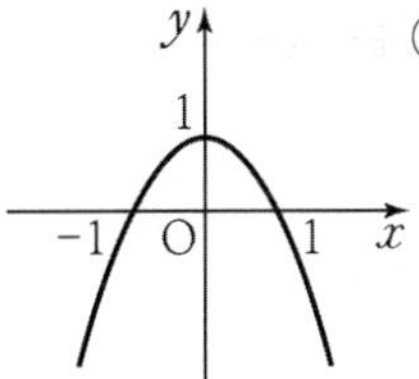

②

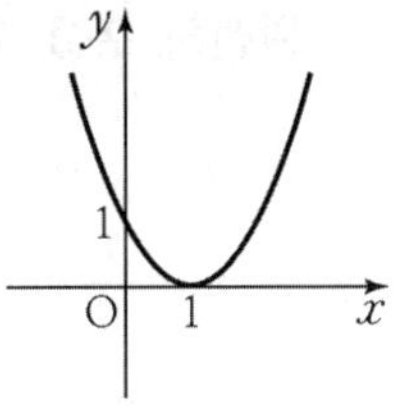

③

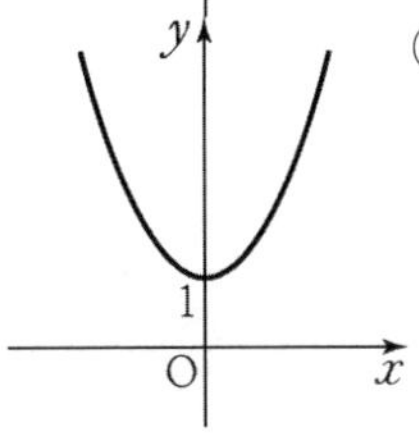

④

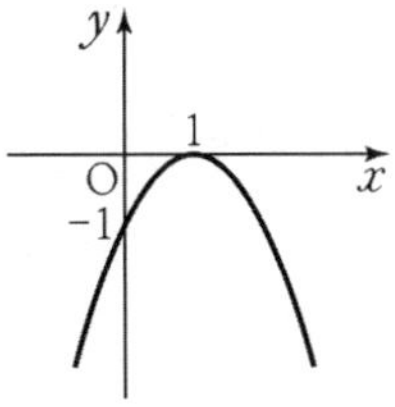

49 이차함수 $y=-\frac{1}{4}x^2$의 그래프에 대한 설명으로 옳은 것은?

① 제2사분면과 제4사분면을 지난다.

② 아래로 볼록한 포물선이다.

③ 꼭짓점의 좌표는 $\left(0,\ -\frac{1}{4}\right)$이다.

④ $y=\frac{1}{4}x^2$의 그래프와 x축 대칭이다.

50 이차함수 $y=2(x-3)^2+1$의 그래프가 점 $(4,\ a)$를 지날 때, a의 값은?

① 1　② 2

③ 3　④ 4

51 $y=-x^2$의 그래프를 x축의 방향으로 a만큼, y축의 방향으로 b만큼 평행이동하면 $y=-(x+3)^2-4$의 그래프와 일치한다. $a+b$의 값은?

① -5　② -7

③ -9　④ -11

52 이차함수 $y=-\frac{1}{2}x^2$의 그래프에 대한 설명으로 옳은 것은?

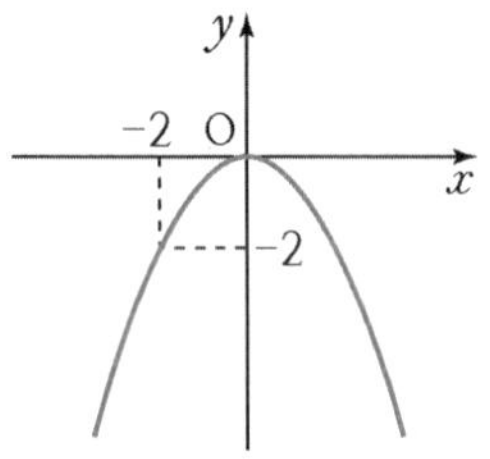

① 아래로 볼록하다.
② 제2사분면을 지난다.
③ 점 $(-2,\ 2)$를 지난다.
④ 꼭짓점의 좌표는 $(0,\ 0)$이다.

53 이차함수 $y=-2(x+1)^2$의 그래프는 이차함수 $y=-2x^2$의 그래프를 x축의 방향으로 n만큼 평행이동한 것과 같고, 꼭짓점의 좌표는 $(a,\ b)$일 때, $n+a+b$의 값은?

① -2　② -1
③ 0　④ 1

54 이차함수 $y=\frac{1}{3}x^2$의 그래프를 평행이동하여 완전히 포갤 수 있는 것은?

① $y=-3x^2-5$
② $y=\frac{1}{3}(x-4)^2+2$
③ $y=3x^2$
④ $y=-\frac{1}{3}x^2+1$

memo

PART

V

기본 도형

점, 선, 면의 개념을 익히고, 도형에서 평행과 수직 위치를 찾을 수 있도록 하고, 평행선에서 동위각, 엇각의 크기를 구할 수 있도록 학습한다. 또 삼각형의 합동 조건을 암기하고, 합동인 두 삼각형을 찾을 수 있도록 하고, 다각형의 내각과 외각의 성질을 익히고, 각의 크기를 구할 수 있도록 학습한다. 부채꼴에서 중심각과 호의 관계를 익히고, 호의 길이와 넓이를 구할 수 있도록 학습하고 다면체와 회전체의 성질을 익힌다. 특히 정다면체의 성질에 대해 시 익히고 입체도형의 겉넓이와 부피를 계산하는 방법을 학습하는 단원이다. 범위가 가장 광범위한 단원이지만 기본적인 개념만 알고 있으면 쉽게 풀 수 있는 문제가 주로 출제가 되고 있으니 범위가 많아도 기본적인 개념들은 모두 숙지하도록 학습한다.

01 기본 도형

- 점, 선, 면, 각의 개념을 익힌다.
- 점과 직선 사이의 거리, 선분의 중점, 맞꼭지각을 익힌다.

1 도형의 기본 요소

사각형이나 원과 같이 한 평면 위에 있는 도형을 평면도형이라 하고, 직육면체, 정육면체와 같이 한 평면 위에 있지 않은 도형을 입체도형이라 한다.
모든 평면도형과 입체도형은 모두 점, 선, 면으로 이루어져 있고, 점, 선, 면으로 모든 평면도형과 입체도형을 나타낼 수 있다.
그러므로 점, 선, 면은 도형의 기본 요소라고 할 수 있다.

2 교점과 교선

선과 선 또는 선과 면이 만나서 생기는 점을 교점이라고 하고, 면과 면이 만나서 생기는 선을 교선이라 한다. 교선에는 직선과 곡선이 있다.

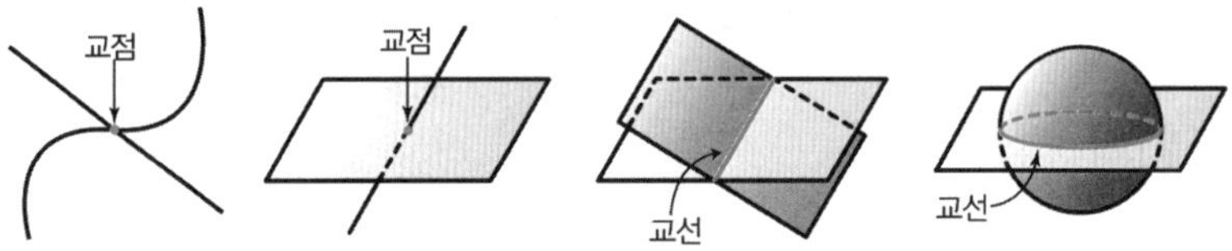

예제 01

삼각기둥에서 다음을 구하여라.

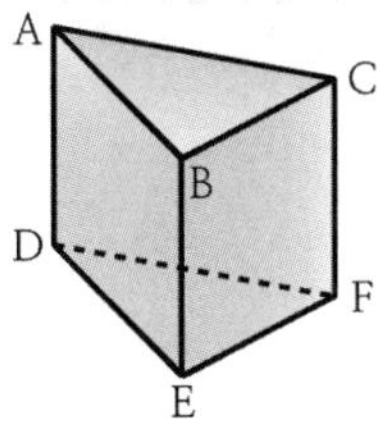

❶ 선과 선이 만나서 생기는 교점의 개수
→ 점A, 점B, 점C, 점D, 점E, 점F 모두 6개

❷ 면과 면이 만나서 생기는 교선의 개수
→ $\overline{AB}$, $\overline{BC}$, $\overline{AC}$, $\overline{AD}$, $\overline{BE}$, $\overline{CF}$, $\overline{DE}$, $\overline{DF}$, $\overline{EF}$ 모두 9개

3 직선, 선분, 반직선

한 점을 지나는 직선은 무수히 많지만 서로 다른 두 점을 지나는 직선은 오직 하나뿐이다.
서로 다른 두 점 A, B를 지나는 직선 AB를 기호로 $\overleftrightarrow{AB}$

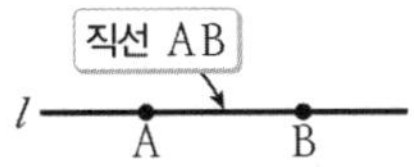

직선 AB 위의 점 A에서 출발하여 점 B의 방향으로 한없이 뻗은
반직선 AB를 기호로 $\overrightarrow{AB}$
직선 AB 위의 점 B에서 출발하여 점 A의 방향으로 한없이 뻗은
반직선 BA를 기호로 $\overrightarrow{BA}$

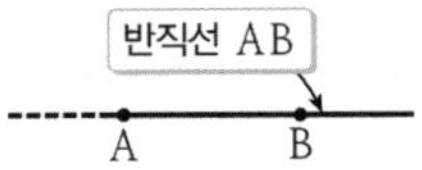

직선 AB 위의 점 A에서 점 B까지 부분인 선분 AB를 기호로 $\overline{\mathrm{AB}}$

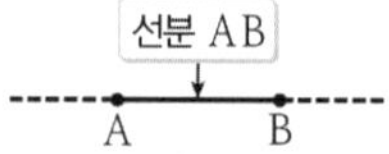

4 두 점 사이의 거리

두 점 A, B를 양 끝점으로 하는 선은 무수히 많지만, 그중에서 길이가 가장 짧은 것은 선분 AB이고, 이 선분 AB의 길이를 두 점 A, B 사이의 거리라고 한다.
선분 AB의 길이가 3 cm이면 기호로 $\overline{\mathrm{AB}}=3\,\mathrm{cm}$로 나타낸다.

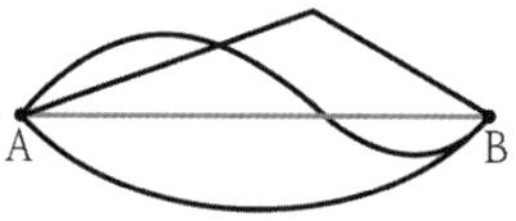

5 선분 AB의 중점

선분 AB 위의 임의의 한 점 M에 대하여 $\overline{\mathrm{AM}}=\overline{\mathrm{BM}}$이면 점 M을 선분 AB의 중점이라고 한다.
점 M은 선분 AB를 이등분하므로 $\overline{\mathrm{AM}}=\frac{1}{2}\overline{\mathrm{AB}}$

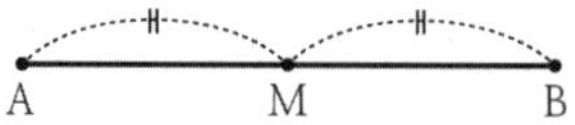

| 참고 | 점 M은 선분 AB의 중점이므로 $\overline{\mathrm{AB}}=2\overline{\mathrm{AM}}=2\overline{\mathrm{BM}}$

예제 02

그림에서 점 M은 $\overline{AB}$의 중점이고, $\overline{AB}=10cm$일 때, 선분 AM의 길이를 구하여라.

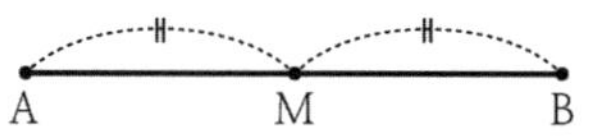

점 M은 선분 AB의 중점이므로 선분 AB를 이등분한다.

그러므로 $10cm \times \frac{1}{2}=5cm$ $\therefore \overline{AM}=5cm$

6 각의 기호와 크기

한 점 O에서 시작하는 두 반직선 OA, OB로 이루어진 각 AOB를 기호로 ∠AOB 또는 ∠BOA

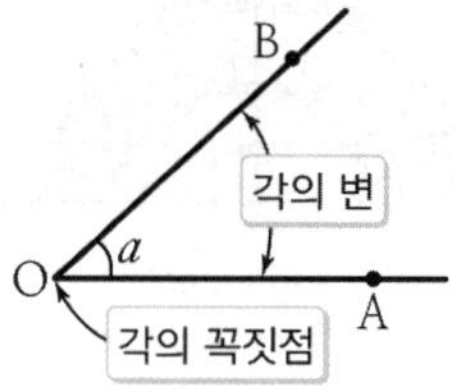

∠AOB에서 꼭짓점 O를 중심으로 변 OA가 변 OB까지 회전한 양을 ∠AOB의 크기라 한다.

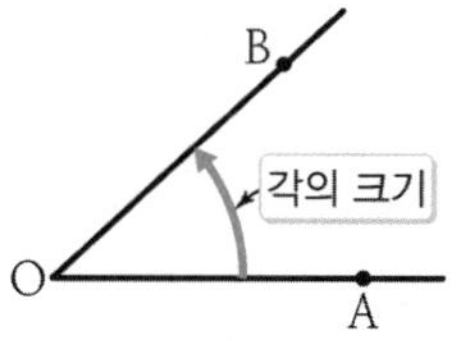

7 각의 크기에 대한 분류

∠AOB에서 두 변 OA, OB가 점 O를 중심으로 반대쪽에 있고 한 직선을 이룰 때, ∠AOB를 평각이라 하고 평각의 크기는 180°

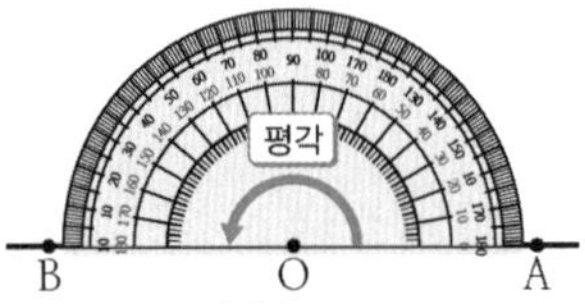

$\angle AOB = 180°$

평각의 크기의 반, 즉 평각의 $\frac{1}{2}$인 각을 직각이라 하고 직각의 크기는 90°

각의 크기가 0°보다 크고 90°보다 작은 각을 예각,

90°보다 크고 180°보다 작은 각을 둔각이라고 한다.

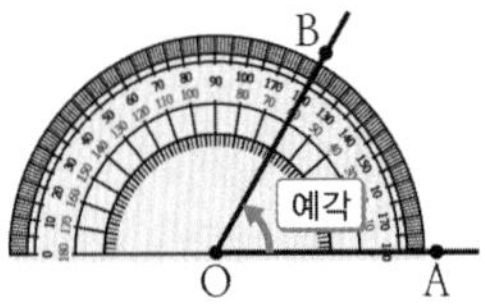

$0° < \angle AOB < 90°$

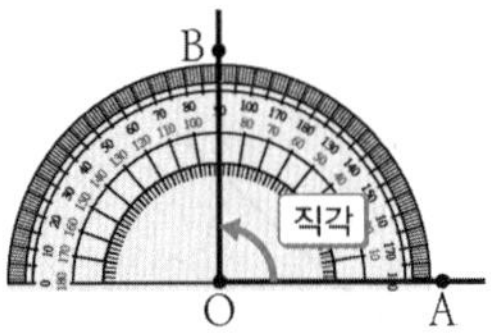

$\angle AOB = 90°$

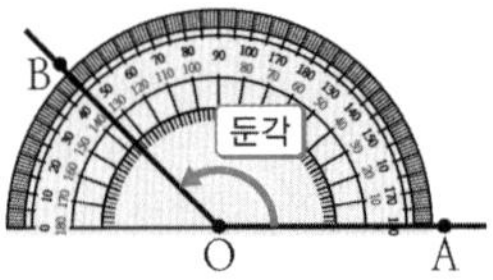

$90° < \angle AOB < 180°$

8 맞꼭지각

한 평면 위에서 두 직선이 한 점에서 만나면 4개의 각이 생긴다.
이 각들을 두 직선의 교각이라 하고 교각 중 서로 마주 보는 두 각을 맞꼭지각이라 하고 맞꼭지각의 크기는 서로 같다.

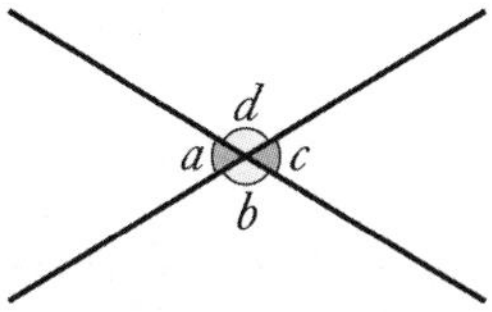

← 맞꼭지각 $\angle a$와 $\angle c$, $\angle b$와 $\angle d$ $(\angle a=\angle c,\ \angle b=\angle d)$

예제 03

$\angle a$, $\angle b$, $\angle c$의 크기를 각각 구하여라.

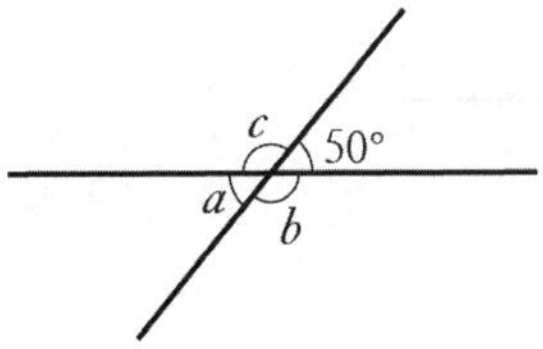

$\angle a$와 $50°$는 서로 맞꼭지각이므로 크기가 같다.
그러므로 $\angle a=50°$
$\angle b+50°=180°$이므로 $\angle b=180°-50°=130°$
그러므로 $\angle b=130°$
$\angle b$, $\angle c$는 서로 맞꼭지각이므로 크기가 같다.
$\angle b=130°$이므로 $\angle c=130°$

9 점과 직선 사이의 거리

두 선분 AB, CD의 교각이 직각일 때, 이 두 선분은 서로 직교한다 또는 수직이다라고 하며, 기호로 $\overline{AB} \perp \overline{CD}$로 나타낸다.

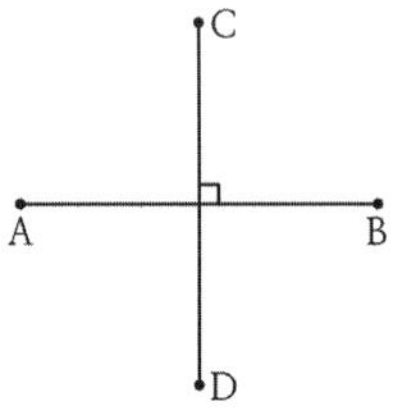

선분 AB의 중점 M을 지나고, 선분 AB에 수직인 직선 l을 선분 AB의 수직이등분선이라고 한다.

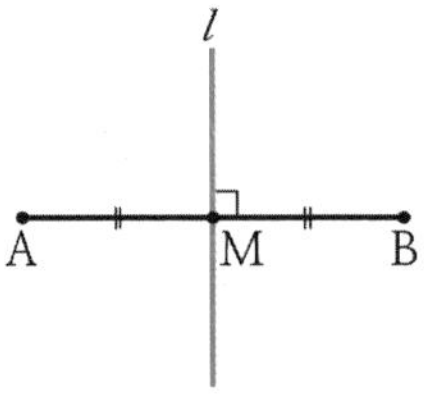

← $\overline{AB} \perp l$이고 $\overline{AM} = \overline{BM}$

직선 l 위에 있지 않은 점 P에서 직선 l에 수선을 그었을 때, 그 교점 H를 점 P에서 직선 l에 내린 수선의 발이라고 한다.

이때 선분 PH는 점 P와 직선 l 위의 점을 잇는 선분 중에서 길이가 가장 짧고, 이 선분 PH의 길이를 점 P와 직선 l 사이의 거리라 한다.

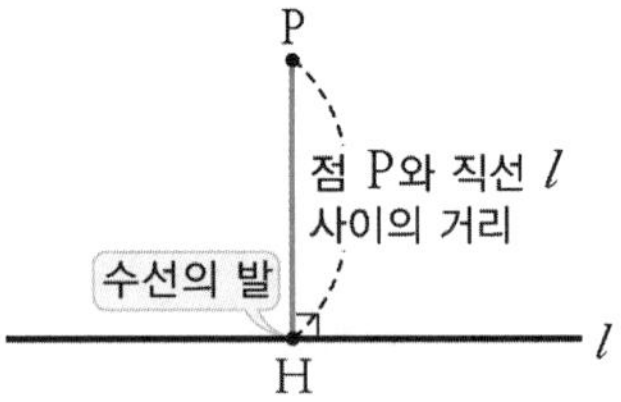

예제 04

사다리꼴 ABCD 에서 다음을 구하여라.

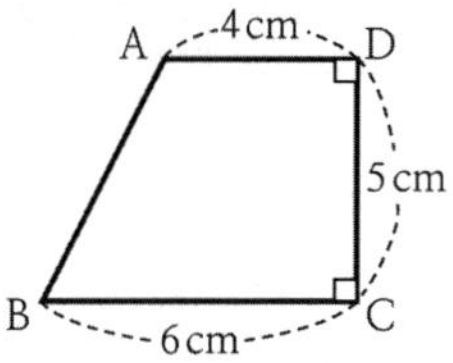

❶ $\overline{BC}$ 와 직교하는 변

➜ 교각이 직각인 변은 CD 이므로 $\overline{CD}$

❷ 점 D 에서 $\overline{BC}$ 에 내린 수선의 발

➜ 점 D 에서 BC 에 수선을 그었을 때 교점은 점 C

❸ 점 D 와 $\overline{BC}$ 사이의 거리

➜ 선분 DC 의 길이가 점 D 와 $\overline{BC}$ 사이의 거리이므로 5cm

02 점, 직선, 평면의 위치 관계

- 평면에서 두 직선의 위치 관계를 구분할 수 있도록 한다.
- 직선과 평면, 평면과 평면 사이의 위치 관계를 구분할 수 있도록 한다.

1 점과 직선의 위치 관계

점과 직선의 위치 관계는 점이 직선 위에 있거나 점이 직선 위에 있지 않는 경우가 있다.

필/수/개/념/정/리

점과 직선의 위치 관계

① 점이 직선 위에 있다.

② 점이 직선 위에 있지 않다.

2 평면에서 두 직선의 위치 관계

평면에서 서로 다른 두 직선의 위치 관계는 한 점에서 만나거나 만나지 않는 두 가지 경우가 있다. 그리고, 한 평면 위에 있는 두 직선 l, m이 서로 만나지 않을 때, 두 직선 l, m은 서로 평행하다고 하며, 이것을 기호로 $l /\!/ m$으로 나타낸다.

| 참고 | 두 직선이 일치하는 경우는 하나의 직선으로 본다.

필/수/개/념/정/리

한 평면에서 두 직선의 위치 관계

① 한 점에서 만난다. ② 만나지 않는다. ③ 일치한다.

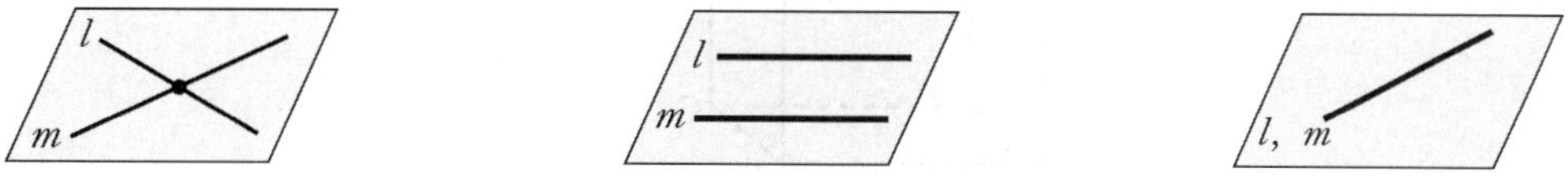

3 공간에서 두 직선의 위치 관계

서로 다른 두 직선의 위치 관계는 한 점에서 만나거나 평행하거나 만나지도 않고 평행하지도 않는 세 가지 경우가 있다.

두 직선이 만나지도 않고 평행하지도 않을 때, 두 직선은 꼬인 위치에 있다고 한다.

꼬인 위치에 있는 두 직선은 한 평면 위에 있지 않다.

| 참고 | 평행하거나 꼬인 위치에 있는 두 직선은 만나지 않는다.

필/수/개/념/정/리

공간에서 두 직선의 위치 관계

① 한 점에서 만난다. ② 평행하다. ③ 일치한다. ④ 꼬인 위치에 있다.

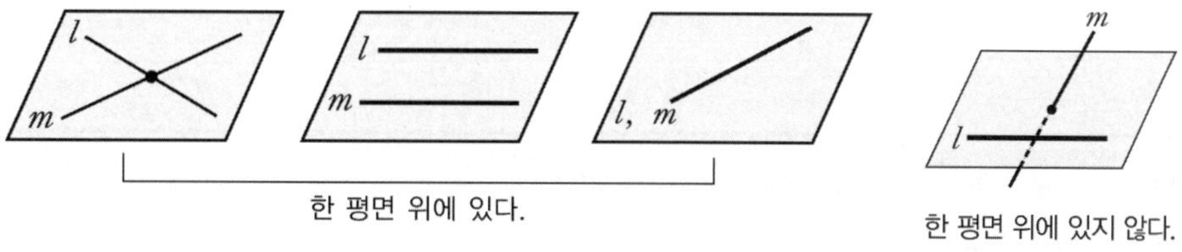

예제 01

직육면체에서 다음을 구하여라.

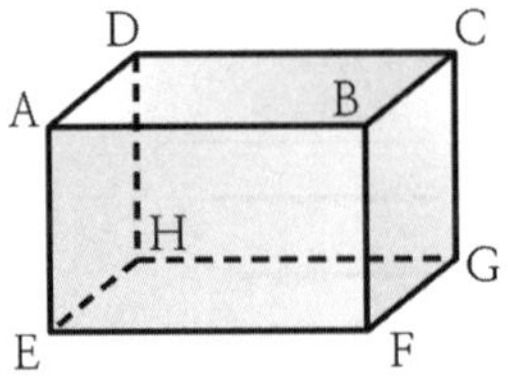

❶ 모서리 AE와 한 점에서 만나는 모서리

→ 점 A와 만나는 모서리 : 모서리 AD, 모서리 AB

점 E와 만나는 모서리 : 모서리 EF, 모서리 EH

❷ 모서리 AD와 평행한 모서리

→ 모서리 BC, 모서리 EH, 모서리 FG

❸ 모서리 AE와 꼬인 위치에 있는 모서리

→ 평행하지 않으면서 만나지 않아야 하므로 모서리 BC, 모서리 FG, 모서리 CD, 모서리 HG

| 참고 | 꼬인 위치에 있는 모서리를 찾을 때는 한 평면 위에 있지 않은 것을 찾는다.

4 직선과 평면 사이의 위치 관계

직선이 평면에 포함되거나, 직선과 평면이 한 점에서 만나거나 만나지 않는 세 가지 경우가 있다. 직선 l과 평면 P가 서로 만나지 않을 때, 직선 l과 평면 P는 서로 평행하다고 하며, 기호로 $l /\!/ P$로 나타낸다.

필/수/개/념/정/리

공간에서 직선과 평면의 위치 관계

① 포함된다.

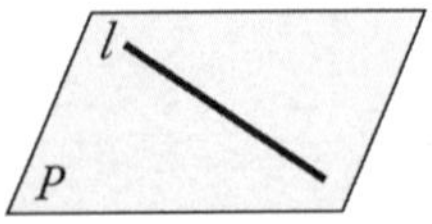

② 한 점에서 만난다.

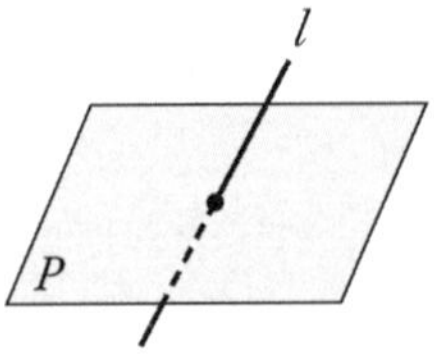

③ 만나지 않는다.

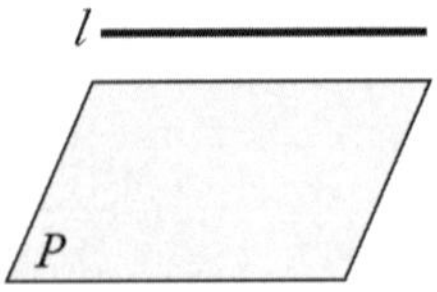

예제 02

삼각기둥에서 다음을 구하여라.

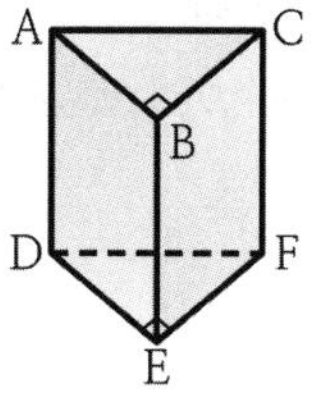

❶ 면 DEF 에 포함되는 모서리

→ 모서리 DE, 모서리 EF, 모서리 DF

❷ 면 ABC 와 한 점에서 만나는 모서리

→ 점 A 와 만나는 모서리 : 모서리 AD,
점 B 와 만나는 모서리 : 모서리 BE,
점 C 와 만나는 모서리 : 모서리 CF

❸ 면 BEFC 와 평행한 모서리

→ 평면 BEFC 와 만나지 않는 모서리를 찾으면 모서리 AD

5 직선과 평면의 수직, 수선

직선 l이 평면 P와 한 점 O에서 만나고, 점 O를 지나는 평면 P 위의 모든 직선과 직선 l이 수직일 때, 직선 l과 평면 P는 서로 수직이라 한다.
기호로 $l \perp P$로 나타내고, 직선 l을 평면 P의 수선이라 한다.

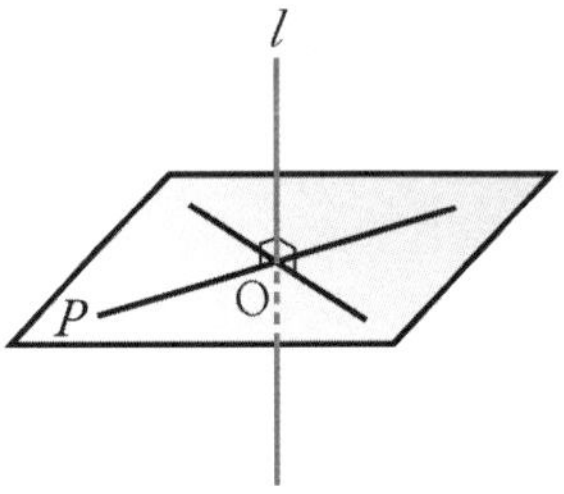

6 평면과 평면 사이의 위치 관계

공간에서 서로 다른 두 평면의 위치 관계는 만나거나 만나지 않는 두 가지 경우가 있다.
두 평면 P, Q가 서로 만나지 않을 때,
두 평면 P, Q는 서로 평행하다고 하며, 이것을 기호로 $P /\!/ Q$로 나타낸다.

필/수/개/념/정/리

공간에서 두 평면의 위치 관계

① 일치한다.

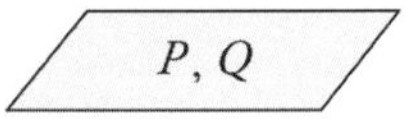

② 한 직선에서 만난다.

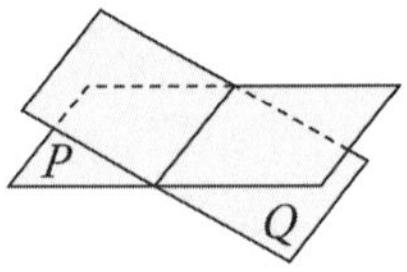

③ 만나지 않는다.

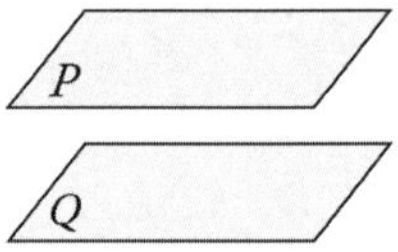

예제 03

삼각기둥에서 다음을 구하여라.

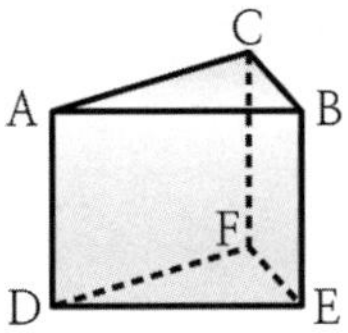

❶ 면 DEF와 만나는 면의 개수

➜ 면 ADEB, 면 BEFC, 면 DFCA이므로 3개

❷ 면 ABC와 면 ADFC가 만나서 생기는 도형

➜ 모서리 AC

❸ 서로 평행한 면

➜ 면 ABC와 면 DEF (면 ABC $/\!/$ 면 DEF)

03 평행선의 성질

- 동위각과 엇각의 성질을 익힌다.
- 평행선에서 동위각과 엇각의 성질을 익히고, 크기를 구할 수 있도록 한다.

1 동위각과 엇각

한 평면 위에서 두 직선 l, m이 다른 한 직선 n과 만나면 모두 8개의 각이 생긴다.
$\angle a$와 $\angle e$, $\angle b$와 $\angle f$, $\angle c$와 $\angle g$, $\angle d$와 $\angle h$와 같이 같은 위치에 있는 두 각을 각각 서로 동위각이라 한다.

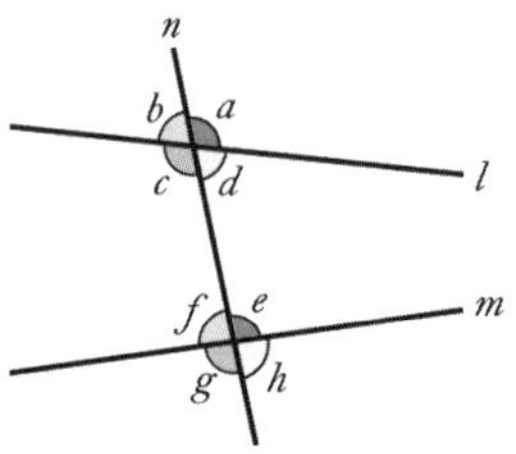

$\angle d$와 $\angle f$, $\angle c$와 $\angle e$와 같이 엇갈린 위치에 있는 두 각을 서로 엇각이라 한다.

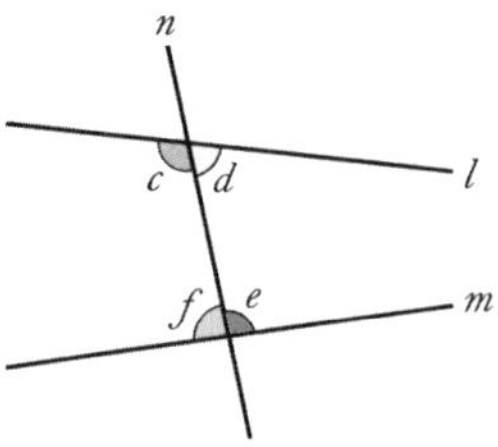

예제 01

그림에서 다음 각의 크기를 구하여라.

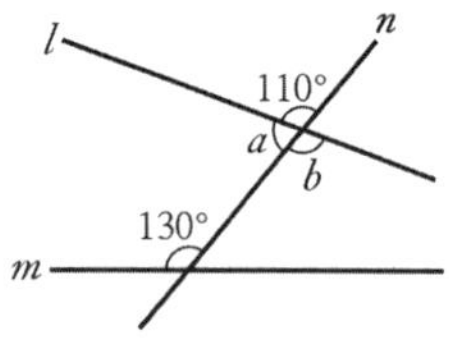

❶ $\angle a$의 엇각

$\angle a$와 엇갈린 위치에 있는 각이고, 평각의 크기는 180°이다.

$\therefore\ 180° - 130° = 50°$

❷ $\angle b$의 동위각

$\angle b$와 같은 위치에 있는 각은 130°와 맞꼭지각이고
맞꼭지각의 크기는 서로 같다.

$\therefore\ \angle b = 130°$

2 평행선에서의 동위각

두 직선 l, m이 다른 한 직선 n과 만날 때,
두 직선 l, m이 평행하면 동위각 $\angle a$와 $\angle b$의 크기는 서로 같다.
$l /\!/ m$이면 $\angle a = \angle b$이다.
한 직선 n에 대하여 동위각의 크기가 같도록 두 직선 l, m을 그으면 두 직선 l, m은 서로 평행하다.
$\angle a = \angle b$이면 $l /\!/ m$이다.

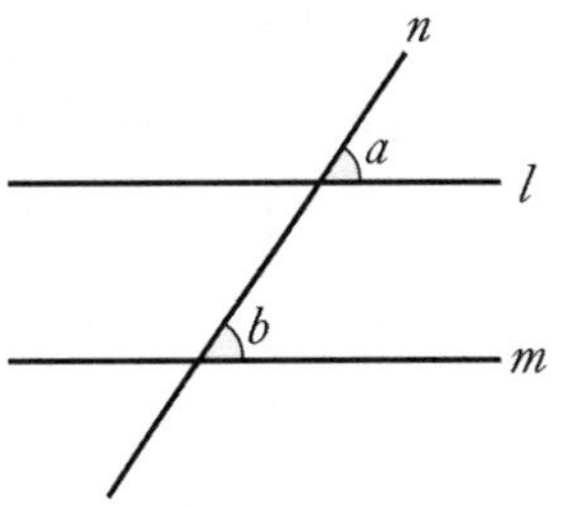

필/수/개/념/정/리

평행선과 동위각

두 직선이 다른 한 직선과 만날 때,
① 두 직선이 평행하면 동위각의 크기는 서로 같다.
② 동위각의 크기가 같으면 두 직선은 서로 평행하다.

예제 02

그림에서 $l /\!/ m$일 때, $\angle a$와 $\angle b$의 크기를 각각 구하여라.

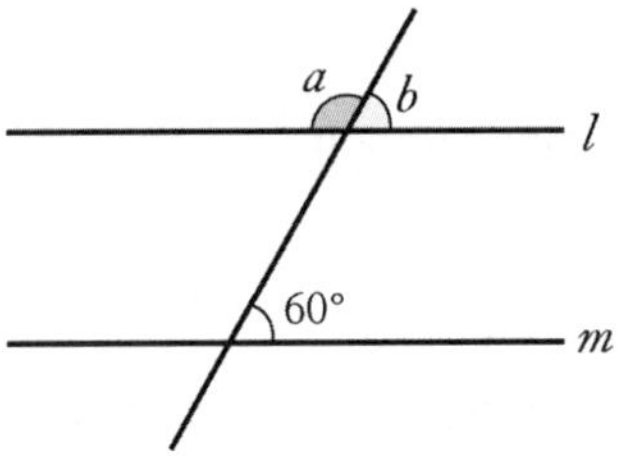

$60°$와 $\angle b$는 동위각이므로 두 직선이 평행하면 동위각의 크기는 서로 같다. $\therefore \angle b = 60°$
평각의 크기는 $180°$이므로 $180° - 60° = 120°$
$120°$와 $\angle a$도 동위각이므로 크기는 서로 같다.
$\therefore \angle a = 120°$

3 평행선에서의 엇각

두 직선 l, m이 다른 한 직선 n과 만날 때, 두 직선 l, m이 평행하면
$\angle a$와 $\angle b$는 동위각이므로 $\angle a = \angle b$이다.
그리고 $\angle b$와 $\angle c$는 맞꼭지각이므로 $\angle b = \angle c$이다.
그러므로 $\angle a = \angle c$이다.
$\therefore$ $l /\!/ m$이면 $\angle a = \angle c$이다.
직선 l, m이 다른 한 직선 n과 만날 때 생기는
엇각 $\angle a$와 $\angle c$에 대하여 $\angle a = \angle c$이면 $\angle a = \angle b$가 된다.
그러므로 동위각의 크기가 같으므로 두 직선 l, m은 서로 평행하다.
$\therefore$ $\angle a = \angle c$이면 $l /\!/ m$이다.

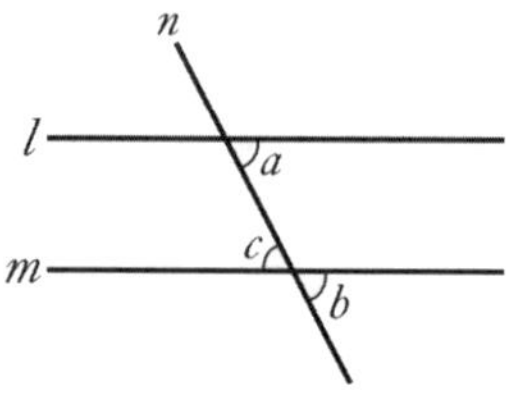

필/수/개/념/정/리

평행선과 엇각

두 직선이 다른 한 직선과 만날 때,
① 두 직선이 평행하면 엇각의 크기는 서로 같다.
② 엇각의 크기가 같으면 두 직선은 서로 평행하다.

예제 03

그림에서 $l /\!/ m$일 때, $\angle a$와 $\angle b$의 크기를 각각 구하여라.

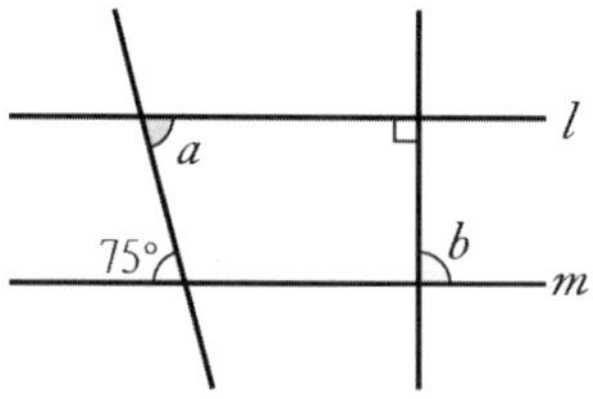

$75°$와 $\angle a$는 엇각, $90°$와 $\angle b$도 엇각이다.
두 직선이 평행하면 엇각의 크기는 서로 같다.
$\therefore$ $\angle a = 75°$, $\angle b = 90°$

04 삼각형의 작도와 합동

- 합동인 두 삼각형을 찾을 수 있도록 익힌다.
- 삼각형의 세 가지 합동 조건을 익히고, 삼각형을 작도할 수 있도록 한다.

1 작도

눈금이 없는 자와 컴퍼스만을 사용하여 도형을 그리는 것을 작도라고 한다.
눈금이 없는 자는 두 점을 연결하는 선분을 그리거나 주어진 선분을 연장하는 데 사용하고, 컴퍼스는 원을 그리거나 주어진 선분의 길이를 옮기는 데 사용한다.

| 참고 | 작도에서는 눈금이 없는 자를 사용하므로 선분의 길이를 잴 때 컴퍼스를 사용한다.

2 삼각형에서 대변과 대각

세 점 A, B, C가 한 직선 위에 있지 않을 때,
세 선분 AB, BC, CA로 이루어진 도형이 삼각형 ABC이다.
이 삼각형 ABC를 기호로 $\triangle ABC$로 나타낸다.
$\triangle ABC$에서 $\angle A$와 마주 보는 변 BC를 $\angle A$의 대변, $\angle A$를 변 BC의 대각이라고 한다.

| 참고 | 삼각형에서 세 변과 세 각을 삼각형의 6요소라고 한다.

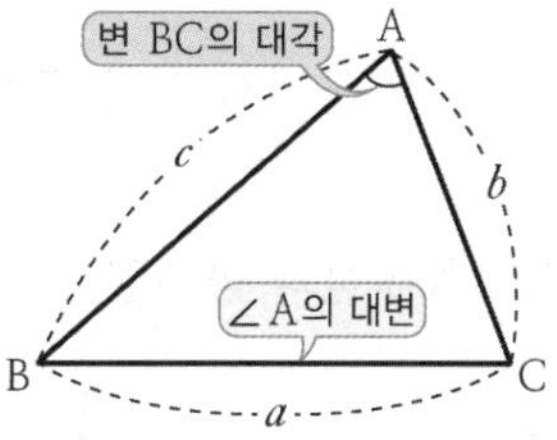

3 삼각형에서 변의 길이

두 점 A, B를 잇는 선 중에서 길이가 가장 짧은 것은 선분 AB이므로,
$\overline{AB}+\overline{BC}>\overline{AC}$이다.
항상 삼각형의 짧은 두 변의 길이의 합은 가장 긴 한 변의 길이보다 크다.

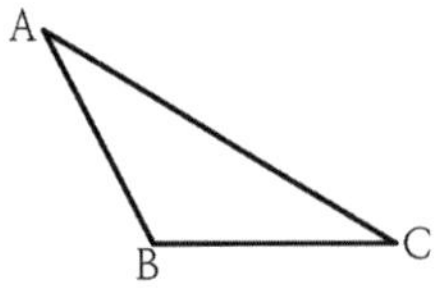

← $\overline{AB}+\overline{BC}>\overline{AC}$

4 삼각형의 작도

삼각형은 아래의 세 가지 경우에 하나로 그려진다.

① 세 변의 길이가 주어질 때
② 두 변의 길이와 그 끼인각의 크기가 주어질 때
③ 한 변의 길이와 그 양 끝각의 크기가 주어질 때

5 합동인 도형

어떤 도형을 모양이나 크기를 바꾸지 않고 옮겨서 다른 도형에 완전히 포갤 수 있을 때, 이 두 도형을 서로 합동이라고 한다.
서로 합동인 두 도형에서 포개어지는 꼭짓점과 꼭짓점, 변과 변, 각과 각을 서로 대응한다고 한다.

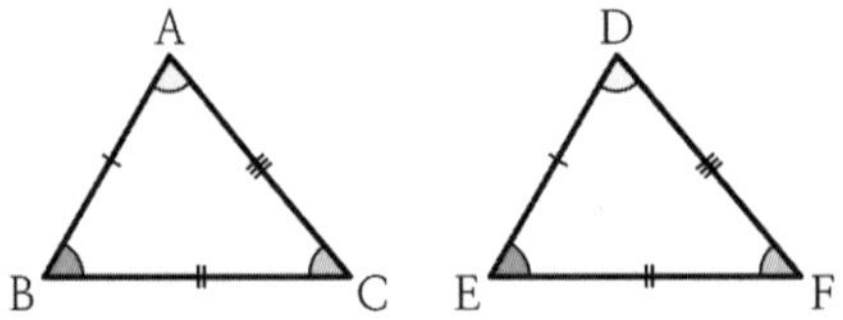

예제 01

그림에서 $\triangle ABC \equiv \triangle DEF$일 때, 다음을 구하여라.

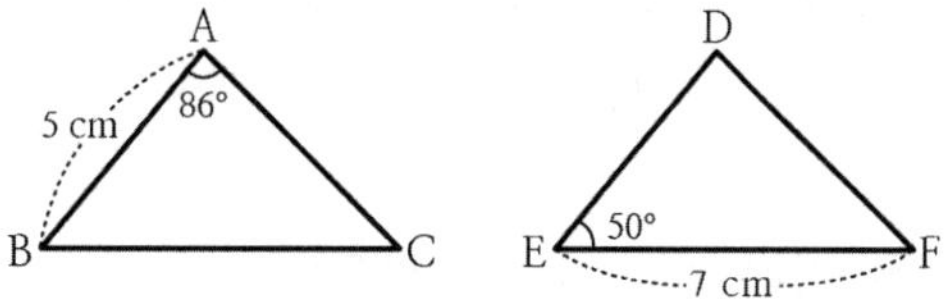

❶ 변 DE의 길이

변 DE와 대응하는 변은 변 AB이고, 합동인 두 도형에서 대응하는 변의 길이는 서로 같다.

$\therefore \overline{DE} = 5\text{cm}$

❷ ∠B의 크기

∠B와 대응하는 각은 ∠E이고, 합동인 두 도형에서 대응하는 각의 크기는 서로 같다.

$\therefore \angle B = 50°$

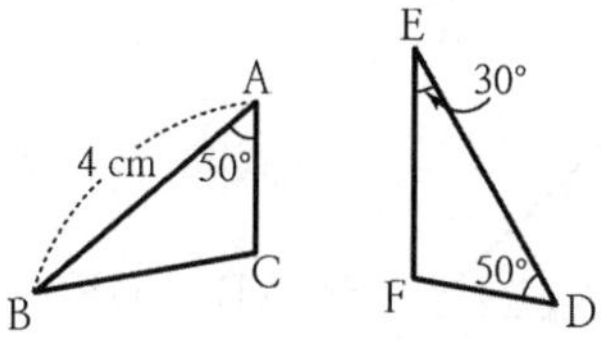

❶ 변 DE의 길이

변 AB와 대응하는 변은 변 DE이고, 합동인 두 도형에서 대응하는 변의 길이는 서로 같다.

$\therefore$ DE $= 4\text{cm}$

❷ ∠C의 크기

∠C와 대응하는 각은 ∠F이다.

삼각형의 세 내각의 합은 180°이므로

$30° + \angle F + 50° = 180°$ ➔ $80° + \angle F = 180°$

➔ $\angle F = 180° - 80° = 100°$

$\angle C = \angle F = 100°$ $\therefore \angle C = 100°$

6 삼각형의 합동 조건

△ABC와 △DEF가 서로 합동일 때, 기호로 △ABC ≡ △DEF로 쓴다.
기호 ≡을 사용하여 두 도형이 합동임을 나타낼 때는 대응하는 꼭짓점을 순서대로 쓴다.

① 대응하는 세 변의 길이가 각각 같다. (SSS 합동)

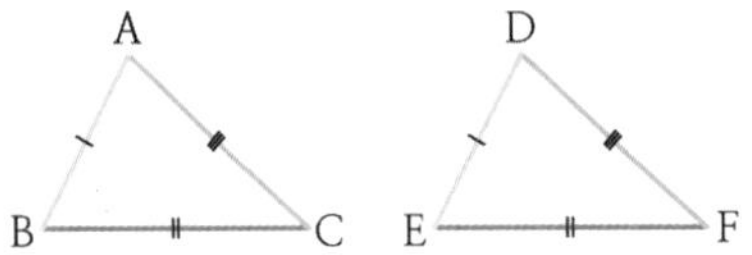

← $\overline{AB}=\overline{DE}$, $\overline{BC}=\overline{EF}$, $\overline{CA}=\overline{FD}$

② 대응하는 두 변의 길이가 각각 같고, 그 끼인각의 크기가 같다. (SAS 합동)

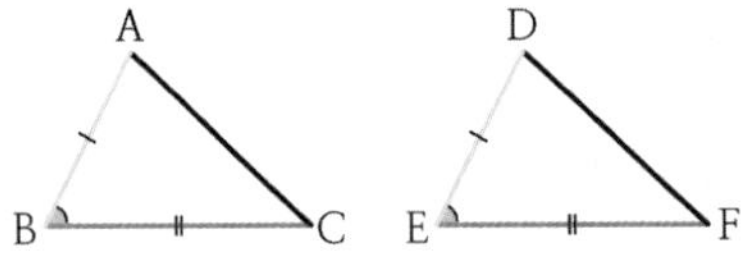

← $\overline{AB}=\overline{DE}$, $\overline{BC}=\overline{EF}$, $\angle B=\angle E$

③ 대응하는 한 변의 길이가 같고, 그 양 끝각의 크기가 각각 같다. (ASA 합동)

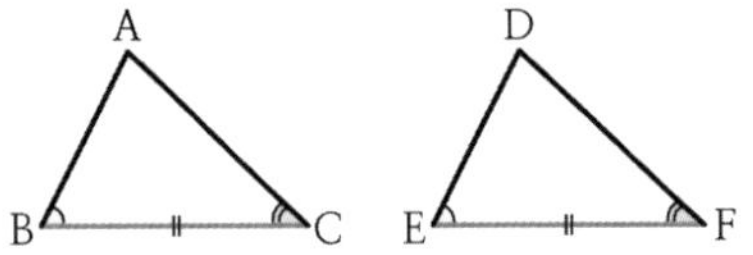

← $\overline{BC}=\overline{EF}$, $\angle B=\angle E$, $\angle C=\angle F$

예제 02

삼각형 중에서 서로 합동인 것을 찾아 기호 ≡를 사용하여 나타내고, 이때 사용한 합동 조건을 말하여라.

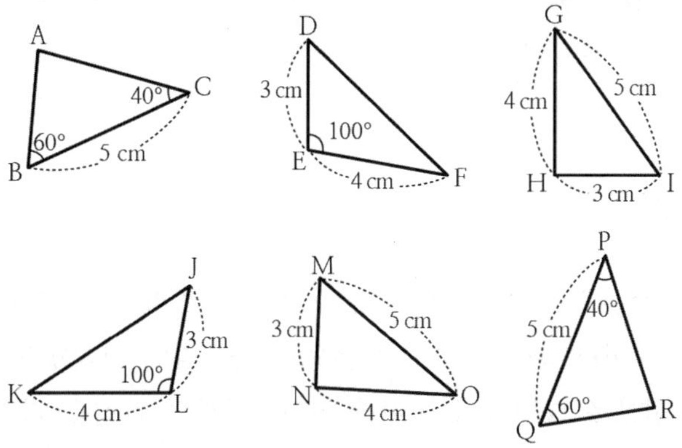

대응하는 한 변의 길이가 같고, 그 양 끝각의 크기가 같으므로

$\overline{BC}=\overline{QP}=5cm$, $\angle B=\angle Q=60°$, $\angle C=\angle P=40°$

$\therefore \triangle ABC \equiv \triangle RQP$ (ASA 합동)

대응하는 두 변의 길이가 각각 같고, 끼인각의 크기가 같으므로

$\overline{DE}=\overline{JL}=3cm$, $\overline{EF}=\overline{LK}=4cm$, $\angle E=\angle L=100°$

$\therefore \triangle DEF \equiv \triangle JLK$ (SAS 합동)

대응하는 세 변의 길이가 각각 같으므로

$\overline{GH}=\overline{ON}=4cm$, $\overline{HI}=\overline{NM}=3cm$, $\overline{GI}=\overline{MO}=5cm$

$\therefore \triangle GHI \equiv \triangle ONM$ (SSS 합동)

05 평면도형 Ⅰ (다각형의 성질)

• 다각형의 대각선, 내각, 외각의 성질에 대해 익힌다.

1 다각형의 내각과 외각

다각형은 3개 이상의 선분으로 둘러싸인 평면도형이다. 이때 둘러싸인 선분의 개수에 따라 삼각형, 사각형, 오각형, …이라 하고 n개의 선분으로 둘러싸인 다각형을 n각형이라 한다.

다각형을 이루는 각 선분을 다각형의 변이라 하고, 선분의 끝점을 다각형의 꼭짓점이라 한다.

다각형에서 이웃하는 두 변이 이루는 각을 다각형의 각 또는 내각이라 하고, 다각형의 각 꼭짓점에서 한 변과 그 변에 이웃한 변의 연장선이 이루는 각을 그 내각의 외각이라 한다.

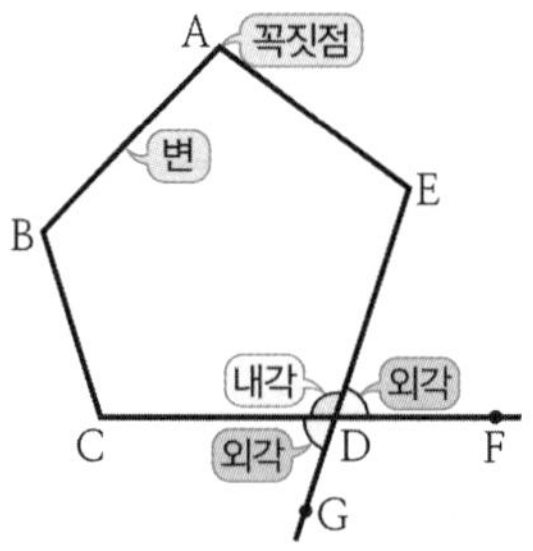

예제 01

사각형 ABCD에 대하여 물음에 답하여라.

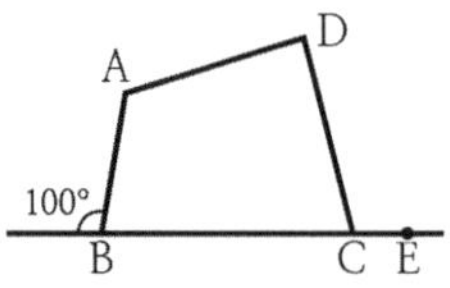

❶ ∠B의 외각의 크기를 구하여라. → 100°

❷ ∠C의 외각을 기호로 나타내어라. → ∠DCE

2 다각형의 대각선의 개수

다각형의 한 꼭짓점에서는 자기 자신과 이웃하는 두 꼭짓점을 제외한 나머지 꼭짓점에 대각선을 그을 수 있으므로 n각형의 한 꼭짓점에서 그을 수 있는 대각선의 개수는 $(n-3)$개이고, n개의 꼭짓점에서 그을 수 있는 모든 대각선의 개수는 $n(n-3)$개이다.

이 개수는 한 대각선을 두 번씩 센 것이므로 n각형의 대각선의 개수는 $n(n-3)$을 2로 나누어야 한다.

필/수/개/념/정/리

다각형의 대각선의 개수

n각형의 대각선의 개수는 $\dfrac{n(n-3)}{2}$개이다.

예제 02

오각형의 대각선의 개수는?

$\dfrac{5\times(5-3)}{2}=5$(개)

오각형의 꼭짓점의 개수

오각형의 한 꼭짓점에서 그을 수 있는 대각선의 개수

$\dfrac{5\times2}{2}=5$(개)

한 대각선을 중복하여 센 횟수

3 삼각형의 외각과 내각

필/수/개/념/정/리

삼각형의 내각과 외각의 성질

① 삼각형의 세 내각의 크기의 합은 $180°$ 이다.

② 삼각형의 한 외각의 크기는 그와 이웃하지 않는 두 내각의 크기의 합과 같다.

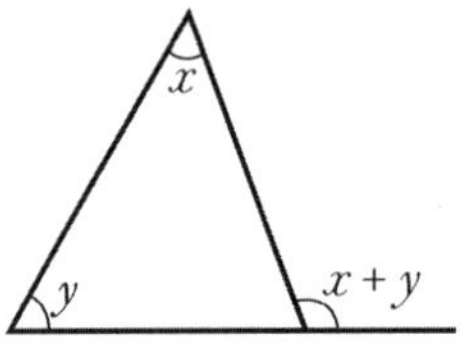

예제 03

$\angle x$의 크기를 구하여라.

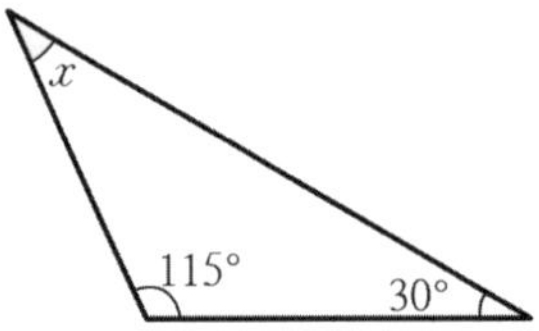

삼각형의 세 내각의 크기의 합은 $180°$ 이므로

$115° + 30° + x = 180°$

→ $145° + x = 180°$ → $x = 180° - 145° = 35°$

4 다각형의 내각의 크기

사각형은 삼각형 2개, 오각형은 삼각형 3개, 육각형은 삼각형 4개, … 로
나누어지고 삼각형의 내각의 합은 180°이므로
$180° \times 2 = 360°$, $180° \times 3 = 540°$, $180° \times 4 = 720°$, …
다각형의 한 꼭짓점에서 대각선을 모두 그으면
n각형은 $(n-2)$개의 삼각형으로 나누어지므로
n각형에서 내각의 크기의 합은 $180° \times (n-2)$

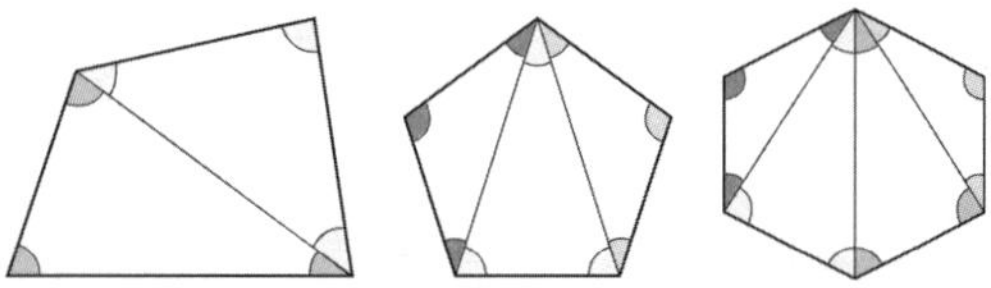

필/수/개/념/정/리

다각형의 내각의 크기의 합

n각형의 내각의 크기의 합은 $180° \times (n-2)$이다.

정다각형의 내각의 크기는 모두 같으므로 정n각형의 한 내각의 크기는 이 내각의 크기의 합을 n으로 나누어 구한다.

$$(\text{정}n\text{각형의 한 내각의 크기}) = \frac{180° \times (n-2)}{n}$$

예제 04

정사각형의 한 내각의 크기를 구하여라.

공식의 n 자리에 4를 대입하면

$\frac{180° \times (4-2)}{4} = \frac{180° \times 2}{4} = \frac{360°}{4} = 90°$ $\therefore$ 90°

예제 05

다음 표를 완성하여라.

구분	정삼각형	정사각형	정오각형	정육각형
내각의 크기의 합	$180°$	$360°$	$540°$	$720°$
한 내각의 크기	$60°$	$90°$	$108°$	$120°$

5 다각형의 외각의 크기

n각형의 한 꼭짓점에서 내각과 외각의 크기의 합은 $180°$이므로

(n각형에서 외각의 크기의 합)+(n각형에서 내각의 크기의 합)$=180°\times n$

n각형에서 외각의 크기의 합은

(n각형에서 외각의 크기의 합)$=180°\times n-$(n각형에서 내각의 크기의 합)

$=180°\times n-180°\times(n-2)$

$=180°\times n-180°\times n+180°\times 2$

$=360°$

다각형의 외각의 크기의 합은 변의 개수에 관계없이 항상 $360°$이다.

필/수/개/념/정/리

다각형의 외각의 크기의 합

n각형의 외각의 크기의 합은 $360°$이다.

예제 06

그림에서 $\angle x$의 크기를 구하여라.

❶

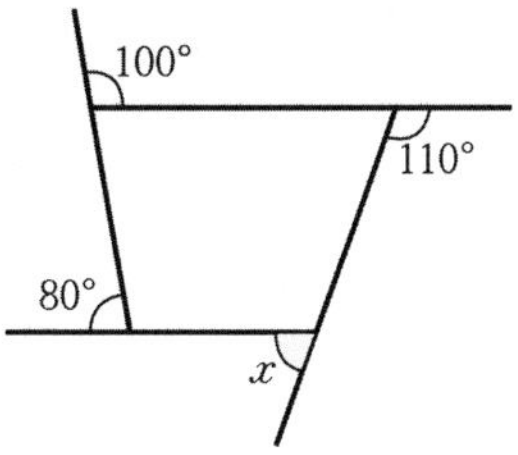

사각형(모든 다각형)의 외각의 크기의 합은 360°이므로
$100° + 110° + 80° + x = 360°$
➜ $290° + x = 360°$ ➜ $x = 360° - 290° = 70°$

❷

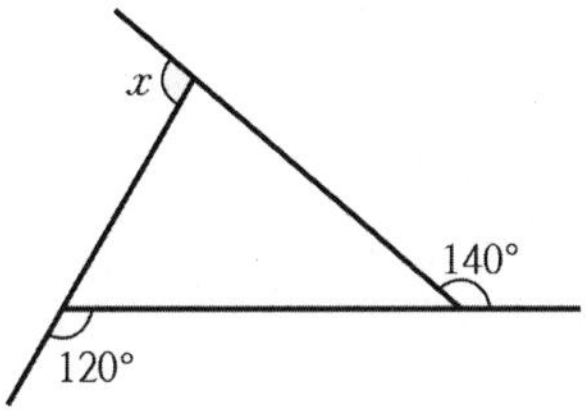

삼각형(모든 다각형)의 외각의 크기의 합은 360°이므로
$120° + 140° + x = 360°$
➜ $260° + x = 360°$ ➜ $x = 360° - 260° = 100°$

정다각형의 내각의 크기는 모두 같으므로 외각의 크기도 모두 같다.
정n각형의 한 외각의 크기는 다음과 같이 외각의 크기의 합 360°를 n으로 나누어 구한다.

$$(\text{정}n\text{각형의 한 외각의 크기}) = \frac{360°}{n}$$

예제 07

정육각형의 한 외각의 크기를 구하여라.

정육각형의 한 외각의 크기는 n에 6을 대입하면 $\frac{360°}{6} = 60°$

06 평면도형 Ⅱ(부채꼴의 성질)

- 부채꼴의 중심각과 호의 관계를 익힌다.
- 부채꼴의 호의 길이와 넓이를 구할 수 있도록 한다.

1 부채꼴

원 O 위의 두 점 A, B는 원을 두 부분으로 나누는데,
이 두 부분을 각각 호라고 하고,
양 끝점이 A, B인 호를 호 AB라 하고, 기호로 $\overset{\frown}{AB}$로 나타낸다.
원 O 위의 두 점을 이은 선분을 현이라 하고,
양 끝점이 A, B인 현을 현 AB라 한다.

| 참고 | 원 O의 중심을 지나는 현 AC는 그 원의 지름이다.

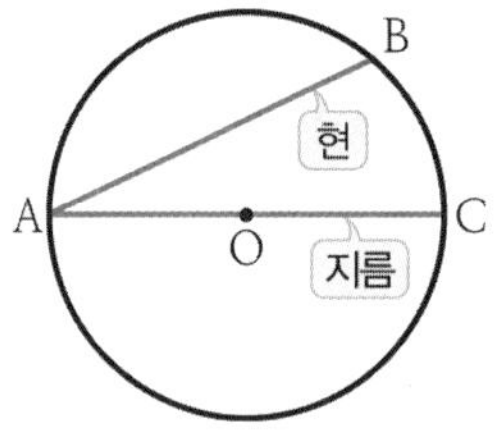

두 반지름 OA, OB와 호 AB로 이루어진 도형을 부채꼴이라 하고,
두 반지름 OA, OB로 이루어지는 ∠AOB를 부채꼴 AOB의 중심각,
원 O의 현 CD와 호 CD로 이루어진 도형을 활꼴이라고 한다.

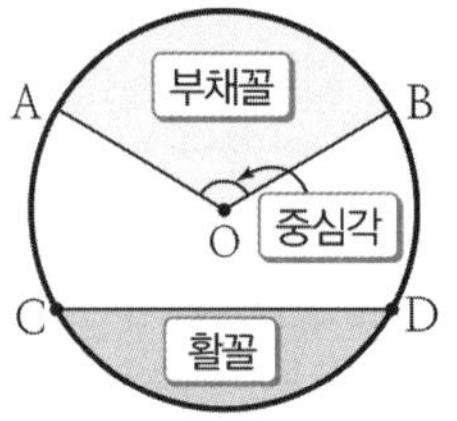

예제 01

원 O에 대하여 다음을 기호로 나타내어라.

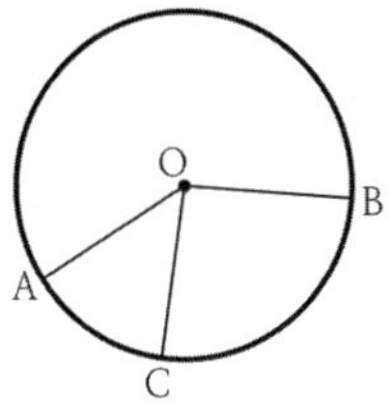

❶ $\widehat{BC}$ 에 대한 중심각 → $\angle COB$

❷ $\angle AOB$ 에 대한 호 → $\widehat{AB}$

❸ 부채꼴 AOC 의 중심각 → $\angle AOC$

❹ 원 O 의 반지름을 나타내는 선분 → $\overline{OA}$, $\overline{OC}$, $\overline{OB}$

2 부채꼴의 중심각과 호, 부채꼴의 넓이의 관계

한 원에서 중심각의 크기가 같은 두 부채꼴은 회전하여 포갤 수 있다. 그러므로 두 부채꼴의 호의 길이와 넓이는 각각 같다. 또, 한 원에서 중심각의 크기가 같은 두 부채꼴의 현의 길이는 같다. 한 원에서 부채꼴의 중심각의 크기가 2배, 3배, 4배, …가 되면 호의 길이와 넓이도 각각 2배, 3배, 4배, …가 된다. 그러므로 부채꼴의 호의 길이와 넓이는 각각 중심각의 크기에 정비례한다.

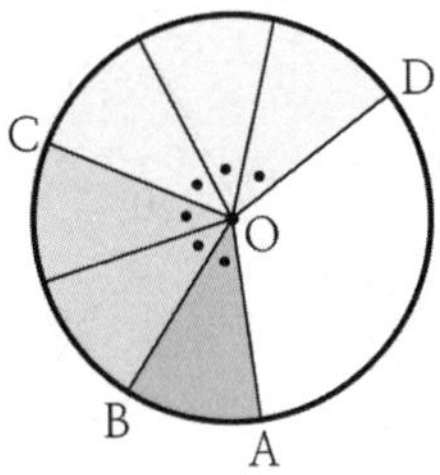

필/수/개/념/정/리

부채꼴의 중심각과 호의 길이, 중심각과 넓이 사이의 관계

한 원에서

① 중심각의 크기가 같은 두 부채꼴의 호의 길이와 넓이는 각각 같다.

② 부채꼴의 호의 길이와 넓이는 각각 중심각의 크기에 정비례한다.

예제 02

그림에서 x의 값을 구하여라.

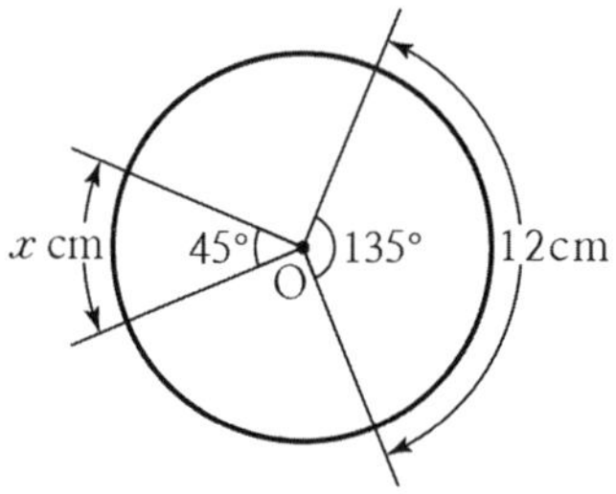

중심각의 크기가 $45°$인 호의 길이가 $x$cm이고, 중심각의 크기가 $135°$인 호의 길이는 12cm이다.

부채꼴의 호의 길이는 중심각의 크기에 정비례하므로 중심각의 크기가 3배이므로, 호의 길이도 3배이다.

$x \times 3 = 12\text{cm}$ $\therefore x = 4$

예제 03

그림에서 x의 값을 구하여라.

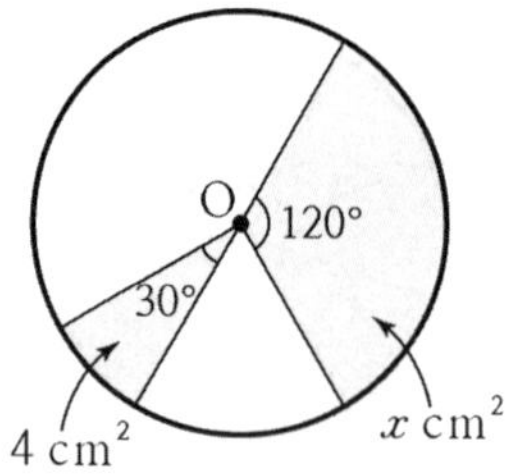

중심각의 크기가 $30°$인 부채꼴의 넓이는 4cm^2이고, 중심각의 크기가 $120°$인 부채꼴의 넓이는 $x\,\text{cm}^2$이다.

부채꼴의 넓이는 중심각의 크기에 정비례하므로 중심각의 크기가 4배이면, 부채꼴의 넓이도 4배이다.

$4\text{cm}^2 \times 4 = 16\text{cm}^2$ $\therefore x = 16$

3 부채꼴의 호의 길이와 넓이

반지름의 길이가 r인 원 O에서, 중심각의 크기가 $x°$인 부채꼴의 호의 길이를 l, 넓이를 S라고 하면

필/수/개/념/정/리

부채꼴의 호의 길이와 넓이

반지름의 길이가 r이고, 중심각의 크기가 $x°$인 부채꼴의 호의 길이 l과 넓이 S는

$$l=2\pi r\times\frac{x}{360},\ S=\pi r^2\times\frac{x}{360}$$

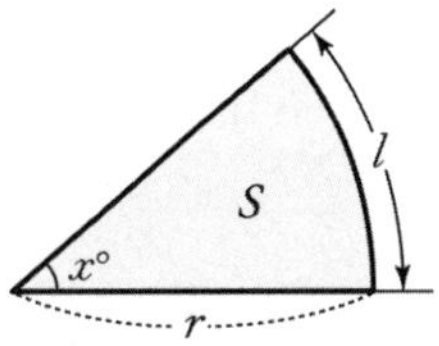

반지름의 길이가 r이고, 중심각의 크기가 $x°$인

부채꼴의 호의 길이 l은 $l=2\pi r\times\frac{x}{360}$이므로

부채꼴의 넓이 S는 $S=\pi r^2\times\frac{x}{360}=\frac{1}{2}\times\left(2\pi r\times\frac{x}{360}\right)\times r=\frac{1}{2}lr$

필/수/개/념/정/리

부채꼴의 호의 길이와 넓이 사이의 관계

반지름의 길이가 r이고, 호의 길이가 l인 부채꼴의 넓이 S는

$$S=\frac{1}{2}lr$$

예제 04

❶ 부채꼴의 호의 길이와 넓이를 구하여라.

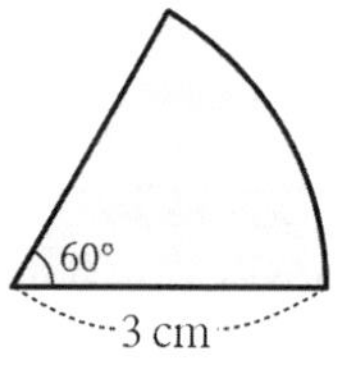

위의 부채꼴은 반지름의 길이가 3 cm 이고, 중심각의 크기가 60° 이므로

부채꼴의 호의 길이는 $l = 2\pi r \times \frac{x}{360}$ 에 $r = 3$, $x = 60$을 각각 대입하면

$l = 2\pi \times 3 \times \frac{60}{360} = 6\pi \times \frac{1}{6} = \pi(\text{cm})$

부채꼴의 넓이는 $S = \pi r^2 \times \frac{x}{360}$ 에 $r = 3$, $x = 60$을 각각 대입하면

$S = \pi \times 3^2 \times \frac{60}{360} = \pi \times 9 \times \frac{1}{6} = \frac{3}{2}\pi(\text{cm}^2)$

❷ 반지름의 길이가 8cm 이고, 중심각의 크기가 90° 인 부채꼴의 호의 길이와 넓이를 각각 구하여라.

부채꼴의 호의 길이는 $l = 2\pi r \times \frac{x}{360}$ 에 $r = 8$, $x = 90$을 각각 대입하면

$l = 2\pi \times 8 \times \frac{90}{360} = 2\pi \times 8 \times \frac{1}{4} = 4\pi(\text{cm})$

부채꼴의 넓이는 $S = \pi r^2 \times \frac{x}{360}$ 에 $r = 8$, $x = 90$을 각각 대입하면

$S = \pi \times 8^2 \times \frac{90}{360} = \pi \times 64 \times \frac{1}{4} = 16\pi(\text{cm}^2)$

07 입체도형의 성질

- 다면체와 회전체의 개념을 익히고, 그 성질을 이해한다.
- 정다면체(정사면체, 정육면체, 정팔면체, 정십이면체, 정이십면체)의 성질을 익힌다.

1 다면체

다각형인 면으로만 둘러싸인 입체도형을 다면체라 한다. 다면체를 둘러싸고 있는 다각형을 다면체의 면, 다각형의 변을 다면체의 모서리, 다각형의 점을 다면체의 꼭짓점이라 한다. 다면체는 둘러싸인 면의 개수에 따라 사면체, 오면체, 육면체, … 라 한다.

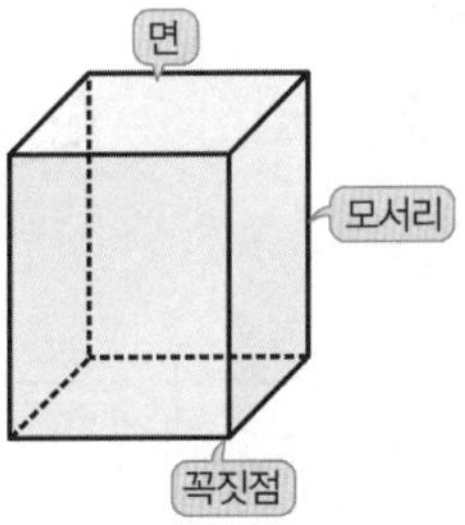

예제 01

다면체는 몇 면체인지 구하고, 꼭짓점과 모서리의 개수를 각각 구하여라.

❶

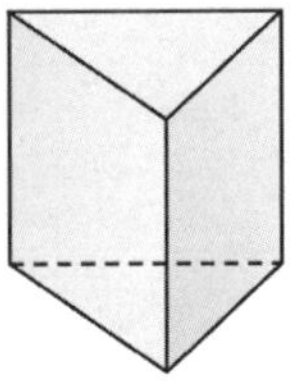

➜ 면의 개수는 모두 5개이므로 오면체, 꼭짓점은 6개, 모서리는 9개

❷

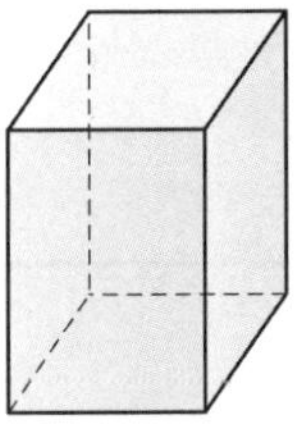

➜ 면의 개수는 모두 6개이므로 육면체, 꼭짓점은 8개, 모서리는 12개

2 각뿔대

각뿔을 그 밑면에 평행한 평면으로 잘라서 생기는 두 입체도형 중 각뿔이 아닌 쪽의 입체도형을 각뿔대라 한다.

각뿔대는 밑면의 모양에 따라 삼각뿔대, 사각뿔대, ⋯ 라 한다.

각뿔대에서 서로 평행한 두 면을 밑면, 밑면이 아닌 면을 옆면이라 하고, 각뿔대의 옆면은 항상 모두 사다리꼴이다.

두 밑면에 수직인 선분의 길이(두 밑면 사이의 거리)를 각뿔대의 높이라 한다.

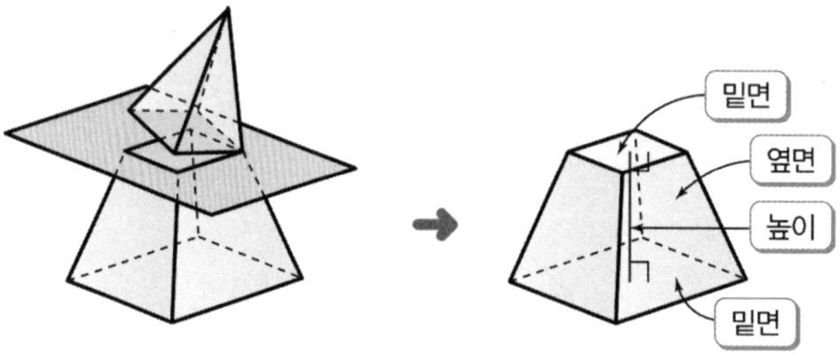

예제 02

각뿔대의 이름을 말하여라.

❶

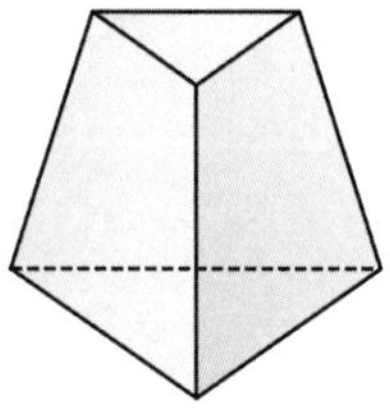

→ 밑면이 삼각형이므로 삼각뿔대

❷

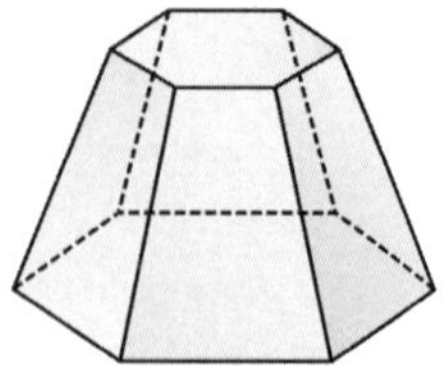

→ 밑면이 육각형이므로 육각뿔대

3 정다면체

다면체 중에서 각 면이 모두 합동인 정다각형이고, 각 꼭짓점에 모인 면의 개수가 항상 같은 것을 정다면체라 한다.

정다면체는 정사면체, 정육면체, 정팔면체, 정십이면체, 정이십면체 다섯 종류만 있다.

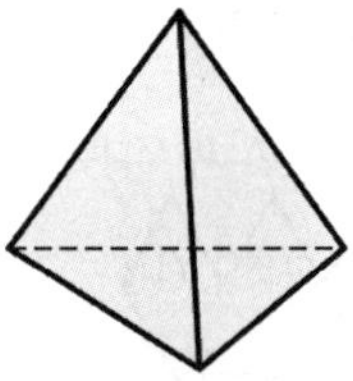
정사면체

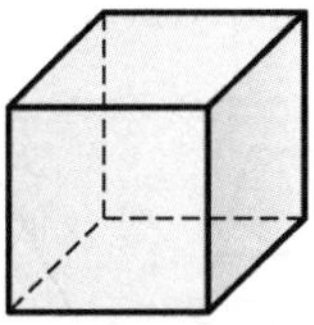
정육면체

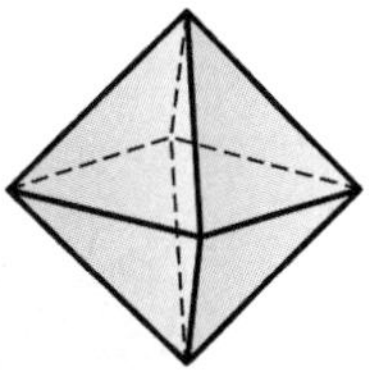
정팔면체

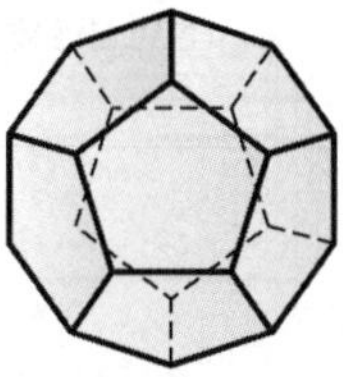
정십이면체

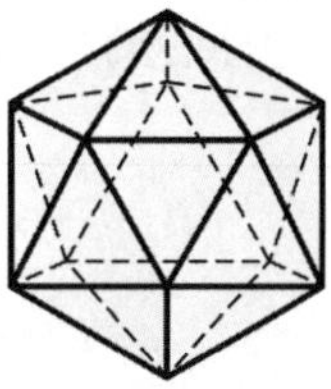
정이십면체

종류	정사면체	정육면체	정팔면체	정십이면체	정이십면체
면의 모양	정삼각형	정사각형	정삼각형	정오각형	정삼각형
한 꼭짓점에 모인 면의 개수	3	3	4	3	5
꼭짓점의 개수	4	8	6	20	12
모서리의 개수	6	12	12	30	30
면의 개수	4	6	8	12	20
겨냥도	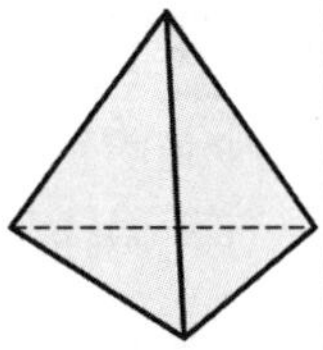 정사면체	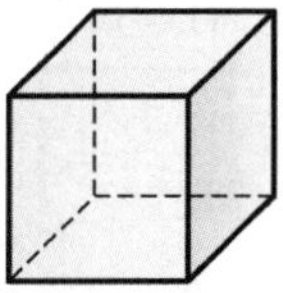 정육면체	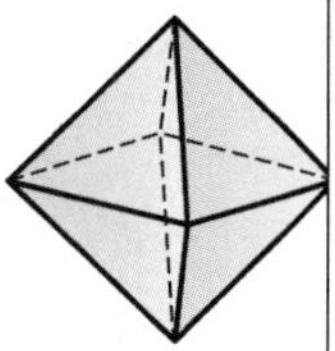 정팔면체	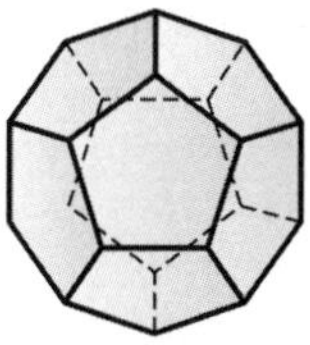 정십이면체	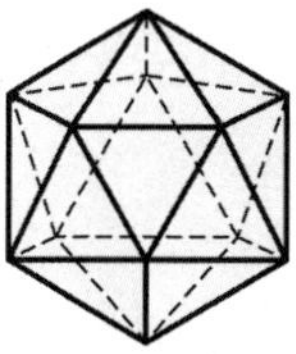 정이십면체

4 정다면체의 전개도

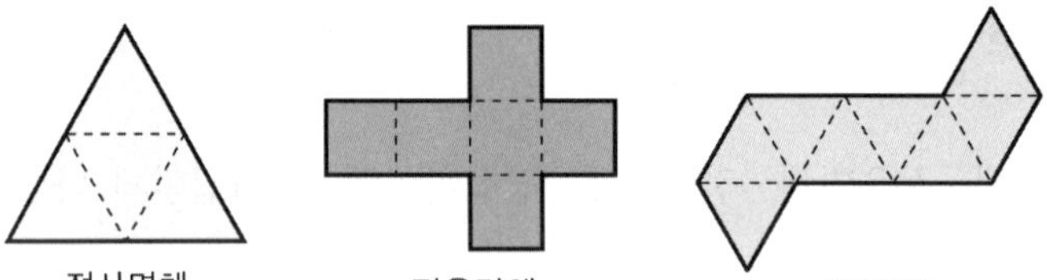

정사면체　　정육면체　　정팔면체

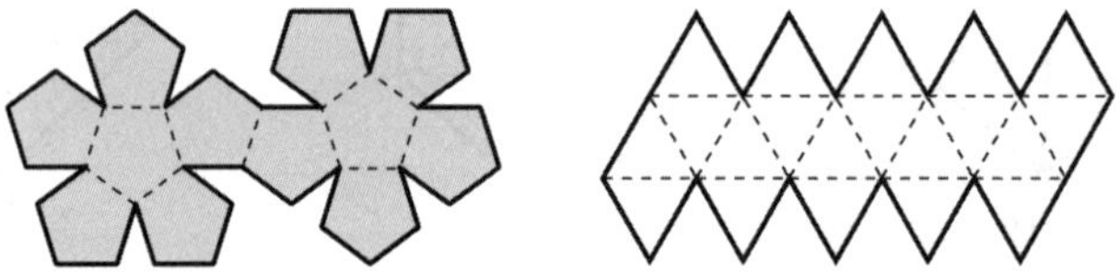

정십이면체　　정이십면체

5 회전체

평면도형을 한 직선을 축으로 하여 1회전 시키면 입체도형이 만들어진다. 이때 만들어진 입체도형을 회전체라 하고, 축으로 사용한 직선을 회전축이라 한다.

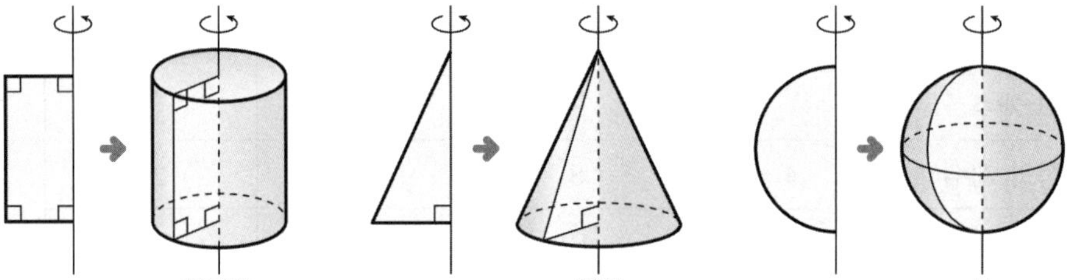

원기둥　　원뿔　　구

선분 AB를 회전체의 모선이라 하고, 선분 AB가 회전하여 생기는 면을 옆면이라 한다.

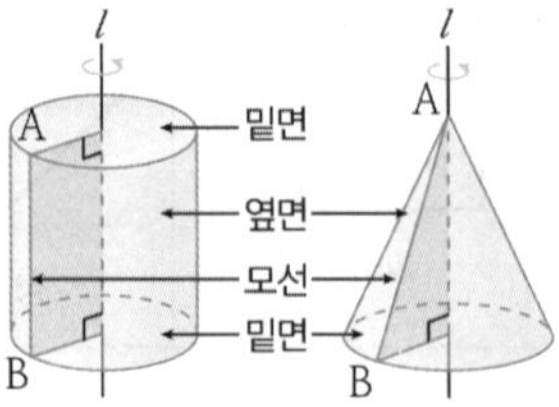

반원의 지름을 축으로 하여 1회전 시킨 회전체를 구라고 한다.
원의 중심은 구의 중심이 되고 반원의 반지름은 구의 반지름이 된다.

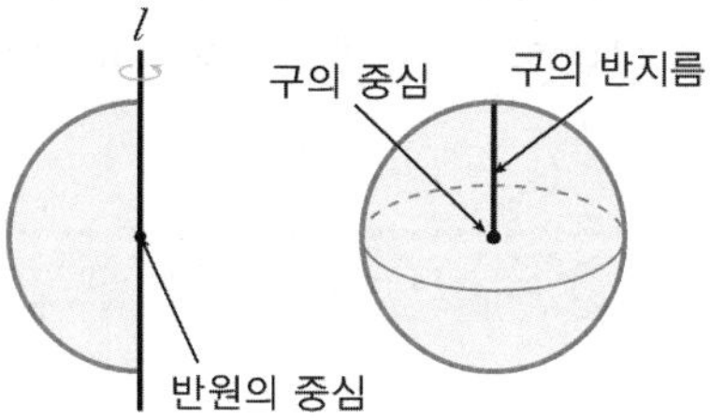

6 원뿔대

원뿔을 그 밑면에 평행한 평면으로 잘라서 생기는 두 입체도형 중, 원뿔이 아닌 쪽의 입체도형을 원뿔대라고 한다.
원뿔대에서 서로 평행한 두 면을 밑면, 밑면이 아닌 면을 옆면이라 한다.
두 밑면에 수직인 선분의 길이(두 밑면 사이의 거리)를 원뿔대의 높이라 한다.

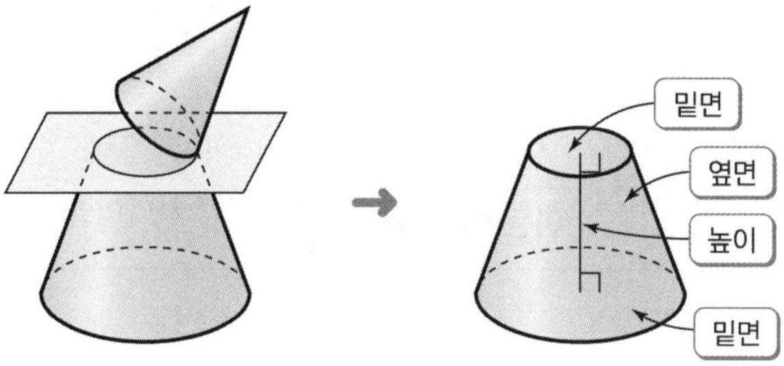

7 회전체를 자를 때 생기는 단면

원기둥, 원뿔, 구를 회전축에 수직인 평면으로 자를 때 생기는 단면은 모두 원이고, 회전축을 포함하는 평면으로 자를 때 생기는 단면은 각각 직사각형, 이등변삼각형, 원이 된다.

필/수/개/념/정/리

회전체의 성질

① 회전체를 회전축에 수직인 평면으로 자를 때 생기는 단면은 항상 원이다.

② 회전체를 회전축을 포함하는 평면으로 자를 때 생기는 단면은 모두 합동이고 회전축에 대하여 선대칭도형이다.

회전체	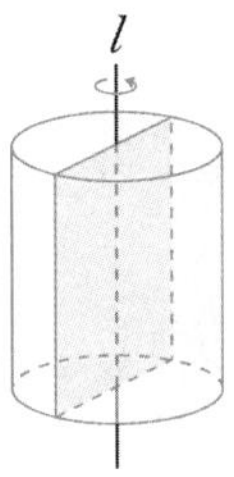	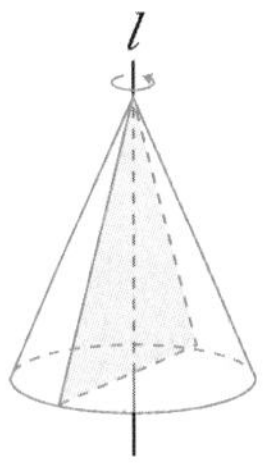	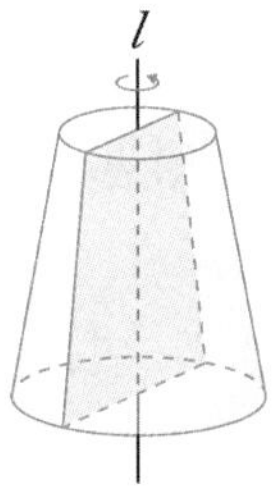	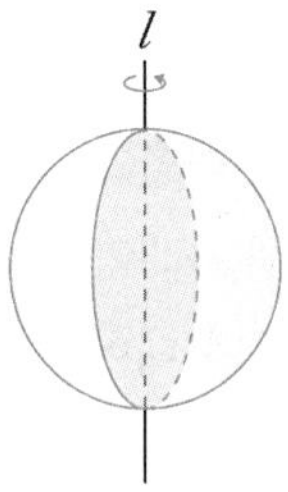
단면의 모양	 직사각형	 이등변삼각형	 사다리꼴	 원

08 입체도형의 겉넓이와 부피

• 입체도형(각기둥, 각뿔, 원기둥, 원뿔, 구)의 부피와 겉넓이를 구할 수 있도록 한다.

1 각기둥의 겉넓이

각기둥의 겉넓이를 구할 때에는 전개도를 이용해서 구한다. 겉넓이는 두 밑넓이와 옆넓이의 합으로 구할 수 있다.

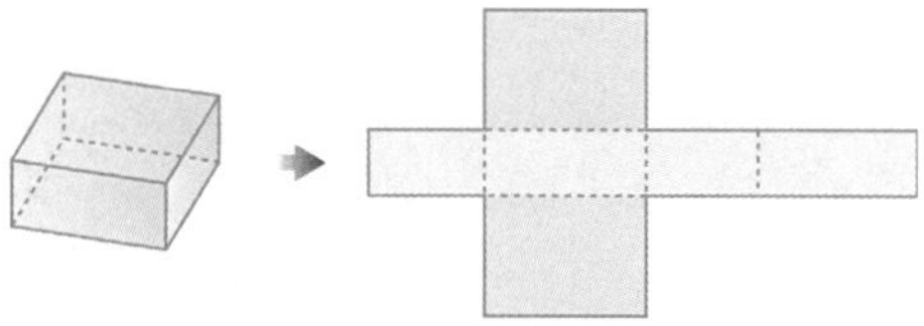

필/수/개/념/정/리

각기둥의 겉넓이

$$(\text{각기둥의 겉넓이})=(\text{한 밑면의 넓이})\times 2+(\text{옆넓이})$$

예제 01

사각기둥의 겉넓이를 구하여라.

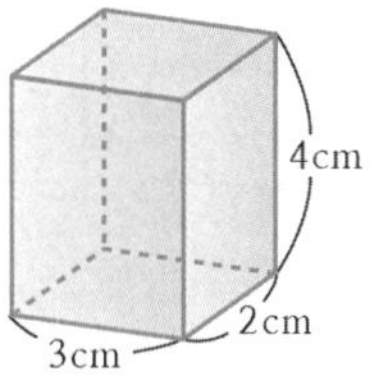

위의 사각기둥의 전개도를 그려보면

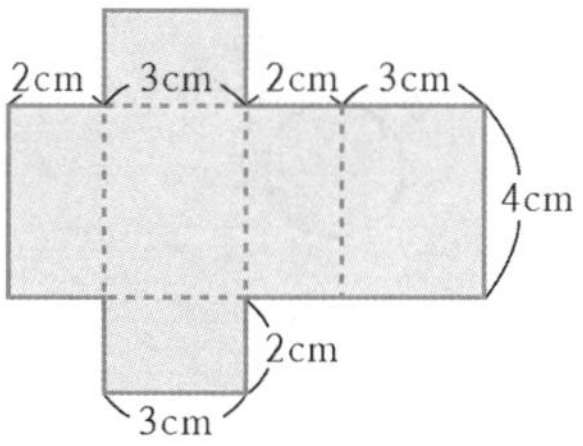

← 밑면 2개, 옆면 4개

서로 합동인 두 밑면과 직사각형 모양의 옆면으로 그려진다.

$(\text{밑넓이})=3\times 2=6(\text{cm}^2)$

$(\text{옆넓이})=(2+3+2+3)\times 4=40(\text{cm}^2)$이므로

구하는 $(\text{사각기둥의 겉넓이})=(\text{밑넓이})\times 2+(\text{옆넓이})$

$=6\times 2+40=52(\text{cm}^2)$

2 원기둥의 겉넓이

원기둥의 겉넓이도 각기둥의 겉넓이와 같은 방법인 두 밑넓이와 옆넓이의 합으로 구할 수 있다.

필/수/개/념/정/리

원기둥의 겉넓이

(원기둥의 겉넓이)=(한 밑면의 넓이)$\times 2+$(옆넓이)

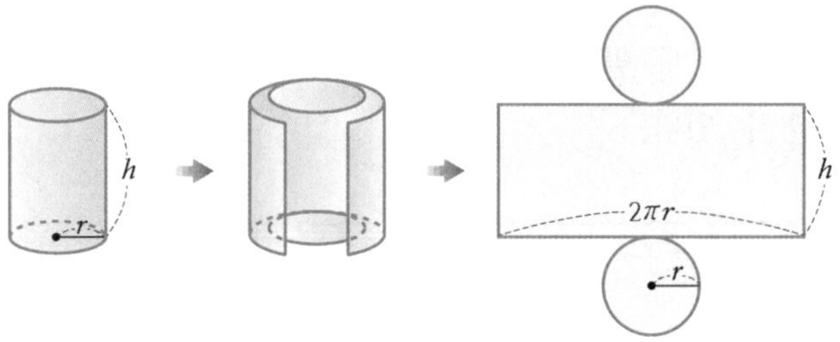

예제 02

원기둥의 겉넓이를 구하여라.

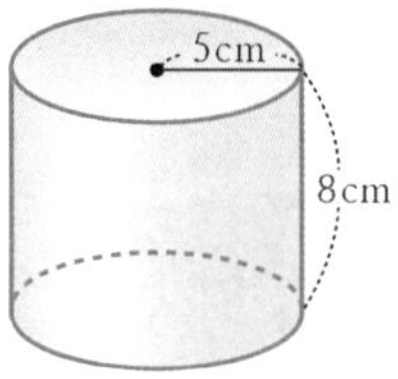

위의 원기둥의 전개도를 그려보면

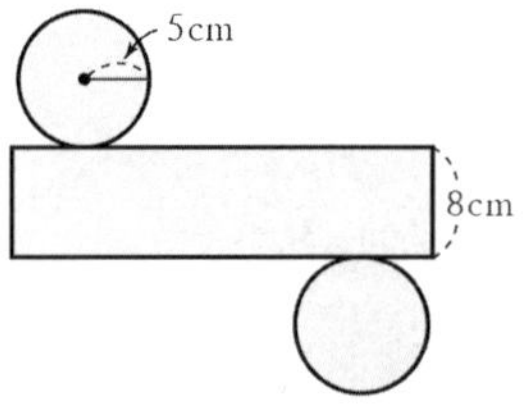

서로 합동인 두 원(밑면)과 직사각형 모양의 옆면으로 그려진다.

(밑넓이)= 원의 넓이 πr^2 ➜ $\pi \times 5^2 = 25\pi\,(\mathrm{cm}^2)$

원의 둘레와 옆면의 가로의 길이는 서로 같다.

(옆넓이) = 원의 둘레의 길이(원주) $2\pi r$ $\times$ (원기둥의 높이)

$= (2\pi \times 5) \times 8 = 80\pi\,(\mathrm{cm}^2)$

(원기둥의 겉넓이) = (밑넓이) $\times 2 +$ (옆넓이)

$= 25\pi \times 2 + 80\pi = 130\pi\,(\mathrm{cm}^2)$

3 각기둥, 원기둥의 부피

각기둥의 부피는 (각기둥의 부피)=(밑넓이)×(높이) 이고,
원기둥의 부피도 각기둥의 부피와 같은 방법으로
(원기둥의 부피)=(밑넓이)×(높이) 로 구한다.

필/수/개/념/정/리

각기둥, 원기둥의 부피

(기둥의 부피)=(밑면의 넓이)×(높이)

예제 03

입체도형의 부피를 구하여라.

❶

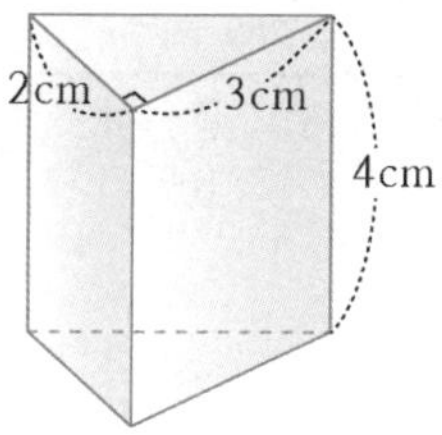

(밑넓이) = 삼각형의 넓이 ➜ $\frac{1}{2}$×(밑변)×(높이)

$= \frac{1}{2} \times 3 \times 2 = 3(\text{cm}^2)$

(삼각기둥의 부피) = (밑넓이)×(높이)

$= 3 \times 4 = 12(\text{cm}^3)$

❷

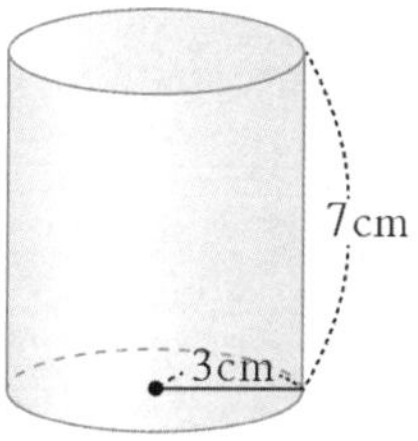

(밑넓이)= 원의 넓이 πr^2 ➜ $\pi \times 3^2 = 9\pi(\text{cm}^2)$

(원기둥의 부피)=(밑넓이)×(높이)

$= 9\pi \times 7 = 63\pi(\text{cm}^3)$

4 각뿔의 겉넓이

각뿔의 전개도는 한 개의 밑면과 삼각형 모양의 옆면으로 이루어져 있다.
각뿔의 겉넓이는 밑넓이와 옆넓이의 합으로 구한다.

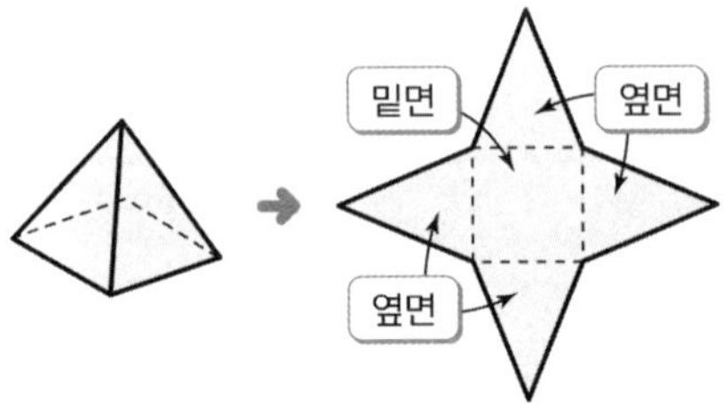

필/수/개/념/정/리

각뿔의 겉넓이

(각뿔의 겉넓이)=(밑면의 넓이)+(옆넓이)

예제 04

사각뿔의 겉넓이를 구하여라.

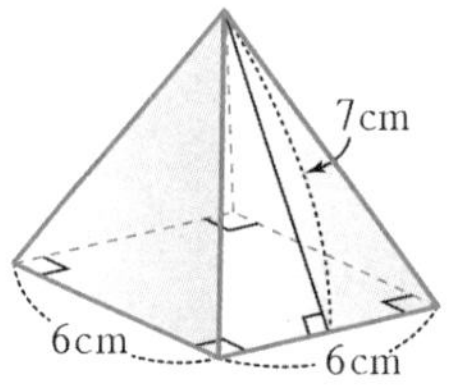

위의 사각뿔은 밑면의 한 변의 길이가 6cm 이고, 옆면의 높이가 7cm 인 사각뿔이므로 전개도를 그려보면 정사각형인 밑면과 이등변삼각형 모양의 옆면 4개로 이루어져 있다.

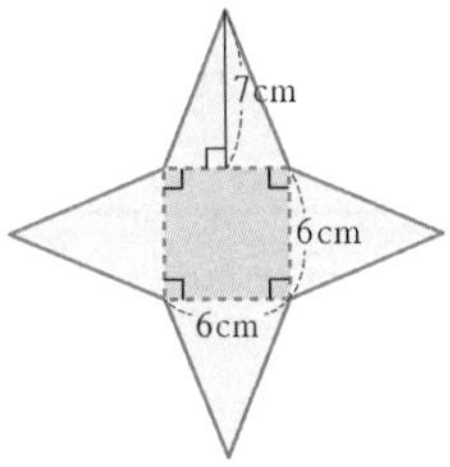

(밑넓이)= 정사각형의 넓이 ➜ $6\times6=36(\text{cm}^2)$

(옆넓이)= 이등변삼각형의 넓이 ➜ $\frac{1}{2}\times6\times7=21(\text{cm}^2)$

구하는 겉넓이는 밑넓이 1개와 옆넓이 4개의 합이다.

(사각뿔의 겉넓이)$=36+21\times4=36+84=120(\text{cm}^2)$

5 원뿔의 겉넓이

원뿔의 전개도는 원과 부채꼴로 이루어져 있다.
원뿔의 겉넓이도 밑면인 원의 넓이와 옆면인 부채꼴의 넓이의 합으로 구한다.

필/수/개/념/정/리

원뿔의 겉넓이

(뿔의 겉넓이)=(밑면의 넓이)+(옆넓이)

예제 05

원뿔의 겉넓이를 구하여라.

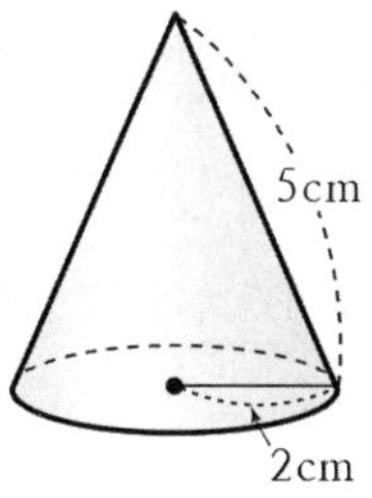

밑면인 원의 반지름의 길이가 2cm 이고, 모선의 길이가 5cm 인 원뿔의 전개도를 그려보면

(밑넓이) = 원의 넓이 πr^2 ➜ $\pi \times 2^2 = 4\pi(\text{cm}^2)$

(옆넓이) = 부채꼴의 넓이 ➜ $\frac{1}{2}\times$(호의 길이)$\times$(반지름의 길이)

부채꼴의 호의 길이와 밑면인 원의 둘레의 길이는 서로 같다.

원의 둘레 $2\pi r$ ➜ $2\pi \times 2 = 4\pi$

(옆넓이)$= \frac{1}{2}\times(4\pi)\times 5 = 10\pi(\text{cm}^2)$

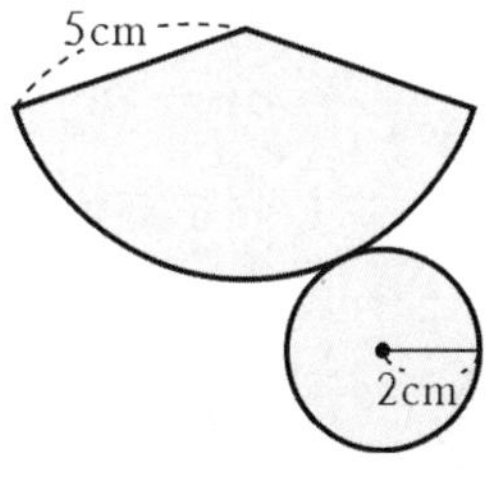

(원기둥의 겉넓이)=(밑넓이)+(옆넓이[부채꼴의 넓이])

$= 4\pi + 10\pi = 14\pi(\text{cm}^2)$

6 각뿔, 원뿔의 부피

각뿔의 부피는 (각뿔의 부피)$=\frac{1}{3}\times$(밑넓이)$\times$(높이) 이고

원뿔의 부피도 각뿔의 부피와 같은 방법으로 (원뿔의 부피)$=\frac{1}{3}\times$(밑넓이)$\times$(높이) 로 구한다.

필/수/개/념/정/리

각뿔, 원뿔의 부피

$$(\text{뿔의 부피})=\frac{1}{3}\times(\text{밑넓이})\times(\text{높이})$$

예제 06

뿔의 부피를 구하여라.

❶

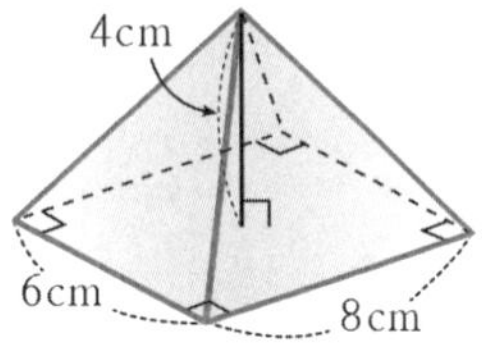

(밑넓이)$=$직사각형의 넓이 ➜ $6\times8=48\,(\text{cm}^2)$

(사각뿔의 부피) $=\frac{1}{3}\times$(밑넓이)$\times$(높이)

$=\frac{1}{3}\times48\times4=16\times4=64\,(\text{cm}^3)$

❷

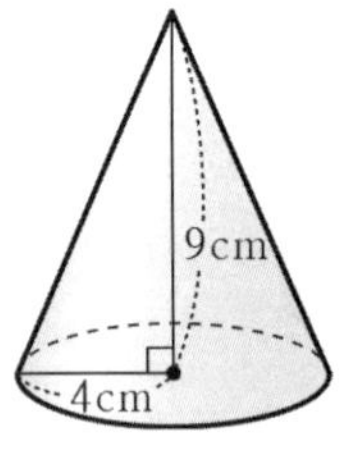

(밑넓이)$=$원의 넓이 πr^2 ➜ $\pi\times4^2=16\pi\,(\text{cm}^2)$

(원뿔의 부피) $=\frac{1}{3}\times$(밑넓이)$\times$(높이)

$=\frac{1}{3}\times16\pi\times9=48\pi\,(\text{cm}^3)$

7 구의 겉넓이

반지름의 길이가 r인 구의 겉넓이는 반지름의 길이가 r인 원의 넓이의 4배이다.

필/수/개/념/정/리

구의 겉넓이

반지름의 길이가 r인 구의 겉넓이는 $4\pi r^2$이다.

예제 07

입체도형의 겉넓이를 구하여라.

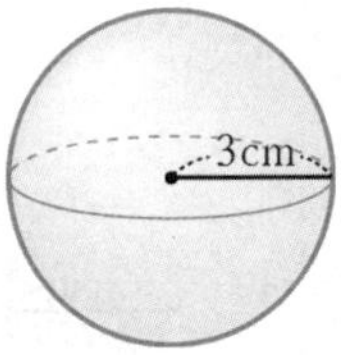

위의 구는 반지름의 길이가 3cm이다.

구의 겉넓이는 $4\pi r^2$이므로 r에 3을 대입하면

$4\pi \times 3^2 = 4\pi \times 9 = 36\pi(\text{cm}^2)$

8 구의 부피

반지름의 길이가 r인 구의 부피는 밑면인 원의 반지름의 길이가 r이고, 높이가 $2r$인 원기둥의 부피의 $\frac{2}{3}$배이다.

필/수/개/념/정/리

구의 부피

반지름의 길이가 r인 구의 부피는 $\frac{4}{3}\pi r^3$이다.

예제 08

입체도형의 부피를 구하여라.

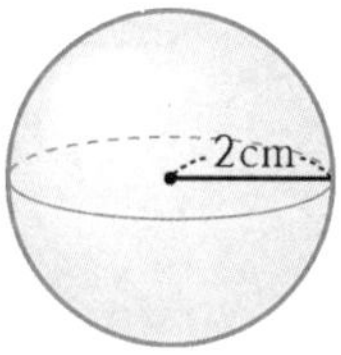

위의 구는 반지름의 길이가 2cm 이다.

구의 겉넓이는 $\frac{4}{3}\pi r^3$이므로 r에 2을 대입하면

$\frac{4}{3}\pi \times 2^3 = \frac{4}{3}\pi \times 8 = \frac{32}{3}\pi(\text{cm}^3)$

PART V

적중 예상 문제

정답 및 해설 33p

01 그림에서 $\angle a$, $\angle b$의 크기는?

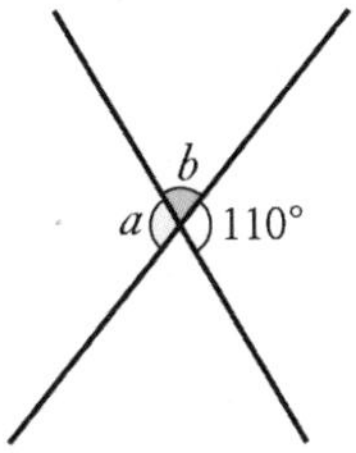

① $\angle a=70°$, $\angle b=110°$
② $\angle a=90°$, $\angle b=110°$
③ $\angle a=110°$, $\angle b=70°$
④ $\angle a=110°$, $\angle b=90°$

02 그림에서 직선 l과 m이 평행할 때, $\angle a$, $\angle b$의 크기는?

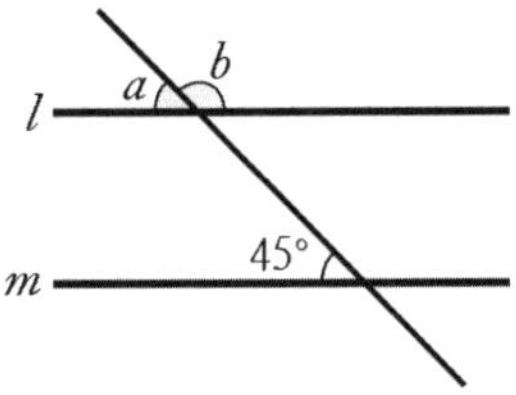

① $\angle a=45°$, $\angle b=135°$
② $\angle a=55°$, $\angle b=125°$
③ $\angle a=135°$, $\angle b=45°$
④ $\angle a=125°$, $\angle b=55°$

03 그림에서 두 직선 l과 m이 다른 한 직선과 만날 때, $\angle a$의 동위각은?

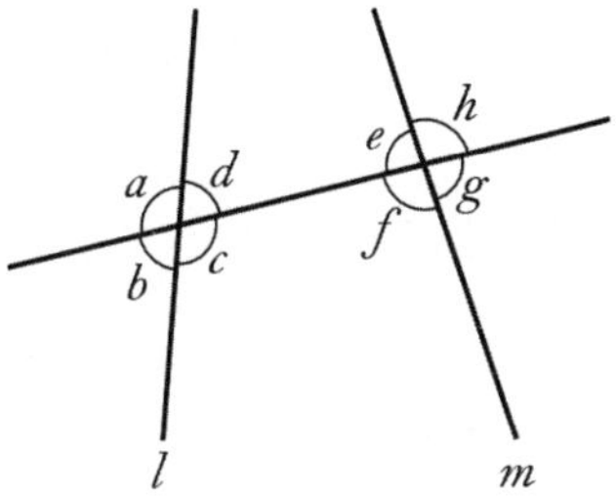

① $\angle b$
② $\angle c$
③ $\angle e$
④ $\angle f$

04 그림에서 두 직선 l과 m이 다른 한 직선 n과 만날 때, $\angle b$의 엇각은?

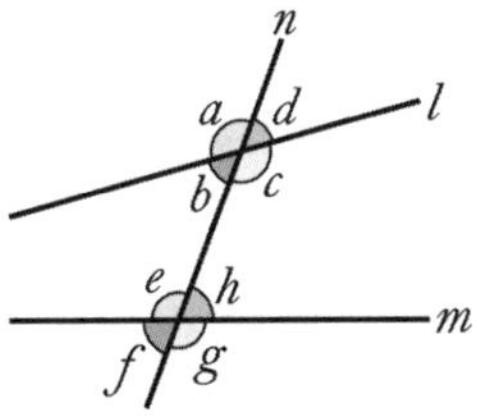

① $\angle c$
② $\angle e$
③ $\angle d$
④ $\angle h$

05 그림에서 직선 l과 m이 평행할 때, $\angle x + \angle y$의 크기는?

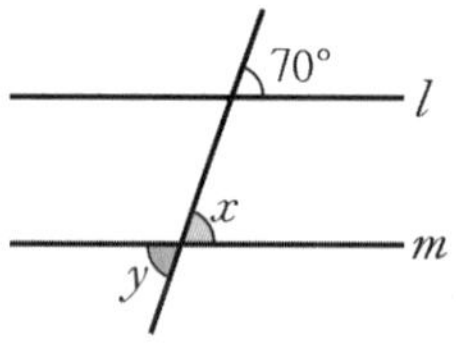

① 70°　② 100°　③ 140°　④ 180°

06 다음 삼각형에서 $\angle x$의 크기는?

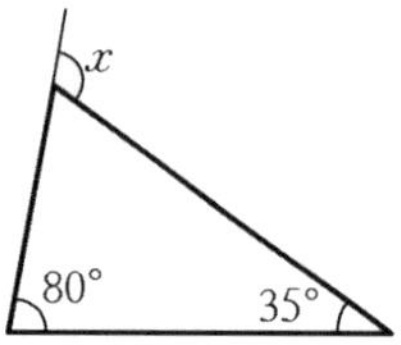

① 105°　② 110°　③ 115°　④ 120°

07 그림과 같은 삼각형에서 $\angle x$의 크기는?

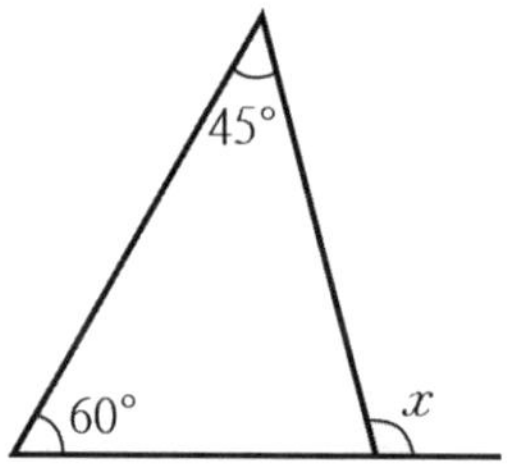

① 105°　② 110°　③ 115°　④ 120°

08 다음 삼각형에서 $\angle x$의 크기는?

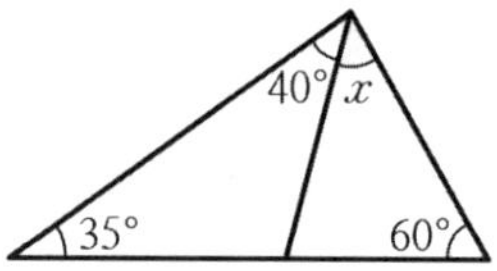

① 30°　② 45°　③ 60°　④ 75°

09 다음 그림에서 $\angle x$의 크기는?

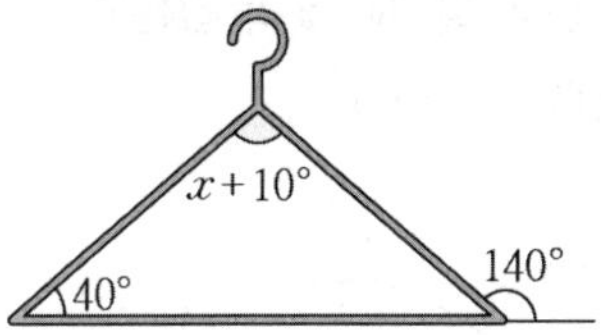

① 90° ② 100°
③ 110° ④ 120°

10 다음 그림과 같은 사각형에서 □에 들어갈 각의 크기는?

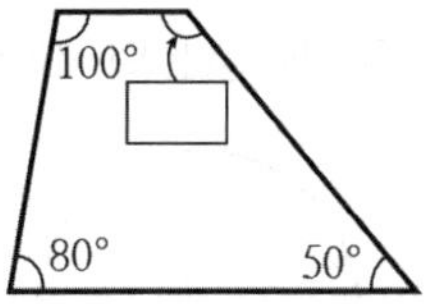

① 100° ② 110°
③ 120° ④ 130°

11 다음 사각형에서 $\angle x$의 크기는?

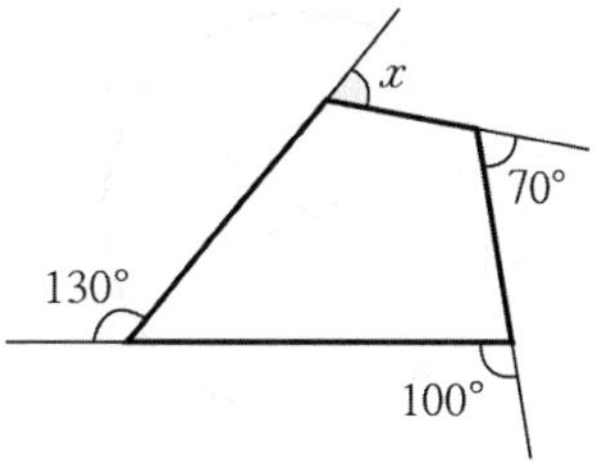

① 50° ② 60°
③ 70° ④ 80°

12 다음 삼각형에서 $\angle x$의 크기는?

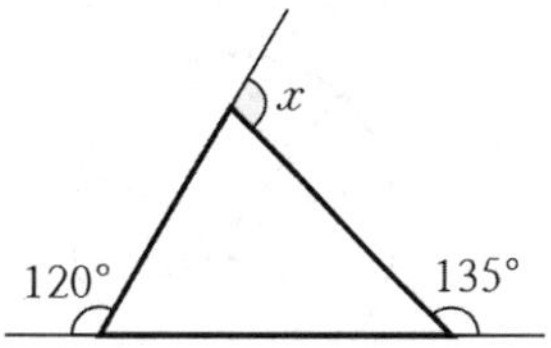

① 95° ② 100°
③ 105° ④ 110°

13 다음 원 O에서 $\angle x$의 크기는?

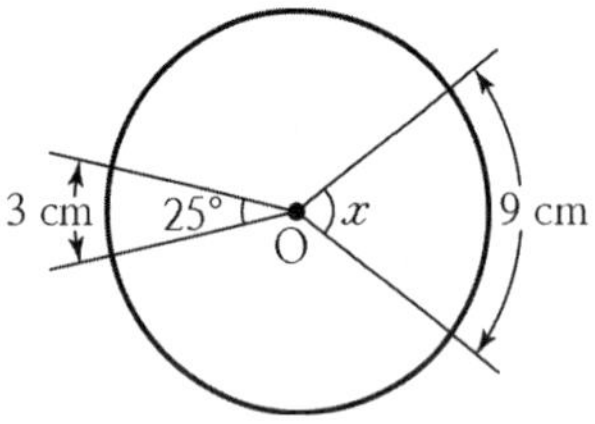

① 70° ② 75°
③ 80° ④ 85°

14 다음 원에서 부채꼴의 넓이 x를 구하면?

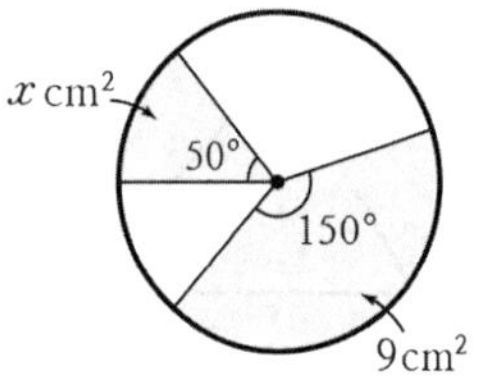

① 1 ② 2
③ 3 ④ 4

15 그림과 같은 원 O에서 $\angle AOB = \angle BOC$, $\overset{\frown}{AB} = 6\text{cm}$일 때, x의 값은? (단, $\overset{\frown}{AC} = x\,\text{cm}$)

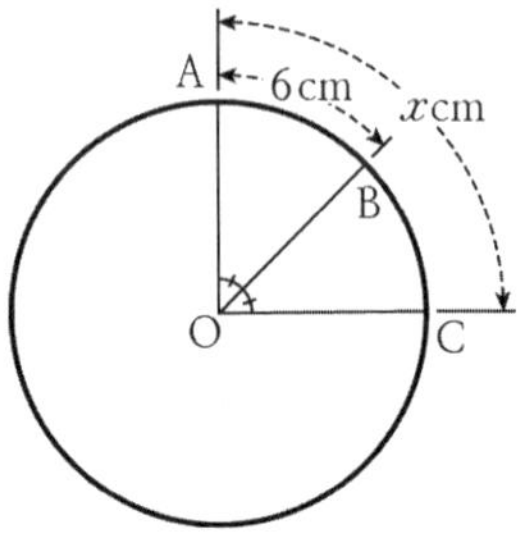

① 8 ② 10
③ 12 ④ 14

16 그림과 같은 원 O에서 $\angle AOB = \angle BOC = \angle COD = \angle DOE$, $\overset{\frown}{AB} = 2\text{cm}$일 때, $\overset{\frown}{AE}$의 길이를 구하면?

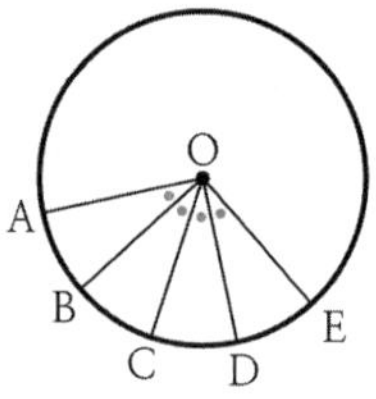

① 4cm ② 8cm
③ 12cm ④ 16cm

17 그림과 같은 삼각기둥에서 모서리 BC와 평행한 모서리를 구하면?

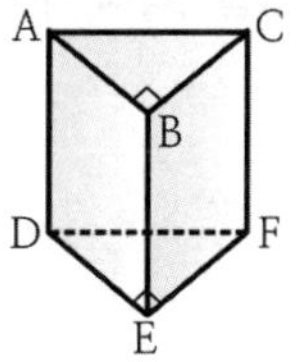

① 모서리 AC　② 모서리 DE
③ 모서리 CD　④ 모서리 EF

18 그림과 같은 삼각기둥에서 모서리 AC와 평행한 모서리를 구하면?

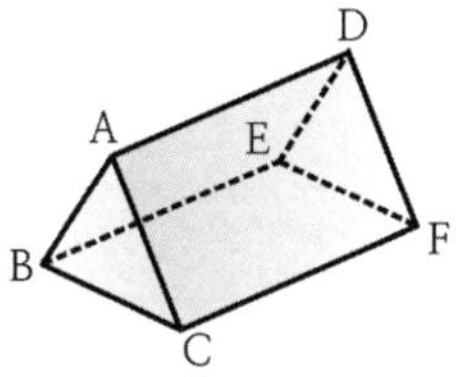

① 모서리 BC　② 모서리 AB
③ 모서리 DF　④ 모서리 EF

19 그림과 같은 삼각기둥에서 모서리 AB와 꼬인 위치에 있는 모서리를 구하면?

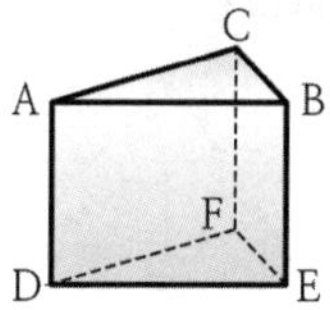

① 모서리 AC　② 모서리 DF
③ 모서리 DE　④ 모서리 BC

20 그림과 같은 정육면체에서 모서리 BC와 평행하지 <u>않은</u> 것은?

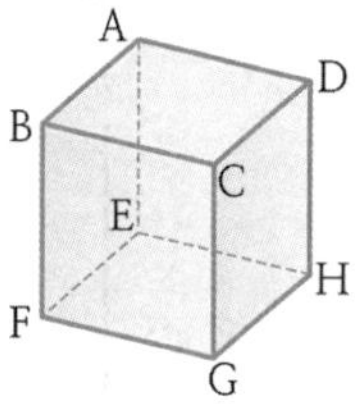

① 모서리 AD　② 모서리 FG
③ 모서리 EH　④ 모서리 EF

21 그림과 같은 삼각뿔에서 꼭짓점의 개수를 a, 모서리의 개수를 b, 면의 개수를 c라고 할 때, $a+b+c$의 값은?

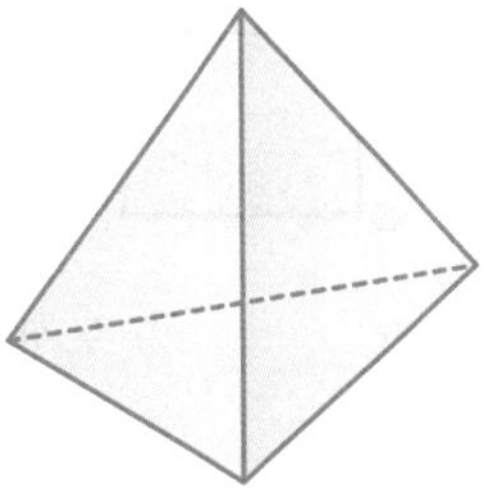

① 10　② 12
③ 14　④ 16

22 그림과 같이 사다리꼴을 직선 l을 축으로 하여 1회전 시킬 때 생기는 입체도형은?

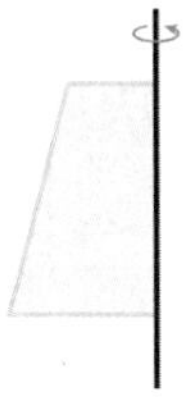

① 원기둥　② 원뿔
③ 원뿔대　④ 사각기둥

23 아래 회전체를 회전축에 수직인 평면으로 자른 단면의 모양과 회전축을 포함하는 평면으로 자른 단면의 모양을 각각 구하면?

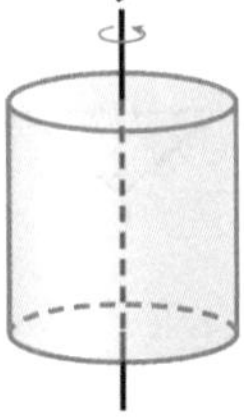

① 원, 원
② 원, 직사각형
③ 직사각형, 원
④ 직사각형, 직사각형

memo

PART

VI

도형의 성질과 닮음

01 이등변삼각형

02 직각삼각형의 합동

03 삼각형의 외심과 내심

04 평행사변형

05 여러 가지 사각형

06 도형의 닮음

07 닮음의 활용

이등변삼각형의 성질을 이용하여 변의 길이, 각의 크기를 구할 수 있도록 하고, 사각형의 성질을 이용하여 대각선의 길이나 내각의 크기를 구할 수 있도록 학습한다. 닮음인 두 도형을 찾고, 닮음비를 이용하여 변의 길이나 넓이를 구할 수 있도록 학습하는 단원이고, 특히 닮음을 이용하여 변의 길이나 넓이를 구하는 문제는 반드시 매회마다 1문항씩 꼭 출제가 되고 있으므로 이 유형의 문제를 반복해서 학습하도록 한다.

01 이등변삼각형

- 이등변삼각형의 정의와 정리를 익힌다.
- 이등변삼각형의 성질을 이용하여 각의 크기와 선분의 길이를 구할 수 있도록 한다.

이등변삼각형은 두 변의 길이가 같은 삼각형이다.

길이가 같은 두 변이 이루는 각을 꼭지각, 꼭지각의 대변을 밑변, 밑변의 양 끝각을 밑각이라 한다.

이등변삼각형의 두 밑각의 크기는 같고 꼭지각의 이등분선은 밑변을 수직이등분한다.

필/수/개/념/정/리

이등변삼각형의 성질

① 이등변삼각형의 두 밑각의 크기는 같다.

② 이등변삼각형의 꼭지각의 이등분선은 밑변을 수직이등분한다.

필/수/개/념/정/리

이등변삼각형이 되는 조건

두 내각의 크기가 같은 삼각형은 이등변삼각형이다.

예제 01

이등변삼각형에서 $\angle x$의 크기를 구하여라.

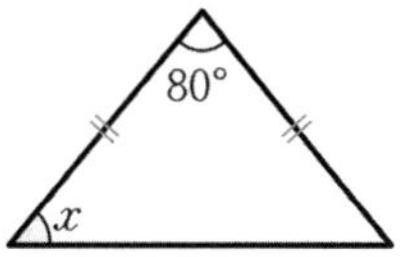

이등변삼각형의 두 밑각의 크기는 같고,
삼각형의 내각의 합은 180°이므로
$\angle x + \angle x + 80° = 180°$
→ $2\angle x + 80° = 180°$
→ $2\angle x = 180° - 80°$
→ $2\angle x = 100°$ $\therefore \angle x = 50°$

예제 02

이등변삼각형에서 $\angle x$의 크기를 구하여라.

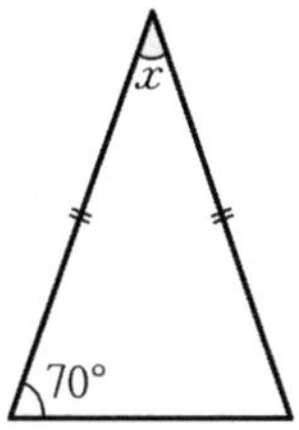

이등변삼각형의 두 밑각의 크기는 같으므로
다른 밑각의 크기도 70°이다.
삼각형의 내각의 합은 180°이므로
$\angle x + 70° + 70° = 180°$ → $\angle x + 140° = 180°$ → $\angle x = 180° - 140°$
$\therefore \angle x = 40°$

02 직각삼각형의 합동

• 직각삼각형의 합동 조건을 익힌다.

빗변의 길이와 한 예각의 크기가 각각 같은 두 직각삼각형은 서로 합동이다. 또, 빗변의 길이와 다른 한 변의 길이가 각각 같은 두 직각삼각형도 서로 합동이다.

| 참고 | 직각삼각형에서 직각의 대변을 빗변이라고 한다.

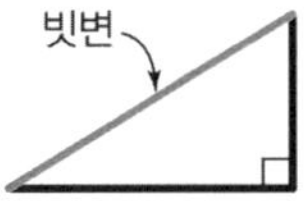

필/수/개/념/정/리

직각삼각형의 합동 조건

두 직각삼각형은 다음의 각 경우에 서로 합동이다.

① 빗변의 길이와 한 예각의 크기가 각각 같을 때

② 빗변의 길이와 다른 한 변의 길이가 각각 같을 때

03 삼각형의 외심과 내심

- 삼각형의 외심과 내심의 정의와 성질을 익힌다.
- 삼각형의 외심과 내심을 이용하여 각의 크기를 구할 수 있도록 한다.

1 삼각형의 외심

$\triangle ABC$의 세 변의 수직이등분선은 한 점 O에서 만나고, 점 O에서 세 꼭짓점에 이르는 거리는 같다.

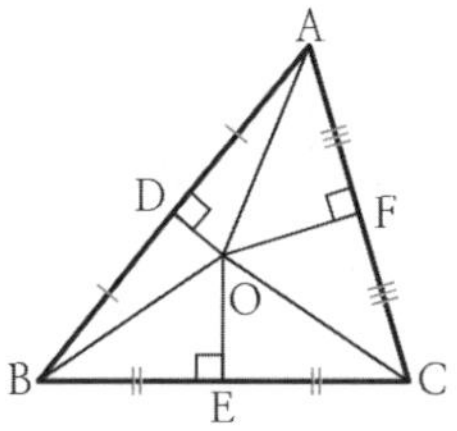

$\overline{OA}=\overline{OB}=\overline{OC}$이므로 점 O를 중심으로 하고 $\overline{OA}$를 반지름으로 하는 원은 $\triangle ABC$의 세 꼭짓점을 모두 지난다.

원 O는 $\triangle ABC$에 외접한다고 하며 원 O를 $\triangle ABC$의 외접원이라고 하고, 외접원의 중심 O를 $\triangle ABC$의 외심이라고 한다.

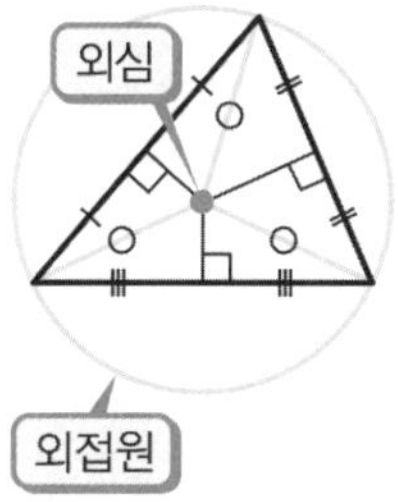

필/수/개/념/정/리

삼각형의 외심

① 삼각형의 세 변의 수직이등분선은 한 점(외심)에서 만난다.

② 외심에서 삼각형의 세 꼭짓점에 이르는 거리는 같다.

예제 01

그림에서 점 O가 △ABC의 외심일 때, x의 값을 구하여라.

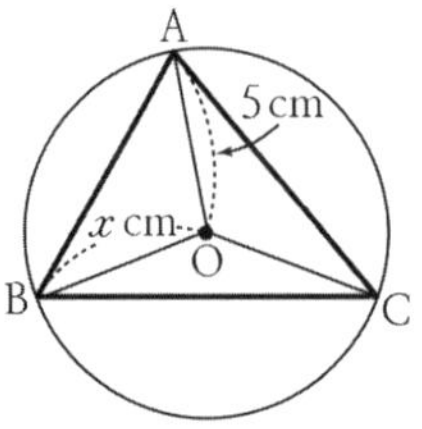

외심에서 삼각형의 세 꼭짓점에 이르는 거리는 같으므로

$\overline{OA}=\overline{OB}=\overline{OC}$ 이다. $\overline{OA}=5\text{cm}$ ➜ $\overline{OB}=5\text{cm}$

$\therefore x=5$

2 삼각형 외심의 위치

예각삼각형의 외심은 삼각형 내부에, 둔각삼각형의 외심은 삼각형 외부에 위치한다. 직각삼각형은 외심의 위치가 빗변의 중점이다.

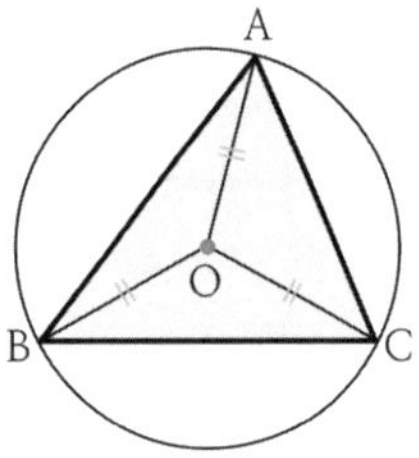

예각삼각형

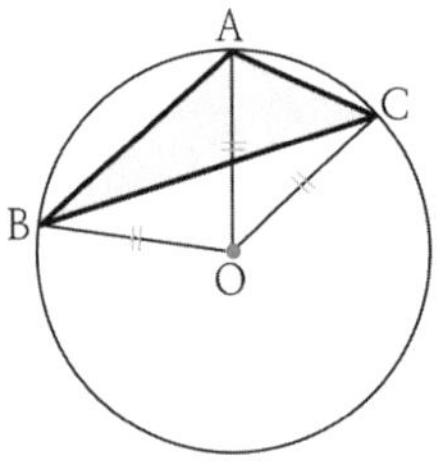

둔각삼각형

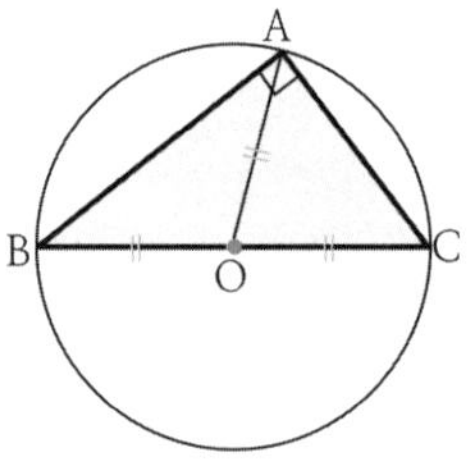

직각삼각형

3 삼각형 외심의 활용

점 O가 $\triangle$ABC의 외심일 때, $\angle BOC = 2\angle A$

$\angle BOC = 2(\angle x + \angle y)$ ➔ $\angle A = \angle x + \angle y$ ➔ $\angle BOC = 2\angle A$

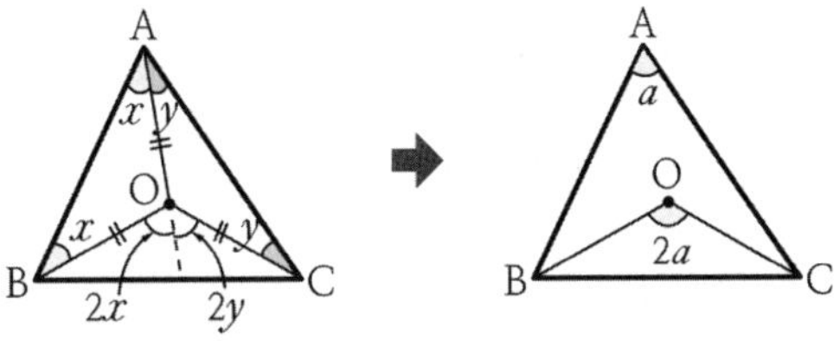

점 O가 $\triangle$ABC의 외심일 때, $\overline{OA} = \overline{OB} = \overline{OC}$

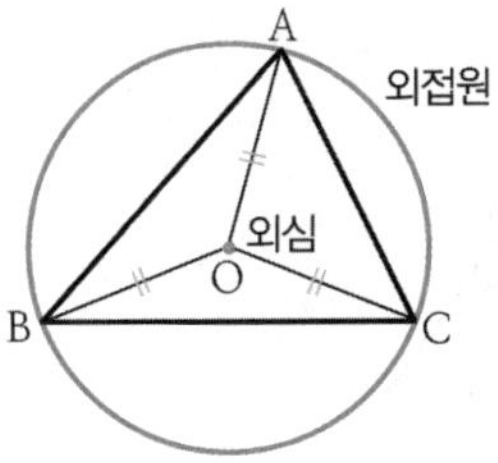

점 O가 $\triangle$ABC의 외심일 때, $\angle OAB + \angle OBC + \angle OCA = 90°$

$2\angle x + 2\angle y + 2\angle z = 180°$ ➔ $2(\angle x + \angle y + \angle z) = 180°$ ➔ $\angle x + \angle y + \angle z = 90°$

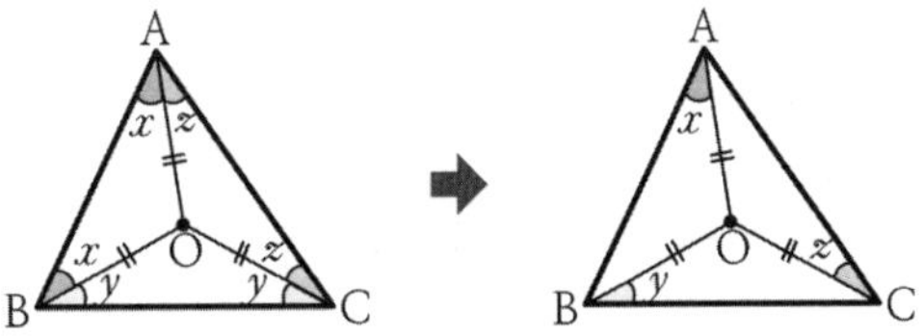

예제 02

그림에서 점 O가 △ABC의 외심일 때, ∠x의 크기를 구하여라.

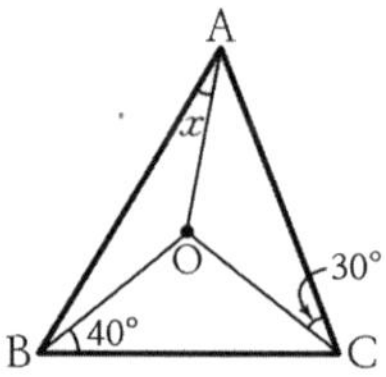

점 O가 △ABC의 외심이므로 △OBC는 이등변삼각형이다.
이등변삼각형의 두 밑각의 크기는 같으므로 ∠OCB = 40°
마찬가지 같은 방법으로 ∠OBA = ∠x, ∠OAC = 30°
△ABC에서 세 내각의 크기의 합은 180°이므로
$40° \times 2 + \angle x \times 2 + 30° \times 2 = 180°$
$80° + 2\angle x + 60° = 180°$
$140° + 2\angle x = 180°$ ➜ $2\angle x = 180° - 140°$
$2\angle x = 40°$ ∴ $\angle x = 20°$

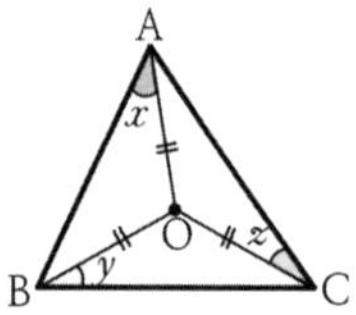

← $\angle x + \angle y + \angle z = 90°$

예제 03

점 O가 $\triangle ABC$의 외심이고, $\angle BAC = 40°$일 때, $\angle BOC$의 크기를 구하여라.

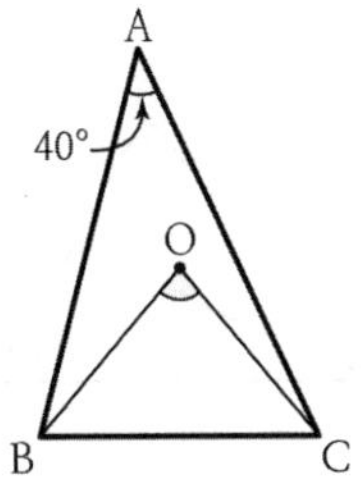

$\overline{AO}$의 연장선과 $\overline{BC}$의 교점을 D라고 하면
점 O는 $\triangle ABC$의 외심이므로 $\overline{OA} = \overline{OB} = \overline{OC}$
$\triangle OAB$, $\triangle OAC$는 이등변삼각형이다.
$\angle OAB = \angle OBA = \angle x$, $\angle OAC = \angle OCA = \angle y$라 하면

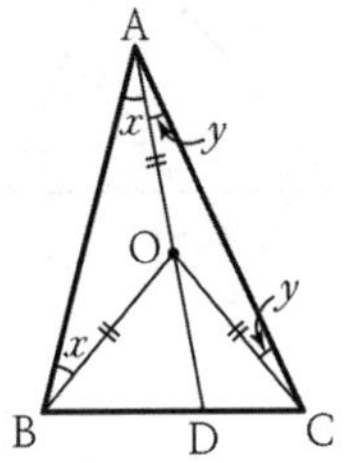

$\triangle OAB$에서 $\angle BOD = 2\angle x$이고,
$\triangle OAC$에서 $\angle COD = 2\angle y$이다.

$$\begin{aligned}\angle BOC &= \angle BOD + \angle COD \\ &= 2\angle x + 2\angle y = 2(\angle x + \angle y) \\ &= 2\angle BAC = 2 \times 40° = 80°\end{aligned}$$

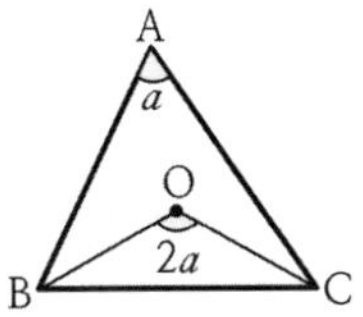

← $\angle BOC = 2\angle BAC$

4 삼각형의 내심

△ABC의 세 내각의 이등분선은 한 점 I에서 만나고, 점 I에서 세 변에 이르는 거리는 항상 같다.

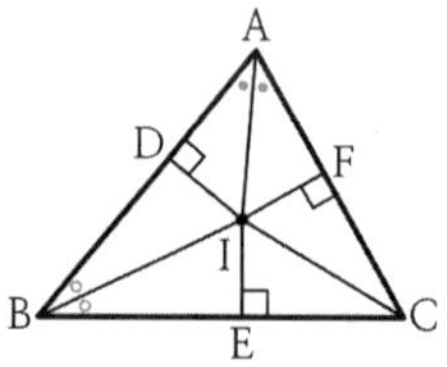

$\overline{ID} = \overline{IE} = \overline{IF}$이므로 점 I를 중심으로 하고 $\overline{ID}$를 반지름으로 하는 원은 △ABC의 세 변에 모두 접하고 이때, 원 I는 △ABC에 내접한다고 한다.

원 I를 △ABC의 내접원이라 하고 내접원의 중심 I를 △ABC의 내심이라 한다.

필/수/개/념/정/리

삼각형의 내심

① 삼각형의 세 내각의 이등분선은 한 점(내심)에서 만난다.

② 내심에서 삼각형의 세 변에 이르는 거리는 같다.

예제 04

점 I가 $\triangle ABC$의 내심일 때, $\angle a$의 크기를 구하여라.

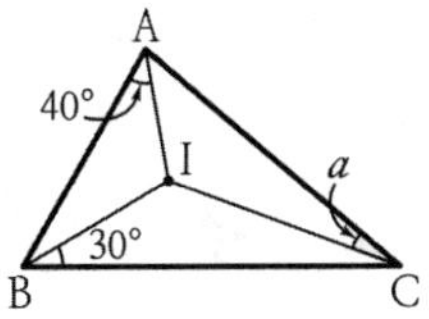

점 I가 $\triangle ABC$의 내심이므로 $\overline{AI}$는 $\angle A$의 이등분선이다.

$\angle IAC = \angle IAB = 40°$ ➜ $\angle A = 40° \times 2 = 80°$

마찬가지 방법으로 $\angle B = 60°$, $\angle C = 2\angle a$

$\triangle ABC$에서 세 내각의 크기의 합은 180°이므로

$80° + 60° + 2\angle a = 180°$

$140° + 2\angle a = 180°$

$2\angle a = 180° - 140°$

$2\angle a = 40°$ $\quad \therefore \angle a = 20°$

5 삼각형 내심의 위치

예각삼각형, 직각삼각형, 둔각삼각형의 내심은 모두 삼각형의 내부에 있다.

6 삼각형 내심의 활용

점 I가 △ABC의 내심일 때, $\angle x+\angle y+\angle z=90°$

$2\angle x+2\angle y+2\angle z=180°$ → $2(\angle x+\angle y+\angle z)=180°$ → $\angle x+\angle y+\angle z=90°$

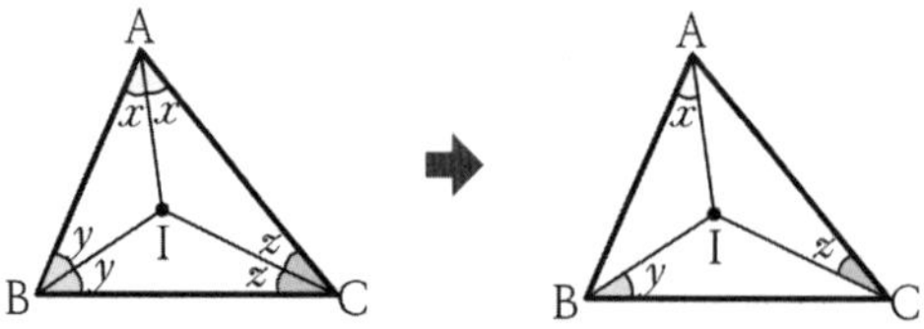

점 I는 △ABC의 내심일 때, $\angle BIC=90°+\frac{1}{2}\angle A$

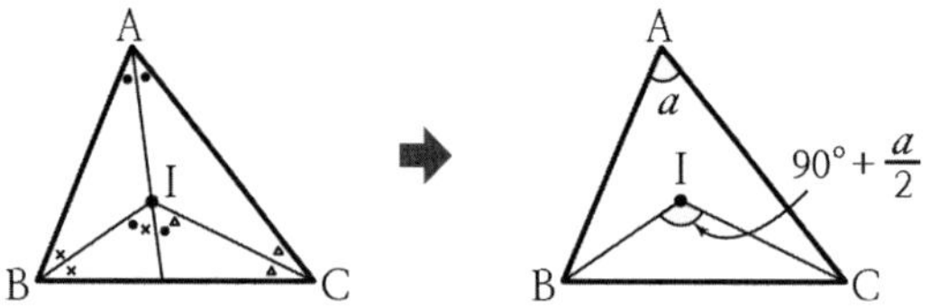

예제 05

점 I가 $\triangle$ABC의 내심이고, $\angle$BAC $=58°$일 때, $\angle$BIC의 크기를 구하여라.

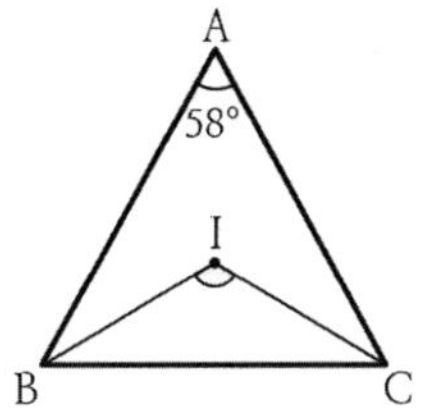

점 I는 $\triangle$ABC의 내심이므로

$\angle$IBA $=$ $\angle$IBC $=$ $\angle x$, $\angle$ICA $=$ $\angle$ICB $=$ $\angle y$라 하면

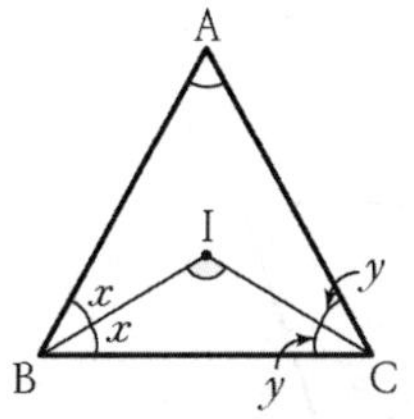

$\triangle$IBC에서 세 내각의 크기의 합은 $180°$이므로

$$\begin{aligned}\angle \mathrm{BIC} &= 180° - (\angle x + \angle y)\\ &= 180° - \frac{1}{2}(\angle \mathrm{B} + \angle \mathrm{C})\\ &= 180° - \frac{1}{2}\times(180° - 58°)\\ &= 180° - \frac{1}{2}\times 122° = 180° - 61° = 119°\end{aligned}$$

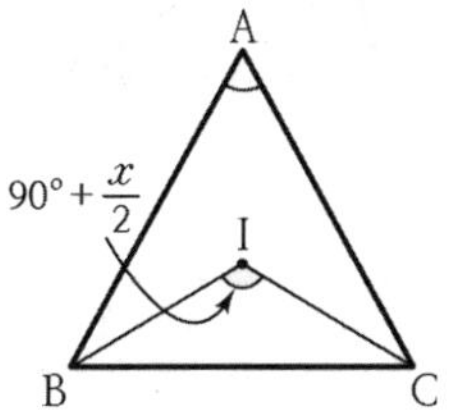

04 평행사변형

- 평행사변형의 정의와 정리를 익힌다.
- 평행사변형의 성질을 이용하여 변의 길이와 각의 크기를 구할 수 있도록 한다.

1 평행사변형의 성질

평행사변형은 두 쌍의 대변이 각각 평행한 사각형이다. 평행사변형의 두 쌍의 대변의 길이와 두 쌍의 대각의 크기는 각각 같고, 평행사변형의 두 대각선은 서로 다른 것을 이등분한다.

$\overline{AB}=\overline{DC}$, $\overline{AD}=\overline{BC}$, $\angle B=\angle D$, $\angle A=\angle C$

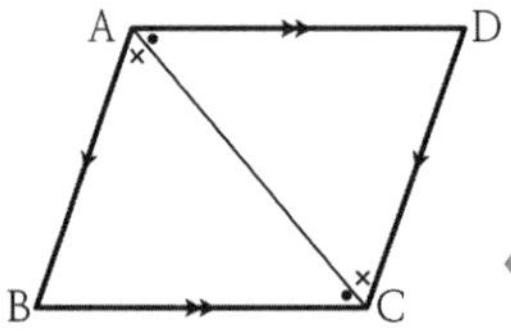

← $\triangle ABC \equiv \triangle CDA$

| 참고 | 마주 보는 변을 대변, 마주 보는 각을 대각이라 한다.

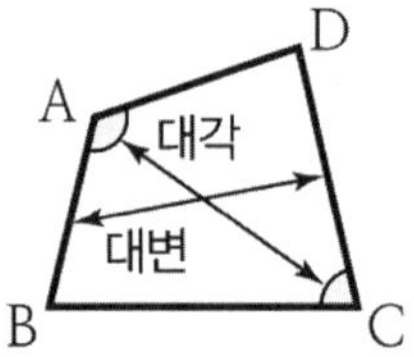

필/수/개/념/정/리

평행사변형의 성질

① 두 쌍의 대변의 길이는 각각 같다.
② 두 쌍의 대각의 크기는 각각 같다.
③ 두 대각선은 서로 다른 것을 이등분한다.

예제 01

평행사변형 ABCD에서 x, y의 값을 각각 구하여라.

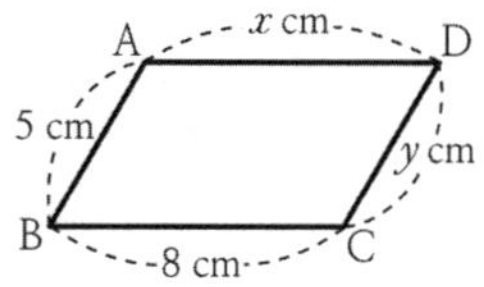

평행사변형의 두 쌍의 대변의 길이는 각각 같으므로

$\overline{AB}=\overline{DC}=5\text{ cm}$, $\overline{AD}=\overline{BC}=8\text{ cm}$ $\therefore x=8$, $y=5$

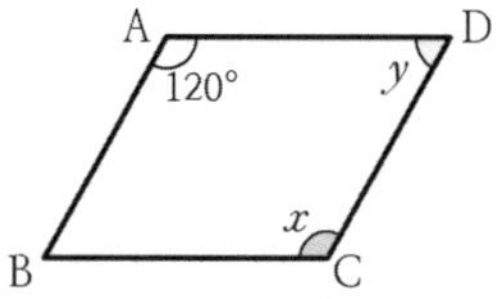

평행사변형의 두 쌍의 대각의 크기는 각각 같다.

$\angle C=\angle A=120°$

평행사변형의 이웃하는 각의 크기의 합은 180°이다.

$\angle A+\angle D=180°$ ➜ $120°+\angle D=180°$ ➜ $\angle D=60°$

$\therefore x=120$, $y=60$

예제 02

아래 평행사변형 ABCD에서 두 대각선의 교점을 O라고 할 때, x, y의 값을 각각 구하여라.

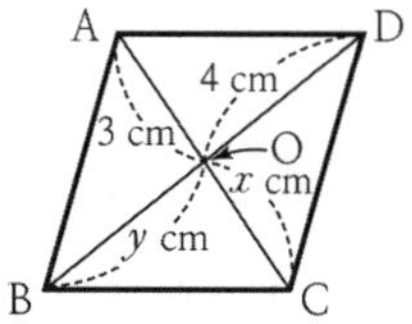

평행사변형의 두 대각선은 서로 다른 것을 이등분하므로

$\overline{OA}=\overline{OC}=3\text{cm}$, $\overline{OB}=\overline{OD}=4\text{cm}$

$\therefore x=3$, $y=4$

2 평행사변형이 되는 조건

평행사변형이 아래 5가지 조건 중 어느 한 조건을 만족하면 평행사변형이 된다.

필/수/개/념/정/리

평행사변형이 되는 조건

① 두 쌍의 대변이 각각 평행하다. (평행사변형의 정의)

② 두 쌍의 대변의 길이가 각각 같다.

③ 두 쌍의 대각의 크기가 각각 같다.

④ 두 대각선이 서로 다른 것을 이등분한다.

⑤ 한 쌍의 대변이 평행하고, 그 길이가 같다.

05 여러 가지 사각형

- 여러 가지 사각형(사다리꼴, 직사각형, 마름모, 정사각형)의 관계 및 성질을 익힌다.
- 여러 가지 사각형들의 대각선의 성질을 익힌다.

1 직사각형

직사각형은 네 내각의 크기가 모두 같은 사각형이다.

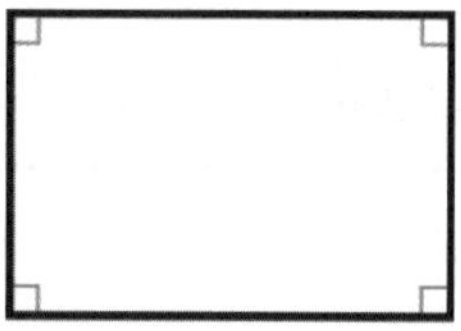

필/수/개/념/정/리

직사각형 대각선의 성질

직사각형의 두 대각선은 길이가 서로 같고, 서로 다른 것을 이등분한다.

예제 01

직사각형 ABCD에서 $\overline{BD}$의 길이를 구하여라.

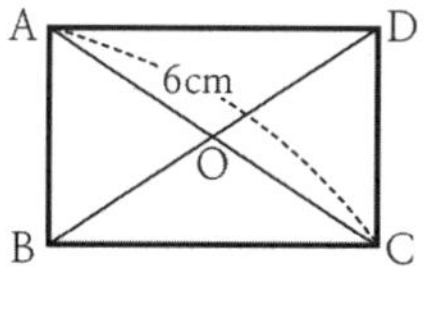

직사각형 ABCD에서 두 대각선의 길이는 서로 같으므로

$\overline{BD}=\overline{AC}=6\text{cm}$

2 마름모

마름모는 네 변의 길이가 모두 같은 사각형이다.

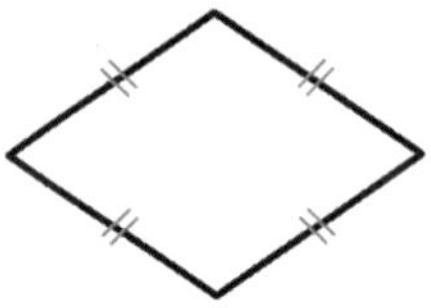

필/수/개/념/정/리

마름모 대각선의 성질

마름모의 두 대각선은 서로 다른 것을 수직이등분한다.

예제 02

마름모 ABCD에서 점 O는 두 대각선 AC, BD의 교점이다. $\overline{OA}=3\,\text{cm}$, $\overline{BD}=10\,\text{cm}$일 때, △ABD의 넓이를 구하여라.

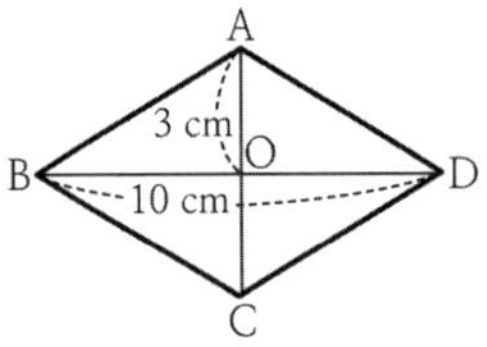

마름모 ABCD에서 두 대각선은 다른 것을 수직이등분하므로,

$\overline{AC} \perp \overline{BD}$ ➜ $\angle AOB = \angle AOD = 90°$

삼각형의 넓이는 $\frac{1}{2}\times$(밑변)$\times$(높이)

△ABD의 넓이는 $\frac{1}{2}\times\overline{BD}\times\overline{AO}=\frac{1}{2}\times10\times3=15$

3 정사각형

정사각형은 네 변의 길이가 모두 같고, 네 내각의 크기가 모두 같은 사각형이다.

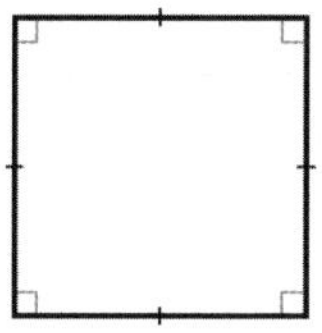

필/수/개/념/정/리

정사각형 대각선의 성질

정사각형의 두 대각선은 길이가 서로 같고, 서로 다른 것을 수직이등분한다.

예제 03

그림과 같은 정사각형 ABCD에서 x, y의 값을 각각 구하여라.

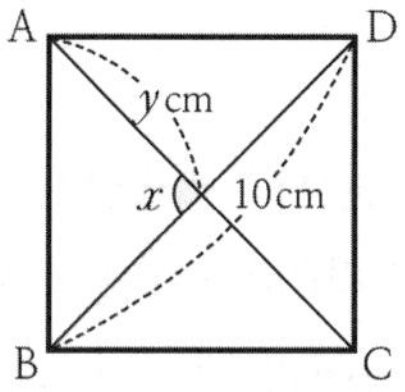

정사각형의 두 대각선의 길이가 서로 같으므로

$\overline{AC}=\overline{BD}=10\text{cm}$

서로 다른 것을 수직이등분하므로

$\frac{1}{2}\times 10\text{cm}=5\text{cm}$ $\therefore y=5$

$\overline{AC}\perp\overline{BD}$ 이므로 $\angle x=90°$

$\therefore x=90$

4 등변사다리꼴

사다리꼴은 한 쌍의 대변이 평행한 사각형이다.
사다리꼴에서 밑변의 양 끝각의 크기가 같은 사다리꼴을 등변사다리꼴이라 한다.

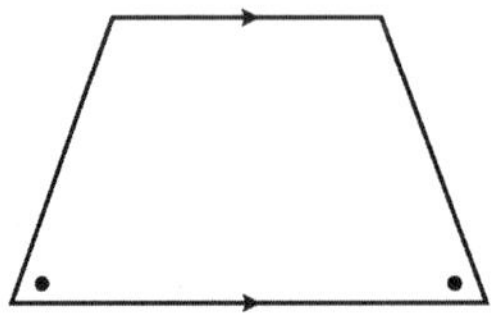

필/수/개/념/정/리

등변사다리꼴 대각선의 성질

등변사다리꼴의 두 대각선의 길이는 서로 같다.
단, 서로 다른 것을 이등분하지 않는다.

5 여러 가지 사각형 사이의 관계

사각형 중에서 한 쌍의 대변이 평행하면 사다리꼴, 사다리꼴 중 다른 한 쌍의 대변이 평행하면 평행사변형, 평행사변형 중 한 내각이 직각(90°)이면 직사각형, 이웃한 두 변의 길이가 같으면 마름모이다. 직사각형 중 이웃한 두 변의 길이가 같으면 정사각형, 마름모 중 한 내각이 직각이면 정사각형이다.

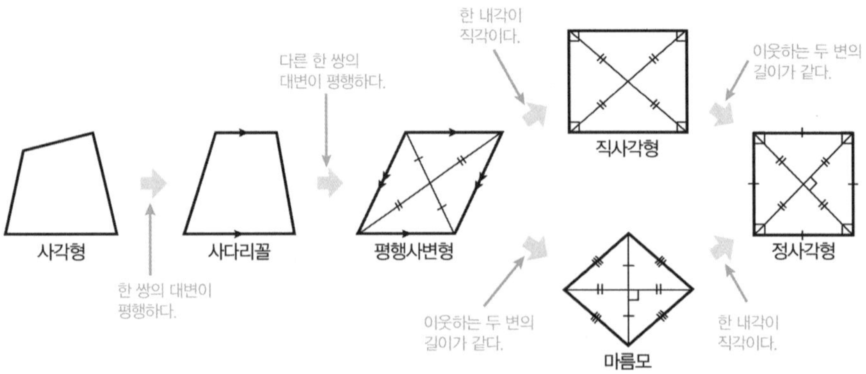

06 도형의 닮음

- 닮음인 두 삼각형을 찾을 수 있고, 닮음 조건이 무엇인지 알 수 있도록 한다.
- 서로 닮은 두 도형의 닮음비를 이용하여 선분의 길이를 구할 수 있도록 한다.

1 닮은 도형

한 도형을 일정한 비율로 확대 또는 축소하여 다른 도형과 합동이 될 때, 이 두 도형은 서로 닮음인 관계에 있다고 한다. 그리고, 서로 닮음인 관계에 있는 두 도형을 닮은 도형이라 한다.

필/수/개/념/정/리

평면도형에서의 닮음의 성질

서로 닮은 두 평면도형에서

① 대응하는 변의 길이의 비는 일정하다.

② 대응하는 각의 크기는 각각 같다.

2 닮음의 기호

아래 그림과 같이 △ABC를 2배로 확대하면 △DEF와 합동이 된다.

△ABC와 △DEF는 서로 닮음인 관계에 있고, 이것을 기호 ∽를 사용하여 △ABC∽△DEF로 나타내고, 두 도형의 꼭짓점은 대응하는 순서로 쓴다.

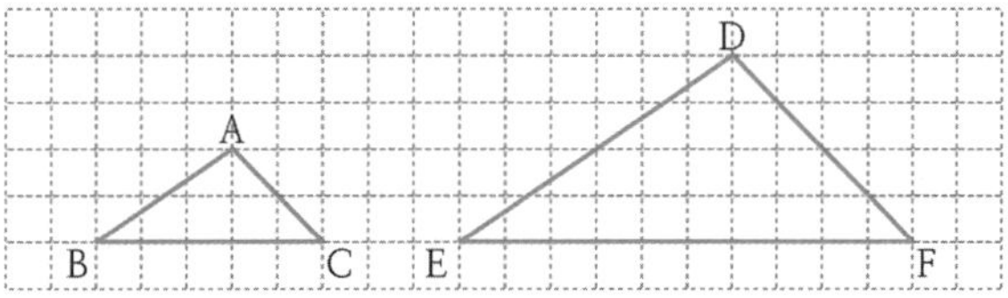

3 닮음비

서로 닮은 두 도형에서 대응하는 변의 길이의 비를 닮음비라 한다.

| 참고 | 합동인 두 도형은 닮음비가 1 : 1인 닮은 도형이다.

예제 01

$\triangle ABC$와 $\triangle A'B'C'$의 닮음비를 구하여라.

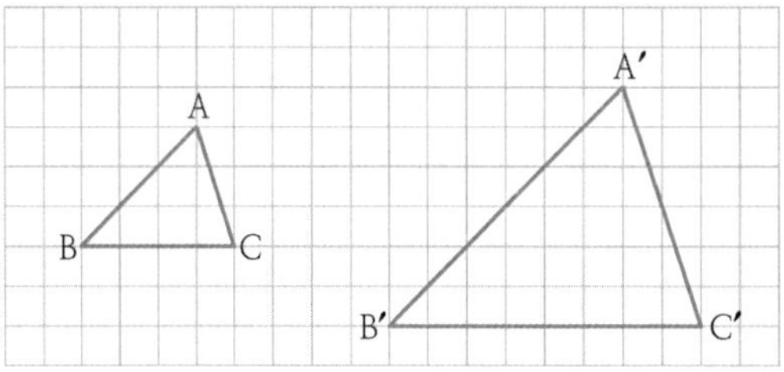

$\overline{AB} : \overline{A'B'} = \overline{BC} : \overline{B'C'} = \overline{CA} : \overline{C'A'} = 1 : 2$이므로 닮음비는 $1 : 2$

4 입체도형에서의 닮음

평면도형과 마찬가지로 입체도형에서도 한 도형을 일정한 비율로 확대 또는 축소하여 다른 도형과 합동이 될 때, 이 두 입체도형은 서로 닮음인 관계에 있다고 하고, 서로 닮음인 관계에 있는 두 입체도형을 닮은 도형이라 한다.

필/수/개/념/정/리

입체도형에서의 닮음의 성질

서로 닮은 두 입체도형에서

① 대응하는 모서리의 길이의 비는 일정하다.

② 대응하는 면은 서로 닮은 도형이다.

예제 02

서로 닮은 두 직육면체 (가), (나)에 대하여 $\overline{AB}$ 에 대응하는 모서리가 $\overline{A'B'}$ 일 때, 다음을 구하여라.

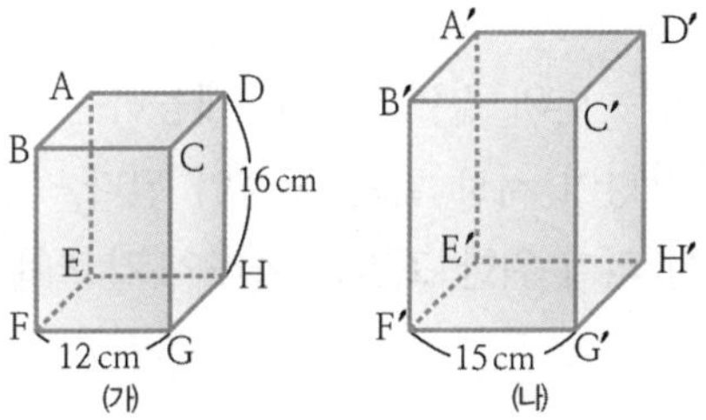

❶ 두 직육면체의 닮음비를 구하여라.

두 직육면체는 서로 닮은 도형이므로

대응하는 모서리의 길이의 비는 $\overline{FG} : \overline{F'G'} = 12\text{cm} : 15\text{cm} = 4 : 5$

두 직육면체의 닮음비는 대응하는 모서리의 길이의 비인 $4 : 5$

❷ $\overline{D'H'}$ 의 길이를 구하여라.

두 직육면체의 닮음비가 $4 : 5$이므로

$\overline{DH} : \overline{D'H'}$ 의 길이의 비도 $4 : 5$이다.

$4 : 5 = 16\text{cm} : \overline{D'H'}$ ➜ $4 \times \overline{D'H'} = 5 \times 16\text{cm}$

➜ $4\overline{D'H'} = 80\text{cm}$ $\therefore \overline{D'H'} = 20\text{cm}$

5 항상 닮음인 도형

평면에서는 정다각형(정삼각형, 정사각형, 정오각형, 정육각형, …), 원, 입체에서는 정다면체(정사면체, 정육면체, 정팔면체, 정십이면체, 정이십면체), 구는 항상 닮은 도형이다.
그 외에도 직각이등변삼각형, 중심각의 크기가 같은 부채꼴, 꼭지각의 크기가 같은 이등변삼각형 등이 있다.

6 삼각형의 닮음 조건

두 삼각형에서 세 쌍의 대응하는 변의 길이의 비와 대응하는 세 각의 크기에 관한 조건들 중에서 몇 가지만 성립하여도 두 삼각형이 서로 닮은 도형이 된다.
두 삼각형이 서로 닮은 도형이 되기 위한 조건은 아래와 같으며 아래의 3가지 조건을 삼각형의 닮음 조건이라 한다.

필/수/개/념/정/리

삼각형의 닮음 조건

세 조건 중 어느 하나라도 만족하면 $\triangle ABC \backsim \triangle A'B'C'$이다.

① 세 쌍의 대응하는 변의 길이의 비가 같을 때, 즉
$a : a' = b : b' = c : c'$

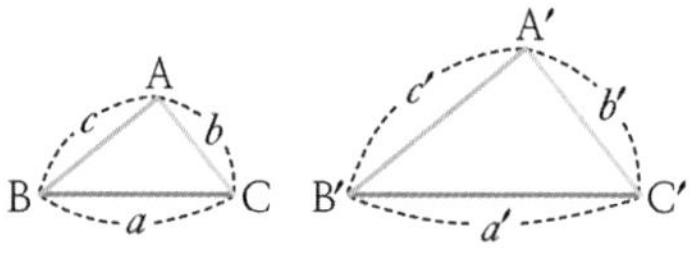

② 두 쌍의 대응하는 변의 길이의 비가 같고 그 끼인각의 크기가 같을 때, 즉
$a : a' = c : c'$, $\angle B = \angle B'$

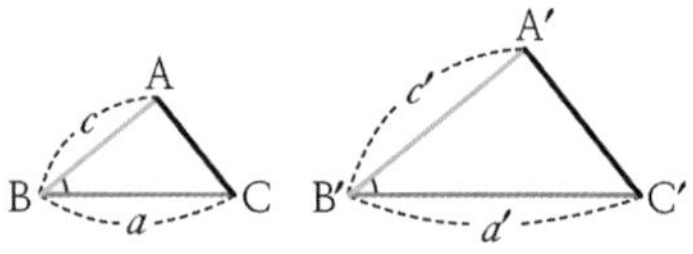

③ 두 쌍의 대응하는 각의 크기가 각각 같을 때, 즉
$\angle B = \angle B'$, $\angle C = \angle C'$

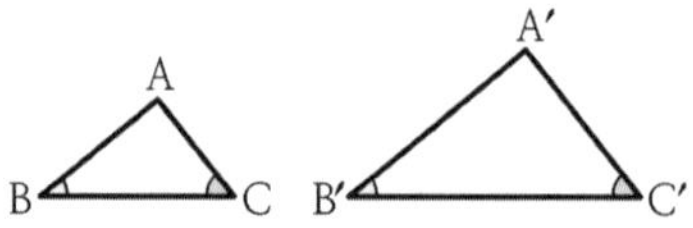

| 참고 | 삼각형의 닮음 조건을 ① SSS 닮음, ② SAS 닮음, ③ AA 닮음으로 약자를 사용하여 나타내기도 한다.

예제 03

그림에서 $\triangle ABC$와 닮은 삼각형을 찾아 닮음을 이용하여 $\overline{DE}$의 길이를 구하여라.

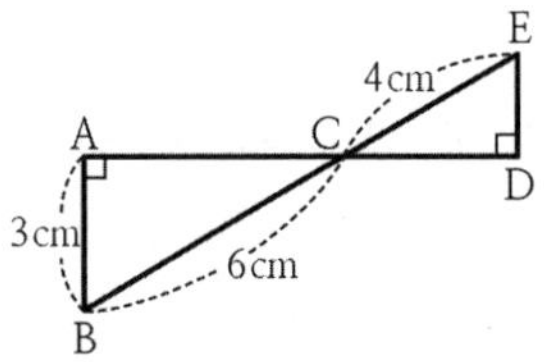

두 삼각형 $\triangle ABC$와 $\triangle DEC$에서

$\angle A = \angle D = 90°$, $\angle ACB = \angle DCE$ (맞꼭지각)

두 쌍의 대응하는 각의 크기가 각각 같으므로 $\triangle ABC$와 $\triangle DEC$는

닮음이고 기호로 나타내면 $\triangle ABC \backsim \triangle DEC$ (AA 닮음)

그러므로 $\overline{BC} : \overline{EC} = \overline{AB} : \overline{DE}$

$6 : 4 = 3 : \overline{DE}$ → $6 \times \overline{DE} = 4 \times 3$ → $6\overline{DE} = 12$

$\therefore \overline{DE} = 2\,\text{cm}$

07 닮음의 활용

- 삼각형의 무게중심의 개념을 익히고, 성질을 익힌다.
- 닮은 도형에서 닮음비를 이용하여 넓이와 부피를 구할 수 있도록 한다.

1 삼각형에서 선분의 길이의 비

$\triangle ABC$의 변 BC에 평행한 직선이 두 변 AB, AC의 연장선과 만나는 점을 각각 D, E라고 할 때 $\triangle ABC \backsim \triangle ADE$이다.

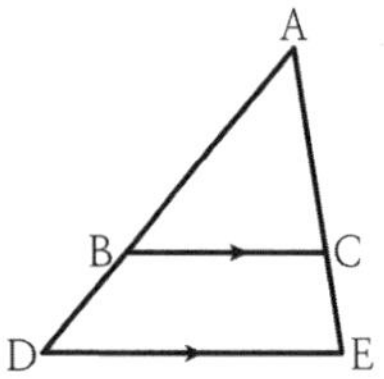

← $\overline{AB} : \overline{AD} = \overline{BC} : \overline{DE} = \overline{AC} : \overline{AE}$

필/수/개/념/정/리

삼각형에서 평행선과 선분의 길이의 비 (Ⅰ)

$\triangle ABC$에서 $\overline{AB}$, $\overline{AC}$ 또는 그 연장선 위의 점을 각각 D, E라고 할 때,

① $\overline{BC} /\!/ \overline{DE}$이면 $\overline{AB} : \overline{AD} = \overline{AC} : \overline{AE} = \overline{BC} : \overline{DE}$

② $\overline{AB} : \overline{AD} = \overline{AC} : \overline{AE} = \overline{BC} : \overline{DE}$이면 $\overline{BC} /\!/ \overline{DE}$

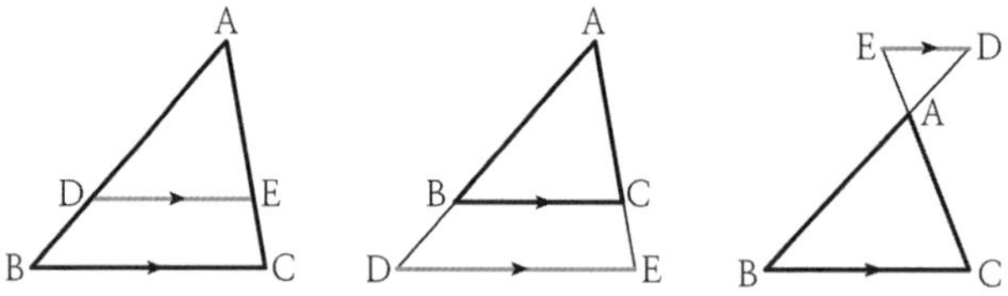

필/수/개/념/정/리

삼각형에서 평행선과 선분의 길이의 비 (Ⅱ)

$\triangle ABC$에서 $\overline{AB}$, $\overline{AC}$ 또는 그 연장선 위의 점을 각각 D, E라고 할 때,

① $\overline{BC} \,/\!/\, \overline{DE}$이면 $\overline{AD} : \overline{DB} = \overline{AE} : \overline{EC}$

② $\overline{AD} : \overline{DB} = \overline{AE} : \overline{EC}$이면 $\overline{BC} \,/\!/\, \overline{DE}$

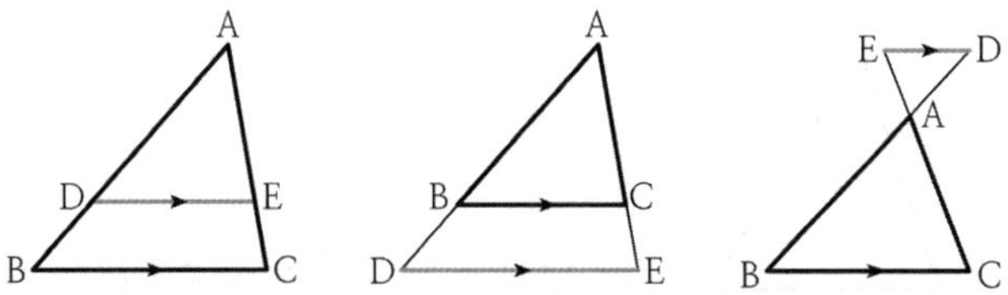

예제 01

그림에서 $\overline{BC} \,/\!/\, \overline{DE}$일 때, x의 값을 구하여라.

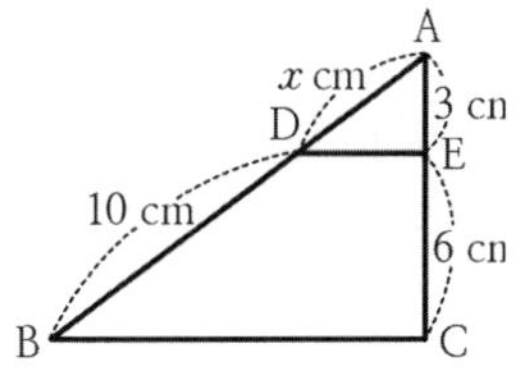

$\overline{BC} \,/\!/\, \overline{DE}$이므로 $\overline{AD} : \overline{DB} = \overline{AE} : \overline{EC}$이다.

$x : 10 = 3 : 6$ ➔ $6 \times x = 3 \times 10$ ➔ $6x = 30$

$\therefore x = 5$

예제 02

그림에서 $\overline{BC} \,/\!/\, \overline{DE}$일 때, x의 값을 구하여라.

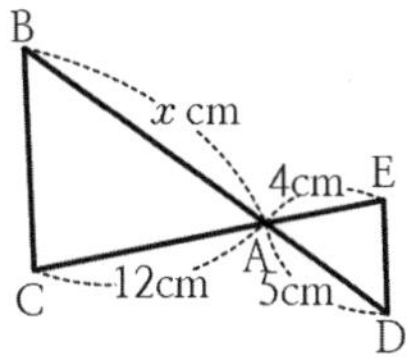

$\overline{BC} \,/\!/\, \overline{DE}$이므로 $\overline{AB} : \overline{AD} = \overline{AC} : \overline{AE}$이다.

$x : 5 = 12 : 4$ ➔ $4 \times x = 5 \times 12$ ➔ $4x = 60$

$\therefore x = 15$

2 삼각형의 중점 연결 정리

삼각형의 두 변의 중점을 연결한 선분은 나머지 한 변과 평행하고, 그 길이는 나머지 한 변의 길이의 $\frac{1}{2}$이다. 마찬가지로 삼각형의 한 변의 중점을 지나고 다른 한 변에 평행한 직선은 나머지 한 변의 중점을 지난다.

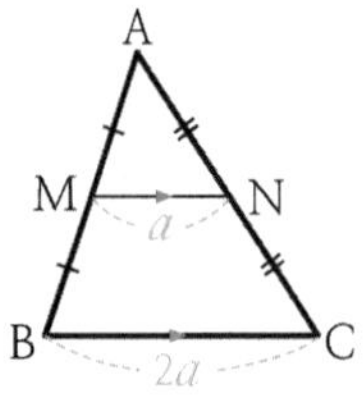

← $\overline{MN} /\!/ \overline{BC}$, $\overline{MN} = \frac{1}{2}\overline{BC}$

예제 03

△ABC에서 $\overline{AB}$의 중점 D를 지나고 $\overline{BC}$에 평행한 직선이 $\overline{AC}$와 만나는 점을 E라 할 때, $\overline{BC}$의 길이를 구하여라.

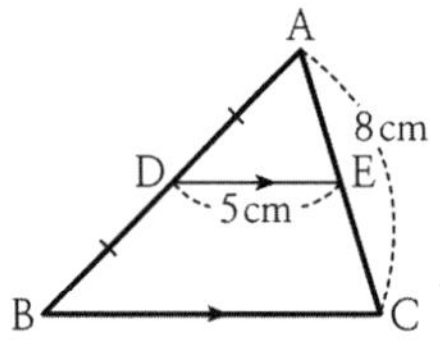

$\overline{DE} /\!/ \overline{BC}$이고, $\overline{AB} : \overline{AD} = \overline{BC} : \overline{DE} = 2 : 1$이므로 $\overline{DE} = \frac{1}{2}\overline{BC}$

$\frac{1}{2}\overline{BC} = 5\text{cm}$ ➜ $\overline{BC} = 2 \times 5\text{cm}$ ∴ $\overline{BC} = 10\text{cm}$

3 평행선 사이 선분의 길이의 비

평행한 세 직선 사이에 있는 선분의 길이의 비는

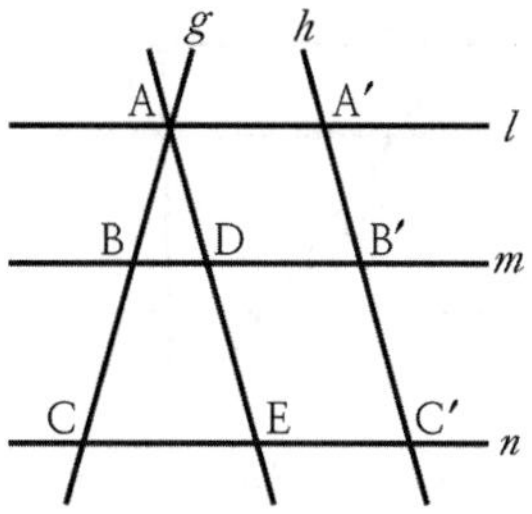

$\overline{AB} : \overline{BC} = \overline{AD} : \overline{DE} = \overline{A'B'} : \overline{B'C'}$, $\dfrac{\overline{AB}}{\overline{BC}} = \dfrac{\overline{AD}}{\overline{DE}} = \dfrac{\overline{A'B'}}{\overline{B'C'}}$

필/수/개/념/정/리

평행선 사이의 선분의 길이의 비

세 개의 평행선이 다른 두 직선과 만나서 생긴 선분의 길이의 비는 같다. 즉,

$l /\!/ m /\!/ n$이면 $\overline{AB} : \overline{BC} = \overline{DE} : \overline{EF}$

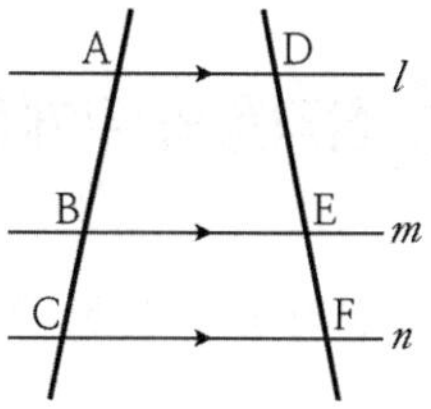

예제 04

그림에서 $l \mathbin{/\mkern-5mu/} m \mathbin{/\mkern-5mu/} n$일 때, x의 값을 구하여라.

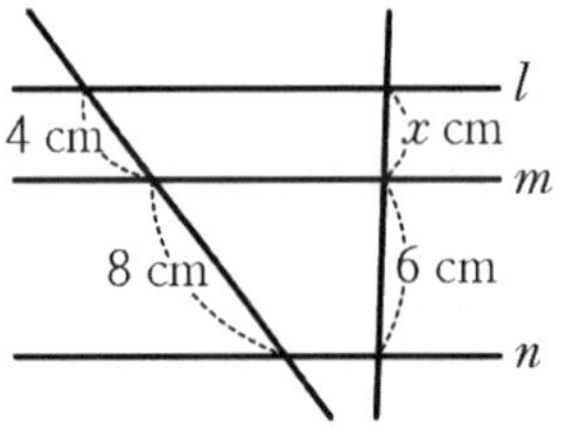

세 개의 평행선 l, m, n이 다른 두 직선과 만나서 생기는
선분의 길이의 비는 같으므로
$4:8=x:6$ ➜ $8\times x=4\times 6$ ➜ $8x=24$
$\therefore x=3$

4 삼각형의 무게중심

삼각형에서 한 꼭짓점과 그 대변의 중점을 이은 선분을 중선이라 한다.
아래 $\triangle ABC$에서 $\overline{AD}$, $\overline{BE}$, $\overline{CF}$는 중선이다.
항상 한 삼각형에는 세 개의 중선이 생긴다.
$\triangle ABC$에서 세 중선은 한 점에서 만나고, 이 점은 세 중선의 길이를 꼭짓점으로부터 각각 $2:1$로 나눈다.
삼각형에서 세 중선이 만나는 점을 그 삼각형의 무게중심이라 한다.

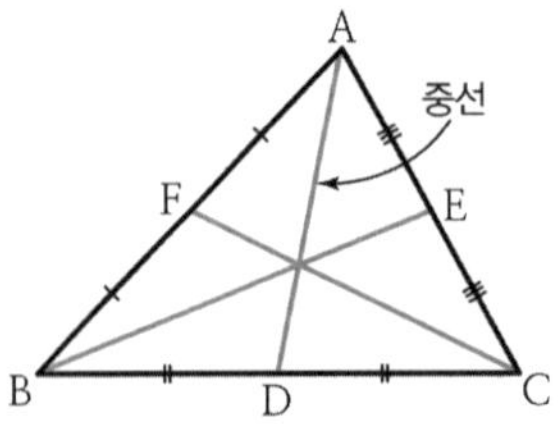

필/수/개/념/정/리

삼각형의 무게중심

삼각형의 세 중선은 한 점(무게중심)에서 만나고,
이 점은 세 중선의 길이를 꼭짓점으로부터 각각 2 : 1로 나눈다. 즉,
$\overline{AG} : \overline{GD} = \overline{BG} : \overline{GE} = \overline{CG} : \overline{GF} = 2 : 1$

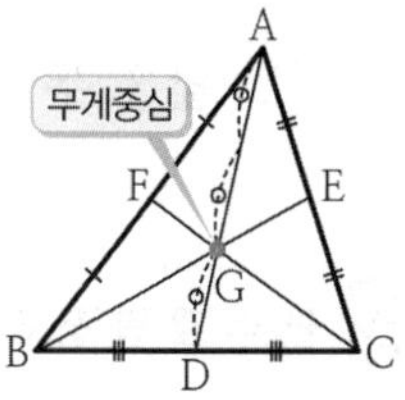

예제 05

삼각형에서 점 G는 △ABC의 무게중심이다. x, y의 값을 각각 구하여라.

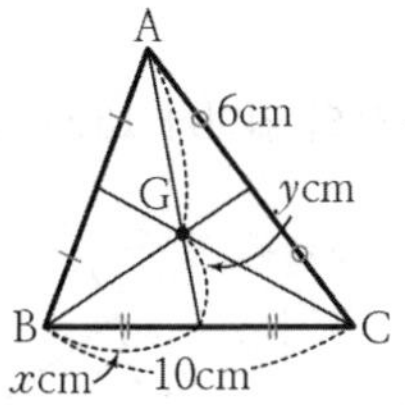

점 G가 무게중심이고 점 A에서 그 대변 $\overline{BC}$의 중점을 이은 선분이므로 $x = 5$
$\overline{AG} = 6\text{cm}$이고 $\overline{AG}$의 연장선이 $\overline{BC}$와 만나는 점을 D라 하면
$\overline{AD}$는 점 G에 의하여 2: 1로 나눠지므로
$2 : 1 = 6 : y$ ➜ $2 \times y = 1 \times 6$ ➜ $2y = 6$
$\therefore y = 3$

5 닮은 도형에서 넓이의 비

서로 닮은 두 도형의 넓이의 비는 닮음비의 제곱과 같다.

필/수/개/념/정/리

닮은 평면도형의 넓이의 비

평면도형에서 서로 닮은 두 도형의 넓이의 비는 닮음비의 제곱과 같다.

닮음비가 $a : b$ 이면, 넓이의 비는 $a^2 : b^2$ 이다.

예제 06

두 삼각형에서 $\triangle ABC \backsim \triangle A'B'C'$이다. $\triangle ABC$의 넓이가 16cm^2일 때, $\triangle A'B'C'$의 넓이를 구하여라.

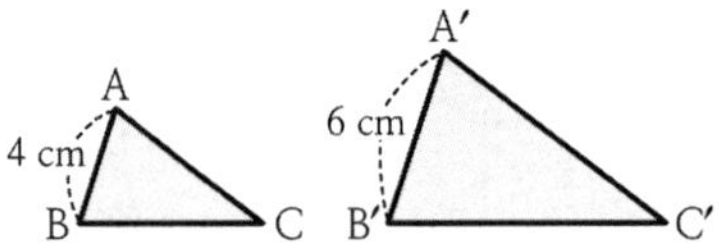

$\triangle ABC$와 $\triangle A'B'C'$의 닮음비는 $\overline{AB} : \overline{A'B'} = 4 : 6 = 2 : 3$

넓이의 비는 닮음비의 제곱과 같으므로 $2^2 : 3^2 = 4 : 9$

$\triangle ABC$의 넓이가 16cm^2이므로

$\triangle ABC : \triangle A'B'C' = 16 : \triangle A'B'C' = 4 : 9$

$4 \times \triangle A'B'C' = 9 \times 16$ ➜ $4\triangle A'B'C' = 144$ ➜ $\triangle A'B'C' = 36$

$\therefore$ $\triangle A'B'C'$의 넓이$= 36\text{cm}^2$

6 닮은 도형에서 부피의 비

서로 닮은 두 도형의 부피의 비는 닮음비의 세제곱과 같다.

필/수/개/념/정/리

닮은 입체도형의 부피의 비

입체도형에서 서로 닮은 두 도형의 부피의 비는 닮음비의 세제곱과 같다.

즉, 닮음비가 $a : b$ 이면 부피의 비는 $a^3 : b^3$ 이다.

예제 07

그림과 같이 서로 닮은 두 삼각기둥 (가)와 (나)의 닮음비가 1:2이고 삼각기둥 (가)의 부피가 10cm^3일 때, 삼각기둥 (나)의 부피를 구하여라.

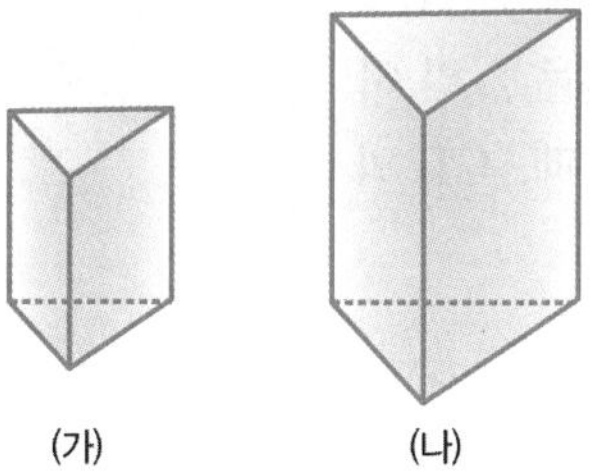

삼각기둥 (가)와 (나)의 닮음비가 1 : 2이면 부피의 비는 닮음비의 세제곱과 같으므로

닮음비 1 : 2 ➜ 부피의 비 $1^3 : 2^3 = 1 : 8$이다.

(가)의 부피가 $10\,\text{cm}^3$ 이므로

$10 : (\text{나}) = 1 : 8$ ➜ $1 \times (\text{나}) = 10 \times 8$

$\therefore$ (나)의 부피$= 80\,\text{cm}^3$

PART VI 적중 예상 문제

정답 및 해설 37p

01 그림과 같은 이등변삼각형에서 $\angle x$의 크기는?

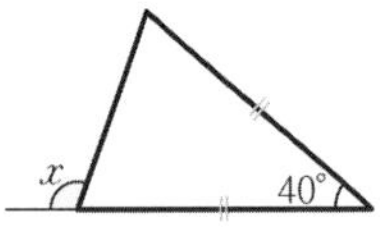

① 80°　　② 90°

③ 100°　　④ 110°

02 그림과 같이 $\overline{AB}=\overline{AC}$인 이등변삼각형 ABC에서 $\angle A$의 이등분선과 $\overline{BC}$의 교점을 D라 하자. $\angle B=65°$이고, $\overline{BC}=8cm$일 때, $\overline{CD}$의 길이와 $\angle ACB$의 크기는?

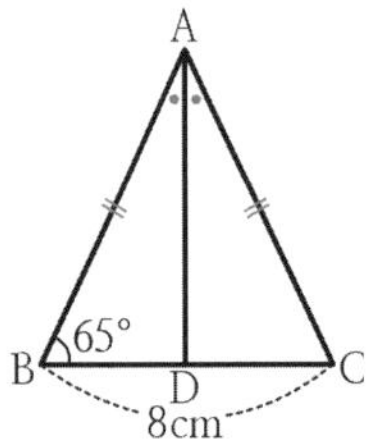

① $\overline{CD}=5cm$, $\angle ACB=65°$

② $\overline{CD}=4cm$, $\angle ACB=65°$

③ $\overline{CD}=8cm$, $\angle ACB=65°$

④ $\overline{CD}=4cm$, $\angle ACB=75°$

03 그림과 같은 $\triangle ABC$에서 $\overline{AB}=\overline{AC}$일 때, $\angle x$, $\angle y$의 크기는?

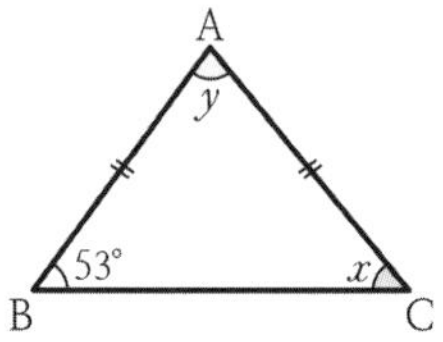

① $\angle x=53°$, $\angle y=74°$

② $\angle x=53°$, $\angle y=75°$

③ $\angle x=53°$, $\angle y=72°$

④ $\angle x=53°$, $\angle y=77°$

04 그림과 같은 $\triangle ABC$에서 $\angle B=\angle C$일 때, x의 값은?

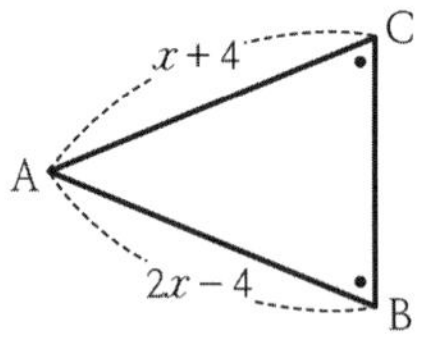

① $x=5$　　② $x=6$

③ $x=7$　　④ $x=8$

05 그림과 같이 $\overline{AB}=\overline{AC}$인 이등변삼각형 ABC에서 $\overline{AB}=6$, $\overline{BC}=10$, $\angle BAD=\angle CAD$일 때, $\overline{AC}+\overline{BD}$의 값은?

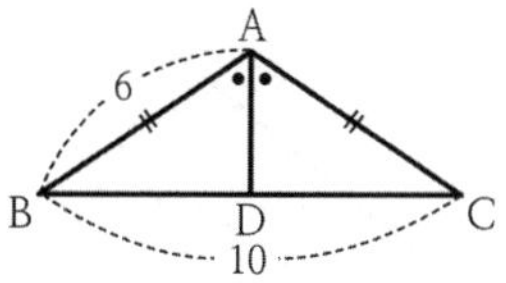

① 10　② 11
③ 12　④ 13

06 그림과 같은 △ABC에서 $\overline{AB}=\overline{AC}$일 때, $\angle x+\angle y$의 값은?

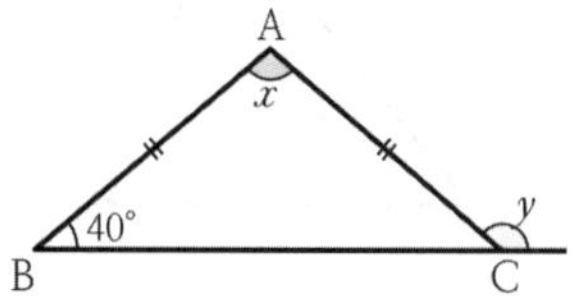

① 200°　② 220°
③ 240°　④ 260°

07 그림에서 x의 값은?

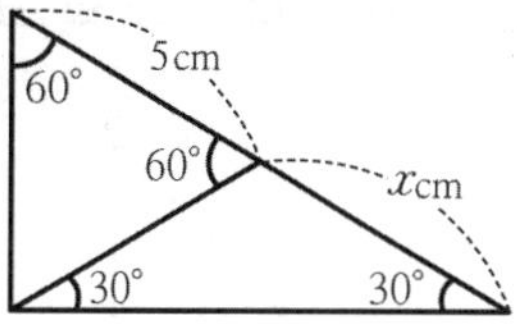

① 4　② 5
③ 6　④ 7

심화 과정

08 그림과 같은 △ABC에서 $\overline{AC}=\overline{CD}=\overline{BD}$일 때, $\angle x+\angle y$의 값은?

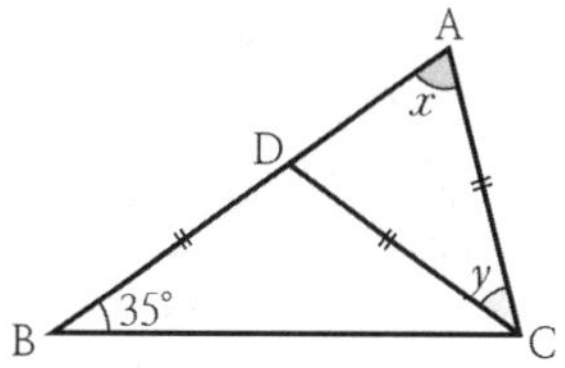

① 100°　② 110°
③ 120°　④ 130°

09 그림과 같이 $\angle C = 90°$인 직각삼각형 ABC에서 $\overline{AC} = \overline{BC}$이다. $\angle x$의 크기는?

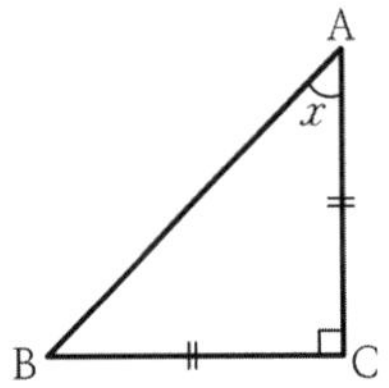

① 35° ② 40°
③ 45° ④ 50°

10 그림에서 점 O가 삼각형 ABC의 외심이고, $\overline{AB} = 8\text{cm}$, $\overline{OC} = 5\text{cm}$일 때, $\triangle OAB$의 둘레의 길이는?

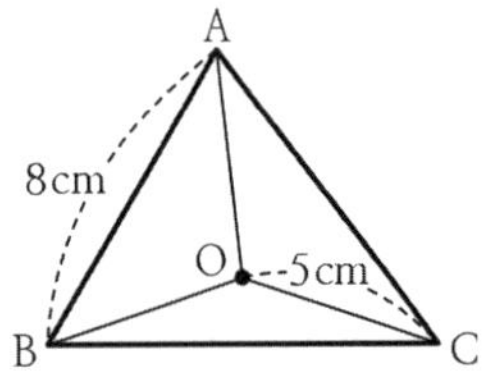

① 15cm ② 18cm
③ 21cm ④ 24cm

11 그림과 같이 삼각형 ABC는 원 O에 외접하고, 점 D, E, F는 접점이다. $\overline{AD} = 2\text{cm}$, $\overline{BE} = 5\text{cm}$, $\overline{CF} = 3\text{cm}$일 때, 삼각형 ABC의 둘레의 길이는?

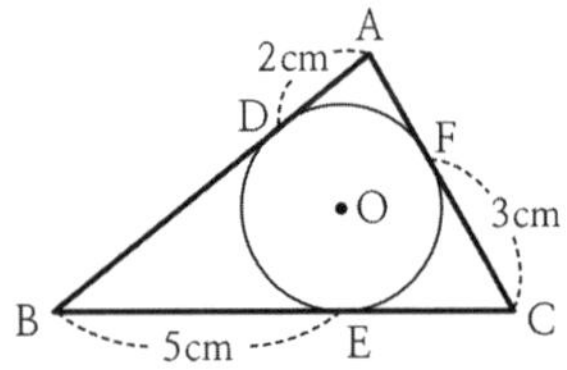

① 14cm ② 16cm
③ 18cm ④ 20cm

12 그림에서 점 O가 삼각형 ABC의 외심이고, $\angle BAC = 60°$일 때, $\angle x$의 크기는?

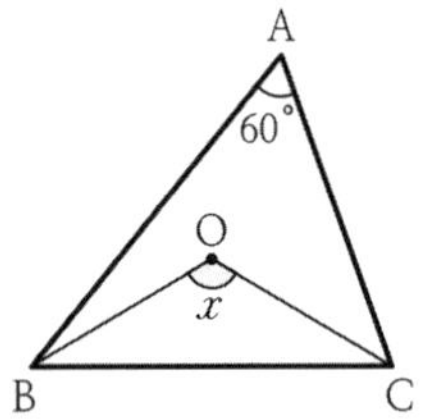

① 90° ② 100°
③ 110° ④ 120°

13 그림에서 점 O가 삼각형 ABC의 외심일 때, $\angle x$의 크기는?

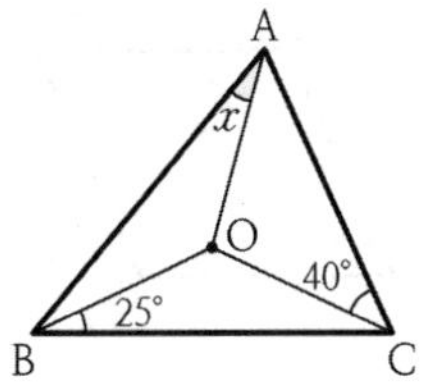

① 20° ② 25°
③ 30° ④ 35°

14 그림에서 점 O가 삼각형 ABC의 외심일 때, x의 값은?

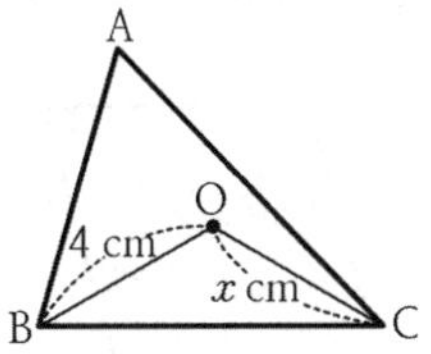

① 2 ② 3
③ 4 ④ 5

15 그림에서 원 I가 ABC에 내접하고, 점 D, E, F는 접점이고, $\overline{AB}=6\text{cm}$, $\overline{AC}=5\text{cm}$, $\overline{AD}=2\text{cm}$일 때, $\overline{BC}$의 길이는?

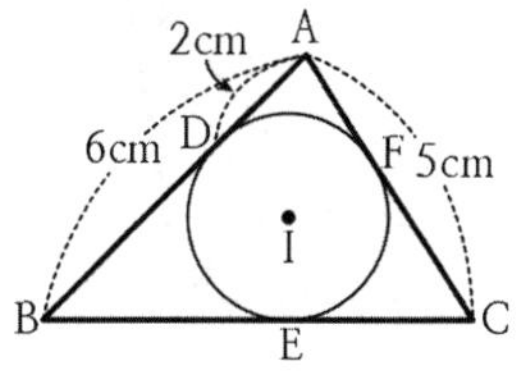

① 5cm ② 6cm
③ 7cm ④ 8cm

16 그림에서 원 I가 △ABC의 내접원이고, $\overline{AD}=2\text{cm}$, $\overline{BD}=4\text{cm}$, $\overline{BC}=9\text{cm}$일 때, $\overline{EC}$의 길이는?

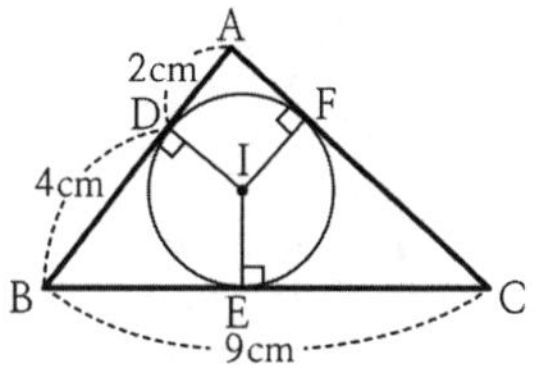

① 4cm ② 5cm
③ 6cm ④ 9cm

17 그림에서 점 I가 삼각형 ABC의 내심일 때, $\angle x$의 크기는?

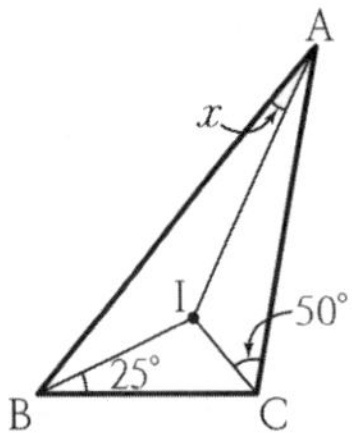

① 5° ② 10°
③ 15° ④ 20°

18 그림에서 점 I가 삼각형 ABC의 내심이고, $\angle BAC = 50°$일 때, $\angle x$의 크기는?

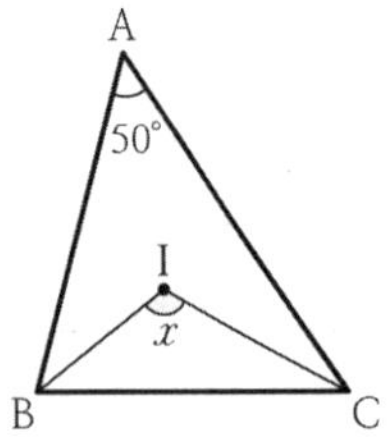

① 100° ② 105°
③ 110° ④ 115°

19 그림과 같은 평행사변형 ABCD에서 $x+y$의 값은?

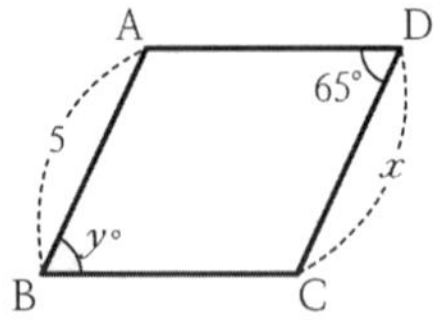

① 60 ② 70
③ 80 ④ 90

20 그림과 같은 평행사변형 ABCD에서 두 대각선의 교점을 O라고 할 때, $x+y$의 값은?

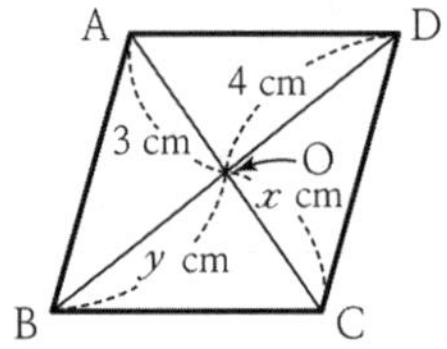

① 3 ② 4
③ 7 ④ 8

21 평행사변형이 아닌 것은?

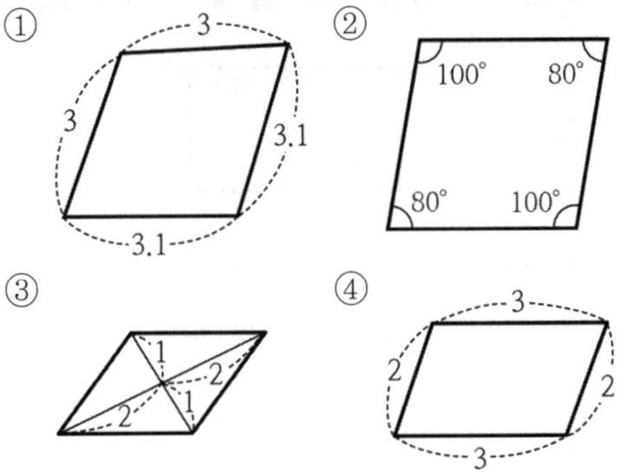

22 그림과 같은 평행사변형 ABCD에서 $\angle x$의 크기는?

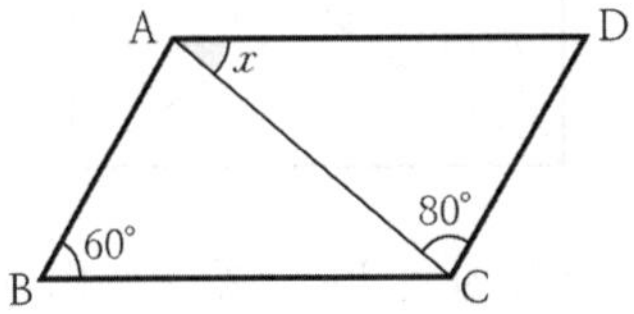

① 30° ② 35°
③ 40° ④ 45°

23 그림과 같은 평행사변형 ABCD에서 x, y의 값은?

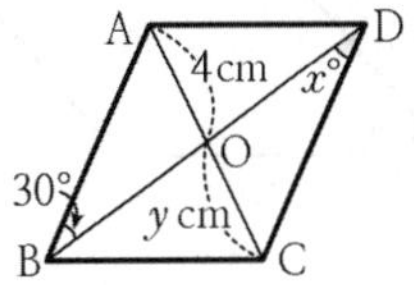

① $x=30$, $y=4$ ② $x=40$, $y=4$
③ $x=30$, $y=6$ ④ $x=40$, $y=6$

24 그림과 같은 평행사변형 ABCD에서 x, y의 값은?

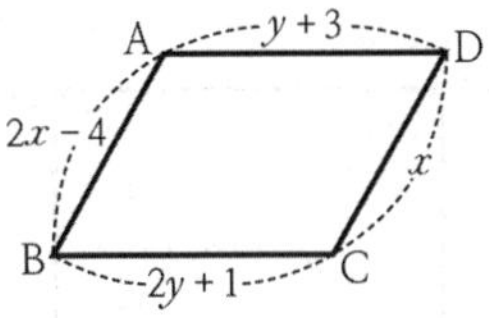

① $x=3$, $y=1$ ② $x=3$, $y=2$
③ $x=4$, $y=1$ ④ $x=4$, $y=2$

25 평행사변형 ABCD에서 $x+y+z$의 값은?

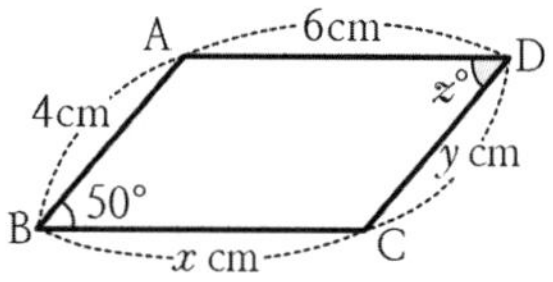

① 50 ② 60
③ 70 ④ 80

27 직사각형 ABCD에서 점 O는 두 대각선의 교점이고, $\angle ADB = 30°$일 때, $\angle x$의 크기는?

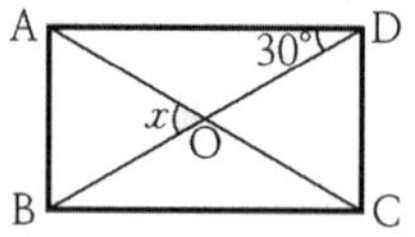

① 40° ② 50°
③ 60° ④ 70°

26 그림과 같은 직사각형 ABCD에서 두 대각선 $\overline{AC}$와 $\overline{BD}$의 교점을 O라 하자.
$\overline{AO} = 4cm$일 때, $\overline{OC}$의 길이와 $\overline{BD}$의 길이는?

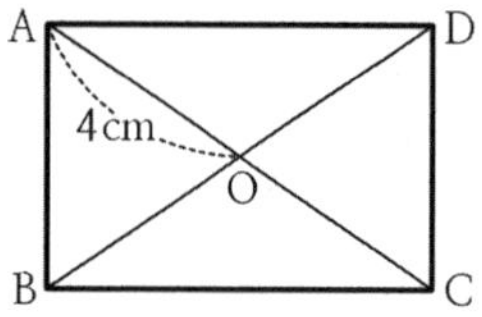

① $\overline{OC} = 5cm$, $\overline{BD} = 8cm$
② $\overline{OC} = 5cm$, $\overline{BD} = 10cm$
③ $\overline{OC} = 4cm$, $\overline{BD} = 8cm$
④ $\overline{OC} = 4cm$, $\overline{BD} = 10cm$

28 사각형이 직사각형일 때, x, y의 값은?

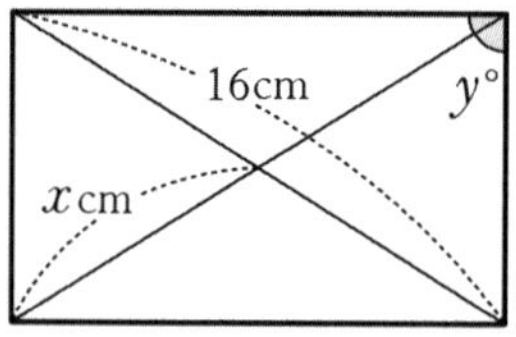

① $x=10$, $y=90$ ② $x=9$, $y=90$
③ $x=8$, $y=90$ ④ $x=8$, $y=80$

29 정사각형 ABCD에서 x, y의 값은?

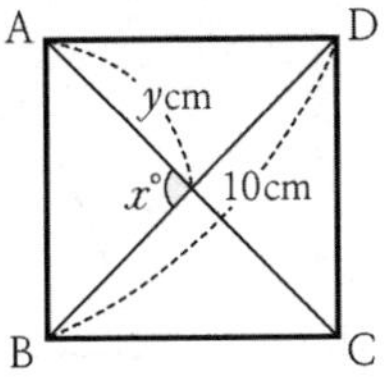

① $x=120$, $y=4$ ② $x=110$, $y=5$
③ $x=100$, $y=4$ ④ $x=90$, $y=5$

30 다음 정사각형의 넓이가 48cm^2일 때, 어두운 부분의 넓이는?

① 21cm^2 ② 22cm^2
③ 23cm^2 ④ 24cm^2

31 그림과 같은 □ABCD에서 $\overline{AD}$와 $\overline{BC}$는 평행하고, $\overline{AD}=\overline{DC}$이다. $\angle ACB=40°$일 때, $\angle x$의 크기는?

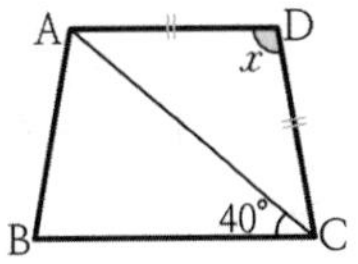

① 100° ② 105°
③ 110° ④ 115°

32 그림에서 $\triangle ABC \backsim \triangle DEF$일 때, $\triangle ABC$와 $\triangle DEF$의 닮음비는?

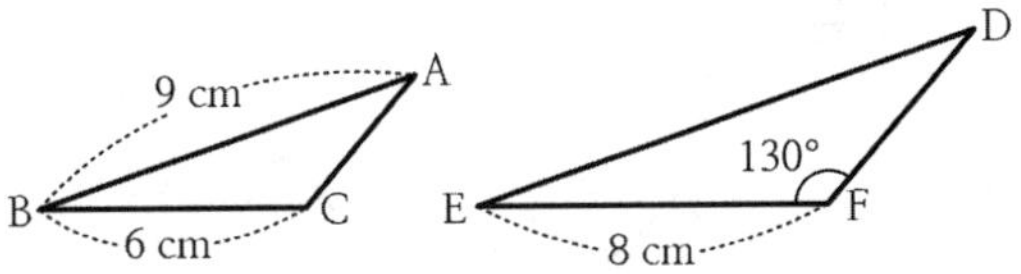

① 1 : 2 ② 1 : 3
③ 2 : 3 ④ 3 : 4

33 두 삼각기둥은 서로 닮은 도형이고, $\overline{AB}$에 대응하는 모서리가 $\overline{GH}$일 때, 두 삼각기둥의 닮음비는?

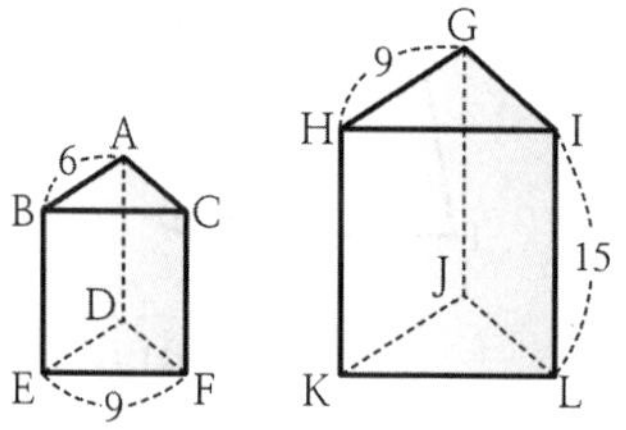

① 1 : 2 ② 1 : 3
③ 2 : 3 ④ 3 : 4

34 그림에서 $\triangle ABC \backsim \triangle DEF$일 때, $\angle D$의 크기는?

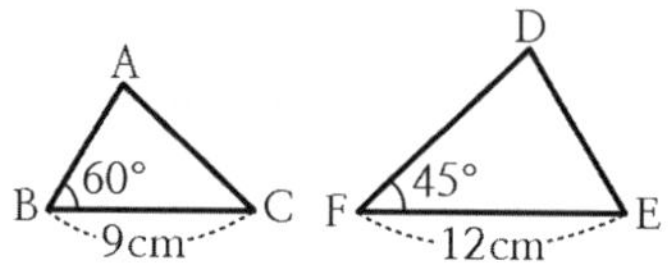

① 30° ② 45°
③ 60° ④ 75°

[35~36] 다음 그림에서 두 사각형은 $\square ABCD \backsim \square EFGH$이다.

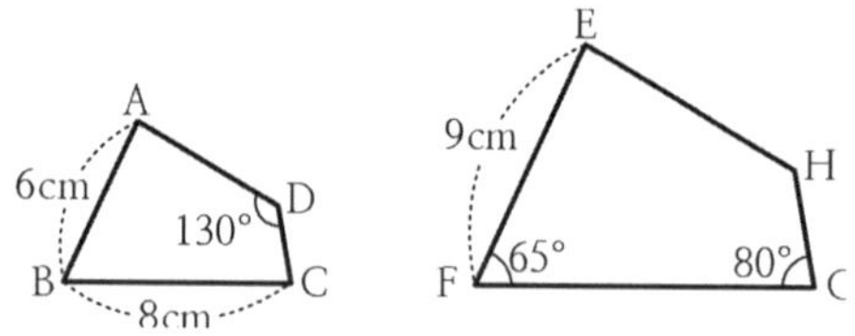

35 $\overline{FG}$의 길이는?

① 6cm ② 8cm
③ 10cm ④ 12cm

36 $\angle E$의 크기는?

① 65° ② 80°
③ 85° ④ 130°

37 삼각형 ABC와 삼각형 DEF가 닮음일 때, ∠C의 크기는?

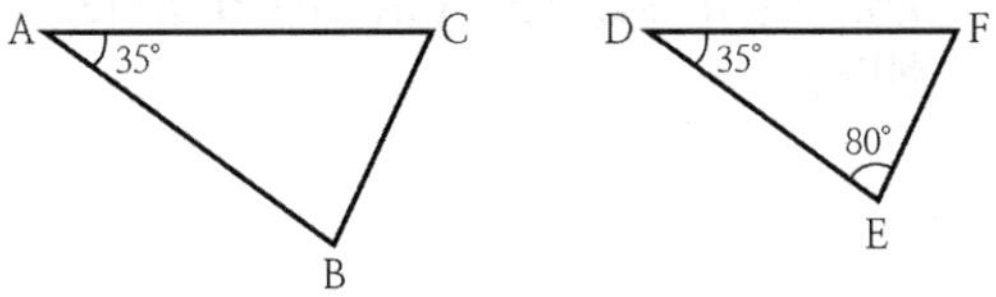

① 35° ② 45°
③ 65° ④ 80°

38 삼각형 ABC와 삼각형 DEF가 닮음일 때, $\overline{EF}$의 길이는?

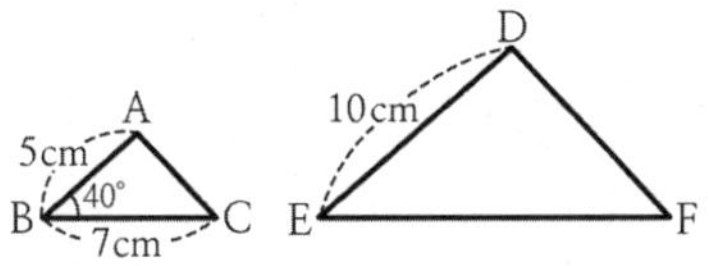

① 10cm ② 14cm
③ 18cm ④ 21cm

39 그림에서 △ABC와 △A′B′C′가 닮음일 때, ∠B′의 크기와 $\overline{AC}$의 길이는?

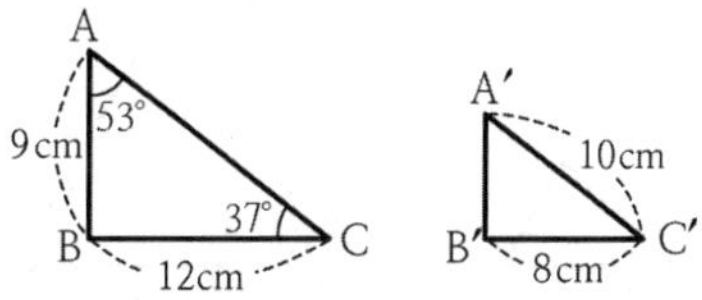

① ∠B′ = 90°, $\overline{AC}$ = 15cm
② ∠B′ = 80°, $\overline{AC}$ = 12cm
③ ∠B′ = 70°, $\overline{AC}$ = 10cm
④ ∠B′ = 60°, $\overline{AC}$ = 8cm

40 삼각형 ABC와 삼각형 DEF가 닮음일 때, x의 값은?

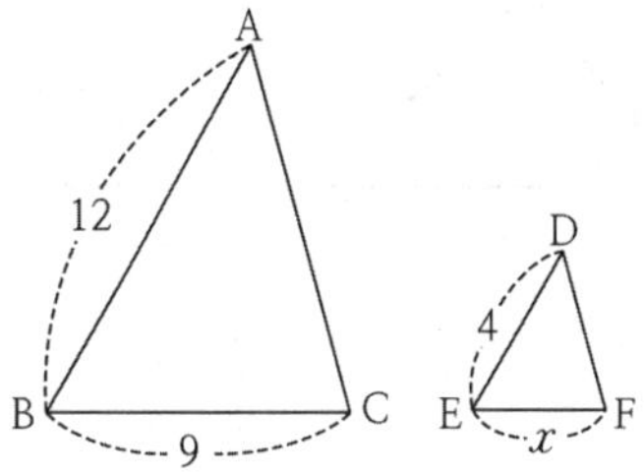

① 1 ② 2
③ 3 ④ 4

41 그림에서 $\triangle ABC$와 $\triangle DEF$는 닮음비가 $1:2$인 닮음 도형이다. 이때, $\overline{DF}$의 길이는?

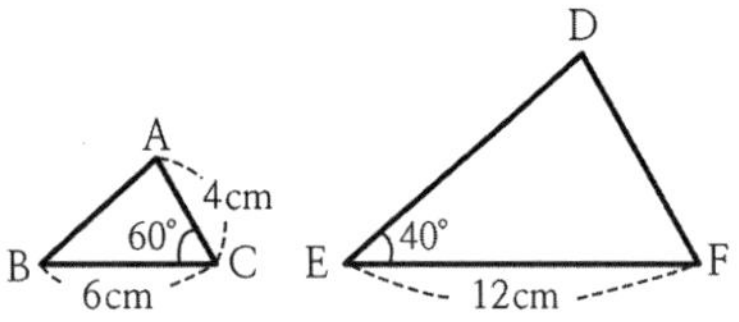

① 5cm ② 6cm
③ 7cm ④ 8cm

42 그림에서 $\triangle ABC \backsim \triangle DFE$일 때, $\overline{AB}$의 길이는?

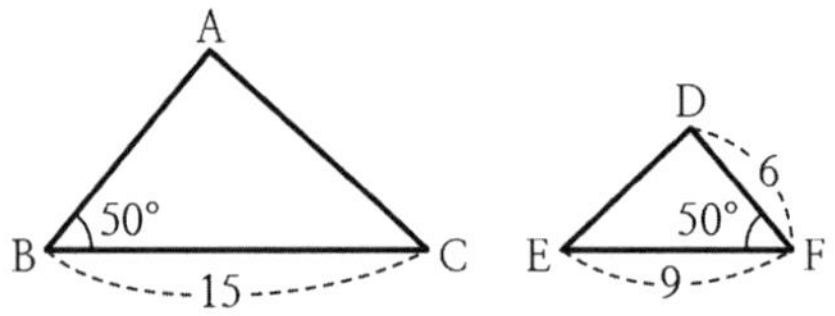

① 10 ② 12
③ 13 ④ 14

43 길이가 같은 빨대 9개로 그림과 같은 모양의 정삼각형을 만들었다. 이때, 작은 정삼각형과 큰 정삼각형의 닮음비는? (단, 빨대의 굵기는 무시한다.)

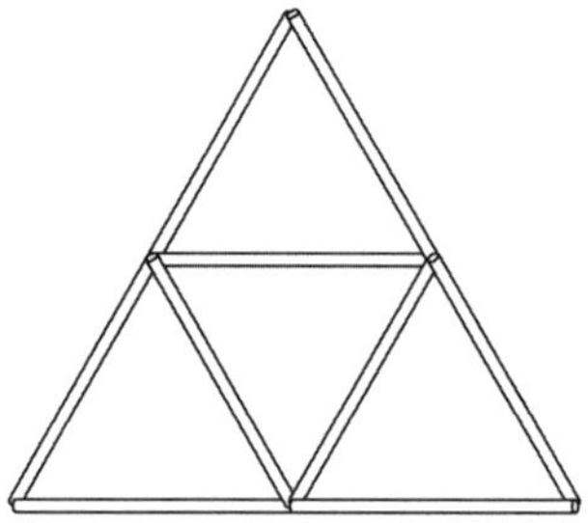

① $1:2$ ② $1:3$
③ $1:5$ ④ $1:9$

44 그림과 같은 서로 닮은 두 입체도형에서 $\overline{C'F'}$의 길이는?

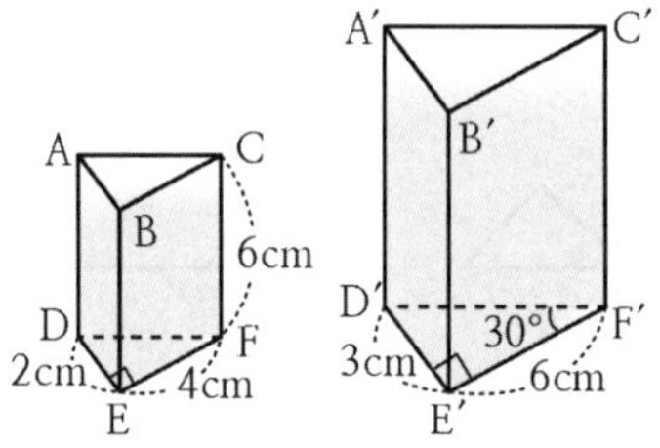

① 8cm ② 9cm
③ 10cm ④ 11cm

45 그림에서 두 정사각뿔이 서로 닮은 도형일 때, 큰 정사각뿔의 높이는?

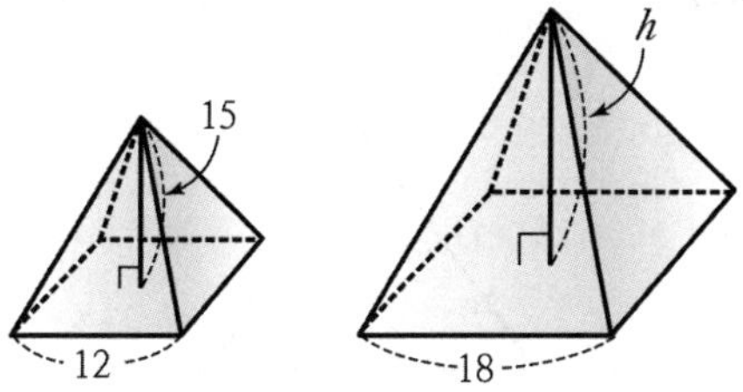

① $\frac{15}{2}$ ② 18

③ 45 ④ $\frac{45}{2}$

46 그림의 두 원뿔이 서로 닮은 도형일 때, 작은 원뿔이 높이는?

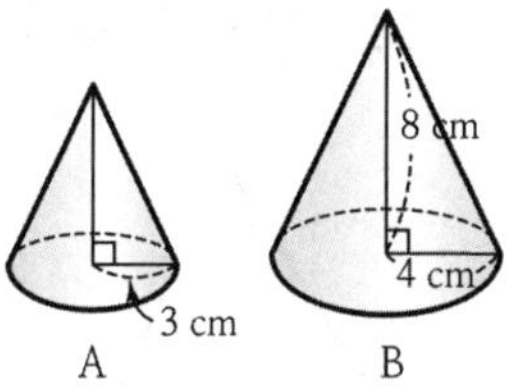

① 2cm ② 4cm

③ 6cm ④ 8cm

47 그림에서 $\overline{BC}$와 $\overline{DE}$가 평행할 때, x의 값은?

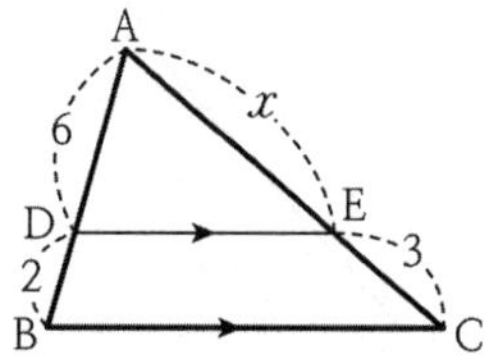

① 8 ② 9

③ 10 ④ 11

48 그림에서 $\overline{BC}$와 $\overline{DE}$가 평행할 때, x의 값은?

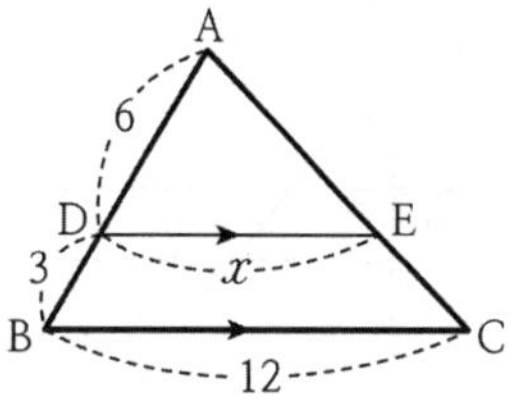

① 6 ② 7

③ 8 ④ 9

49 그림에서 $\overline{BC}$와 $\overline{DE}$가 평행할 때, x의 값은?

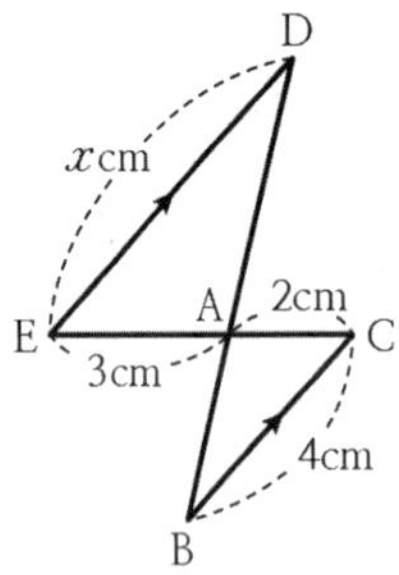

① 6　　② 7
③ 8　　④ 9

50 그림에서 세 직선 l, m, n이 평행할 때, x의 값은?

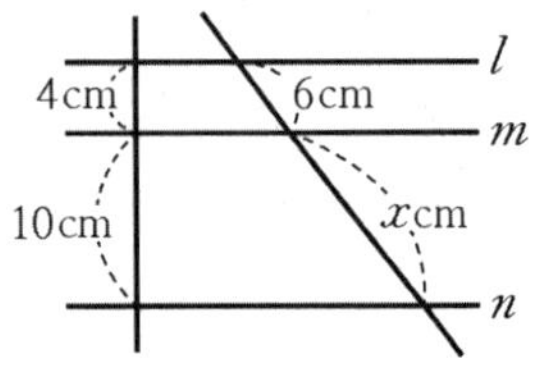

① 15　　② 16
③ 17　　④ 18

51 삼각형 ABC에서 $\overline{AB}$, $\overline{AC}$의 중점을 각각 D, E라 하고, $\overline{DE}$= 5cm일 때, $\overline{BC}$의 길이는?

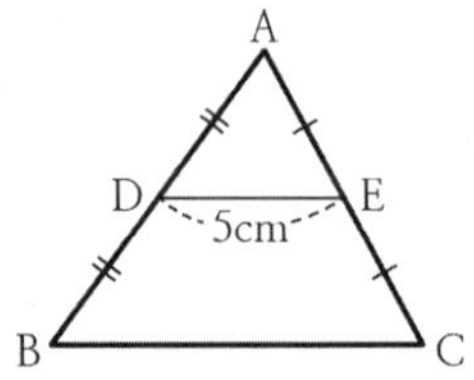

① 8cm　　② 9cm
③ 10cm　　④ 11cm

52 삼각형 ABC에서 점 G는 삼각형 ABC의 무게중심이다. $\overline{AM}$= 18cm일 때 $\overline{AG}$의 길이는?

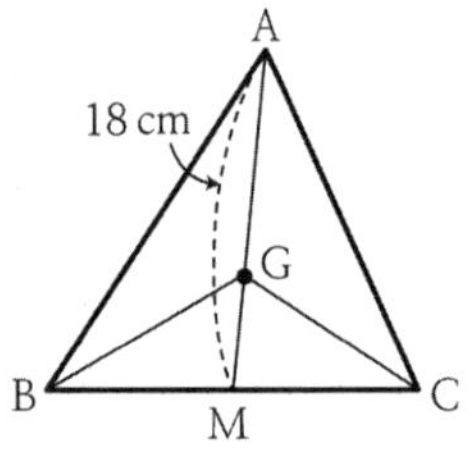

① 8cm　　② 10cm
③ 12cm　　④ 14cm

53 그림에서 $\triangle ABC \backsim \triangle DEF$ 이다. $\triangle ABC$ 의 넓이가 $20cm^2$ 일 때, $\triangle DEF$ 의 넓이는?

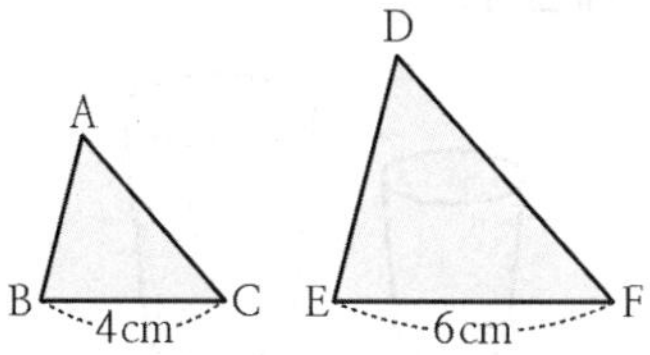

① $40cm^2$　② $45cm^2$
③ $50cm^2$　④ $55cm^2$

54 그림과 같은 큰 정사각형의 각 변을 3등분하여 작은 정사각형 9개를 만들었다. 색칠한 두 정사각형의 닮음비가 3 : 1일 때, 넓이의 비는?

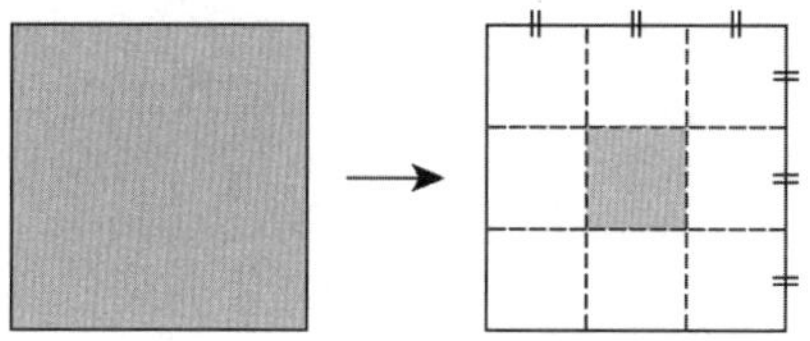

① 3 : 1　② 6 : 1
③ 8 : 1　④ 9 : 1

55 그림과 같은 정삼각형이 있다. 이 정삼각형을 4등분하고 한가운데 정삼각형을 지운다. 처음 정삼각형과 지워지는 정삼각형의 넓이의 비는?

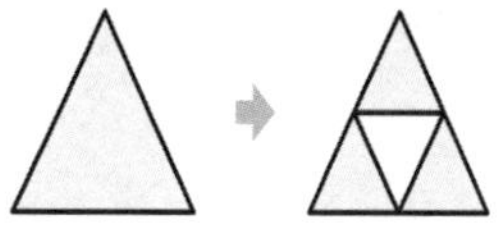

① 2 : 1　② 3 : 1
③ 4 : 1　④ 5 : 1

56 그림에서 $\triangle ABC \backsim \triangle DEF$ 이고, 닮음비가 1 : 3이다. 이때, $\triangle DEF$ 의 넓이는 $\triangle ABC$ 의 넓이의 몇 배인가?

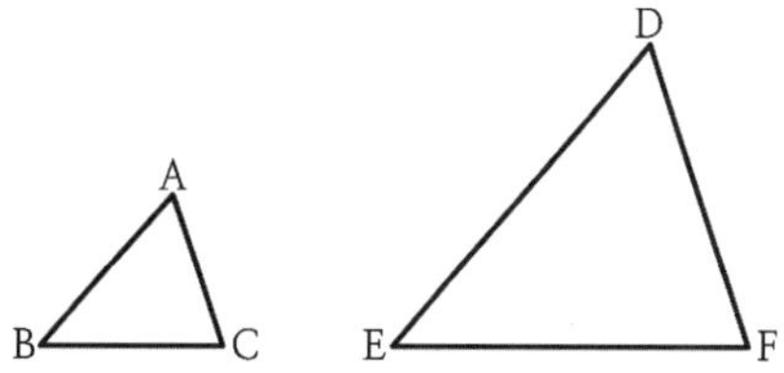

① 3배　② 5배
③ 6배　④ 9배

57 서로 닮음인 두 삼각뿔의 닮음비가 1 : 3이다. 작은 삼각뿔의 부피가 2cm^3일 때, 큰 삼각뿔의 부피는?

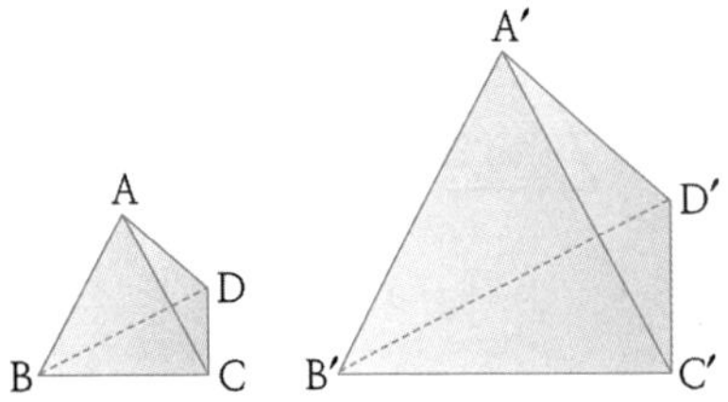

① 8cm^3　　② 27cm^3
③ 54cm^3　　④ 81cm^3

58 두 입체도형 A, B의 닮음비가 1 : 2일 때, 큰 입체도형 B의 부피는 작은 입체도형 A의 부피의 몇 배인가?

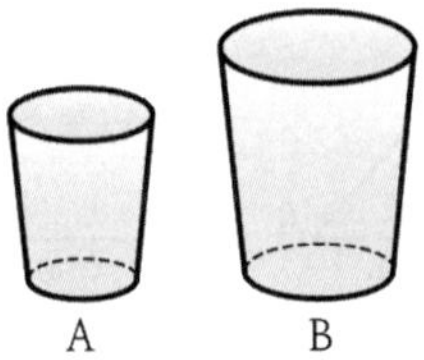

① 2배　　② 4배
③ 8배　　④ 16배

memo

EBS 교육방송교재

중졸 검정고시 수학

PART VII

피타고라스 정리와 삼각비

피타고라스 정리를 완벽히 암기하고, 이를 이용하여 직각삼각형의 변의 길이를 구할 수 있도록 학습하고, 삼각비(sin, cos, tan)를 암기하고, 직각삼각형에서 삼각비의 값을 구할 수 있도록 학습하는 단원이다. 피타고라스 정리 문제들은 평면도형과 연계된 응용문제도 자주 출제가 되고 있으니 꼭 여러 가지 유형의 문제들을 반복해서 학습하도록 한다.

01 피타고라스 정리 (평면도형)

- 피타고라스 정리를 이해하고, 암기하도록 한다.
- 피타고라스 정리를 이용하여 직각삼각형의 변의 길이를 구할 수 있도록 한다.

1 피타고라스 정리

아래 그림과 같이 $\angle C = 90°$인 직각삼각형 ABC에서 $\overline{BC} = a$, $\overline{CA} = b$, $\overline{AB} = c$라고 할 때,

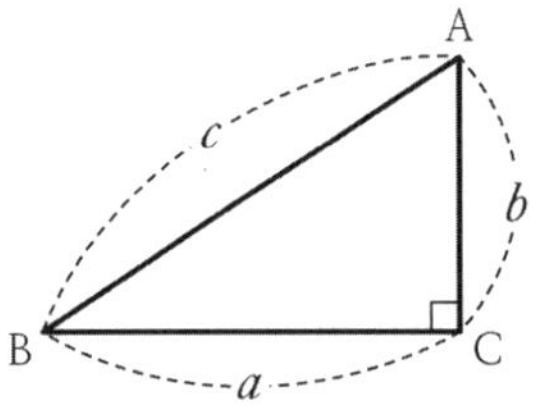

← $a^2+b^2=c^2$

직각삼각형에서 빗변의 길이의 제곱은 다른 두 변의 길이의 제곱의 합과 같다.
이와 같은 직각삼각형의 성질을 피타고라스 정리라 한다.

필/수/개/념/정/리

피타고라스 정리

직각삼각형 ABC에서 직각을 낀 두 변의 길이를 각각 a, b라 하고, 빗변의 길이를 c라고 하면

$$a^2 + b^2 = c^2$$

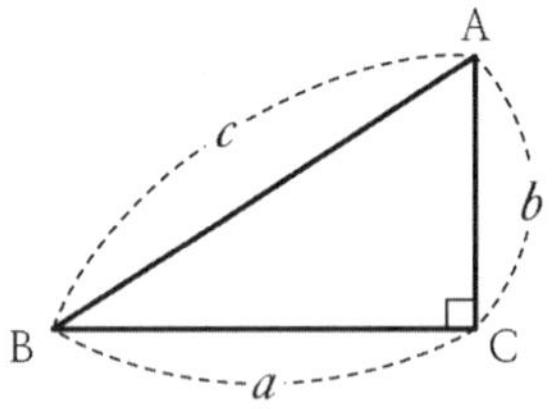

예제 01

직각삼각형에서 x의 값을 구하여라.

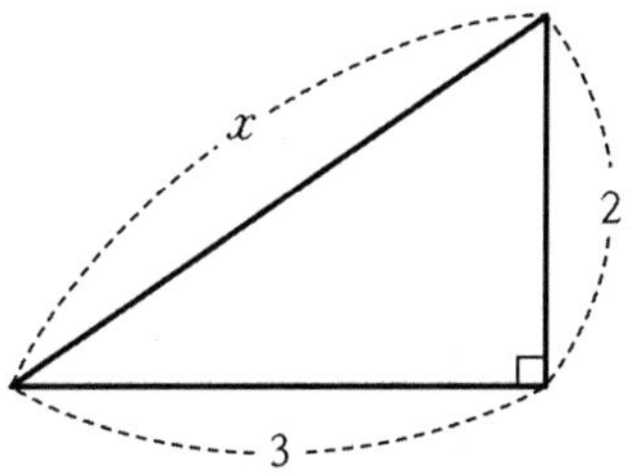

피타고라스 정리 $a^2+b^2=c^2$에 의하여
$a=3$, $b=2$를 대입하면
$3^2+2^2=x^2$ ➜ $9+4=x^2$ ➜ $x^2=13$
$x=\sqrt{13}$ 또는 $x=-\sqrt{13}$
삼각형의 변의 길이는 항상 양수이므로
$\therefore x=\sqrt{13}$

2 직사각형, 정사각형의 대각선의 길이

가로와 세로의 길이가 각각 a, b인 직사각형 ABCD에서 △BCD는 직각삼각형이므로 $\overline{BD}$의 길이를 x라 하면, 피타고라스 정리에 의하여 $x^2=a^2+b^2$이다.
그러므로 대각선 $\overline{BD}=\sqrt{a^2+b^2}$

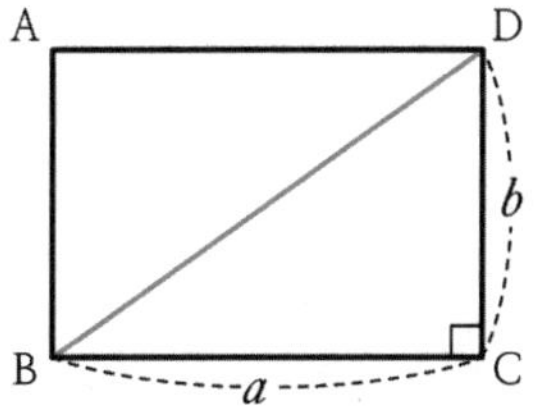

또, 한 변의 길이가 a인 정사각형의 대각선의 길이는 $x^2 = a^2 + a^2$

$x = \sqrt{a^2 + a^2} = \sqrt{2a^2} = \sqrt{2}\,a$이므로 대각선의 길이는 $a\sqrt{2}$이다.

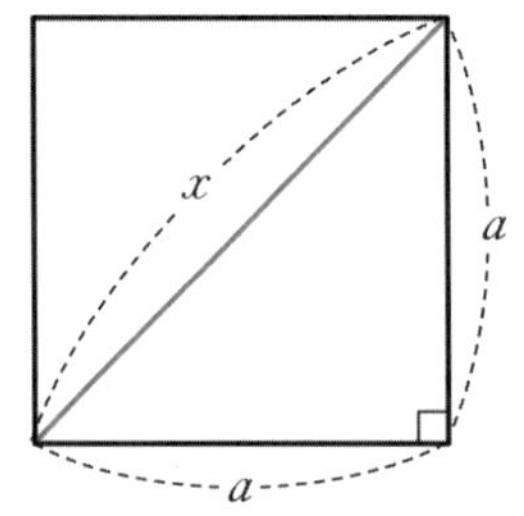

필/수/개/념/정/리

직사각형과 정사각형의 대각선의 길이

① 가로와 세로의 길이가 각각 a, b인 직사각형의 대각선의 길이는

$$\sqrt{a^2 + b^2}$$

② 한 변의 길이가 a인 정사각형의 대각선의 길이는

$$a\sqrt{2}$$

예제 02

직사각형 ABCD의 대각선 BD의 길이를 구하여라.

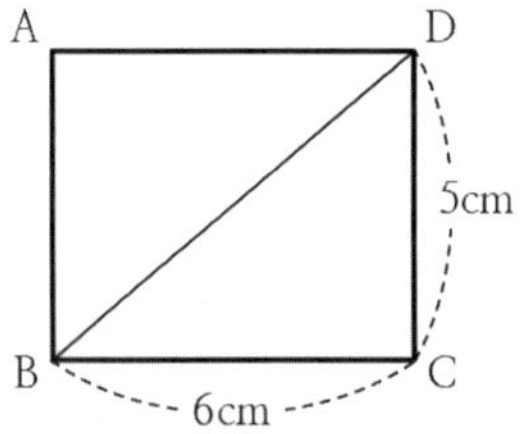

직사각형 ABCD에서 대각선 BD의 길이는 $\sqrt{\overline{BC}^2 + \overline{CD}^2}$

가로와 세로의 길이가 각각 6 cm, 5 cm이므로

$\overline{BD} = \sqrt{6^2 + 5^2} = \sqrt{36 + 25} = \sqrt{61}$ (cm)

3 좌표평면에서 두 점 사이의 거리 심화 과정

좌표평면 위의 두 점 A, B 사이의 거리는 선분 AB를 빗변으로 하고, 다른 두 변이 각각 x축, y축과 평행한 직각삼각형을 그린 후 피타고라스 정리를 이용하여 구한다.
예를 들어 아래 그림에서 두 점 A, B 사이의 거리는 직각삼각형 ACB의 빗변의 길이와 같다.
피타고라스 정리에 의하여 $\overline{AB}^2=\overline{AC}^2+\overline{BC}^2$이므로 $\overline{AB}=\sqrt{\overline{AC}^2+\overline{BC}^2}$

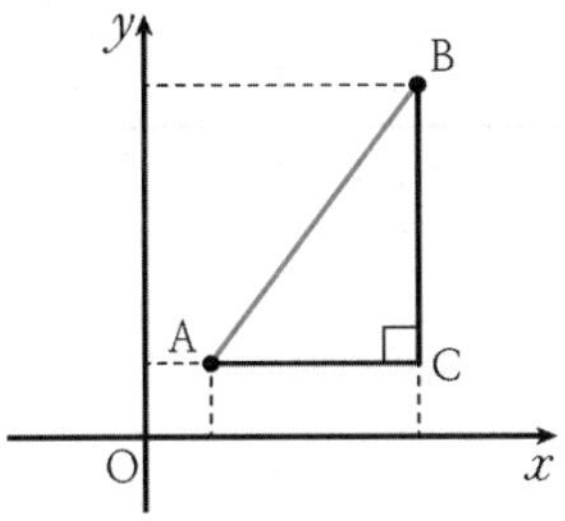

필/수/개/념/정/리

좌표평면에서 두 점 사이의 거리

두 점 $P(x_1,\ y_1)$, $Q(x_2,\ y_2)$ 사이의 거리 $\overline{PQ}$는

$$\overline{PQ}=\sqrt{(x_2-x_1)^2+(y_2-y_1)^2}$$

예제 03

좌표평면 위의 두 점 A(−2, 1), B(2, 3) 사이의 거리를 구하여라.

좌표축에 평행한 선분 AC, BC를 각각 그려서 직각삼각형 ABC를 만들면 점 C의 좌표는 (2, 1)이다.

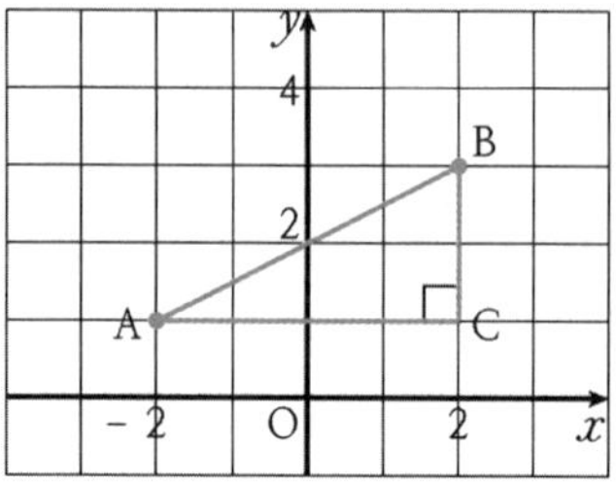

피타고라스 정리에 의하여

$\overline{AB}^2 = \overline{AC}^2 + \overline{BC}^2 = 4^2 + 2^2 = 16 + 4 = 20$

삼각형의 세 변의 길이는 항상 양수이므로 $\overline{AB} = \sqrt{20} = 2\sqrt{5}$

02 피타고라스 정리의 증명

• 피타고라스 정리를 여러 가지 방법으로 증명할 수 있도록 한다.

1 넓이를 이용한 피타고라스 정리의 증명

그림과 같이 직각삼각형 ABC의 가장 긴 변인 빗변을 한 변으로 하는 정사각형의 넓이는 다른 두 변을 한 변으로 하는 두 정사각형의 넓이의 합과 같다.

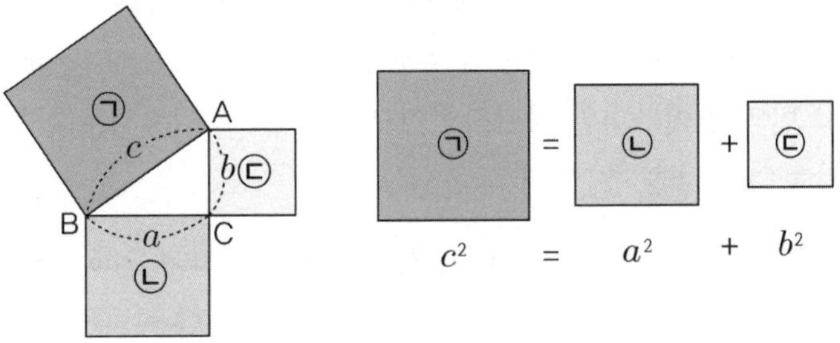

즉, (㉡의 넓이)+(㉢의 넓이)=(㉠의 넓이)이다.

그런데 세 정사각형 ㉠, ㉡, ㉢의 넓이는 각각 $\overline{AB}^2$, $\overline{BC}^2$, $\overline{AC}^2$이므로 $\overline{AB}^2=\overline{BC}^2+\overline{AC}^2$이다. 따라서 위의 직각삼각형에서 직각을 낀 두 변의 길이의 제곱의 합은 빗변의 길이의 제곱과 같음을 알 수 있다.

예제 01

그림은 직각삼각형 ABC의 세 변을 각각 한 변으로 하는 정사각형을 그린 것이다. □ACHI $=36\text{cm}^2$, □BFGC $=100\text{cm}^2$일 때, □ADEB의 넓이를 구하여라.

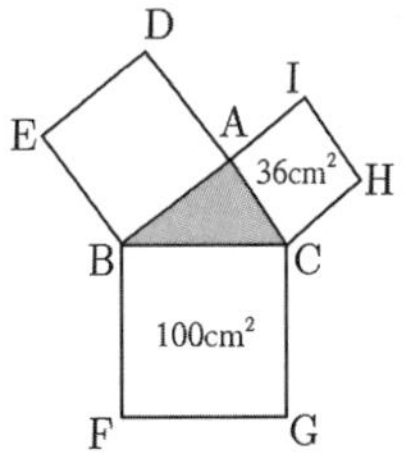

가장 긴 변인 빗변을 한 변으로 하는 정사각형의 넓이는
다른 두 변을 한 변으로 하는 두 정사각형의 넓이의 합과 같으므로,

□ACHI + □ADEB = □BFGC

36 + □ADEB = 100

□ADEB = 64

∴ 64cm^2

2 피타고라스의 증명법 심화 과정

직각삼각형 ABC의 두 변 AC, BC를 각각 연장하여 아래 그림과 같이 한 변의 길이가 $a+b$인 정사각형 CDEF를 만들고 $\overline{DG}=\overline{EH}=b$인 점 G, H를 잡으면 네 개의 삼각형은 두 변의 길이가 모두 같고, 끼인각의 크기(90°)가 모두 같다.

그러므로 네 개의 삼각형은 모두 합동이다.

➜ $\triangle ABC \equiv \triangle GAD \equiv \triangle HGE \equiv \triangle BHF$ (SAS 합동)

합동인 삼각형의 대응하는 모든 변의 길이와 각의 크기는 같다.

➜ $\overline{BA}=\overline{AG}=\overline{GH}=\overline{HB}$이고 □AGHB의 한 변의 길이는 c

또, $\angle ABC=\angle GAD$이고 삼각형의 세 내각의 합은 180°이므로

$\angle CAB+\angle ABC=90°$ ➜ $\angle CAB+\angle GAD=90°$ ➜ $\angle BAG=90°$이다.

□AGHB는 한 변의 길이가 c인 정사각형이므로 □CDEF는 서로 합동인 네 개의 직각삼각형과 한 개의 정사각형으로 나눌 수 있다.

➜ □CDEF $=4\times\triangle ABC+$ □AGHB이므로 $(a+b)^2=4\times\frac{1}{2}ab+c^2$

정리하면 $a^2+2ab+b^2=2ab+c^2$ ➜ $a^2+b^2=c^2$

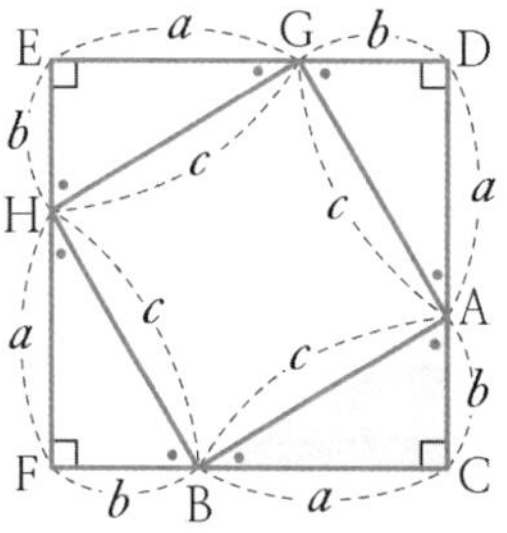

위의 증명 방법에 의하여 $\angle C=90°$인 직각삼각형 ABC에서 빗변의 길이를 c, 나머지 두 변의 길이를 각각 a, b라고 할 때,

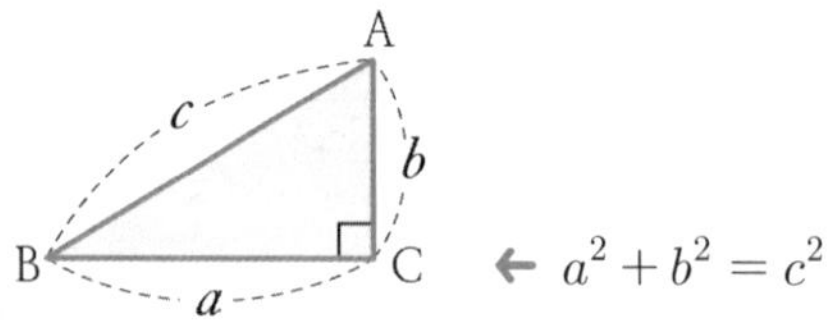

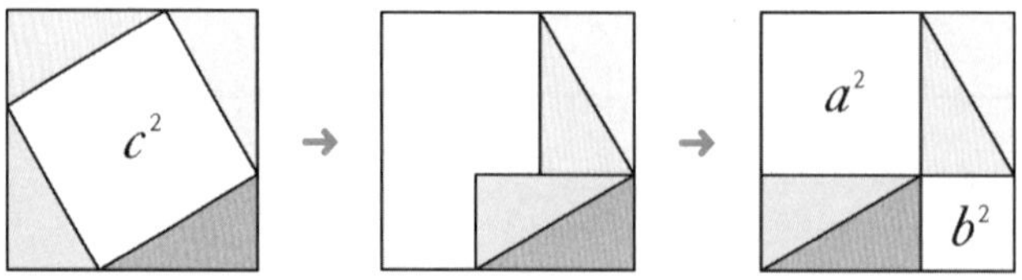

03 삼각비

- 삼각비의 개념을 이해한다.
- 직각삼각형에서 삼각비(sin, cos, tan)의 값을 구할 수 있도록 한다.

1 삼각비의 뜻

$\angle \mathrm{B} = 90°$인 직각삼각형 ABC에서 $\angle \mathrm{A}$의 크기가 정해지면

직각삼각형의 크기에 관계없이 $\dfrac{\overline{\mathrm{BC}}}{\overline{\mathrm{AC}}}$, $\dfrac{\overline{\mathrm{AB}}}{\overline{\mathrm{AC}}}$, $\dfrac{\overline{\mathrm{BC}}}{\overline{\mathrm{AB}}}$의 값은 항상 일정하다.

이때 $\dfrac{\overline{\mathrm{BC}}}{\overline{\mathrm{AC}}}$를 $\angle \mathrm{A}$의 사인이라 하고 기호로 $\sin A$

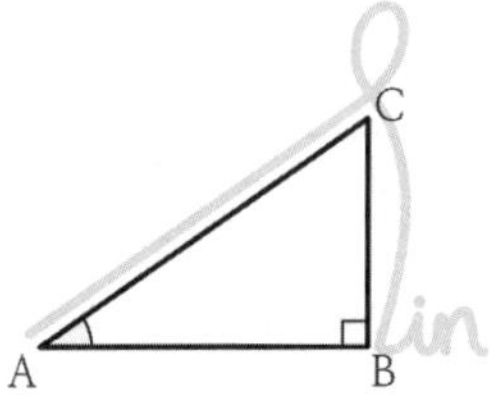

← $\sin A = \dfrac{\overline{\mathrm{BC}}}{\overline{\mathrm{AC}}}$

$\dfrac{\overline{\mathrm{AB}}}{\overline{\mathrm{AC}}}$를 $\angle \mathrm{A}$의 코사인이라 하고 기호로 $\cos A$

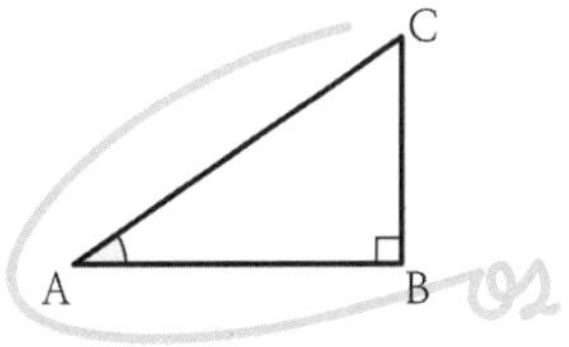

← $\cos A = \dfrac{\overline{\mathrm{AB}}}{\overline{\mathrm{AC}}}$

$\dfrac{\overline{\mathrm{BC}}}{\overline{\mathrm{AB}}}$를 $\angle \mathrm{A}$의 탄젠트라 하고 기호로 $\tan A$와 같이 나타낸다.

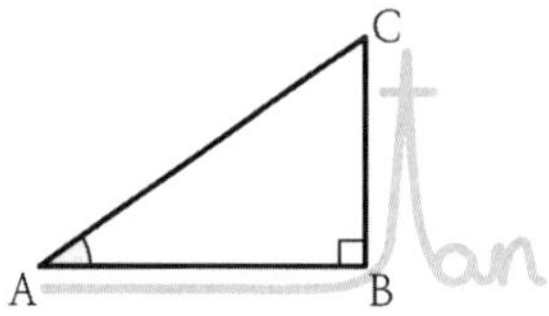

← $\tan A = \dfrac{\overline{BC}}{\overline{AB}}$

$\sin A$, $\cos A$, $\tan A$를 통틀어 $\angle A$의 삼각비라고 한다.

필/수/개/념/정/리

삼각비

$\angle B = 90°$인 직각삼각형 ABC에서

$\sin A = \dfrac{a}{b}$, $\cos A = \dfrac{c}{b}$, $\tan A = \dfrac{a}{c}$

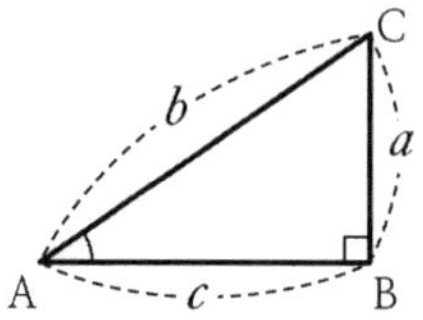

예제 01

직각삼각형 ABC에서 $\angle A$의 삼각비의 값을 구하여라.

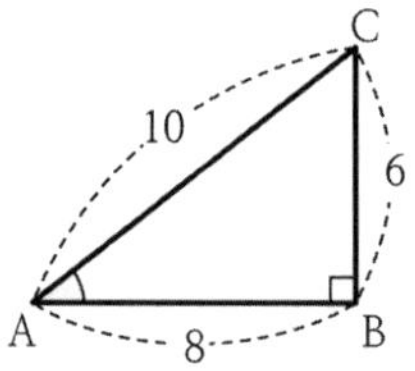

$\sin A = \dfrac{\overline{BC}}{\overline{AC}} = \dfrac{6}{10} = \dfrac{3}{5}$ (← sin은 $\dfrac{(\text{높이})}{(\text{빗변})}$)

$\cos A = \dfrac{\overline{AB}}{\overline{AC}} = \dfrac{8}{10} = \dfrac{4}{5}$ (← cos은 $\dfrac{(\text{밑변})}{(\text{빗변})}$)

$\tan A = \dfrac{\overline{BC}}{\overline{AB}} = \dfrac{6}{8} = \dfrac{3}{4}$ (← tan는 $\dfrac{(\text{높이})}{(\text{밑변})}$)

예제 02

직각삼각형 ABC에서 ∠A의 삼각비의 값을 구하여라.

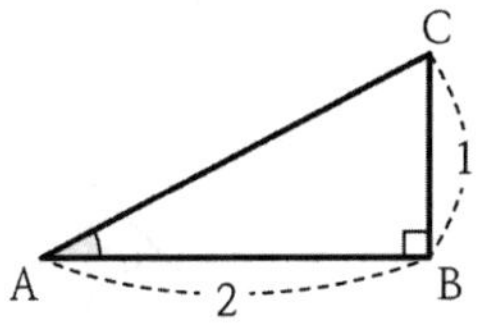

피타고라스 정리에 의하여 $\overline{AB}^2+\overline{BC}^2=\overline{AC}^2$이므로

$2^2+1^2=\overline{AC}^2$ → $4+1=\overline{AC}^2$ → $5=\overline{AC}^2$

변의 길이는 항상 양수이므로 $\overline{AC}=\sqrt{5}$

$\sin A=\dfrac{\overline{BC}}{\overline{AC}}=\dfrac{1}{\sqrt{5}}=\dfrac{1\times\sqrt{5}}{\sqrt{5}\times\sqrt{5}}=\dfrac{\sqrt{5}}{5}$

$\cos A=\dfrac{\overline{AB}}{\overline{AC}}=\dfrac{2}{\sqrt{5}}=\dfrac{2\times\sqrt{5}}{\sqrt{5}\times\sqrt{5}}=\dfrac{2\sqrt{5}}{5}$

$\tan A=\dfrac{\overline{BC}}{\overline{AB}}=\dfrac{1}{2}$

2 30°, 45°, 60°의 삼각비의 값

직각을 낀 두 변의 길이가 1인 직각이등변삼각형 ABC는
$\angle A = 45°$인 직각이등변삼각형이므로 $\overline{CA} : \overline{AB} : \overline{BC} = \sqrt{2} : 1 : 1$이다.

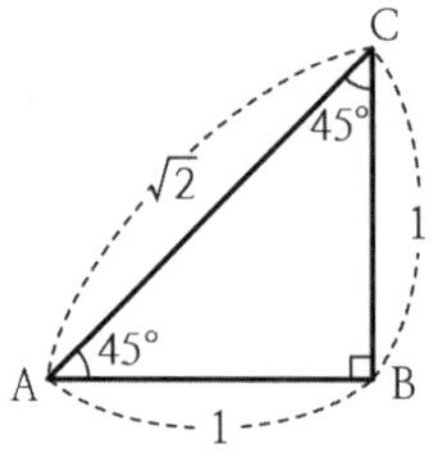

그러므로 45°의 삼각비의 값은 $\sin 45° = \frac{1}{\sqrt{2}} = \frac{1 \times \sqrt{2}}{\sqrt{2} \times \sqrt{2}} = \frac{\sqrt{2}}{2}$,

$\cos 45° = \frac{1}{\sqrt{2}} = \frac{1 \times \sqrt{2}}{\sqrt{2} \times \sqrt{2}} = \frac{\sqrt{2}}{2}$, $\tan 45° = \frac{1}{1} = 1$

한 변의 길이가 2인 정삼각형 ABC의 꼭짓점 A에서
변 BC에 내린 수선의 발을 D라고 하면

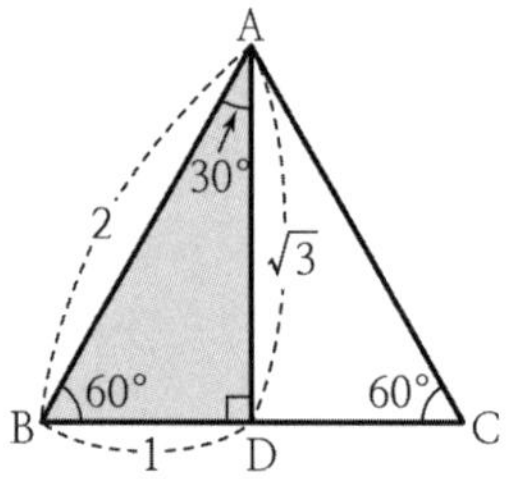

직각삼각형 ABD에서

점 D는 BC의 중점이므로, $\frac{1}{2} \times \overline{BC} = \overline{BD} = 1$이고

피타고라스 정리에 의하여 $\overline{BD}^2 + \overline{AD}^2 = \overline{AB}^2$

$1^2 + \overline{AD}^2 = 2^2 \rightarrow 1 + \overline{AD}^2 = 4 \rightarrow \overline{AD}^2 = 4 - 1 \rightarrow \overline{AD}^2 = 3$

삼각형의 높이는 항상 양수이므로, $\overline{AD} = \sqrt{3}$

그러므로 30°의 삼각비의 값은

$\sin 30° = \frac{1}{2}$, $\cos 30° = \frac{\sqrt{3}}{2}$, $\tan 30° = \frac{1}{\sqrt{3}} = \frac{\sqrt{3}}{3}$

60°의 삼각비의 값은 $\sin 60° = \frac{\sqrt{3}}{2}$, $\cos 60° = \frac{1}{2}$, $\tan 60° = \frac{\sqrt{3}}{1} = \sqrt{3}$

필/수/개/념/정/리

30°, 45°, 60°의 삼각비의 값

삼각비 \ A	30°	45°	60°
$\sin A$	$\frac{1}{2}$	$\frac{\sqrt{2}}{2}$	$\frac{\sqrt{3}}{2}$
$\cos A$	$\frac{\sqrt{3}}{2}$	$\frac{\sqrt{2}}{2}$	$\frac{1}{2}$
$\tan A$	$\frac{\sqrt{3}}{3}$	1	$\sqrt{3}$

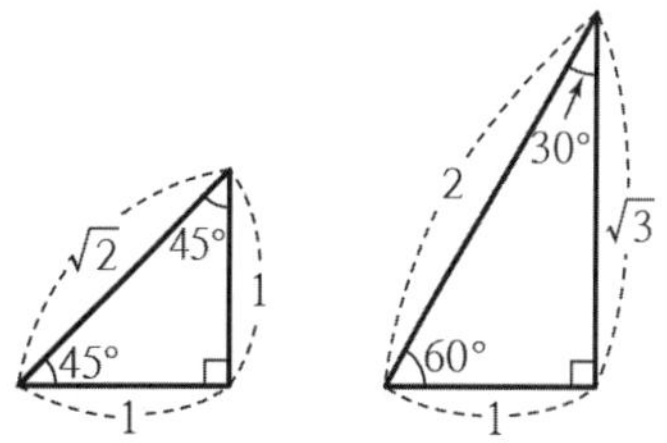

예제 03

다음을 계산하여라.

❶ $\sin 60° + \cos 30°$

$\sin 60° = \frac{\sqrt{3}}{2}$, $\cos 30° = \frac{\sqrt{3}}{2}$ 이므로

$\sin 60° + \cos 30° = \frac{\sqrt{3}}{2} + \frac{\sqrt{3}}{2} = \frac{\sqrt{3}+\sqrt{3}}{2} = \frac{2\sqrt{3}}{2} = \sqrt{3}$

❷ $\tan 30° \times \sin 60°$

$\tan 30° = \frac{\sqrt{3}}{3}$, $\sin 60° = \frac{\sqrt{3}}{2}$이므로

$\tan 30° \times \sin 60° = \frac{\sqrt{3}}{3} \times \frac{\sqrt{3}}{2} = \frac{\sqrt{3}\times\sqrt{3}}{3\times2} = \frac{3}{6} = \frac{1}{2}$

예제 04

그림과 같은 직각삼각형 ABC에서 $\overline{AC}=4$ cm, $\angle A=30°$일 때, $\overline{AB}$와 $\overline{BC}$의 길이를 각각 구하여라.

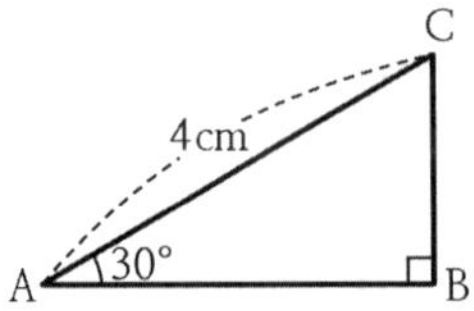

방법1 삼각비를 이용하여 구하기

$\cos 30° = \frac{\overline{AB}}{\overline{AC}} = \frac{\overline{AB}}{4}$, $\cos 30° = \frac{\sqrt{3}}{2}$ 이므로

$\overline{AB} = 4\cos 30° = 4 \times \frac{\sqrt{3}}{2} = 2\sqrt{3}$ (cm)

$\sin 30° = \frac{\overline{BC}}{\overline{AC}} = \frac{\overline{BC}}{4}$, $\sin 30° = \frac{1}{2}$이므로

$\overline{BC} = 4\sin 30° = 4 \times \frac{1}{2} = 2$ (cm)

방법2 피타고라스 정리를 이용하여 구하기

$\angle A = 30°$이고 삼각형의 세 내각의 합은 $180°$ ➜ $\angle C = 60°$

세 내각의 크기가 $30°$, $60°$, $90°$인 삼각형의 길이의 비는

$\overline{CA} : \overline{AB} : \overline{BC} = 2 : \sqrt{3} : 1$이다.

$\overline{AB}$의 길이는

$2 : \sqrt{3} = 4\text{cm} : \overline{AB}$ ➜ $2 \times \overline{AB} = 4 \times \sqrt{3}$ ➜ $2\overline{AB} = 4\sqrt{3}$

$\therefore \overline{AB} = 2\sqrt{3}$(cm)

마찬가지 방법으로 $\overline{BC}$의 길이는

$2 : 1 = 4\text{cm} : \overline{BC}$ ➜ $2 \times \overline{BC} = 4 \times 1$ ➜ $2\overline{BC} = 4$

$\therefore \overline{BC} = 2$(cm)

3 특수한 직각삼각형에서 세 변의 길이의 비

세 내각의 크기가 45°, 45°, 90°이거나 30°, 60°, 90°인 직각삼각형의 세 변의 길이의 비는 항상 일정하다.

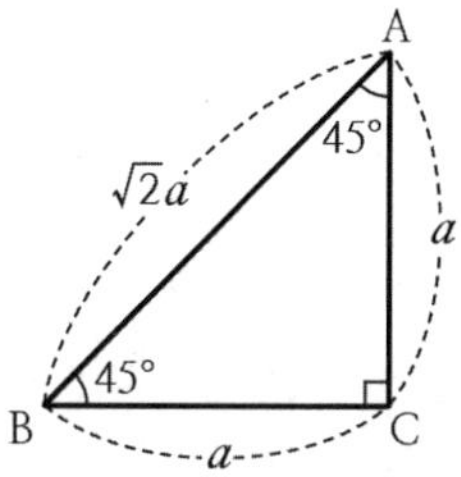

← $\overline{AB}:\overline{BC}:\overline{CA}=\sqrt{2}:1:1$

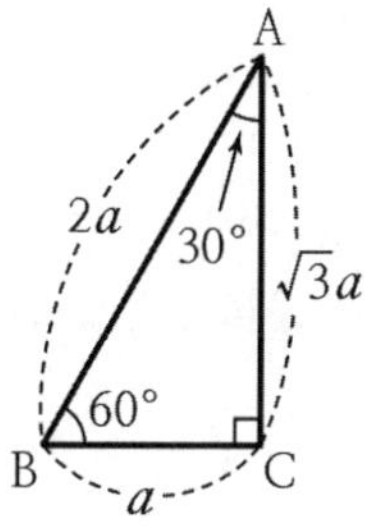

← $\overline{AB}:\overline{BC}:\overline{CA}=2:1:\sqrt{3}$

예제 05

직각삼각형에서 $\overline{BC}=a$라 하고 $a=2\text{cm}$일 때, $\overline{AB}$, $\overline{AC}$의 길이를 각각 구하여라.

❶

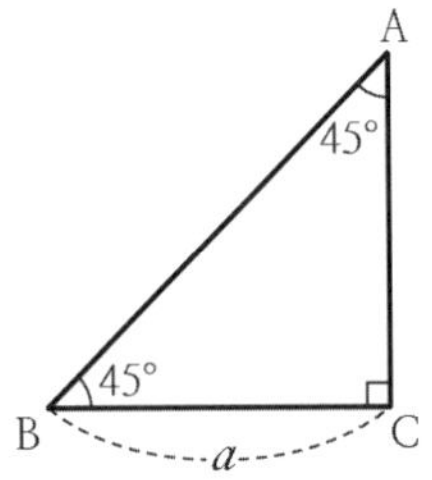

세 내각이 45°, 45°, 90°인 삼각형 ABC에서

$\overline{AB}:\overline{BC}:\overline{CA}=\sqrt{2}:1:1$이고 $\overline{BC}=2\text{cm}$이므로 $\overline{AC}=2\text{cm}$

$\overline{AB}:\overline{BC}=\sqrt{2}:1$이므로 $\overline{AB}=2\sqrt{2}\text{ cm}$이다.

❷

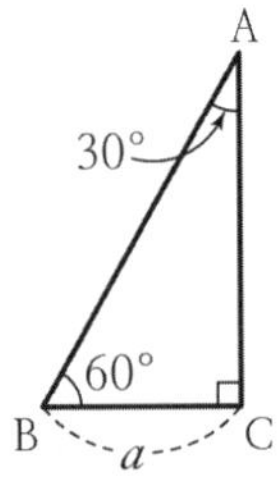

세 내각이 30°, 60°, 90°인 삼각형 ABC에서

$\overline{AB}:\overline{BC}:\overline{CA}=2:1:\sqrt{3}$이고 $\overline{BC}=2\text{cm}$이므로

$\angle C=90°$와 마주 보는 $\overline{AB}=4\text{cm}$,

$\angle B=60°$와 마주 보는 $\overline{AC}=2\sqrt{3}\text{ cm}$이다.

4 0°, 90°의 삼각비의 값 심화 과정

반지름의 길이가 1인 사분원 안의 직각삼각형 AOB에서
∠AOB의 사인, 코사인, 탄젠트의 값은 각각 $\overline{AB}$, $\overline{OB}$, $\overline{CD}$의 길이이다.

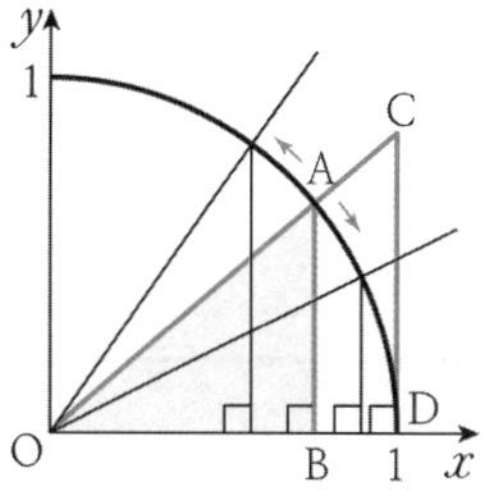

$\sin\angle AOB = \dfrac{\overline{AB}}{\overline{OA}} = \dfrac{\overline{AB}}{1} = \overline{AB}$, $\cos\angle AOB = \dfrac{\overline{OB}}{\overline{OA}} = \dfrac{\overline{OB}}{1} = \overline{OB}$,

$\tan\angle AOB = \dfrac{\overline{CD}}{\overline{OD}} = \dfrac{\overline{CD}}{1} = \overline{CD}$

그러므로 위의 그림에서 ∠AOB의 크기가 0°에 가까워지면
$\overline{AB}$의 길이는 0에, $\overline{OB}$의 길이는 1에, $\overline{CD}$의 길이는 0에 가까워진다.
0°의 삼각비의 값은

$$\sin 0° = 0,\ \cos 0° = 1,\ \tan 0° = 0$$

마찬가지로 ∠AOB의 크기가 90°에 가까워지면 $\overline{AB}$의 길이는 1에, $\overline{OB}$의 길이는 0에 가까워지므로 90°의 삼각비의 값은

$$\sin 90° = 1,\ \cos 90° = 0$$

| 참고 | ∠AOB의 크기가 90°에 가까워지면 $\overline{CD}$의 길이는 한없이 길어지므로 tan 90°의 값은 구할 수 없다.

예제 06

다음을 계산하여라.

$\sin 45° \times \cos 0° + \cos 45° \times \sin 0°$

각각의 삼각비의 값은

$\sin 45° = \frac{\sqrt{2}}{2}$, $\cos 0° = 1$, $\cos 45° = \frac{\sqrt{2}}{2}$, $\sin 0° = 0$이므로

$\frac{\sqrt{2}}{2} \times 1 + \frac{\sqrt{2}}{2} \times 0 = \frac{\sqrt{2}}{2} + 0 = \frac{\sqrt{2}}{2}$

04 삼각비의 활용

- 삼각비를 이용하여 삼각형의 넓이를 구하는 공식을 암기한다.
- 삼각형의 넓이를 구할 수 있도록 한다.

1 삼각형의 넓이

$\triangle$ABC에서 두 변의 길이 b, c와 그 끼인각 $\angle$A의 크기를 알 때, 삼각형의 넓이를 구할 수 있다.
삼각형의 넓이를 S라고 하면

$\angle$A가 예각인 경우는

$\triangle$ABC의 꼭짓점 C에서 대변 AB에 내린 수선의 발 H에 대하여 $\overline{\mathrm{CH}}=h$라 하면 직각삼각형 AHC에서 $\sin A=\dfrac{h}{b}$이므로 $h=b\sin A$이다.

그러므로 $\triangle$ABC의 넓이 S는

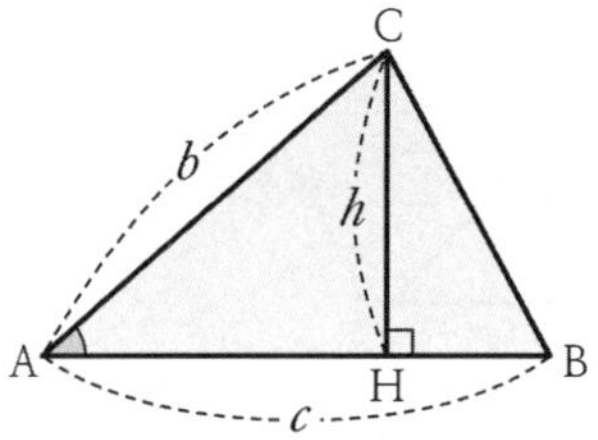

$\leftarrow S=\dfrac{1}{2}ch=\dfrac{1}{2}bc\sin A$

$\angle$A가 둔각인 경우는

$\triangle$ABC의 꼭짓점 C에서 대변 AB의 연장선 위에 내린 수선의 발을 H라 하고, $\overline{\mathrm{CH}}=h$라고 하자. 직각삼각형 ACH에서 $\sin(180°-A)=\dfrac{h}{b}$이므로 $h=b\sin(180°-A)$이다. 그러므로 $\triangle$ABC의 넓이 S는 다음과 같다.

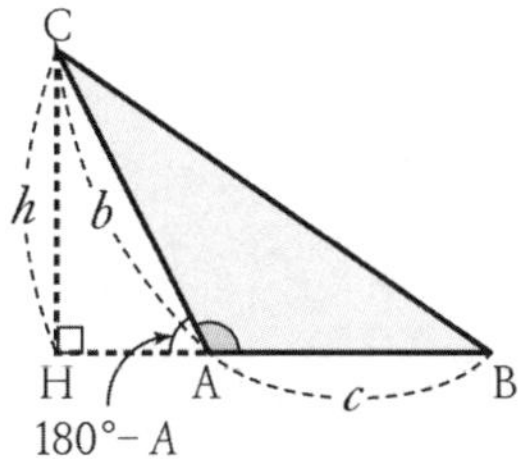

$\leftarrow S=\dfrac{1}{2}ch=\dfrac{1}{2}bc\sin(180°-A)$

필/수/개/념/정/리

삼각형의 넓이

△ABC에서 두 변의 길이 b, c와 그 끼인각 ∠A의 크기를 알 때, 이 삼각형의 넓이를 S라고 하면

① ∠A가 예각인 경우

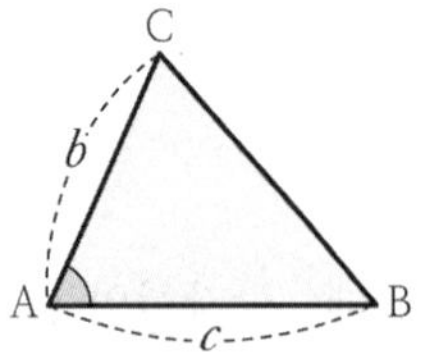

$$S=\frac{1}{2}bc\ \sin A$$

② ∠A가 둔각인 경우

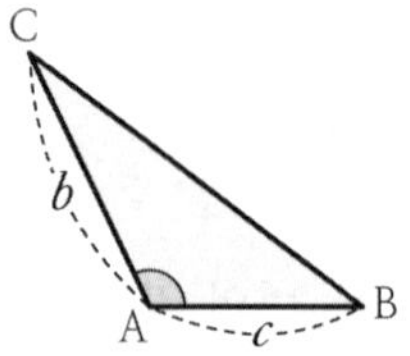

$$S=\frac{1}{2}bc\ \sin(180°-A)$$

예제 01

두 변의 길이가 각각 6cm, 8cm이고, 그 끼인각의 크기가 30°인 △ABC의 넓이를 구하여라.

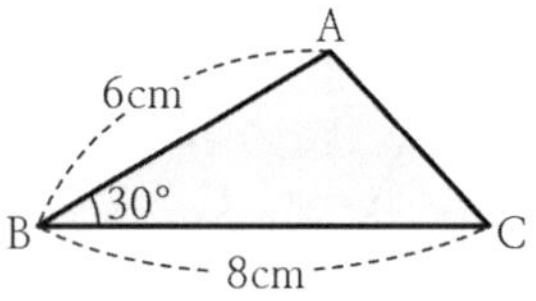

∠B는 예각이고, $\sin 30° = \frac{1}{2}$이므로

△ABC의 넓이 $= \frac{1}{2}\times\overline{AB}\times\overline{BC}\times\sin 30°$

$= \frac{1}{2}\times 6\times 8\times\sin 30° = 24\times\frac{1}{2} = 12(\text{cm}^2)$

예제 02

그림과 같은 □ABCD의 넓이를 구하여라. 심화 과정

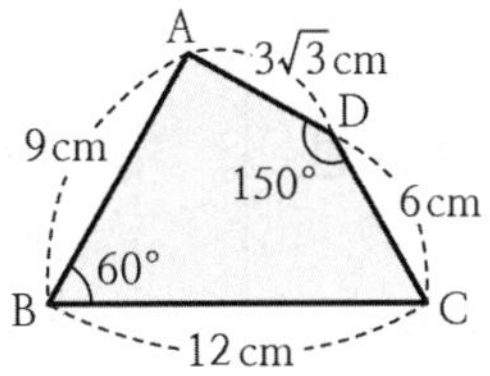

□ABCD에서 점 A와 C를 연결하면 □ABCD의 넓이는 두 삼각형의 넓이의 합이다.

(□ABCD의 넓이)=(△ABC의 넓이)+(△ACD의 넓이)

$\sin 60° = \frac{\sqrt{3}}{2}$, $\sin 30° = \frac{1}{2}$이므로

□ABCD의 넓이$= \frac{1}{2} \times 9 \times 12 \times \sin 60° + \frac{1}{2} \times 6 \times 3\sqrt{3} \times \sin(180° - 150°)$

$= \frac{1}{2} \times 9 \times 12 \times \frac{\sqrt{3}}{2} + \frac{1}{2} \times 6 \times 3\sqrt{3} \times \frac{1}{2}$

$= 27\sqrt{3} + \frac{9}{2}\sqrt{3} = \frac{54}{2}\sqrt{3} + \frac{9}{2}\sqrt{3} = \frac{63}{2}\sqrt{3}\ (\text{cm}^2)$

PART Ⅶ 적중 예상 문제

정답 및 해설 47p

01 그림은 직각삼각형 ABC의 세 변을 각각 한 변으로 하는 정사각형을 그린 것이다.
$\square ABED = 144cm^2$, $\square BFGC = 169cm^2$ 일 때, $\square ACHI$의 넓이는?

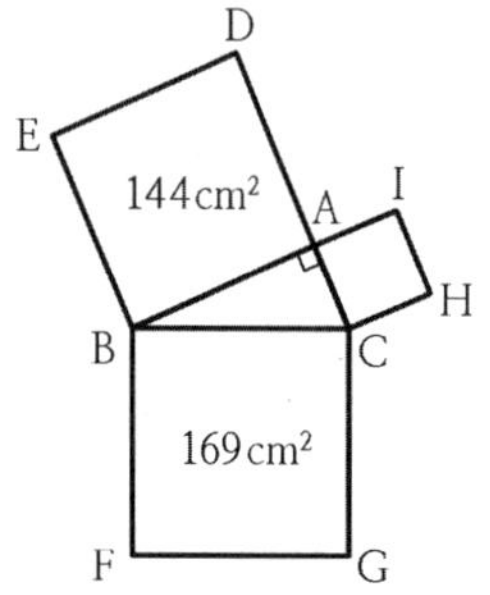

① $25cm^2$ ② $26cm^2$
③ $27cm^2$ ④ $28cm^2$

02 정사각형 ABCD에서 $\overline{EB} = 3cm$, $\overline{BF} = 4cm$일 때, 사각형 EFGH의 넓이는?

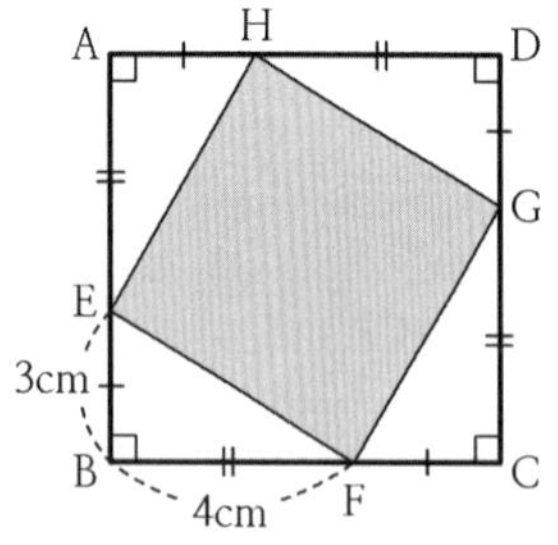

① $20cm^2$ ② $23cm^2$
③ $25cm^2$ ④ $27cm^2$

03 그림은 직각삼각형의 각 변을 한 변으로 하는 세 개의 정사각형을 그려서 그 넓이를 나타낸 것이다. x의 값은?

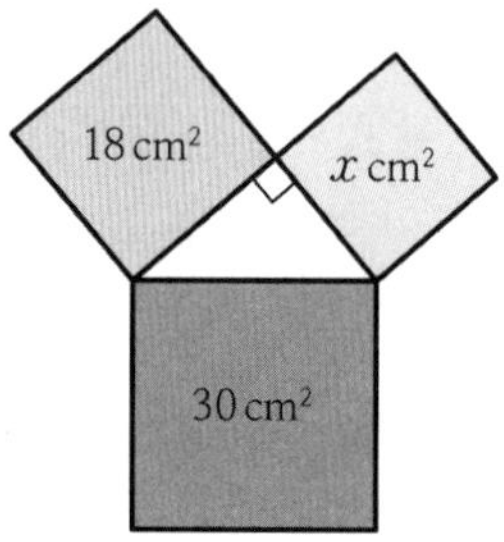

① 15 ② 14
③ 13 ④ 12

04 그림은 $\angle C = 90°$인 직각삼각형 ABC의 세 변을 각각 한 변으로 하는 정사각형을 그린 것이다. $\overline{AC}$를 한 변으로 하는 정사각형의 넓이는 9이고, $\overline{BC}$를 한 변으로 하는 정사각형의 넓이는 16일 때, $\overline{AB}$를 한 변으로 하는 정사각형의 넓이는?

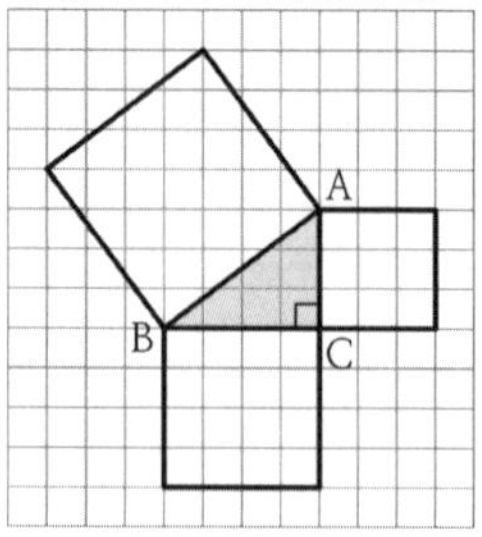

① 22 ② 23
③ 24 ④ 25

05 직각삼각형 ABC의 각 변을 한 변으로 하는 정사각형에서 두 정사각형의 넓이가 각각 49cm^2, 130cm^2일 때, $\overline{BC}$의 길이는?

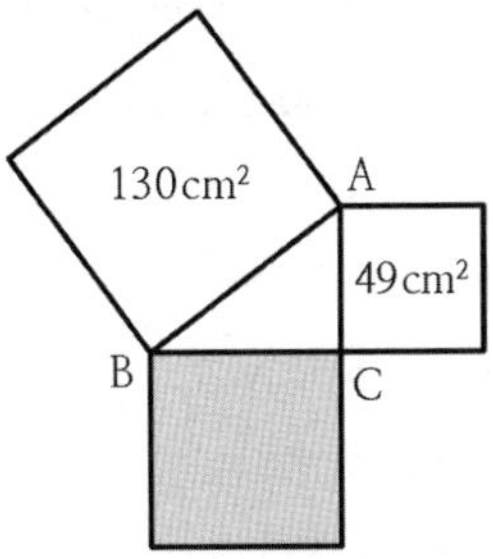

① 6cm　② 9cm
③ 12cm　④ 15cm

06 그림과 같이 직각삼각형 ABC의 각 변을 한 변으로 하는 세 개의 정사각형이 있다.
$\square ABIH = 36\text{cm}^2$, $\square ACFG = 25\text{cm}^2$일 때, □BDEC의 한 변의 길이를 구하면?

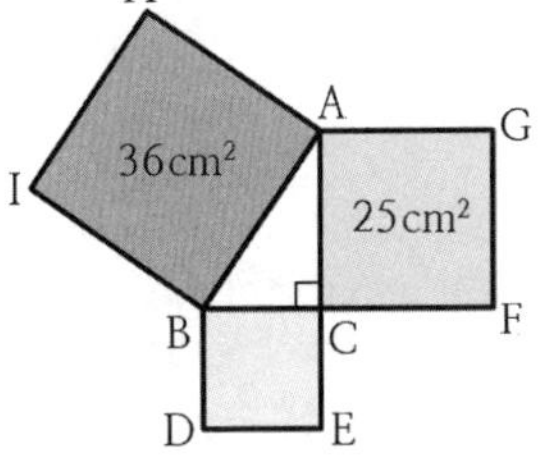

① $\sqrt{10}$ cm　② $\sqrt{11}$ cm
③ $\sqrt{13}$ cm　④ $\sqrt{17}$ cm

07 직각삼각형 ABC에서 x의 값은?

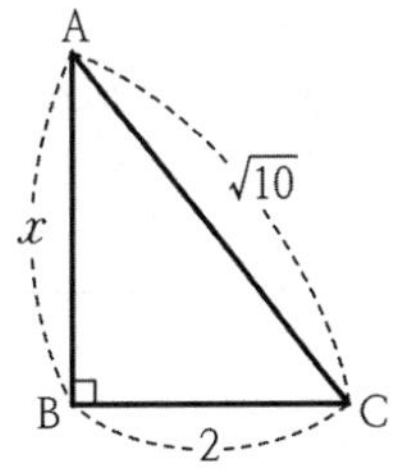

① $x = \sqrt{5}$　② $x = \sqrt{6}$
③ $x = \sqrt{7}$　④ $x = 2\sqrt{2}$

08 세 변의 길이가 각각 다음과 같은 삼각형 중에서 직각삼각형인 것은?

① 6cm, 8cm, 9cm
② 6cm, 7cm, 9cm
③ 6cm, 8cm, 10cm
④ 5cm, 7cm, 9cm

09 다음 직각삼각형에서 x의 값은?

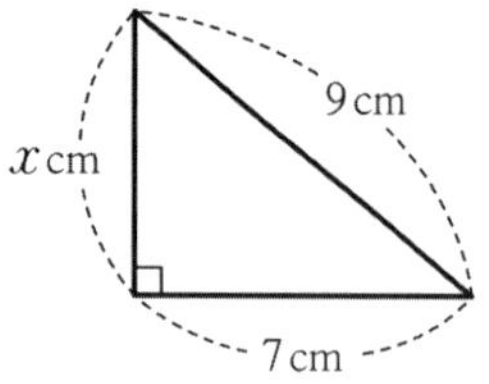

① 4　　② 6
③ $4\sqrt{2}$　　④ $4\sqrt{3}$

10 직각삼각형 ABC에서 x의 값은?

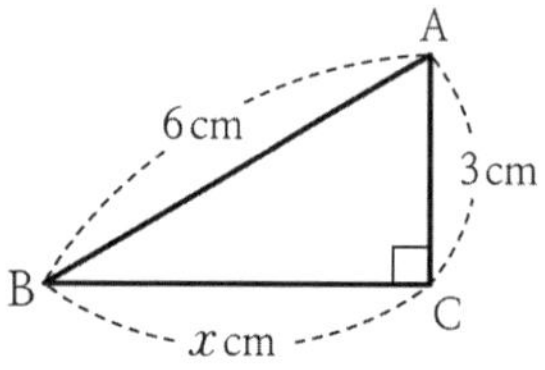

① $\sqrt{3}$　　② $2\sqrt{3}$
③ $3\sqrt{3}$　　④ $4\sqrt{3}$

11 그림에서 x, y의 값을 각각 구하면?

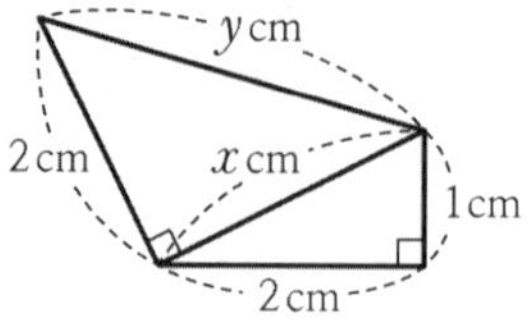

① $x=\sqrt{3}$, $y=\sqrt{5}$
② $x=\sqrt{5}$, $y=\sqrt{7}$
③ $x=\sqrt{3}$, $y=3$
④ $x=\sqrt{5}$, $y=3$

12 그림에서 $x+y$의 값을 구하면?

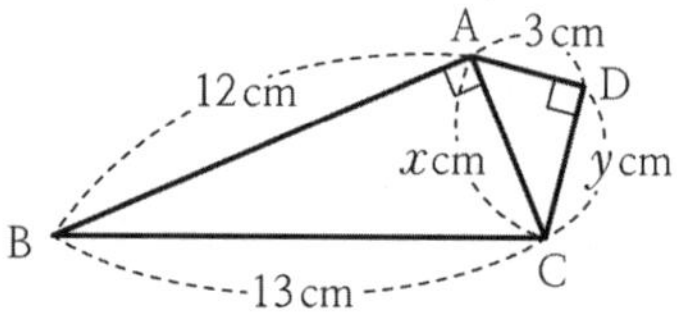

① 8　　② 9
③ 10　　④ 11

13 그림과 같이 사각형 ABCD 에서 $\angle A = \angle C = 90°$ 이고, $\overline{AB} = 5$, $\overline{AD} = 5$, $\overline{BC} = \sqrt{14}$ 일 때, x, y의 값은?

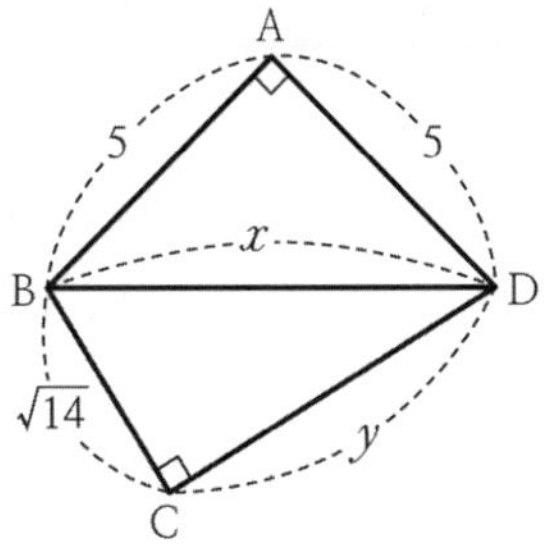

① $x = 4\sqrt{2}$, $y = 5$
② $x = 3\sqrt{2}$, $y = 6$
③ $x = 5\sqrt{2}$, $y = 7$
④ $x = 5\sqrt{2}$, $y = 6$

14 그림에서 x, y의 값을 각각 구하면?

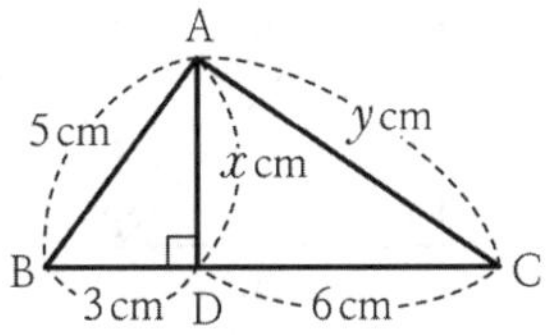

① $x = 4$, $y = 2\sqrt{13}$
② $x = 4$, $y = 3\sqrt{13}$
③ $x = \sqrt{10}$, $y = 2\sqrt{13}$
④ $x = \sqrt{10}$, $y = 3\sqrt{13}$

15 그림과 같이 정사각형 ABCD 에서 x의 값은?

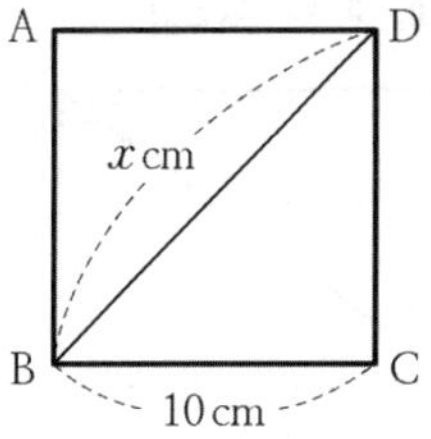

① $10\sqrt{2}$
② 15
③ $15\sqrt{2}$
④ 20

16 직사각형 ABCD 에서 대각선의 길이 x의 값은?

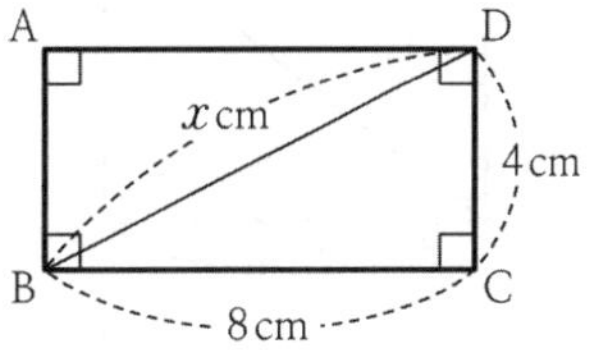

① $2\sqrt{5}$
② $3\sqrt{5}$
③ $4\sqrt{5}$
④ $5\sqrt{5}$

17 그림과 같이 직사각형에서 대각선의 길이가 $5\sqrt{3}$일 때, x의 값은?

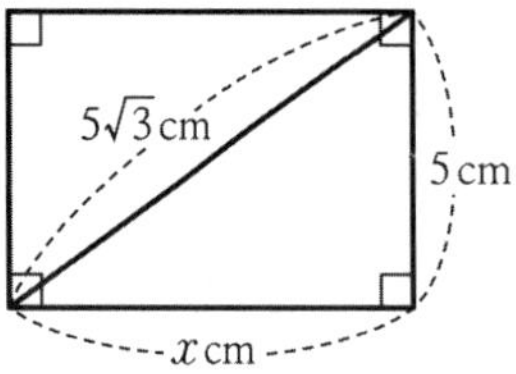

① 5　　② $5\sqrt{2}$
③ 6　　④ $6\sqrt{2}$

18 가로의 길이가 8cm이고, 넓이가 48cm^{2}인 직사각형 ABCD에서 대각선 BD의 길이는?

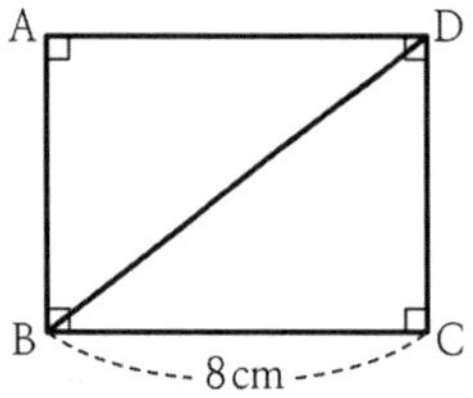

① 10cm　　② 11cm
③ 12cm　　④ 13cm

19 다음 직사각형에서 대각선의 길이는?

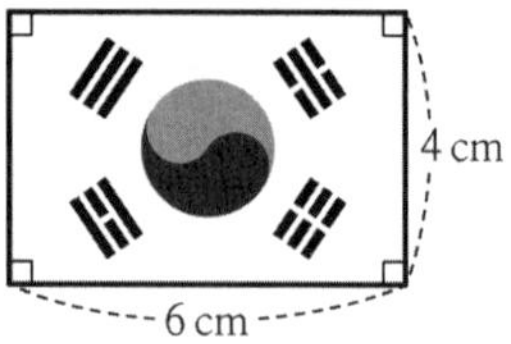

① $\sqrt{13}$　　② $2\sqrt{13}$
③ $3\sqrt{13}$　　④ $4\sqrt{13}$

20 다음 정사각형에서 x의 값은?

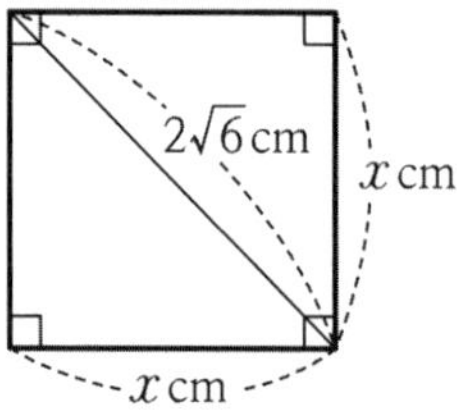

① $\sqrt{3}$　　② $2\sqrt{3}$
③ $3\sqrt{3}$　　④ $4\sqrt{3}$

21 그림과 같이 $\angle B = 90°$이고, $\overline{AB} = 4cm$, $\overline{BC} = 3cm$인 직각삼각형 ABC 에서 $\overline{AC}$를 한 변으로 하는 정사각형 ACDE의 넓이는?

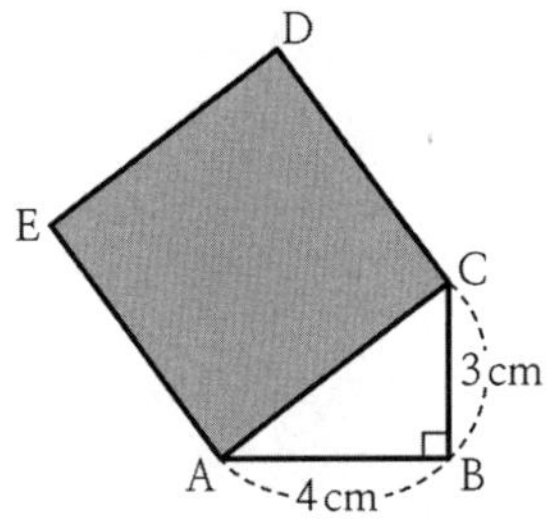

① $12cm^2$ ② $16cm^2$
③ $20cm^2$ ④ $25cm^2$

22 직각삼각형 ABC 에서 $\overline{AB}$의 길이는?

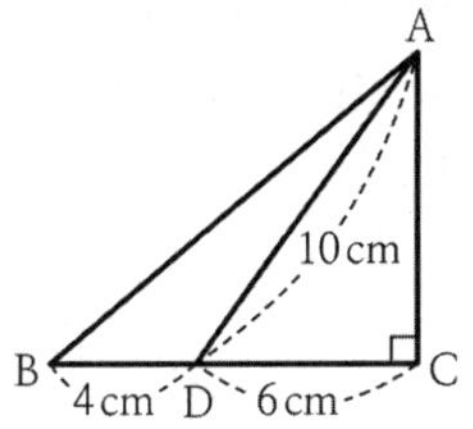

① $\sqrt{41}$ cm ② $\sqrt{43}$ cm
③ $2\sqrt{41}$ cm ④ $2\sqrt{43}$ cm

23 그림과 같이 $\triangle ABC$에서 $\overline{AB} + \overline{AH}$의 값은?

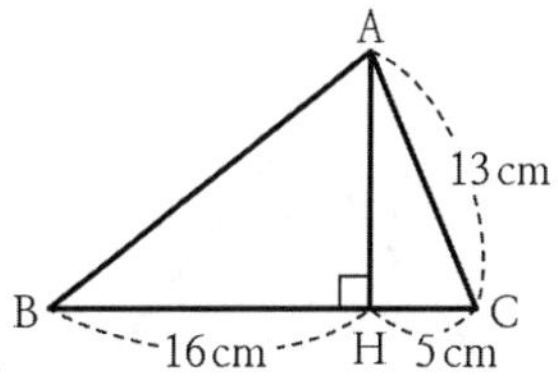

① 25cm ② 28cm
③ 30cm ④ 32cm

24 그림은 밑면인 원의 반지름의 길이가 5cm이고, 모선의 길이가 13cm인 원뿔이다. 원뿔의 높이 h의 값은?

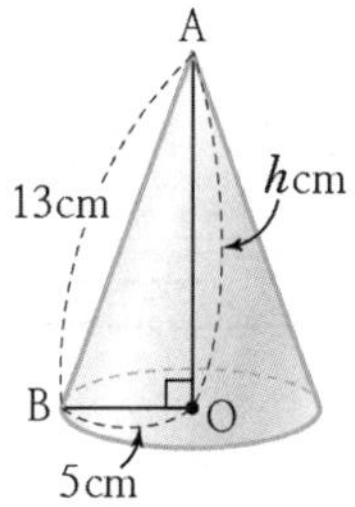

① 9 ② 10
③ 11 ④ 12

25 그림과 같이 밑면의 반지름의 길이가 4cm, 높이가 $2\sqrt{5}$cm인 원뿔에서 모선의 길이를 구하면?

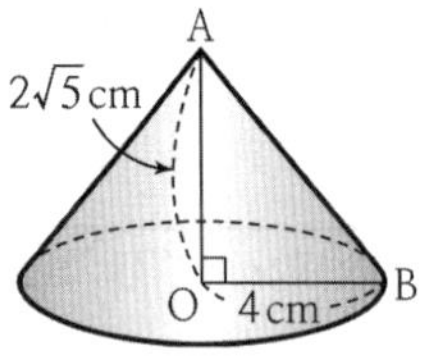

① 6cm ② $6\sqrt{2}$cm

③ 8cm ④ $8\sqrt{2}$cm

26 그림과 같이 밑면의 반지름의 길이가 2cm, 모선의 길이가 $\sqrt{7}$cm인 원뿔의 높이를 구하면?

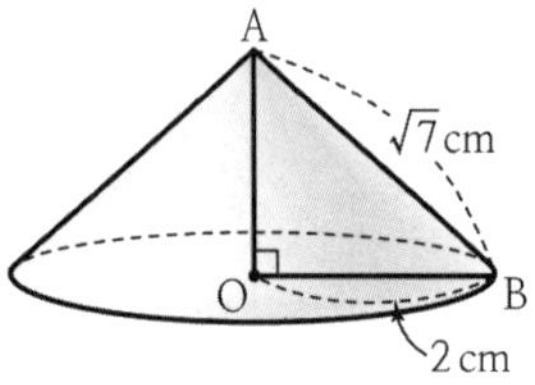

① 2cm ② $\sqrt{3}$cm

③ 4cm ④ $\sqrt{5}$cm

27 그림은 모선의 길이가 13cm이고, 높이가 12cm인 원뿔 모양의 고깔모자이다. 이 고깔모자의 밑면의 넓이는?

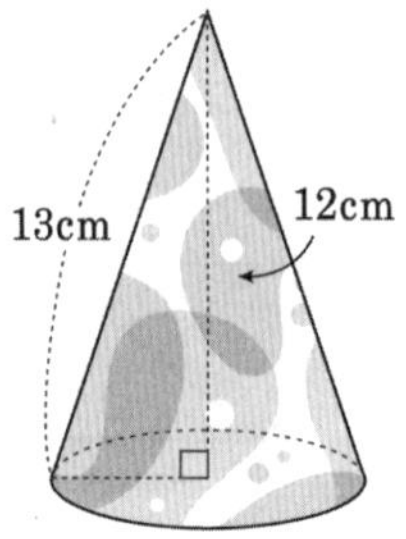

① $20\pi\text{cm}^2$ ② $25\pi\text{cm}^2$

③ $30\pi\text{cm}^2$ ④ $35\pi\text{cm}^2$

28 그림과 같이 $\angle C = 90°$인 직각삼각형 ABC에서 $\overline{AB} = 5$, $\overline{BC} = 3$, $\overline{AC} = 4$일 때, $\cos A$의 값은?

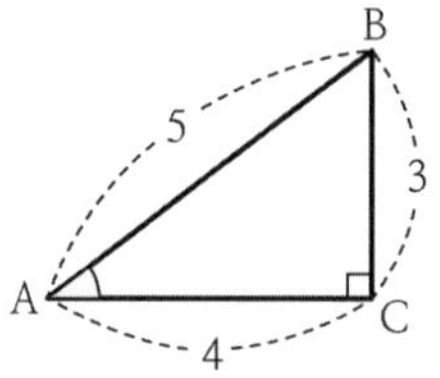

① $\frac{3}{5}$ ② $\frac{4}{5}$

③ $\frac{3}{4}$ ④ $\frac{5}{4}$

29 그림과 같이 직각삼각형 ABC에서 $\sin A$의 값은?

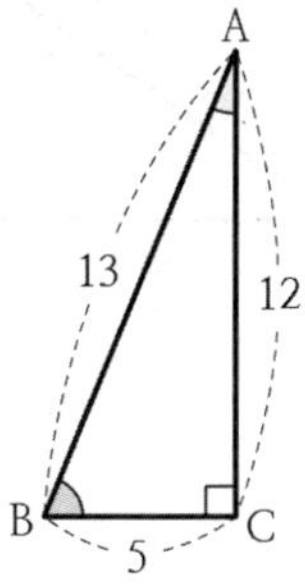

① $\frac{12}{13}$ ② $\frac{13}{12}$

③ $\frac{5}{13}$ ④ $\frac{12}{5}$

30 그림과 같이 $\angle B=90°$인 직각삼각형 ABC에서 $\sin A$의 값은?

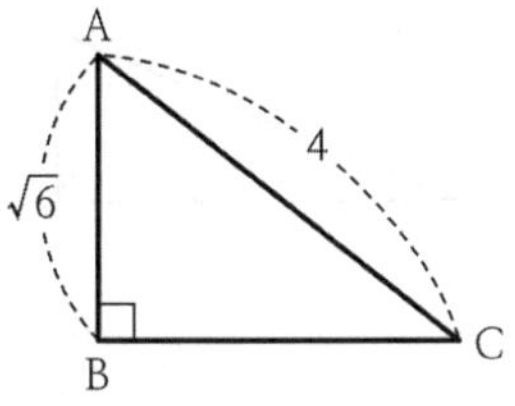

① $\frac{\sqrt{6}}{4}$ ② $\frac{1}{\sqrt{6}}$

③ $\frac{1}{4}$ ④ $\frac{\sqrt{10}}{4}$

31 $\angle B=90°$인 직각삼각형 ABC에서 $\cos A$의 값은?

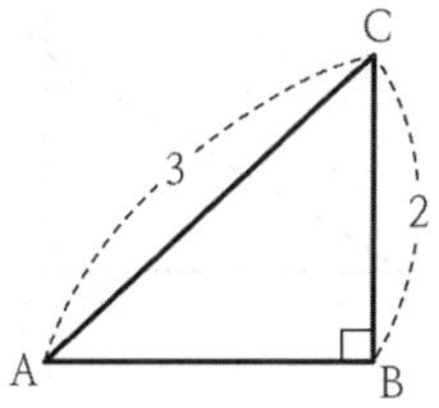

① $\frac{\sqrt{5}}{3}$ ② $\frac{2}{3}$

③ $\frac{3}{2}$ ④ $\frac{3\sqrt{5}}{5}$

32 직각삼각형 ABC에서 삼각비의 값이 옳지 <u>않은</u> 것은?

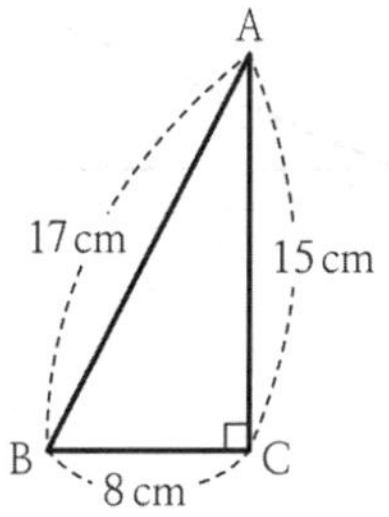

① $\sin A=\frac{8}{17}$ ② $\sin B=\frac{15}{17}$

③ $\tan B=\frac{17}{15}$ ④ $\tan A=\frac{8}{15}$

33 그림과 같이 $\angle C = 90°$인 직각삼각형 ABC에서 $\tan B$의 값은?

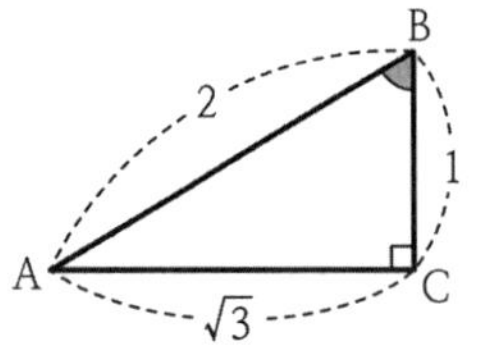

① $\frac{\sqrt{3}}{3}$　　② $\sqrt{3}$

③ $\frac{2}{2}$　　④ $\frac{\sqrt{3}}{2}$

34 그림과 같이 $\angle B = 90°$인 직각삼각형 ABC에서 $\tan A$의 값은?

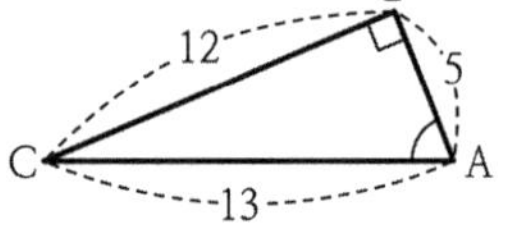

① $\frac{5}{12}$　　② $\frac{5}{13}$

③ $\frac{13}{5}$　　④ $\frac{12}{5}$

35 직각삼각형 ABC에서 $\sin B \times \cos B$의 값은?

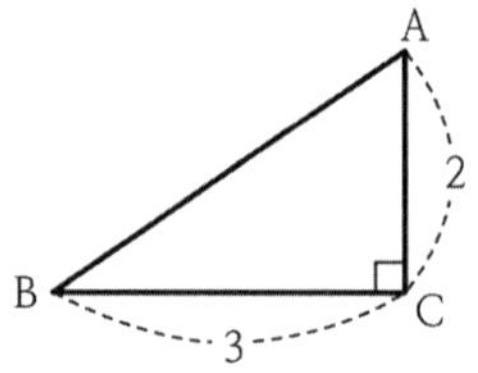

① $\frac{5}{13}$　　② $\frac{6}{13}$

③ $\frac{9}{13}$　　④ $\frac{11}{13}$

36 $\angle C = 90°$인 직각삼각형에서 $\cos A - \cos B$ 의 값은?

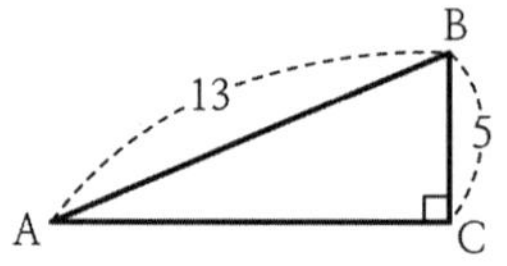

① $\frac{4}{13}$　　② $\frac{5}{13}$

③ $\frac{6}{13}$　　④ $\frac{7}{13}$

37 $\angle C = 90°$인 직각삼각형 ABC에서 $\sin A + \cos A$의 값은?

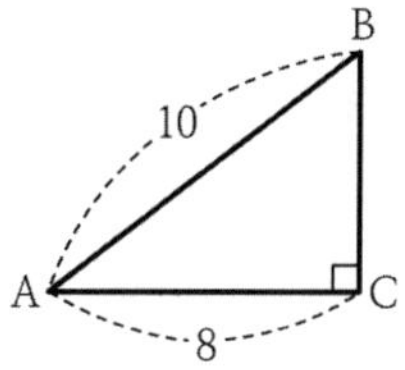

① $\frac{4}{5}$　② $\frac{6}{5}$

③ $\frac{7}{5}$　④ $\frac{9}{5}$

38 $\angle C = 90°$인 직각삼각형 ABC에서 $\cos A = \frac{3}{5}$일 때, $\overline{AC}$의 길이를 구하면?

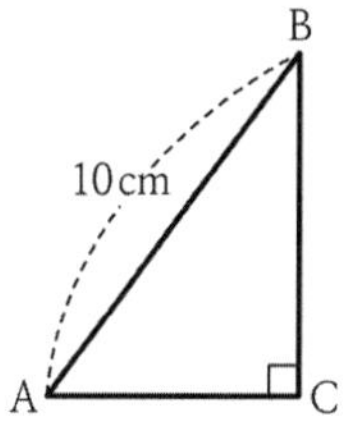

① 5cm　② 6cm

③ 7cm　④ 8cm

39 $\angle C = 90°$인 직각삼각형 ABC에서 $\tan B$의 값은?

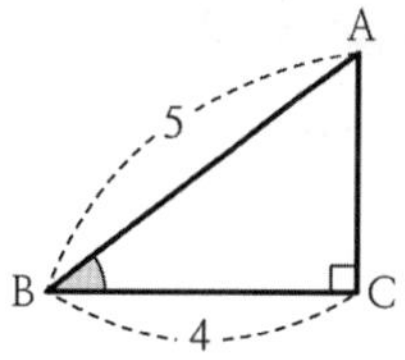

① $\frac{3}{5}$　② $\frac{3}{4}$

③ $\frac{4}{5}$　④ 1

40 한 변의 길이가 10cm인 정삼각형 ABC의 꼭짓점 A에서 변 BC에 내린 수선의 발을 D라 할 때, 정삼각형 ABC의 높이를 구하면?

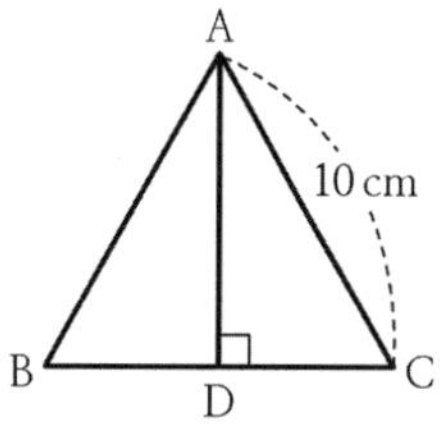

① 5cm　② $5\sqrt{2}$cm

③ $5\sqrt{3}$cm　④ 8cm

PART

VIII

원의 성질

원의 중심에서 현에 내린 수선의 길이와 현의 길이를 구할 수 있도록 학습하고, 한 원에서 중심각과 원주각 사이의 관계를 이용하여 각의 크기를 구할 수 있도록 학습하는 단원이다. 매회마다 마지막 문제로 출제가 되고 있으니 기출문제 위주로 반복해서 학습하도록 한다.

01 현과 호

- 원의 중심에서 현에 내린 수선의 성질에 대해 이해한다.
- 원의 중심에서 현에 내린 수선의 길이와 현의 길이를 구할 수 있도록 한다.

1 원의 중심과 현

원 O의 한 현 AB에 대하여 $\overline{OA}=\overline{OB}$ (원의 반지름)이므로 △OAB는 현 AB를 밑변으로 하는 이등변삼각형이다.

이등변삼각형에서 밑변의 수직이등분선은 꼭지각을 이등분하므로 현 AB의 수직이등분선은 원 O의 중심을 지난다.

마찬가지로 이등변삼각형 OAB의 꼭짓점 O에서 밑변 AB에 내린 수선 OM은 $\overline{AB}$를 이등분한다.

원의 중심에서 현에 내린 수선은 그 현을 이등분한다.

필/수/개/념/정/리

원의 중심과 현의 수직이등분선

① 현의 수직이등분선은 그 원의 중심을 지난다.

② 원의 중심에서 현에 내린 수선은 그 현을 이등분한다.

예제 01

원 O에서 x를 구하여라.

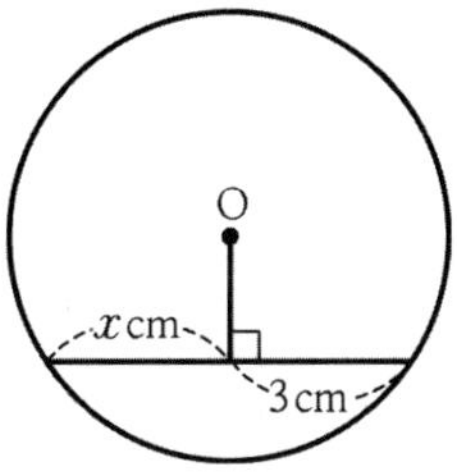

원의 중심 O에서 현에 내린 수선은 현을 이등분하므로

$\therefore x=3$

예제 02

그림과 같이 반지름의 길이가 8cm인 원 O의 중심에서 현 AB에 내린 수선의 발을 M이라고 하자.

$\overline{OM}=4$cm일 때, 현 AB의 길이를 구하여라.

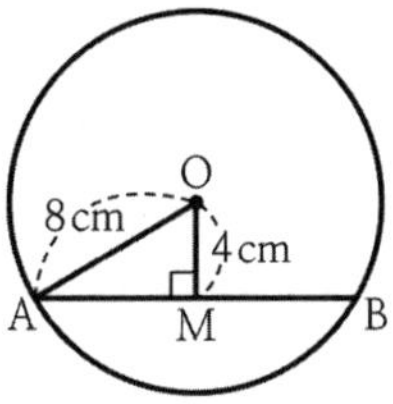

직각삼각형 OAM에서 피타고라스 정리에 의하여 $\overline{AM}^2+\overline{OM}^2=\overline{AO}^2$

$\overline{AM}^2+4^2=8^2$ ➔ $\overline{AM}^2=8^2-4^2$ ➔ $\overline{AM}^2=64-16=48$

선분의 길이는 항상 양수이므로 $\overline{AM}=\sqrt{48}=4\sqrt{3}$

원의 중심에서 현에 내린 수선은 그 현을 이등분하므로

$\overline{AM}$, $\overline{BM}$의 길이는 같다.

$\overline{AB}=\overline{AM}+\overline{BM}=\overline{AM}+\overline{AM}=2\overline{AM}$

$\therefore \overline{AB}=2\times4\sqrt{3}=8\sqrt{3}$ (cm)

2 원의 중심과 현의 길이

원 O의 중심에서 같은 거리에 있는 두 현 AB, CD에 내린 수선의 발을 각각 M, N이라고 하면

$\triangle OAM$과 $\triangle OCN$에서

$\angle OMA = \angle ONC = 90°$

$\overline{OA} = \overline{OC}$ (원 O의 반지름)

$\overline{OM} = \overline{ON}$이므로 $\triangle OAM \equiv \triangle OCN$(RHS 합동)이다.

그러므로 $\overline{AM} = \overline{CN}$이다. 이때 $\overline{AB} = 2\overline{AM}$, $\overline{CD} = 2\overline{CN}$

$2\overline{AM} = 2\overline{CN}$ ➜ $\overline{AB} = \overline{CD}$

원 O의 중심으로부터 같은 거리에 있는 두 현 AB, CD의 길이는 서로 같다.

필/수/개/념/정/리

원의 중심과 현의 길이

① 한 원에서 중심으로부터 같은 거리에 있는 두 현의 길이는 서로 같다.

② 한 원에서 길이가 같은 두 현은 원의 중심으로부터 서로 같은 거리에 있다.

예제 03

그림에서 x의 값을 구하여라.

❶

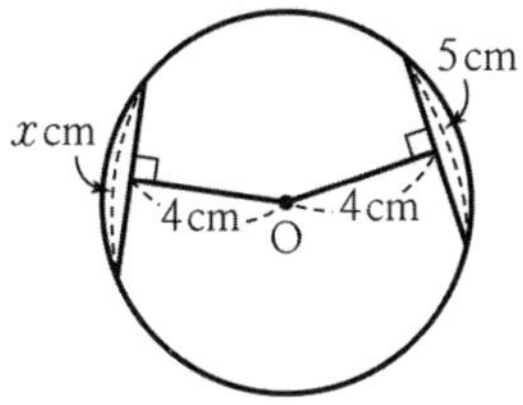

원의 중심으로부터 같은 거리(4cm)에 있으므로
$\therefore x=5$

❷

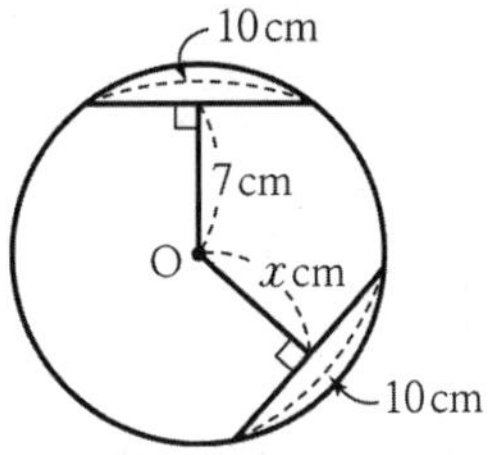

원에서 길이가 같은 두 현(10cm)은 원의 중심으로부터 같은 거리에 있다. $\therefore x=7$

예제 04

그림에서 $\angle B$의 크기를 구하여라.

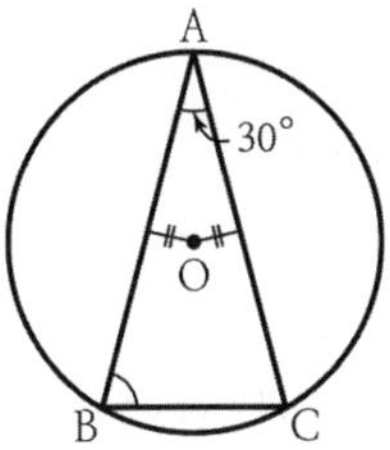

원 O의 중심으로부터 같은 거리에 있으므로 두 현 AB, AC의 길이는 같다.
$\overline{AB}=\overline{AC}$이므로 $\triangle ABC$는 이등변삼각형이다.
이등변삼각형의 두 밑각의 크기는 같으므로 $\angle B=\angle C$,
삼각형의 세 내각의 합은 180°이므로
$30°+\angle B+\angle C=180°$ ➜ $\angle B+\angle C=180°-30°=150°$
➜ $2\angle B=150°$ $\therefore \angle B=75°$

02 원의 접선

• 원의 접선의 여러 가지 성질을 이용하여 선분의 길이를 구한다.

1 원의 접선의 성질 Ⅰ

원 O의 외부에 있는 한 점 P에서 원 O에 그을 수 있는 접선은 2개이다.

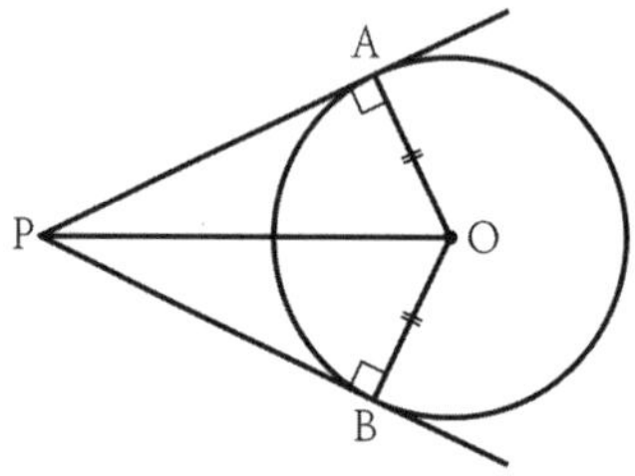

위의 그림의 $\triangle PAO$와 $\triangle PBO$에서

$\angle PAO = \angle PBO = 90°$

$\overline{OA} = \overline{OB}$ (원 O의 반지름)

$\overline{OP}$는 공통인 변이므로

직각삼각형의 합동 조건(RHS)에 따라 $\triangle PAO \equiv \triangle PBO$이다.

두 삼각형이 합동이므로 $\overline{PA} = \overline{PB}$이다.

점 P에서 원 O에 그은 두 접선의 길이는 서로 같다.

| 참고 | 원의 접선은 원과 한 점에서 만나는 직선이고 반지름에 수직이다.

필/수/개/념/정/리

원의 접선의 성질

원 O 밖의 한 점 P에서 이 원에 그은 두 접선의 접점을 각각 A, B라고 하면

$$\overline{PA} = \overline{PB}$$

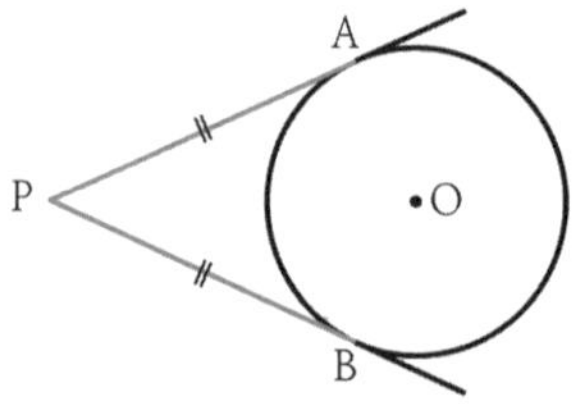

예제 01

그림에서 x를 구하여라.

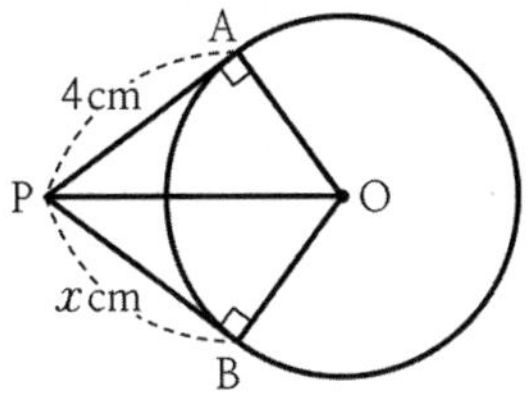

원 O 밖의 한 점 P에서 그 원에 그은
두 접선의 길이 $\overline{PA}$와 $\overline{PB}$는 같으므로 $\overline{PA}=\overline{PB}=4\text{cm}$
$\therefore x=4$

예제 02

그림과 같이 반지름의 길이가 5cm인 원 O 밖의 한 점 P에 대하여 $\overline{OP}=13\text{cm}$이다.
두 점 A, B는 점 P에서 원 O에 그은 두 접선의 접점일 때, $\overline{PA}$의 길이를 구하여라.

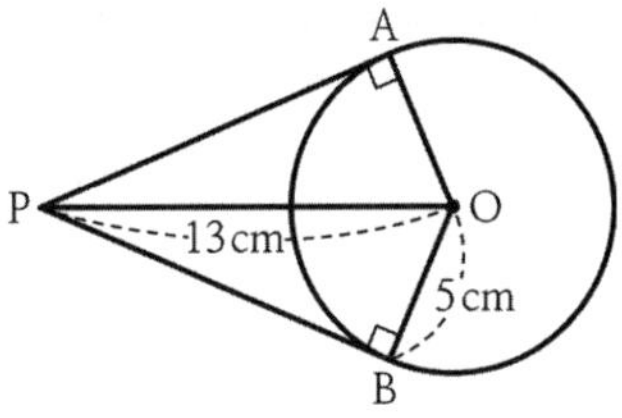

$\overline{PB}$는 원 O의 접선이므로 $\angle PBO=90°$
$\triangle OBP$는 직각삼각형이므로 피타고라스 정리에 의하여
$\overline{PB}^2+\overline{OB}^2=\overline{OP}^2 \rightarrow \overline{PB}^2+5^2=13^2 \rightarrow \overline{PB}^2=13^2-5^2$
$\rightarrow \overline{PB}^2=169-25=144$
변의 길이는 양수이므로 $\overline{PB}=\sqrt{144}=12$
원 O 밖의 한 점 P에서 그 원에 그은 두 접선의 길이
$\overline{PA}$와 $\overline{PB}$는 같으므로 $\therefore \overline{PA}=\overline{PB}=12\text{cm}$

2 원의 접선의 성질 Ⅱ 심화 과정

원에 외접하는 사각형의 두 쌍의 대변의 길이의 합은 같다.

□ABCD는 원 O에 외접하고 네 점 P, Q, R, S는 그 접점일 때,

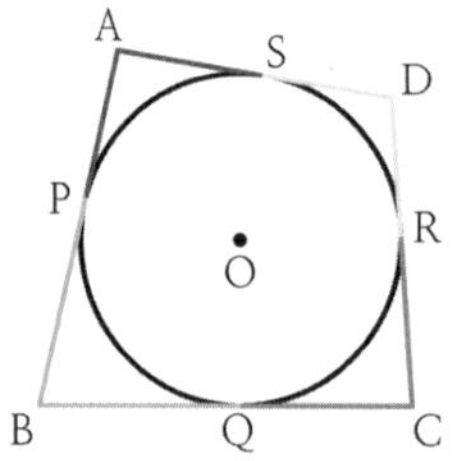

← $\overline{AB}+\overline{CD}=\overline{AD}+\overline{BC}$

예제 03

그림과 같이 원이 □ABCD에 내접할 때, $\overline{CD}$의 길이를 구하여라.

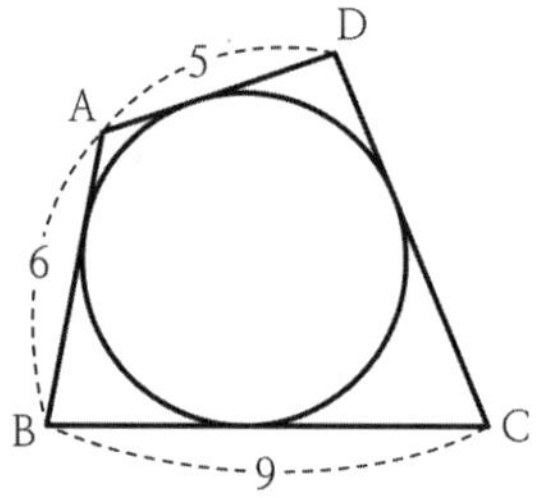

원에 외접하는 사각형은 $\overline{AB}+\overline{CD}=\overline{AD}+\overline{BC}$이므로

$6+\overline{CD}=5+9$ ➜ $6+\overline{CD}=14$ ➜ $\overline{CD}=14-6=8$

$\therefore \overline{CD}=8$

03 원주각의 성질

- 원주각과 중심각 사이의 관계, 원주각과 호의 관계를 익힌다.
- 중심각과 원주각 사이의 관계를 이용하여 각의 크기를 구할 수 있도록 한다.

1 원주각과 중심각의 크기

원 O에서 호 AB 위에 있지 않은 원 위의 한 점을 P라고 할 때, ∠APB를 호 AB에 대한 원주각이라 하고, 호 AB를 원주각 ∠APB에 대한 호라고 한다.

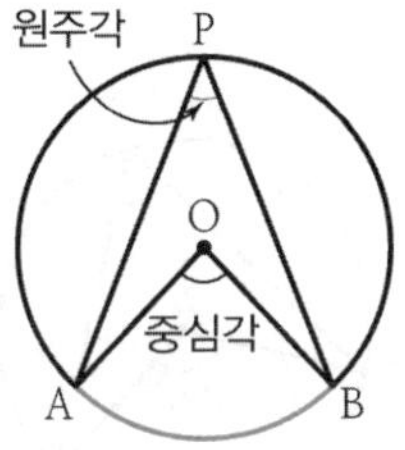

한 호에 대한 원주각은 여러 개이지만 그 호에 대한 중심각은 하나이므로 한 호에 대한 원주각의 크기는 모두 같다.

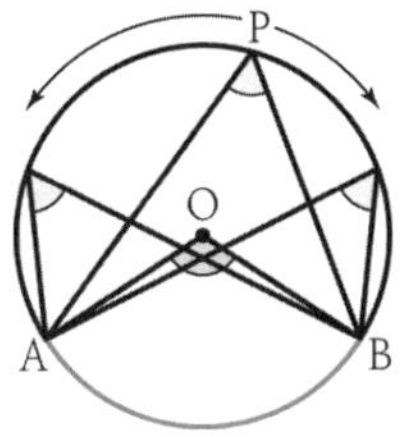

호 AB가 반원일 때, 중심각 ∠AOB의 크기는 180°이므로 반원에 대한 원주각 ∠APB의 크기는 90°이다.

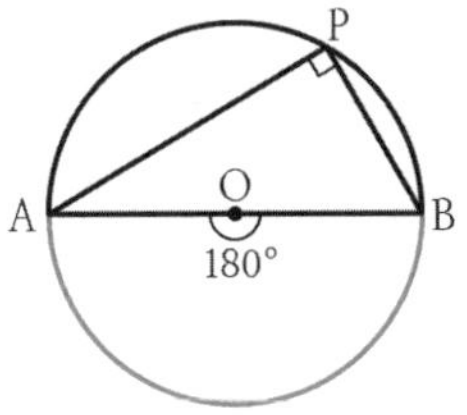

필/수/개/념/정/리

원주각과 중심각의 크기

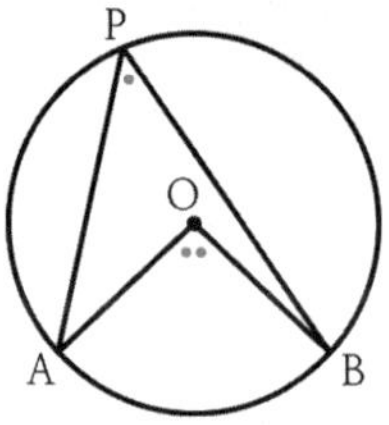

① 한 원에서 한 호에 대한 원주각의 크기는 그 호에 대한 중심각의 크기의 $\frac{1}{2}$ 이다.

$$\angle APB = \frac{1}{2}\angle AOB$$

② 한 원에서 한 호에 대한 원주각의 크기는 모두 같다.

예제 01

원 O에서 $\angle APB$의 크기를 구하여라.

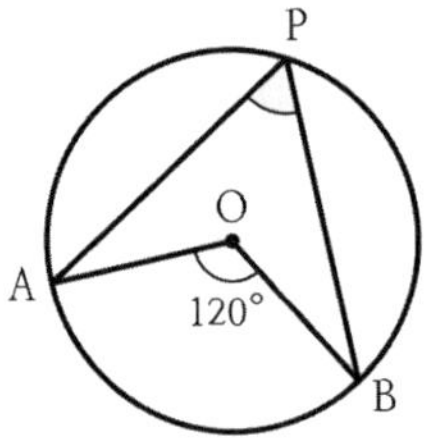

원 O에서 한 호에 대한 원주각의 크기는 그 호에 대한 중심각의 크기의 $\frac{1}{2}$ 이므로

$\angle APB = 120° \times \frac{1}{2} = 60°$

2 원주각의 크기와 호의 길이 I

원 O에서 두 호 AB, CD의 길이가 같으면
두 중심각 ∠AOB, ∠COD의 크기는 서로 같고,
중심각에 대한 원주각의 크기는 중심각의 크기의 $\frac{1}{2}$이므로
두 원주각 ∠APB, ∠CQD의 크기도 서로 같다.
거꾸로 원 O에서 두 원주각 ∠APB, ∠CQD의 크기가 같으면
그 원주각에 대한 중심각 ∠AOB, ∠COD의 크기는 2배로 같으므로
두 호 AB, CD의 길이도 서로 같다.

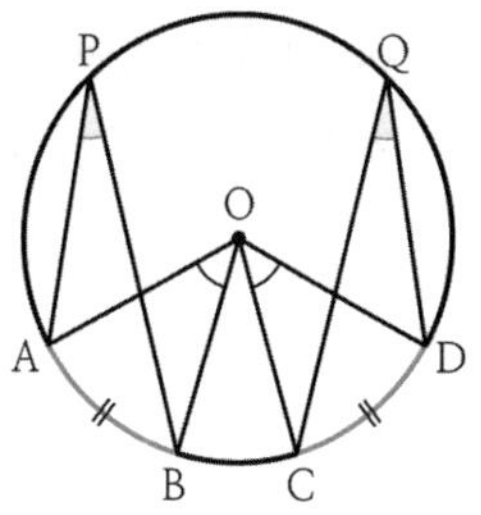

필/수/개/념/정/리

원주각의 크기와 호의 길이

① 한 원에서 길이가 같은 호에 대한 원주각의 크기는 서로 같다.
② 한 원에서 크기가 같은 원주각에 대한 호의 길이는 서로 같다.

예제 02

다음 그림에서 x의 값을 구하여라.

❶

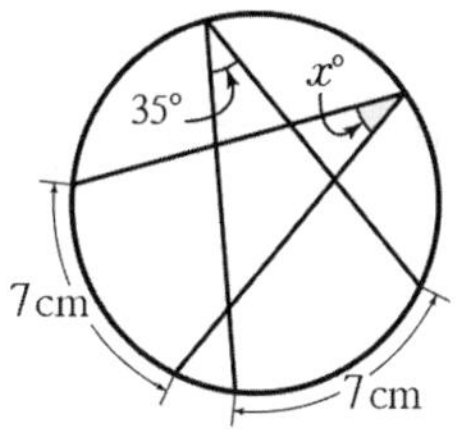

길이가 같은 호(7cm)에 대하여 원주각의 크기는 서로 같으므로 $x=35$

❷

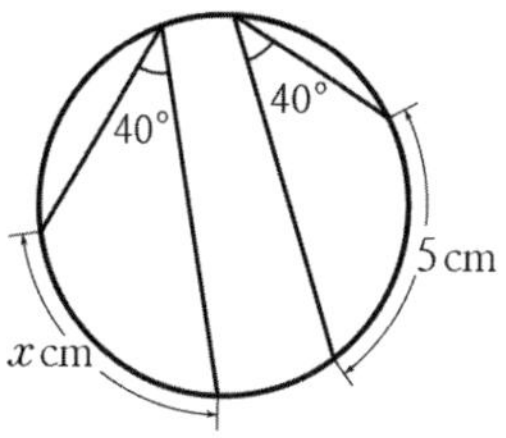

크기가 같은 원주각(40°)에 대하여 호의 길이는 서로 같으므로 $x=5$

3 원주각의 크기와 호의 길이 Ⅱ

한 원에서 호의 길이는 그 호에 대한 중심각의 크기에 정비례하므로 호의 길이와 그 호에 대한 원주각의 크기도 정비례한다.

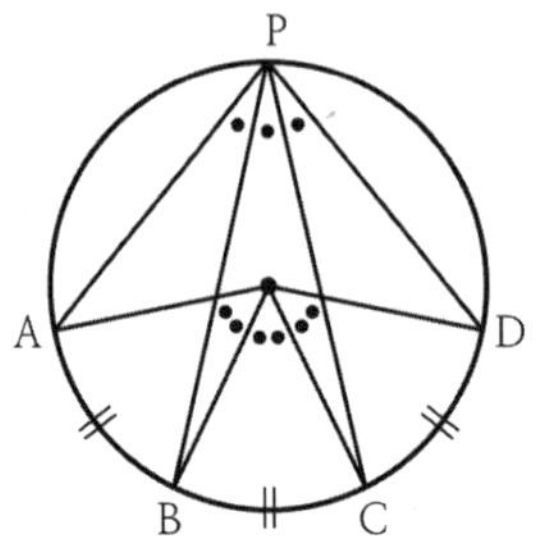

예제 03

다음 그림에서 x의 값을 구하여라.

❶

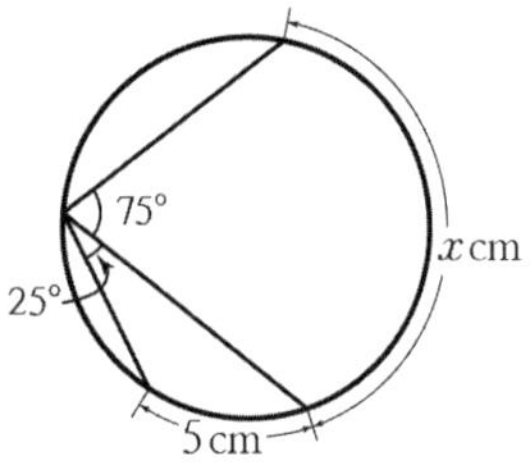

호의 길이와 그 호에 대한 원주각의 크기는 정비례하므로
$25° : 75° = 1 : 3$, 호의 길이도 $1 : 3$이다.
$1 : 3 = 5\text{cm} : x\text{cm}$
➜ $1 \times x\text{cm} = 3 \times 5\text{cm}$
➜ $x\text{cm} = 15\text{cm}$
$\therefore x = 15$

❷

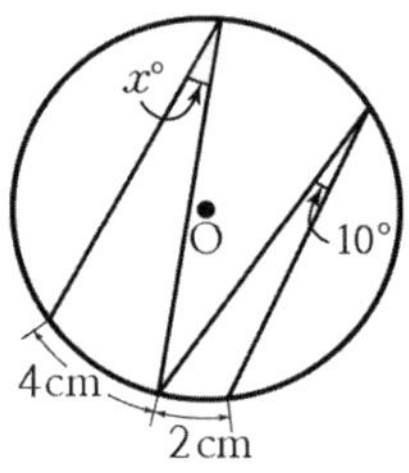

호의 길이와 그 호에 대한 원주각의 크기는 서로 정비례하므로
$2\text{cm} : 4\text{cm} = 1 : 2$, 원주각의 크기도 $1 : 2$이다.
$1 : 2 = 10° : x°$
➜ $1 \times x° = 2 \times 10°$
➜ $x° = 20°$
$\therefore x = 20$

04 원주각의 활용

• 원주각의 성질을 이용하여 원에 내접하는 사각형의 성질을 익힌다.

1 네 점이 한 원 위에 있을 조건

아래 그림에서 $\angle \mathrm{ACB}$와 $\angle \mathrm{ADB}$는 모두 호 AB에 대한 원주각이므로 $\angle \mathrm{ACB}=\angle \mathrm{ADB}$이다.

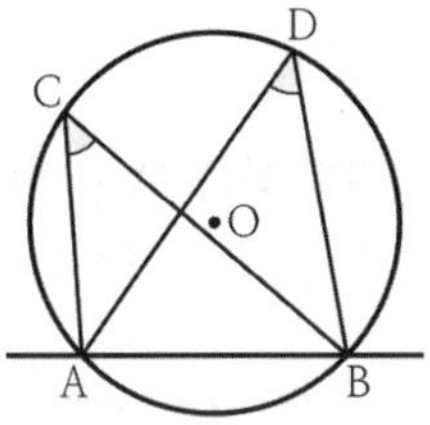

필/수/개/념/정/리

네 점이 한 원 위에 있을 조건

두 점 C, D가 직선 AB에 대하여 같은 쪽에 있을 때,

$\angle \mathrm{ACB}=\angle \mathrm{ADB}$

이면 네 점 A, B, C, D는 한 원 위에 있다.

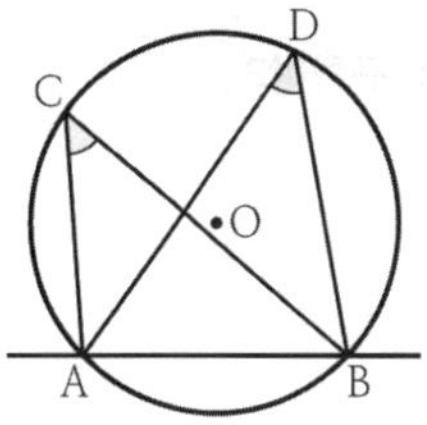

2 원에 내접하는 사각형

다음 그림과 같이 원 O에 내접하는 □ABCD에서 원주각 $\angle \mathrm{BAD}$와 $\angle \mathrm{BCD}$에 대한 중심각의 크기를 각각 $a°$, $b°$라 하면 원주각의 크기는 중심각의 크기의 $\frac{1}{2}$이므로

$\angle \mathrm{A}+\angle \mathrm{C}=\frac{1}{2}a°+\frac{1}{2}b°=\frac{1}{2}(a°+b°)$

$a°+b°=360°$ → $\angle \mathrm{A}+\angle \mathrm{C}=180°$이다.

마찬가지 방법으로 $\angle \mathrm{B}+\angle \mathrm{D}=180°$이다.

그러므로 원에 내접하는 사각형의 한 쌍의 대각의 크기의 합은 항상 180°이다

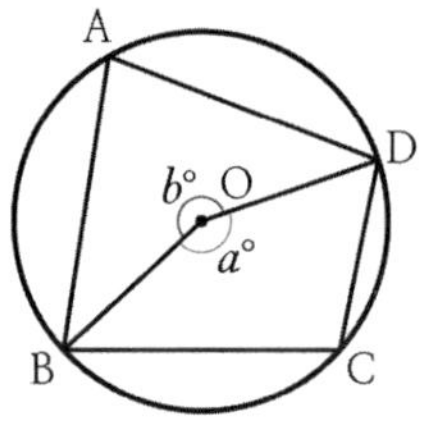

필/수/개/념/정/리

원에 내접하는 사각형

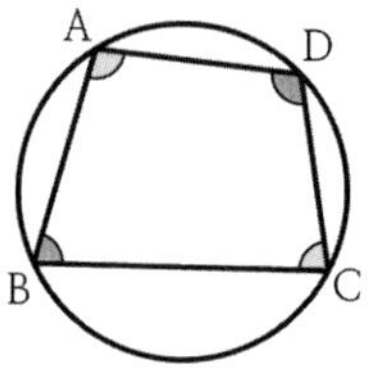

원에 내접하는 사각형에서 마주 보는 두 각의 크기의 합은 180°이다. 즉,

$$\angle A + \angle C = 180°,\ \angle B + \angle D = 180°$$

예제 01

그림에서 $\angle A$의 크기를 구하여라.

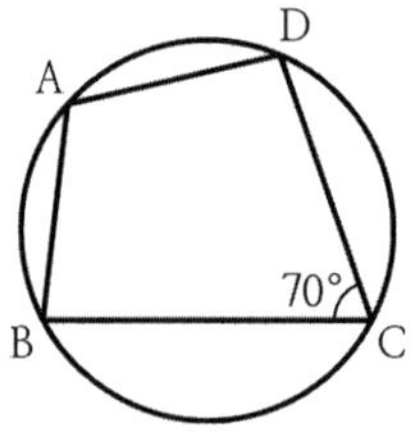

원에 내접하는 사각형 ABCD에서 마주 보는 두 각의 크기의 합은 180°, $\angle C = 70°$이므로

$\angle A + \angle C = 180°$ ➜ $\angle A + 70° = 180°$ ➜ $\angle A = 180° - 70° = 110°$

$\therefore \angle A = 110°$

3 접선과 현이 이루는 각

∠BAT가 직각, 예각, 둔각일 때 그 크기는 ∠BPA의 크기와 같다.
즉, 아래 세 그림 모두 ∠BAT = ∠BPA

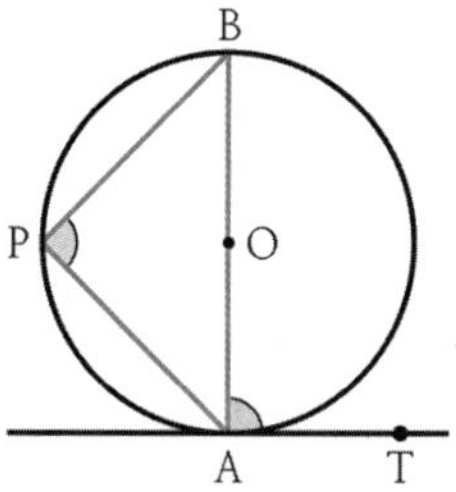

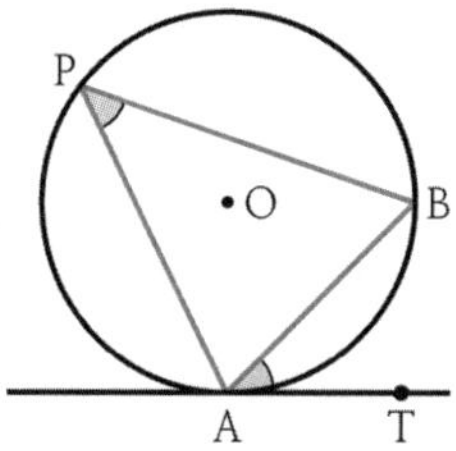

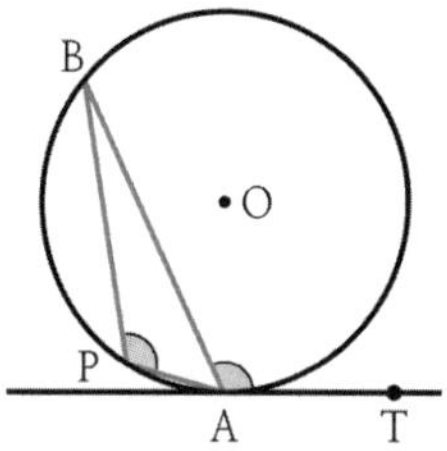

필/수/개/념/정/리

접선과 현이 이루는 각

원의 접선과 그 접점을 지나는 현이 이루는 각의 크기는 그 각의 내부에 있는 호에 대한 원주각의 크기와 같다.
즉, ∠BPA = ∠BAT

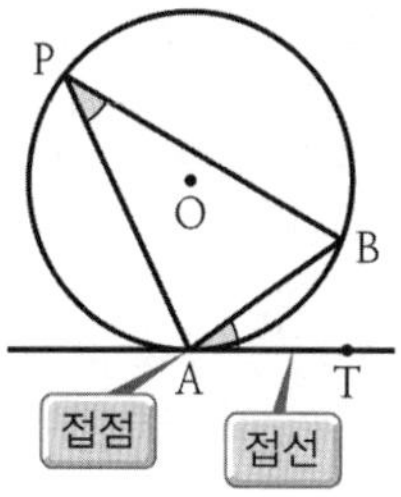

예제 02

그림에서 직선 AT는 원 O의 접선이고 점 A는 접점일 때, ∠x의 크기를 구하여라.

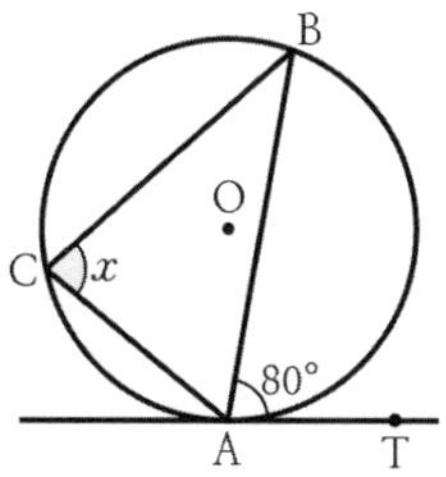

∠BAT = ∠BCA 이므로 ∠BAT = 80° → ∠BCA = 80°
∴ ∠x = 80°

예제 03

다음 그림에서 직선 AT가 원 O의 접선일 때, x, y의 값을 각각 구하여라.

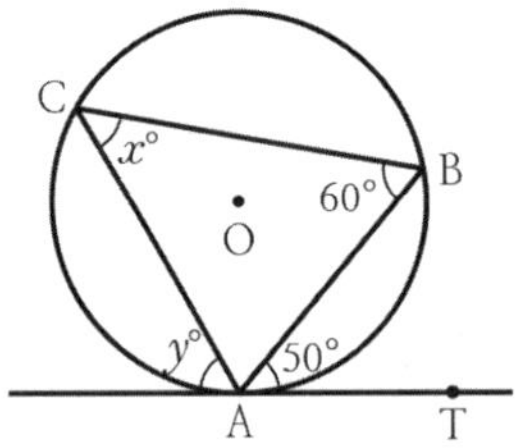

$\angle BAT = \angle BCA$이므로 $\angle BAT = 50°$ ➜ $\angle BCA = 50°$

$\therefore x = 50$

마찬가지로 $\angle CBA$와 $\angle y$도 같다.

$\angle CBA = 60°$ ➜ $\angle y = 60°$ $\therefore y = 60$

PART VIII

적중 예상 문제

정답 및 해설 55p

01 그림과 같이 원의 중심 O에서 현 AB에 내린 수선의 발을 M이라고 하자. $\overline{OA} = 10cm$, $\overline{OM} = 6cm$일 때, 현 $\overline{AB}$의 길이는?

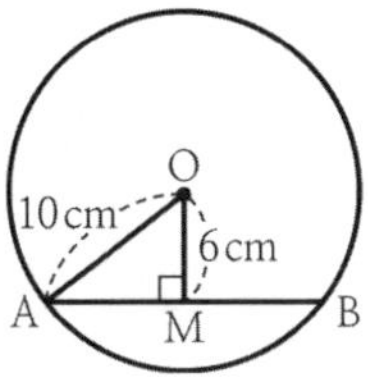

① 12cm　② 14cm
③ 16cm　④ 18cm

02 그림의 원 O에서 x의 값은?

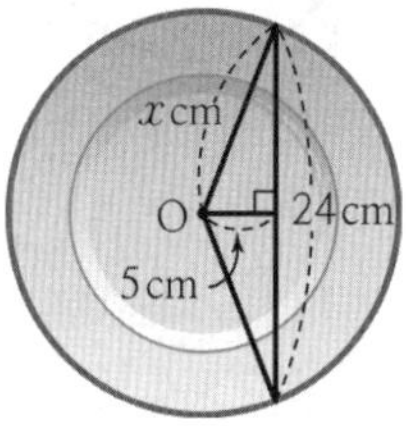

① 13　② 14
③ 15　④ 16

03 그림의 원 O에서 x의 값은?

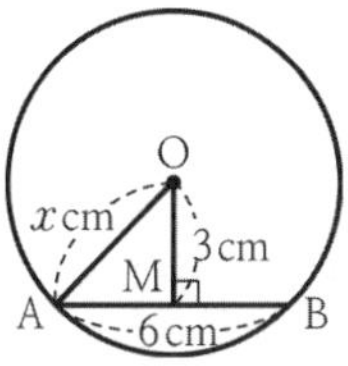

① 3　② $3\sqrt{2}$
③ $3\sqrt{3}$　④ 4

04 그림의 원 O에서 x의 값은?

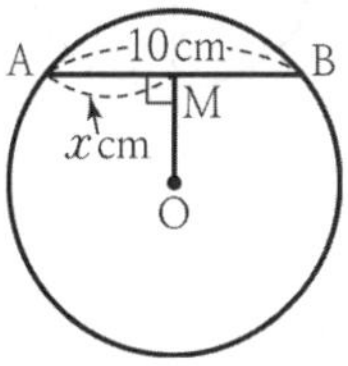

① 3　② 4
③ 5　④ 6

05 그림의 원 O에서 x의 값은?

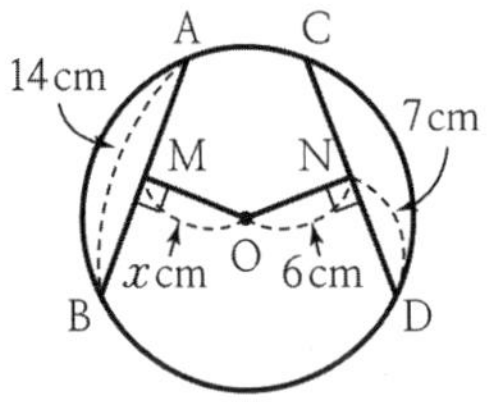

① 3　② 4　③ 5　④ 6

06 그림과 같이 원 O의 중심에서 현 AB에 내린 수선의 발을 M이라고 할 때, $\overline{OM}=8$cm, $\overline{AB}=30$cm이다. $\overline{AM}$의 길이는?

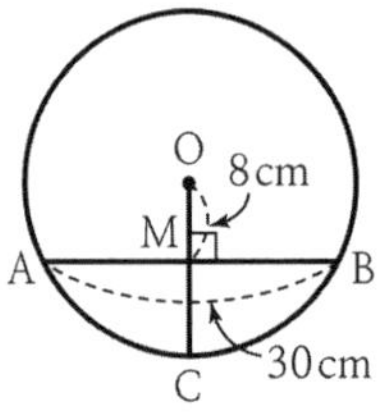

① 10cm　② 15cm　③ 20cm　④ 25cm

07 그림의 원 O에서 x의 값은?

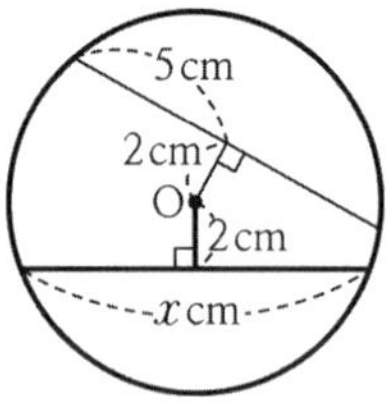

① 6　② 8　③ 10　④ 12

08 그림과 같이 원 O에서 $\overline{OM}=\overline{ON}$일 때, $\overline{CD}$의 길이를 구하면?

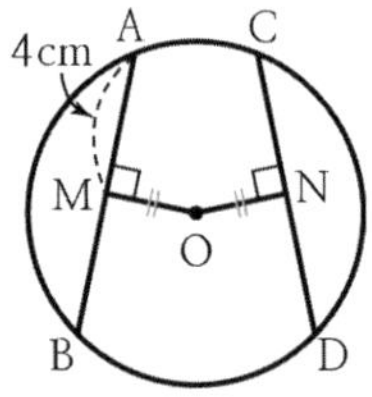

① 5cm　② 6cm　③ 7cm　④ 8cm

09 그림에서 두 점 A, B는 점 P에서 그은 두 접선의 접점이다. $\overline{PB}=12\text{cm}$일 때, x의 값은?

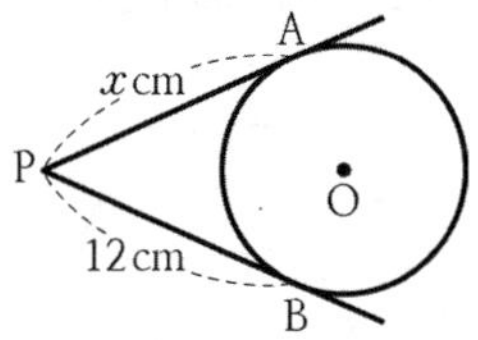

① 10 ② 11
③ 12 ④ 13

10 그림에서 세 점 A, B, C는 원 O의 접점일 때, x의 값은?

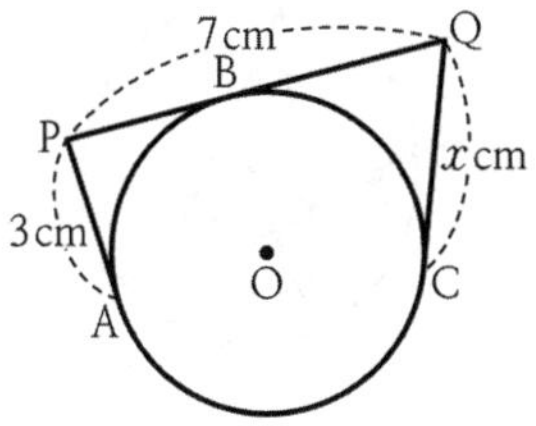

① 4 ② 4.5
③ 5 ④ 5.5

11 그림에서 원 O는 △ABC에 내접하고, 세 점 D, E, F는 접점이고, $\overline{BC}=18\text{cm}$, $\overline{AC}=15\text{cm}$, $\overline{CF}=9\text{cm}$일 때, $\overline{AD}$의 길이는?

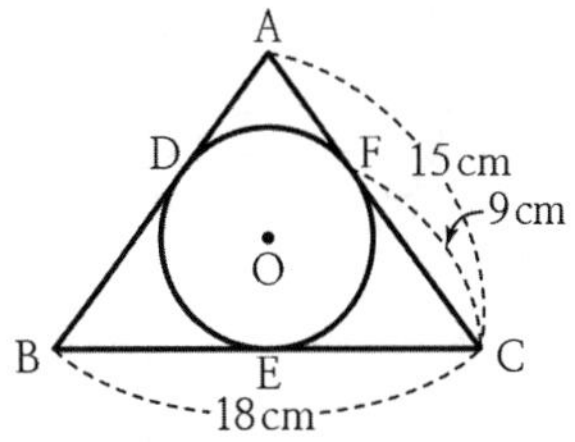

① 4cm ② 5cm
③ 6cm ④ 7cm

12 그림에서 원 I는 △ABC에 내접하고, 세 점 D, E, F는 접점이다. $\overline{FC}$의 길이를 구하면?

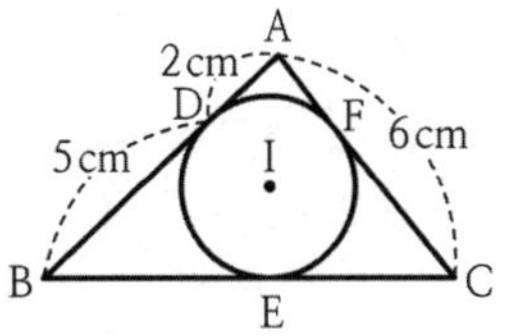

① 4cm ② 5cm
③ 6cm ④ 7cm

13 그림의 원 O에서 호 AB에 대한 원주각 $\angle APB = 52°$일 때, 중심각 $\angle AOB$의 크기는?

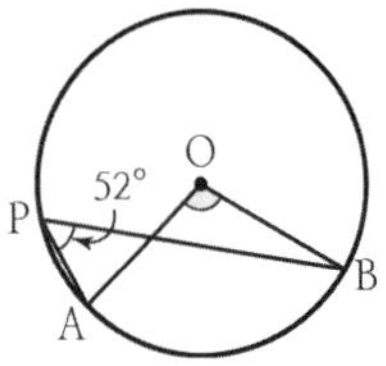

① 100° ② 102°
③ 104° ④ 106°

심화 과정

14 그림의 원 O에서 $\angle x$의 크기는?

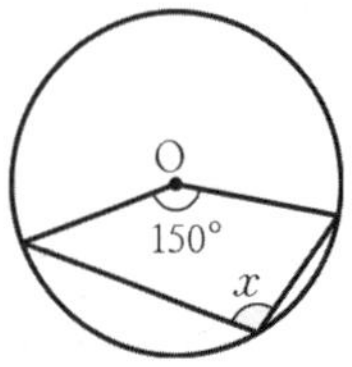

① 90° ② 95°
③ 100° ④ 105°

15 그림과 같이 원 O에서 호 AB에 대한 중심각 $\angle AOB$의 크기가 120°일 때,
원주각 $\angle APB$의 크기는?

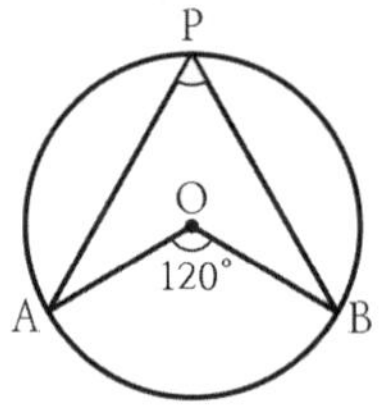

① 40° ② 50°
③ 60° ④ 70°

16 그림의 원 O에서 $\angle x$ 와 $\angle y$의 크기는?

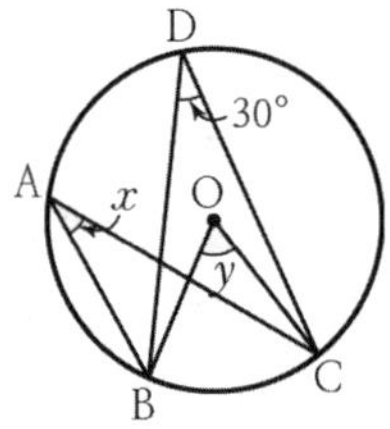

① $\angle x = 30°$, $\angle y = 70°$
② $\angle x = 30°$, $\angle y = 60°$
③ $\angle x = 40°$, $\angle y = 60°$
④ $\angle x = 40°$, $\angle y = 70°$

17 그림의 원 O에서 $\angle x$의 크기는?

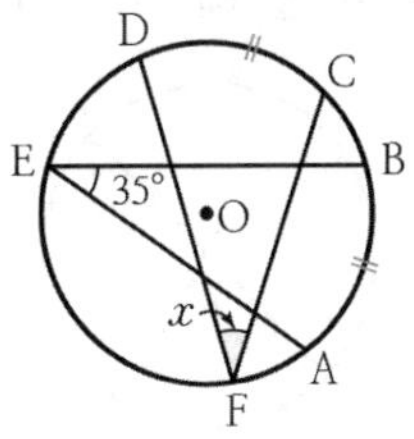

① 30°　② 35°
③ 40°　④ 45°

18 그림과 같이 현 AB는 원 O의 지름이다. 호 AB에 대한 원주각 $\angle$ACB의 크기는?

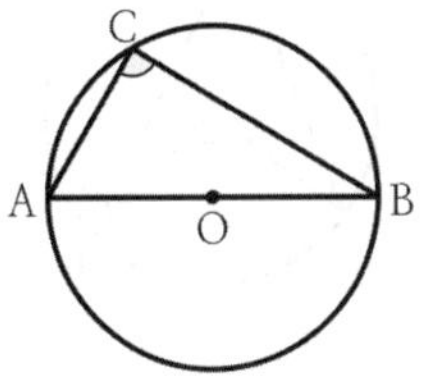

① 90°　② 95°
③ 100°　④ 105°

19 그림과 같이 원 O에서 $\angle$APB는 호 AB에 대한 원주각이고, 선분 AB는 지름이다. $\angle x$의 크기는?

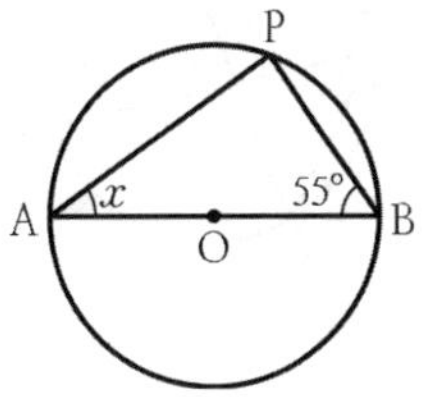

① 20°　② 25°
③ 30°　④ 35°

20 원에서 점 O가 중심일 때, $\angle x$의 크기는?

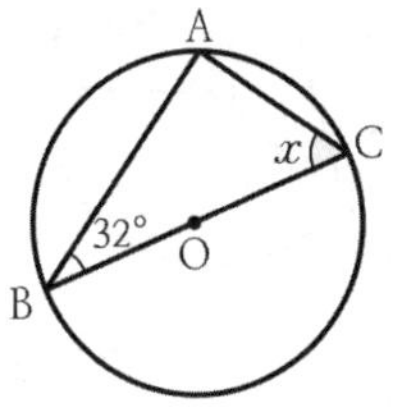

① 54°　② 56°
③ 58°　④ 60°

21 그림의 원 O에서 $\angle x$의 크기는?

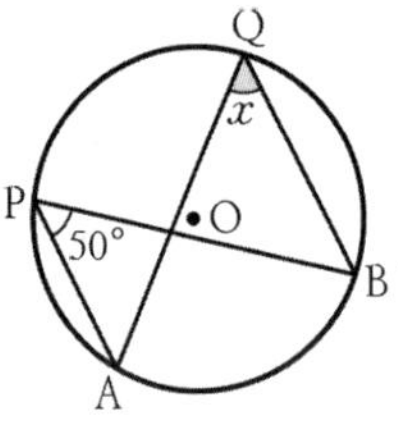

① 45° ② 50°
③ 55° ④ 60°

22 그림의 원 O에서 $\angle x$의 크기는?

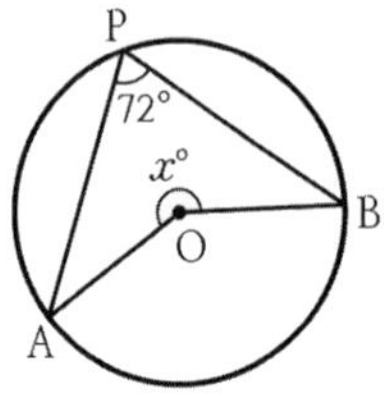

① 216° ② 220°
③ 224° ④ 228°

23 그림과 같이 $\overline{AC}$가 지름인 원 O에서 $\angle ACB = 40°$일 때, $\angle x$의 크기는?

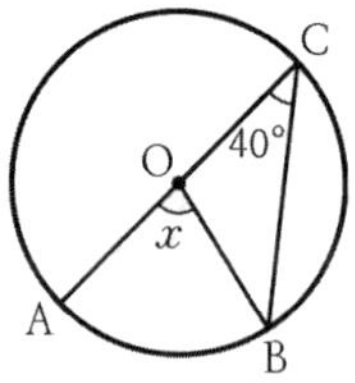

① 50° ② 60°
③ 70° ④ 80°

24 그림과 같이 원 O에서 $\angle AOB = 100°$일 때, $\angle x$의 크기는?

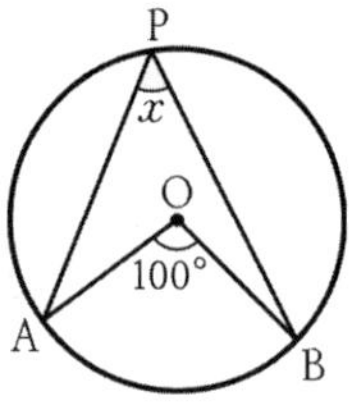

① 40° ② 50°
③ 60° ④ 70°

25 원에서 O가 원의 중심이고, $\angle A = 20°$일 때, $\angle x$의 크기는?

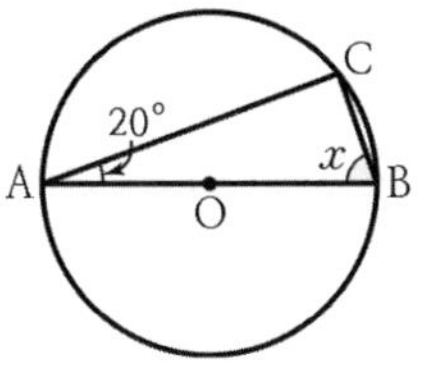

① 60°　② 70°
③ 80°　④ 90°

26 그림과 같이 원 O에 내접하는 사각형 ABCD에서 $\angle A = 100°$일 때, $\angle C$ 의 크기는?

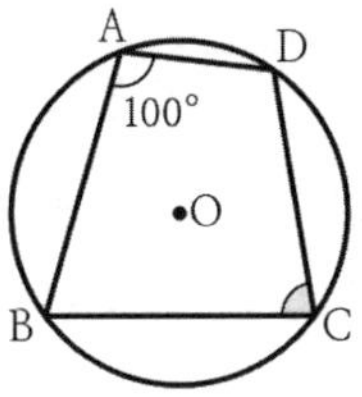

① 60°　② 70°
③ 80°　④ 90°

27 원에서 x, y의 값을 각각 구하면?

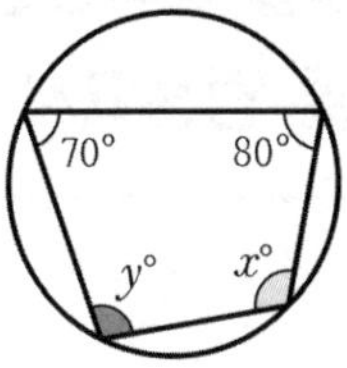

① $x = 110$, $y = 100$
② $x = 120$, $y = 100$
③ $x = 120$, $y = 110$
④ $x = 110$, $y = 120$

EBS 교육방송교재

중졸 검정고시 수학

PART IX

확률과 통계

자료들을 정리하여 줄기와 잎 그림이나 도수분포표로 표현하는 방법을 익히고, 주어진 상황에서 그에 맞는 경우의 수를 구하고, 확률을 계산하는 방법을 학습하고, 주어진 자료를 보고 대푯값인 중앙값, 최빈값을 구할 수 있도록 학습하는 단원이다. 산점도와 상관관계에 대해서도 배운다.

01 줄기와 잎 그림

• 여러 가지 자료들을 정리하여 줄기와 잎 그림으로 그릴 수 있도록 한다.

줄기(세로선의 왼쪽에 있는 수)와 잎(세로선의 오른쪽에 있는 수)을 이용하여 자료를 나타낸 그림을 줄기와 잎 그림이라고 한다.

예를 들어 구로구 체육센터에 다니는 사람들의 나이를 줄기와 잎 그림으로 표현하면 일단 나이대별로 자료를 분류한다. 그리고 세로선을 그어 왼쪽에 십의 자리의 숫자인 1, 2, 3, ⋯, 9를 쓰고, 오른쪽에 일의 자리의 숫자를 크기가 작은 순서로 쓴다.

세로선의 왼쪽에 있는 십의 자리의 숫자를 줄기, 오른쪽이 있는 일의 자리의 숫자를 잎이라고 한다. 이런 줄기와 잎을 이용하여 자료를 나타낸 그림을 줄기와 잎 그림이라 한다.

| 참고 | 잎은 항상 한 자리 수이므로 마지막 자리의 숫자로 정하고, 줄기는 잎을 제외한 나머지 숫자로 정한다.

〈A〉 사람들 나이 분류

나이대	나이
10대	17, 13, 14
20대	27, 22
30대	38
40대	43, 49, 48
50대	54, 50, 52, 51
60대	62, 68, 60

➜

〈B〉 사람들의 나이 (1 | 3은 13세)

줄기	잎
1	3 4 7
2	2 7
3	8
4	3 8 9
5	0 1 2 4
6	0 2 8

필/수/개/념/정/리

줄기와 잎 그림 그리는 순서

① 줄기와 잎을 정한다.

② 세로선을 그리고 세로선의 왼쪽에 줄기의 값을 크기순으로 쓴다.

③ 세로선의 오른쪽에 잎에 해당하는 값을 작은 것부터 크기순으로 쓴다.

④ □ | △ 가 뜻하는 것을 설명하고, 줄기와 잎 그림에 알맞은 제목을 붙인다.

예제 01

체육고등학교 민호네 반 학생들의 발 사이즈를 조사하여 만든 줄기와 잎 그림이다. 다음을 구하여라.

(25 | 8은 258mm)

줄기	잎
25	8 8 9
26	1 2 4 5 7 7 8
27	0 0 0 2 2 3 5 6 8 9
28	0 2 3 4 6 8
29	0 0 2 5

❶ 조사한 학생의 수

조사한 학생의 수는 잎의 개수와 같으므로

$3+7+10+6+4=30$(명)

❷ 발이 10번째로 큰 학생의 사이즈

마지막 줄기의 마지막 잎부터 차례로 앞으로 세어 나간다.

이때 10번째는 줄기가 28이고 잎이 0이므로,

발이 10번째로 큰 학생의 사이즈는 280mm이다.

02 자료의 정리와 해석

- 도수분포표를 바탕으로 히스토그램, 도수분포다각형을 이해하고 그릴 수 있도록 한다.
- 상대도수의 개념을 익히고, 상대도수를 이용하여 도수를 구할 수 있도록 한다.

1 도수분포표

자료를 일정한 간격으로 나눈 구간을 계급, 구간의 너비를 계급의 크기, 각 계급에 속하는 자료의 수를 그 계급의 도수라고 한다.

자료 전체를 몇 개의 계급으로 나누고, 각 계급의 도수를 조사하여 나타낸 표를 도수분포표라고 한다. 도수분포표에는 각 계급을 대표하는 값이 있다.

필/수/개/념/정/리

도수분포표 만드는 순서

① 자료의 개수, 자료 중 가장 큰 값과 가장 작은 값을 알아본다.
② 계급의 개수와 크기를 정한다.
③ 각 계급의 도수를 구한다.
④ 도수분포표에 알맞은 제목을 붙인다.

예제 01

2023년 9월 한 달 동안 전국 30개 지역의 강수량을 조사한 것이다.

190.1	183.0	64.5	67.9	231.0	25.6
193.0	91.7	86.9	38.5	27.9	56.8
10.1	33.0	42.1	40.5	47.8	112.2
62.9	221.8	105.8	77.8	52.1	61.9
25.2	102.5	19.2	31.0	48.2	48.2

→

강수량(mm)	도수
0이상 ~ 50미만	13
50 ~ 100	9
100 ~ 150	A
150 ~ 200	B
200 ~ 250	2
합계	30

❶ 위의 도수분포표에서 A, B의 값을 각각 구하여라.

두 계급 100 ~ 150, 150 ~ 200에 들어가는 자료는
각각 112.2, 105.8, 102.5와 190.1, 183.0, 193.0의 3개씩이므로
$\therefore A=3,\ B=3$

❷ 강수량이 100 mm 이상인 지역의 수를 구하여라.

수량이 100 mm 이상인 지역의 수는
계급 100 ~ 150, 150 ~ 200, 200 ~ 250의 도수의 합이므로
$3+3+2=8$(곳)

❸ 강수량이 3번째로 많은 지역의 자료가 들어가는 계급을 구하여라.

강수량이 3번째로 많은 지역의 자료가 들어가는 계급은
150 mm 이상 200 mm 미만이다.

2 히스토그램

각 계급의 크기를 가로로, 도수를 세로로 하는 직사각형으로 나타낸 그래프를 히스토그램이라고 한다. 히스토그램을 그리는 순서는

① 가로축에 각 계급의 양 끝값을 차례로 나타낸다.

② 세로축에 도수를 나타낸다.

③ 각 계급의 크기를 가로로, 도수를 세로로 하는 직사각형을 차례로 그린다.

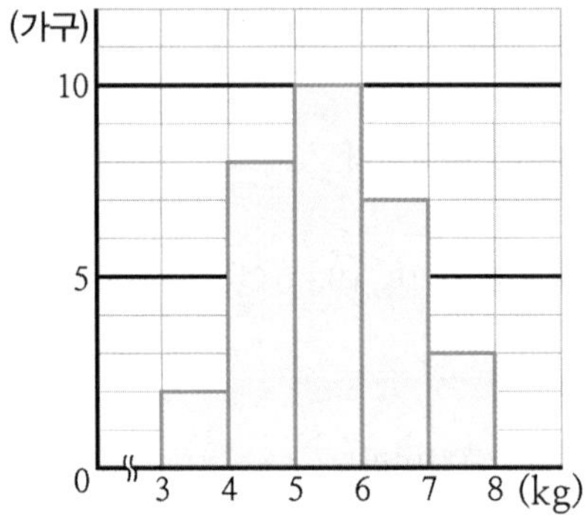

3 도수분포다각형

히스토그램에서 각 직사각형의 윗변의 중점을 차례로 선분으로 연결한 그래프를 도수분포다각형이라고 한다(단, 양 끝은 도수가 0인 계급이 하나씩 더 있는 것으로 생각하여 그린다).

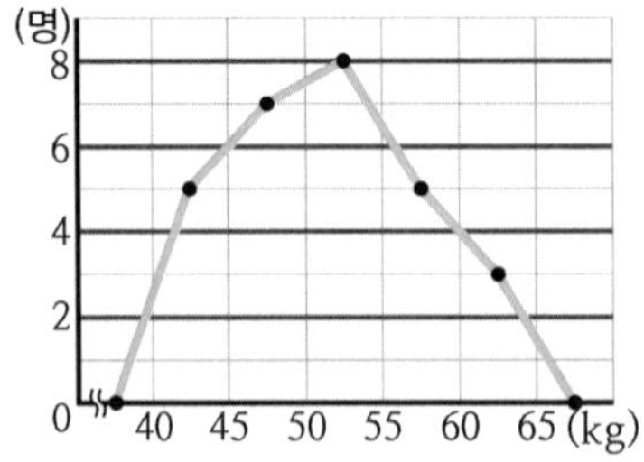

4 상대도수

전체 도수에 대한 각 계급의 도수의 비율을 그 계급의 상대도수라 한다.
상대도수를 구하는 방법은

$$(\text{각 계급의 상대도수}) = \frac{(\text{그 계급의 도수})}{(\text{전체 도수})}$$

상대도수는 항상 0과 1 사이의 소수로 나타난다.
상대도수의 합은 항상 1이다.

$$(\text{상대도수의 합}) = \frac{(\text{각 계급의 도수의 합})}{(\text{전체 도수})} = \frac{(\text{전체 도수})}{(\text{전체 도수})} = 1$$

예제 02

다음은 중학교 1학년 학생들 100명의 수학 성적을 나타낸 도수분포표이다. A를 구하여라.

점수(점)	도수(명)	상대도수
$60^{\text{이상}}$ ~ $70^{\text{미만}}$	10	A
70 ~ 80	20	0.2
80 ~ 90	30	0.3
90 ~ 100	40	0.4
합계	100	1

전체 100명, $60^{\text{이상}}$ ~ $70^{\text{미만}}$은 10명이므로 $\frac{10}{100} = 0.1$

$\therefore A = 0.1$

5 상대도수 그래프

가로축에는 계급을, 세로축에는 상대도수를 나타내어 히스토그램이나 도수분포다각형 모양으로 그린 그래프이다.

〈 등교할 때 걸리는 시간 〉

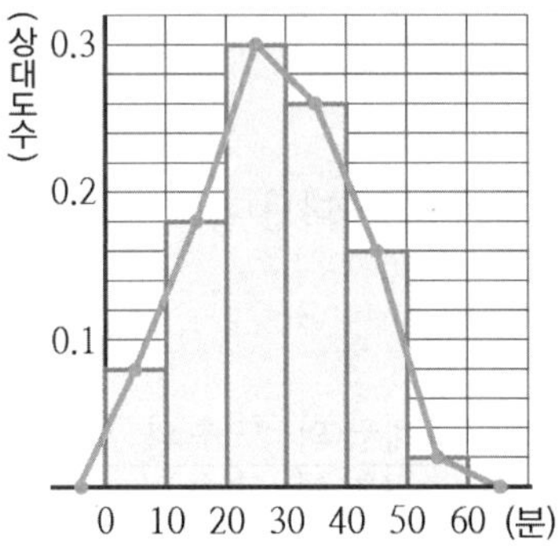

03 확률

- 주어진 상황에 따라, 그에 맞는 경우의 수를 구할 수 있도록 익힌다.
- 곱의 법칙, 합의 법칙을 이용하여 경우의 수와 확률을 구한다.

1 사건과 경우의 수

동일한 조건에서 반복할 수 있는 실험이나 관찰에 의하여 나타나는 결과를 사건, 이때 사건이 일어나는 가짓수를 경우의 수라고 한다.

예제 01

주사위를 1번 던질 때 다음 사건의 경우의 수를 구하여라.

사건	경우	경우의 수
홀수의 눈이 나온다.		3
3의 배수의 눈이 나온다.		2

2 사건 A 또는 B가 일어나는 경우의 수

사건 A가 일어나는 경우의 수가 m이고 사건 B가 일어나는 경우의 수가 n일 때,
두 사건 A와 B가 동시에 일어나지 않는다면
사건 A 또는 B가 일어나는 경우의 수는 $m+n$이다.

예제 02

두 개의 주사위 A, B를 동시에 던질 때, 두 눈의 수의 합이 3 또는 6이 되는 경우의 수를 구하여라.

A \ B	⚀	⚁	⚂	⚃	⚄	⚅
⚀	(1, 1)	(1, 2)	(1, 3)	(1, 4)	(1, 5)	(1, 6)
⚁	(2, 1)	(2, 2)	(2, 3)	(2, 4)	(2, 5)	(2, 6)
⚂	(3, 1)	(3, 2)	(3, 3)	(3, 4)	(3, 5)	(3, 6)
⚃	(4, 1)	(4, 2)	(4, 3)	(4, 4)	(4, 5)	(4, 6)
⚄	(5, 1)	(5, 2)	(5, 3)	(5, 4)	(5, 5)	(5, 6)
⚅	(6, 1)	(6, 2)	(6, 3)	(6, 4)	(6, 5)	(6, 6)

눈의 수의 합이 3이 되는 경우의 수는 (1, 2), (2, 1)의 2가지

눈의 수의 합이 6이 되는 경우의 수는 (1, 5), (2, 4), (3, 3), (4, 2), (5, 1)의 5가지

그러므로 구하는 경우의 수는 $2+5=7$

3 사건 A와 B가 동시에 일어나는 경우의 수

사건 A가 일어나는 경우의 수가 m이고 그 각각에 대하여 사건 B가 일어나는 경우의 수가 n일 때, 사건 A와 B가 동시에 일어나는 경우의 수는 $m\times n$이다.

예제 03

1에서 4까지의 숫자가 각각 적힌 4장의 카드가 있다. 2장을 뽑아 만들 수 있는 두 자리 자연수의 개수를 구하여라.

십의 자리에 올 수 있는 숫자는 1, 2, 3, 4의 4가지이고, 그 각각에 대하여 일의 자리에 올 수 있는 숫자는 십의 자리의 숫자를 제외한 3가지이다. 그러므로 만들 수 있는 두 자리 자연수는 $4 \times 3 = 12$(개)

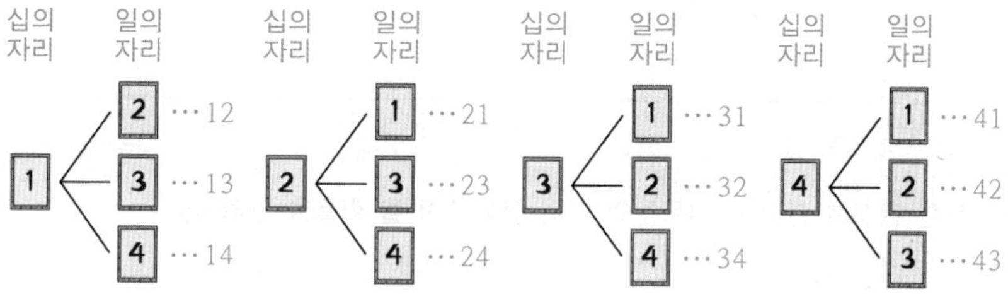

4 확률

어떤 사건이 일어날 가능성을 수로 나타낸 것을 확률이라고 한다.

필/수/개/념/정/리

확률

어떤 실험이나 관찰에서 각 경우가 일어날 가능성이 같다고 할 때, 일어날 수 있는 모든 경우의 수가 n이고 사건 A가 일어나는 경우의 수가 a이면 사건 A가 일어날 확률 p는

$$p = \frac{(\text{사건 } A\text{가 일어나는 경우의 수})}{(\text{모든 경우의 수})} = \frac{a}{n}$$

예제 04

한 개의 주사위를 던질 때 3의 배수의 눈이 나올 확률을 구하여라.

한 개의 주사위를 던질 때 나오는 경우의 수 ➜ 1, 2, 3, 4, 5, 6의 6가지

3의 배수의 눈이 나오는 경우의 수 ➜ 3, 6의 2가지

(3의 배수의 눈이 나오는 경우의 수)

그러므로 3의 배수의 눈이 나올 확률 ➜ $\frac{2}{6}=\frac{1}{3}$

(모든 경우의 수)

예제 05

두 개의 주사위 A, B를 동시에 던질 때, 두 눈의 수의 합이 7이 될 확률을 구하여라.

주사위 A, B를 동시에 던질 때,

나올 수 있는 모든 경우는 $6\times6=36$(가지)

나오는 두 눈의 수의 합을 표로 나타내면

A \ B	⚀	⚁	⚂	⚃	⚄	⚅
⚀	2	3	4	5	6	7
⚁	3	4	5	6	7	8
⚂	4	5	6	7	8	9
⚃	5	6	7	8	9	10
⚄	6	7	8	9	10	11
⚅	7	8	9	10	11	12

이때 두 눈의 수의 합이 7인 경우는

(1, 6), (2, 5), (3, 4), (4, 3), (5, 2), (6, 1)의 6가지이므로

구하는 확률은 $\frac{6}{36}=\frac{1}{6}$이다.

5 확률의 성질

일어날 수 있는 모든 경우의 수가 n,
사건 A가 일어나는 경우의 수가 x이면 $0 \le x \le n$이다.

사건 A가 일어날 확률을 p라고 하면 $p=\dfrac{x}{n}$이므로 $0 \le p \le 1$

$x=0$이면 사건 A가 절대로 일어나지 않음을 뜻하고,

이때의 확률은 $p=\dfrac{0}{n}=0$

$x=n$이면 사건 A가 반드시 일어남을 뜻하고,

이때의 확률은 $p=\dfrac{n}{n}=1$

필/수/개/념/정/리

확률의 성질 (Ⅰ)

① 어떤 사건이 일어날 확률을 p라고 하면 $0 \le p \le 1$이다.
② 절대로 일어나지 않는 사건의 확률은 0이다.
③ 반드시 일어나는 사건의 확률은 1이다.

예제 06

주머니 속에 모양과 크기가 같은 구슬 15개가 들어 있다. 그중 빨간 구슬이 5개, 파란 구슬이 10개이다. 이 주머니에서 임의의 구슬을 한 개 꺼낼 때, 다음을 구하여라.

❶ 빨간 구슬이 나올 확률
주머니 속 모든 구슬은 15개이고, 빨간 구슬은 5개이므로
빨간 구슬이 나올 확률은 $\dfrac{5}{15}=\dfrac{1}{3}$

❷ 파란 구슬이 나올 확률
주머니 속 모든 구슬은 15개이고, 파란 구슬은 10개이므로
파란 구슬이 나올 확률은 $\dfrac{10}{15}=\dfrac{2}{3}$

❸ 노란 구슬이 나올 확률
주머니 속에 노란 구슬은 없으므로 노란 구슬이 나올 확률은 0

6 어떤 사건이 일어나지 않을 확률

전체 확률 1에서 일어날 확률을 빼면 된다.

필/수/개/념/정/리

확률의 성질 (II)

사건 A가 일어날 확률을 p라고 하면

$$(\text{사건 } A\text{가 일어나지 않을 확률}) = 1 - p$$

예제 07

100원짜리 동전 한 개를 두 번 던질 때, 뒷면이 적어도 한 번 나올 확률을 구하여라.

뒷면이 적어도 한 번 나오는 경우는 전체의 경우에서 모두 앞면이 나오는 것을 제외한 경우이다.
두 번 모두 앞면이 나올 확률은

(앞, 앞), (앞, 뒤), (뒤, 앞), (뒤, 뒤) 중 1가지이므로 $\frac{1}{4}$이다.

$$\begin{aligned}(\text{뒷면이 적어도 한 번 나올 확률}) &= 1 - (\text{두 번 모두 앞면이 나올 확률})\\ &= 1 - \frac{1}{4} = \frac{3}{4}\end{aligned}$$

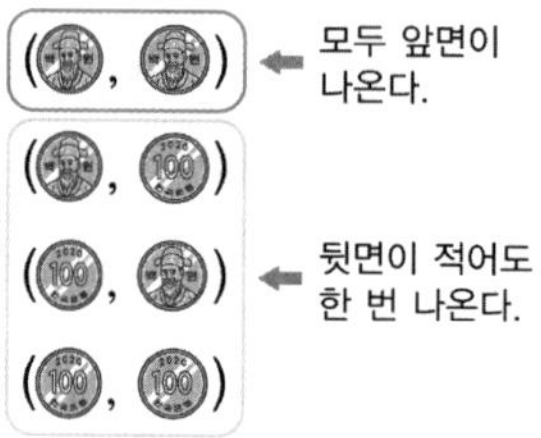

7 사건 A 또는 B가 일어날 확률

두 사건 A, B가 동시에 일어나지 않을 때, 사건 A 또는 사건 B가 일어날 확률은 사건 A가 일어날 확률과 사건 B가 일어날 확률을 더하면 된다.

필/수/개/념/정/리

사건 A 또는 B가 일어날 확률

두 사건 A, B가 동시에 일어나지 않을 때,
사건 A가 일어날 확률을 p, 사건 B가 일어날 확률을 q라고 하면

(사건 A 또는 B가 일어날 확률)$=p+q$

예제 08

각 면에 1에서 12까지의 수가 각각 적힌 정십이면체 모양의 주사위를 던질 때, 3의 배수 또는 5의 배수가 나올 확률을 구하여라.

주사위를 던져서 나오는 모든 경우는 12가지이다.
3의 배수가 나오는 경우는 3, 6, 9, 12의 4가지이므로
3의 배수가 나올 확률은 $\frac{4}{12}$
5의 배수가 나오는 경우는 5, 10의 2가지이므로
5의 배수가 나올 확률은 $\frac{2}{12}$
그러므로 3의 배수 또는 5의 배수가 나올 확률은
$\frac{4}{12}+\frac{2}{12}=\frac{6}{12}=\frac{1}{2}$

8 사건 A와 B가 동시에 일어날 확률

두 사건 A, B가 동시에 일어날 때, 사건 A와 사건 B가 일어날 확률은 사건 A가 일어날 확률과 사건 B가 일어날 확률을 곱하면 된다.

필/수/개/념/정/리

사건 A와 B가 동시에 일어날 확률

두 사건 A, B가 서로 영향을 끼치지 않을 때,
사건 A가 일어날 확률을 p, 사건 B가 일어날 확률을 q라고 하면

$$(\text{사건 } A\text{와 } B\text{가 동시에 일어날 확률}) = p \times q$$

예제 09

5개의 제비 중에 3개의 당첨 제비가 들어 있는 상자가 있다. 이 상자에서 현아가 먼저 임의로 한 개를 뽑아 확인하고 다시 넣은 후에 진희가 임의로 한 개를 뽑을 때, 현아와 진희가 모두 당첨 제비를 뽑을 확률을 구하여라.

전체 제비는 5개이고, 그중 당첨 제비가 3개이므로

확률 $= \dfrac{(\text{당첨 제비의 수})}{(\text{전체 제비의 수})}$

현아가 당첨 제비를 뽑을 확률은 $\dfrac{3}{5}$,

마찬가지로 진희가 당첨 제비를 뽑을 확률도 $\dfrac{3}{5}$

그러므로 구하는 확률은 $\dfrac{3}{5} \times \dfrac{3}{5} = \dfrac{9}{25}$

04 대푯값과 산포도

- 대푯값과 산포도의 개념을 익힌다.
- 평균, 중앙값, 최빈값의 개념을 익히고, 구할 수 있도록 한다.

1 대푯값

자료 전체의 특징, 특히 자료가 분포한 중심의 위치를 대표할 수 있는 값을 대푯값이라 한다. 대푯값으로 쓰이는 것은 자료의 특성에 따라 여러 가지가 있는데, 그중 가장 많이 쓰이는 것이 우리가 가장 잘 알고 있는 평균이다.

2 중앙값

자료를 작은 값부터 크기순으로 나열하여 중앙에 위치하는 값을 대푯값으로 정하는데, 이 값을 중앙값이라 한다.

주어진 자료의 개수가 홀수이면 중앙에 있는 값을 중앙값으로 하고, 짝수이면 중앙에 있는 두 값의 평균을 중앙값으로 한다.

예제 01

다음 자료의 중앙값을 구하여라.

❶ 7, 1, 20, 9, 8, 8, 51, 5, 6

주어진 자료를 작은 값부터 크기순으로 나열하면

1, 5, 6, 7, 8, 8, 9, 20, 51이다.

그러므로 중앙값은 8이다.

❷ 91, 13, 89, 93, 2, 93, 99, 132

주어진 자료를 작은 값부터 크기순으로 나열하면

2, 13, 89, 91, 93, 93, 99, 132이다.

그러므로 중앙값은 $\frac{91+93}{2}=92$이다.

3 최빈값

자료 중에서 가장 많이 나타나는 값을 대푯값으로 정하는데, 이 값을 최빈값이라 한다.
최빈값은 1개일 경우도 있고, 2개 이상인 경우도 있으며, 존재하지 않는 경우도 있다.
예를 들어 자료가 1, 2, 3, 3, 3, 4, 5인 경우 최빈값은 3이고, 자료가 1, 1, 3, 4, 5, 5인 경우 최빈값은 1과 5이다.
자료가 1, 2, 3, 4, 5, 6인 경우 모든 자료의 값이 동일한 횟수로 나타나는데, 이 경우 최빈값은 없다.

| 참고 | 도수분포표로 나타낸 자료에서의 최빈값은 도수가 가장 큰 계급의 계급값으로 한다.

예제 02

보람이네 반 학생 30명은 불우 이웃 돕기 행사에 아래와 같이 성금을 내었다. 불우 이웃 돕기 성금의 최빈값을 구하여라.

(단위 : 천 원)

8	8	6	8	9	7
6	8	7	8	9	6
7	6	8	7	7	7
8	6	9	8	7	8
8	7	6	7	8	8

불우 이웃 돕기 성금과 학생 수를 표로 정리하면

성금(천 원)	6	7	8	9	합계
학생 수(명)	6	9	12	3	30

성금이 8천 원인 학생들이 12명으로 가장 많으므로 불우 이웃 돕기 성금의 최빈값은 8천 원이다.

4 산포도

자료들이 대푯값 주위에 흩어져 있는 정도를 하나의 수로 나타낸 값을 산포도라고 한다.
산포도가 클수록 자료들이 대푯값으로부터 넓게 흩어져 있고, 산포도가 작을수록 자료들이 대푯값을 중심으로 모여 있다.

5 편차

어떤 자료가 있을 때, 변량에서 평균을 뺀 값을 그 변량의 편차라 한다.
평균보다 큰 자료의 편차는 양수이고, 평균보다 작은 자료의 편차는 음수이다.
편차의 절댓값이 클수록 그 자료는 평균에서 멀리 떨어져 있고, 절댓값이 작을수록 평균 가까이에 있다.
편차의 합은 항상 0이고, 편차의 평균도 항상 0이다.

(편차) = (변량) − (평균)

예제 03

민수네 학교 축구 팀이 최근 5번의 경기에서 얻은 점수를 기록한 것이다. 다음 물음에 답하여라.

4, 6, 4, 4, 2

❶ 점수의 평균을 구하여라.

$\frac{4+6+4+4+2}{5}=\frac{20}{5}=4$ ∴ 평균은 4

❷ 각 점수의 편차를 구하고, 그 합을 구하여라.

방법1 모든 편차의 합은 항상 0이므로 편차의 합은 0이다.

방법2

점수	4	6	4	4	2	합계
편차	0	2	0	0	−2	0

모든 편차의 합은 ➜ $0+2+0+0+(-2)=0$

6 분산과 표준편차

각 편차의 제곱의 합을 전체 자료의 개수로 나눈 값, 즉 편차의 제곱의 평균을 분산이라고 한다. 분산의 음이 아닌 제곱근을 표준편차라고 한다.
산포도 중에 가장 널리 쓰이는 것이 표준편차이다.

필/수/개/념/정/리

분산과 표준편차

① $(\text{분산}) = \dfrac{\{(\text{편차})^2\text{의 총합}\}}{(\text{전체 자료의 개수})}$　　② $(\text{표준편차}) = \sqrt{(\text{분산})}$

예제 04

7, 10, 11, 12, 15의 평균, 분산, 표준편차를 구하여라.

❶ 평균 → $\dfrac{7+10+11+12+15}{5} = \dfrac{55}{5} = 11$　∴ 평균은 11

❷ 분산 → 전체 자료의 개수는 5개이므로

$$\frac{(7-11)^2+(10-11)^2+(11-11)^2+(12-11)^2+(15-11)^2}{5}$$

$$= \frac{(-4)^2+(-1)^2+(0)^2+(1)^2+(4)^2}{5}$$

$$= \frac{16+1+0+1+16}{5}$$

$$= \frac{34}{5} = 6.8$$　∴ 분산은 6.8

❸ 표준편차 → $\sqrt{6.8}$

7 산점도

두 변량 사이의 관계를 알기 위하여 두 변량의 순서쌍을 좌표로 하는 점을 좌표평면 위에 나타낸 그림

〈수학 점수와 과학 점수의 관계의 산점도〉

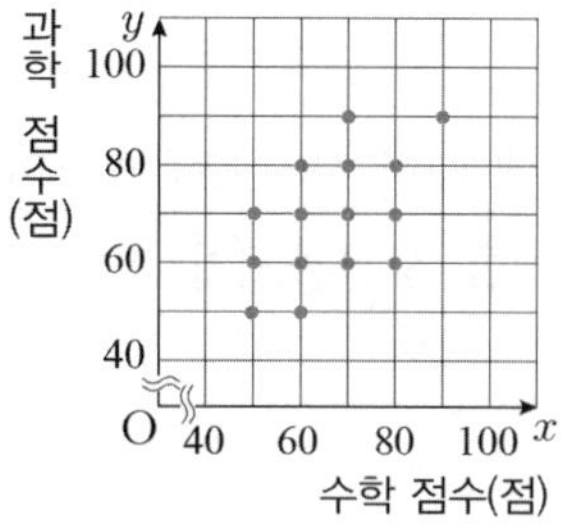

8 상관관계

두 변량의 값 사이에 한쪽의 값이 커짐에 따라 다른 쪽의 값이 커지거나 작아지는 관계

(1) **양의 상관관계** : 두 변량 x, y에 대한 산점도에서 x의 값이 커짐에 따라 y의 값도 대체로 커지는 관계를 양의 상관관계라 한다.

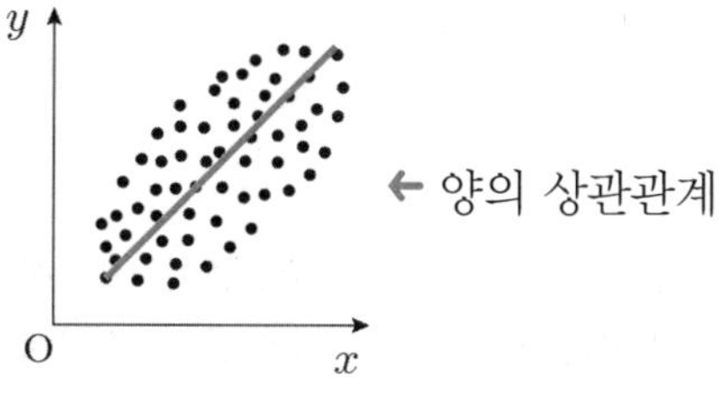

(2) **음의 상관관계** : 두 변량 x, y에 대한 산점도에서 x의 값이 커짐에 따라 y의 값은 대체로 작아지는 관계를 음의 상관관계리고 한다.

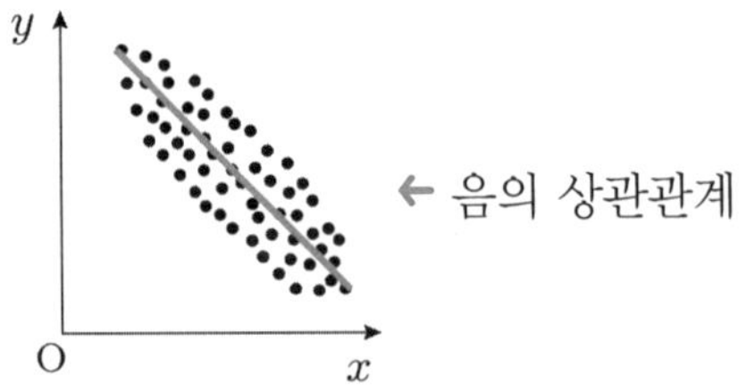

(3) **상관관계가 없다** : 두 변량 x, y에 대한 산점도에서 x의 값이 커짐에 따라 y의 값이 증가하는지 감소하는지 분명하지 않은 '관계를 상관관계가 없다'라고 한다.

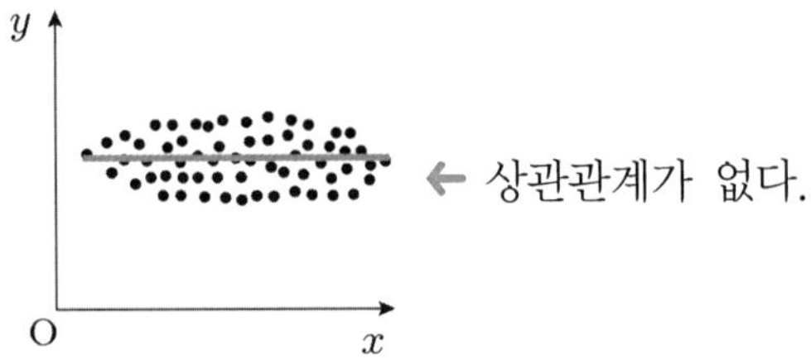

| 주의 | 산점도에서 점들이 한 직선 주위에 가까이 몰려 있을수록 상관관계가 강하다고 하고, 흩어져 있을수록 상관관계가 약하다고 한다.

필/수/개/념/정/리

양의 상관관계, 음의 상관관계

① 양의 상관관계 → x의 값이 증가함에 따라 y의 값도 대체로 증가, 오른쪽 위로 향하는 모양

② 음의 상관관계 → x의 값이 증가함에 따라 y의 값도 대체로 감소, 오른쪽 아래로 향하는 모양

예제 05

그림은 학생 20명의 과학 성적과 수학 성적에 대한 산점도이다.

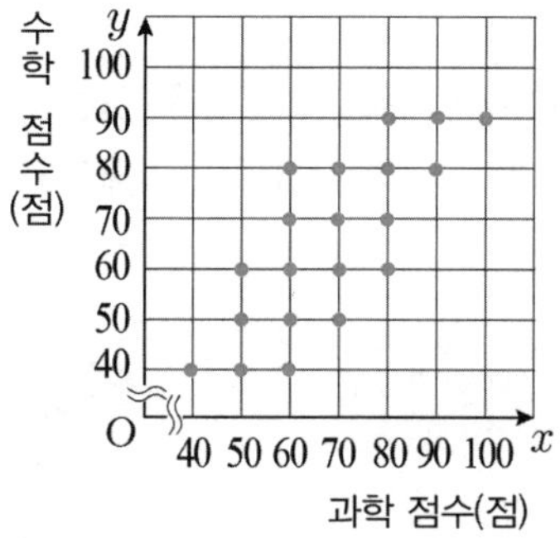

❶ 과학 성적이 가장 낮은 학생과 가장 높은 학생의 수학 성적을 비교하면?

과학 성적이 가장 낮은 학생의 과학 점수는 40점, 수학 점수는 40점이고

과학 성적이 가장 높은 학생의 과학 점수는 100점, 수학 점수는 90점이다.

과학 성적이 가장 높은 학생의 수학 성적이 과학 성적이 가장 낮은 학생의 수학 성적보다 높다.

❷ 과학 성적과 수학 성적 사이의 상관관계를 구하면?

과학 성적이 높으면 대체적으로 수학 성적도 높으므로 양의 상관관계에 있다.

PART IX

적중 예상 문제

정답 및 해설 60p

01 다음은 민수네 반 학생들의 윗몸 일으키기 횟수를 조사하여 줄기와 잎 그림으로 나타낸 것이다. 잎이 가장 많은 줄기는?

윗몸 일으키기 횟수 (4|5는 45회)

줄기	잎
2	2 5 8 9
3	3 3 4 4 5 8 8
4	2 4 5 6 6 8
5	2 3 4

① 2　② 3
③ 4　④ 5

02 다음은 어느 반 학생 13명의 봉사 활동 시간을 조사하여 줄기와 잎 그림으로 나타낸 것이다. 봉사 활동 시간이 30시간 이상인 학생의 수는?

봉사 활동 시간 (1|1은 11시간)

줄기	잎
1	1 4 7
2	0 5 5 6 7 9 9
3	1 2
4	2

① 3　② 5
③ 7　④ 9

03 다음은 어느 모임의 사람들의 나이를 조사하여 줄기와 잎 그림으로 나타낸 것이다. 조사한 사람은 모두 몇 명인가?

(2|1은 21세)

줄기	잎
2	1 3 5
3	1 2 5 8 9 9
4	1 1 2 3 4 6 7
5	3 5 5 8

① 15명　② 20명
③ 25명　④ 30명

[4~5] 다음은 지효네 반 학생들의 등교할 때 걸리는 시간을 줄기와 잎 그림으로 나타낸 것이다.

등교할 때 걸리는 시간 (1|2는 12분)

줄기	잎
1	2 4 5 5 5 6 7 9 9 9
2	1 3 4 4 5 8 9
3	1 2 5 6 6 7 7 8 8
4	2 4 4 5

04 지효네 반 학생들은 모두 몇 명인가?

① 10명　② 20명
③ 30명　④ 40명

05 지효네 반 학생들 중 등교할 때 걸리는 시간이 30분대인 학생들은 모두 몇 명인가?

① 8명 ② 9명
③ 10명 ④ 11명

06 다음은 민호네 중학교 2학년 학생 40명의 충치 수를 조사하여 나타낸 도수분포표이다. 충치의 수가 7개인 계급에 속하는 계급의 도수는?

충치 수

충치 수(개)	학생 수(명)
$0^{이상} \sim 2^{미만}$	10
$2 \sim 4$	16
$4 \sim 6$	9
$6 \sim 8$	3
$8 \sim 10$	2
합계	40

① 2 ② 3
③ 9 ④ 16

07 다음은 유기견 보호 센터에서 유기견 20마리의 나이를 측정하여 나타낸 도수분포표이다. A의 값은?

나이(살)	유기견 수(마리)
$0^{이상} \sim 2^{미만}$	1
$2 \sim 4$	3
$4 \sim 6$	A
$6 \sim 8$	8
$8 \sim 10$	3
합계	20

① 1 ② 3
③ 5 ④ 7

08 도수분포표는 3학년 5반 학생 30명의 1년 동안 관람한 영화의 수이다. 1년 동안 영화를 8편 이상 관람한 학생의 수는?

영화의 수(편)	학생 수(명)
$2^{이상} \sim 4^{미만}$	2
$4 \sim 6$	5
$6 \sim 8$	8
$8 \sim 10$	10
$10 \sim 12$	5
합계	30

① 5명 ② 10명
③ 15명 ④ 23명

09 다음은 민수네 반 학생 30명의 100m 달리기 기록을 조사하여 나타낸 도수분포표이다. 도수가 가장 큰 계급은?

100m 달리기 기록

기록(초)	학생 수(명)
14이상 ~ 16미만	7
16 ~ 18	14
18 ~ 20	5
20 ~ 22	4
합계	30

① 14이상 ~ 16미만　② 16이상 ~ 18미만
③ 18이상 ~ 20미만　④ 20이상 ~ 22미만

10 다음은 선호네 반 학생들의 1학기 동안 봉사 활동 시간을 조사하여 나타낸 도수분포표이다. A의 값은?

봉사 활동 시간(시간)	학생 수(명)
3이상 ~ 6미만	3
6 ~ 9	A
9 ~ 12	5
12 ~ 15	4
합계	20

① 3　② 6
③ 8　④ 10

[11~12] 다음은 민호네 반 학생 30명의 100m 달리기 기록을 조사하여 나타낸 도수분포표이다.

기록(초)	학생 수(명)
13이상 ~ 14미만	2
14 ~ 15	A
15 ~ 16	12
16 ~ 17	B
17 ~ 18	6
합계	30

11 100m 달리기 기록이 15초 미만인 학생이 10명일 때, A의 값은?

① 4　② 6
③ 8　④ 10

12 위의 도수분포표에서 B의 값은?

① 2　② 4
③ 6　④ 8

13 그림은 미래중학교 35명의 학생의 수학 성적을 조사하여 나타낸 히스토그램이다. 수학 성적이 70점 이상인 학생 수는?

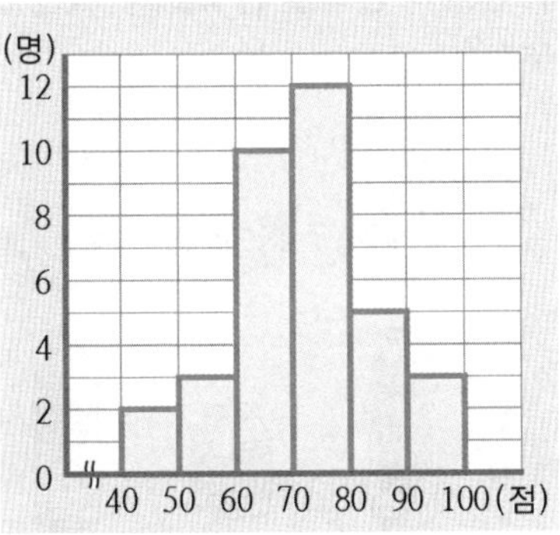

① 10명　② 15명
③ 20명　④ 25명

14 그림은 미래중학교 학생들의 하루 핸드폰 사용 시간을 조사하여 나타낸 히스토그램이다. 핸드폰 사용 시간이 50분 미만인 학생은 몇 명인가?

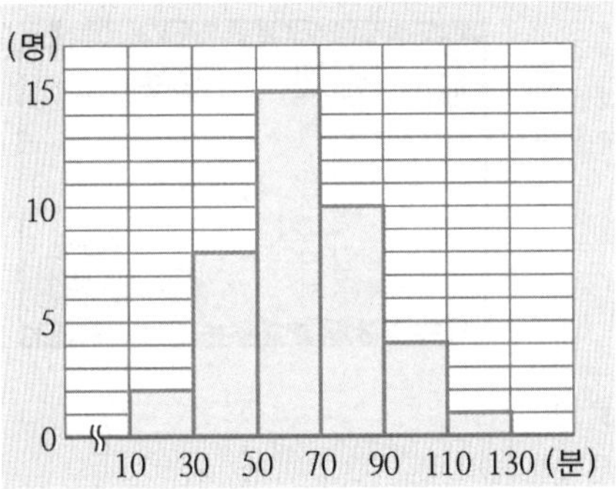

① 3명　② 5명
③ 8명　④ 10명

15 그림은 어느 반 학생 30명의 방학 동안 받은 봉사 활동 점수를 나타낸 히스토그램이다. 봉사 활동 점수를 15점 이상 20점 미만 받은 학생 수는?

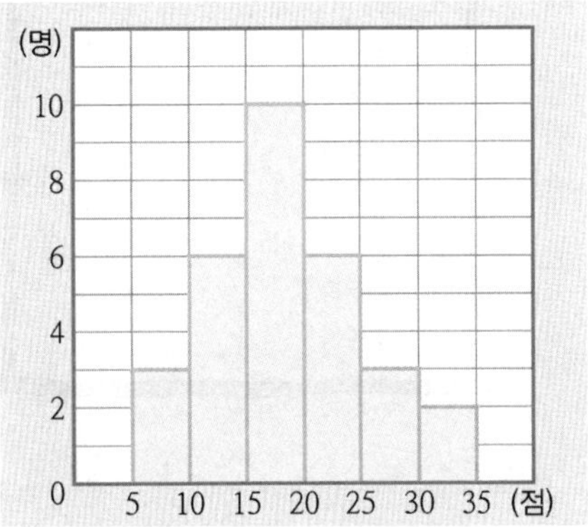

① 3명　② 6명
③ 10명　④ 20명

16 어느 분식점에서 맵기의 강도에 따라 서로 다른 3종류의 떡볶이와 서로 다른 2종류의 어묵을 팔고 있다. 이 분식집에서 한 개의 분식을 먹는 모든 경우의 수는?

① 2　② 3
③ 4　④ 5

17 어느 식당의 메뉴판을 보고 중식과 한식을 각각 한 가지씩 주문할 때, 선택할 수 있는 모든 경우의 수는?

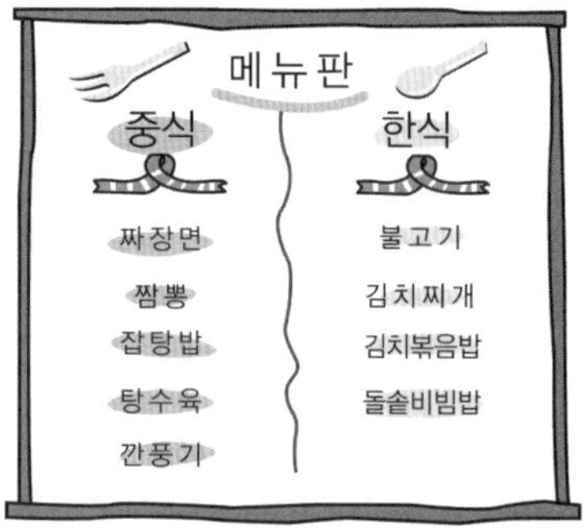

① 10　　② 20
③ 30　　④ 40

18 4개의 자음 ㄴ, ㄹ, ㅁ, ㅇ과 2개의 모음 ㅏ, ㅜ 중에서 자음 한 개와 모음 한 개를 짝지어 글자를 만들려고 한다. 만들 수 있는 글자는 모두 몇 가지인가?

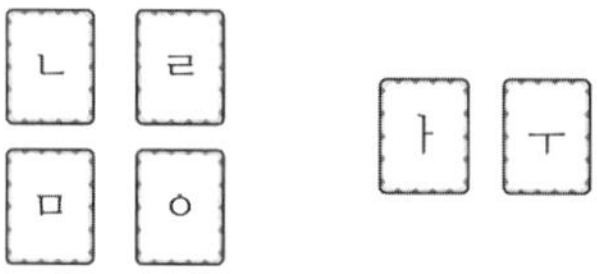

① 6가지　　② 8가지
③ 10가지　　④ 12가지

19 민호는 편의점에서 파는 간식 중 김밥, 샌드위치, 삶은 달걀 중에서 한 가지와 오렌지 주스, 우유, 생수 중에서 한 가지를 선택하여 사려고 한다. 민호가 간식을 선택할 수 있는 모든 경우의 수는?

① 3가지　　② 6가지
③ 9가지　　④ 12가지

20 민호는 점심을 먹기 위하여 분식점에 왔다. 분식점 메뉴가 김밥 6종류와 만두 2종류가 있을 때, 김밥과 만두 중에서 한 가지를 임의로 골라 주문하는 경우의 수는?

① 2　　② 6
③ 8　　④ 10

21 민수는 운동복 상의가 흰색과 노란색 각각 한 벌씩 있고, 흰색, 파란색, 검은색 하의가 각각 한 벌씩 있다. 민수가 상의와 하의를 짝지어서 입을 수 있는 모든 경우의 수는?

① 2가지　② 3가지
③ 5가지　④ 6가지

22 그림과 같은 길이 있다. 집에서 출발하여 반드시 문구점을 거쳐 도서관까지 가는 모든 경우의 수는?

① 7가지　② 12가지
③ 15가지　④ 20가지

23 상자 안에 1부터 15까지 자연수가 각각 적힌 15개의 크기가 같은 구슬이 들어 있다.
이 중에서 임의로 한 개의 구슬을 꺼낼 때, 3의 배수가 나올 확률은?

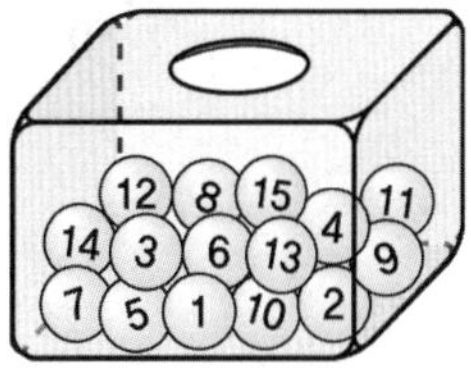

① $\frac{1}{2}$　② $\frac{1}{3}$
③ $\frac{1}{4}$　④ $\frac{1}{5}$

24 그림과 같은 정육면체 모양의 주사위를 한 번 던질 때, 소수의 눈의 나올 확률은?

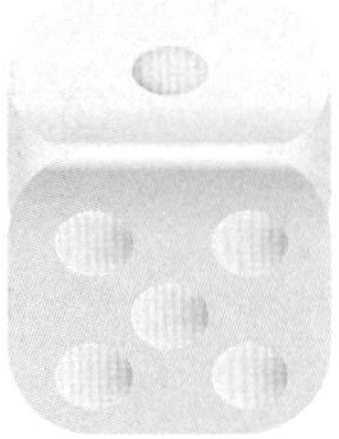

① $\frac{1}{2}$　② $\frac{1}{3}$
③ $\frac{1}{4}$　④ $\frac{1}{5}$

25 2명이 가위바위보를 할 때, 비길 확률은?

① $\frac{1}{3}$　　② $\frac{2}{3}$

③ $\frac{1}{4}$　　④ $\frac{1}{9}$

26 한 개의 주사위를 한 번 던질 때, 5보다 작은 눈이 나올 확률은?

① $\frac{1}{2}$　　② $\frac{1}{3}$

③ $\frac{2}{3}$　　④ $\frac{1}{4}$

27 주머니 속에 검은 구슬 7개, 흰 구슬 3개가 들어 있다. 이 주머니에서 임의로 한 개의 공을 꺼낼 때, 흰 공이 나올 확률은?

① $\frac{3}{10}$　　② $\frac{2}{5}$

③ $\frac{3}{5}$　　④ $\frac{7}{10}$

28 1부터 9까지의 자연수가 각각 적힌 카드 9장이 있다. 이 중에서 임의로 한 장의 카드를 뽑을 때, 짝수가 나올 확률은?

① $\frac{4}{9}$　　② $\frac{5}{9}$

③ $\frac{1}{3}$　　④ $\frac{7}{9}$

29 다음은 2학년 3반 학생 30명의 혈액형을 조사하여 나타낸 표이다. 이 중에서 임의로 한 명을 택했을 때, 그 학생의 혈액형이 AB형일 확률은?

혈액형	A	B	AB	O	계
학생 수(명)	14	7	3	6	30

① $\frac{7}{15}$　② $\frac{7}{30}$

③ $\frac{1}{10}$　④ $\frac{3}{15}$

30 다음은 모둠의 학생 6명의 나이를 조사하여 나타낸 것이다. 나이의 중앙값은?

나이 (단위 : 세)

18 13 15 14 16 14

① 14　② 15

③ 14.5　④ 15.5

31 다음은 효빈이가 양궁 연습에서 받은 점수를 기록한 것이다. 받은 점수의 중앙값은?

8 2 6 8 8 10 9 1 2 2 9

① 2　② 6

③ 8　④ 10

32 다음은 민지네 아파트 9가구를 대상으로 자녀 수를 조사하여 나타낸 것이다. 자녀 수의 최빈값은?

자녀의 수 (단위 : 명)

1 1 2 3 1 3 0 1 2

① 1명　② 2명

③ 3명　④ 0명

33 다음은 우현이네 반 학생 16명의 체육시간에 입는 운동복 치수를 조사한 것이다. 운동복 치수의 최빈값은?

운동복 치수

100	95	110	100	95	100	95	100
105	100	95	100	105	90	90	105

① 90　② 95
③ 100　④ 105

34 자료의 중앙값을 a, 최빈값을 b라고 할 때, $a+b$의 값은?

6　5　5　7　10　3　5

① 5　② 8
③ 10　④ 15

35 그림은 주호가 1점부터 5점까지 점수가 정해진 과녁에 10발을 사격한 결과이다. 주호가 받은 사격 점수의 최빈값은?

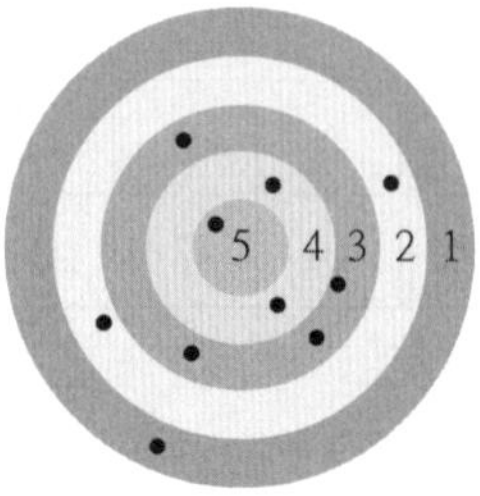

① 1　② 2
③ 3　④ 4

36 다음은 학생 20명의 수학 점수를 조사하여 나타낸 줄기와 잎 그림이다. 수학 점수의 최빈값은?

수학 점수　(5|1은 51점)

줄기	잎
5	1　4　5　7　7　9
7	0　3　3　3　3　4　7
8	1　5　6　8
9	2　6　6

① 54　② 73
③ 88　④ 96

37 어느 반 학생들의 영어 점수와 수학 점수 사이의 관계를 나타낸 산점도이다. 다음 중 옳은 것은?

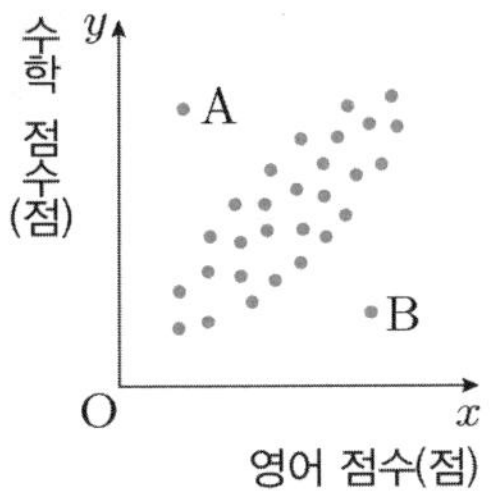

① 영어 점수와 수학 점수 사이에 음의 상관관계가 있다.
② A 학생은 수학에 비해 영어를 잘하는 편이다.
③ B 학생은 영어와 수학 점수가 모두 낮은 편이다.
④ B 학생은 영어에 비해 수학을 못하는 편이다.

38 다음 중에서 두 변량 사이의 산점도가 대체로 아래 그림과 같은 모양이 되는 것은?

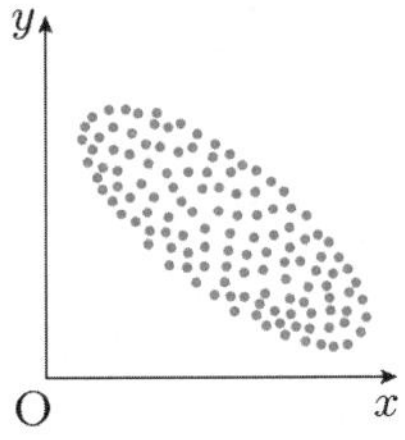

① 여름철 기온과 냉방비
② 자동차의 이동 거리와 남은 기름의 양
③ 몸무게와 수학 성적
④ 운동량과 심장 박동의 수

39 1년 동안 생산된 감자의 양이 많을수록 그해의 감자 가격이 떨어진다고 한다. 그해의 감자의 생산량을 x kg, 감자 가격을 y원이라고 할 때, 다음 중에서 x와 y 사이의 상관관계를 나타낸 산점도로 알맞은 것은?

①
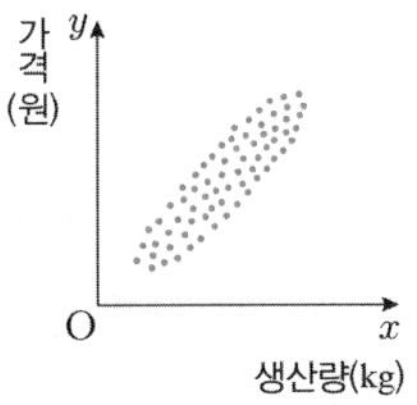

②
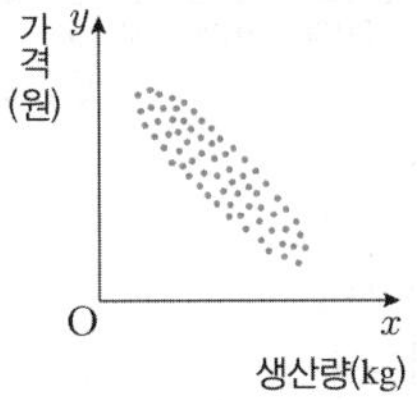

③
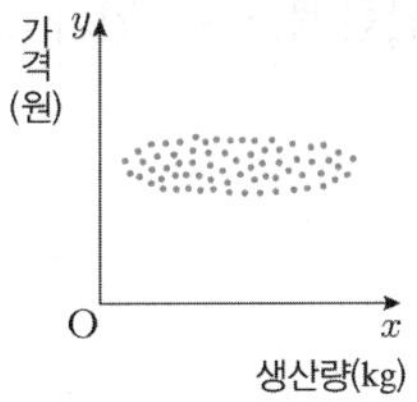

④
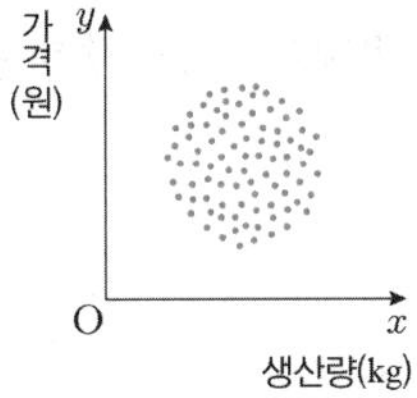

40 그림은 자동차 70대의 중량과 연료 효율에 대한 산점도이다. 자동차의 중량과 연료 효율 사이의 상관관계는?

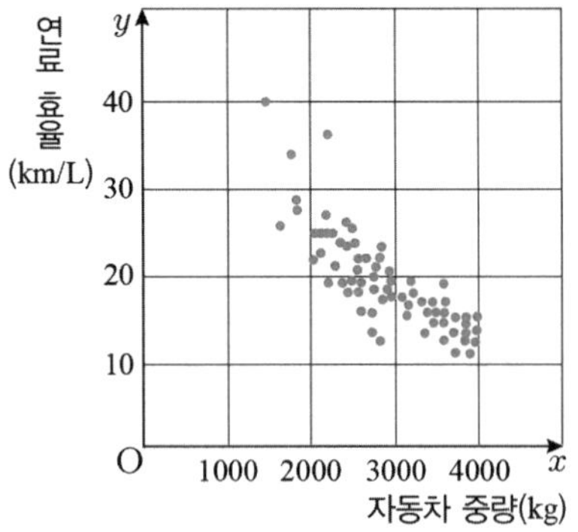

① 양의 상관관계
② 상관관계가 없다.
③ 음의 상관관계
④ 양과 음의 상관관계 모두 된다.

41 다음 중 양의 상관관계가 가장 강한 것은?

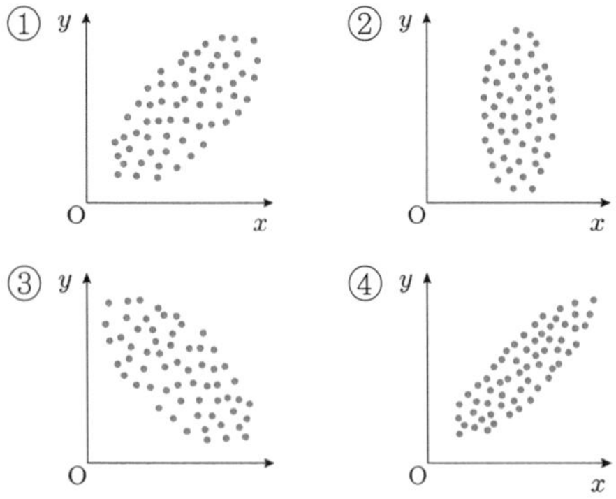

42 다음 중 상관관계가 없는 산점도는?

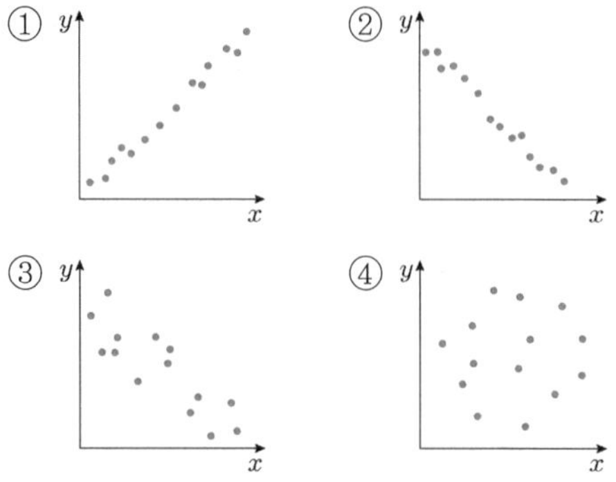

43 양의 상관관계에 있는 산점도는 모두 몇 개인가?

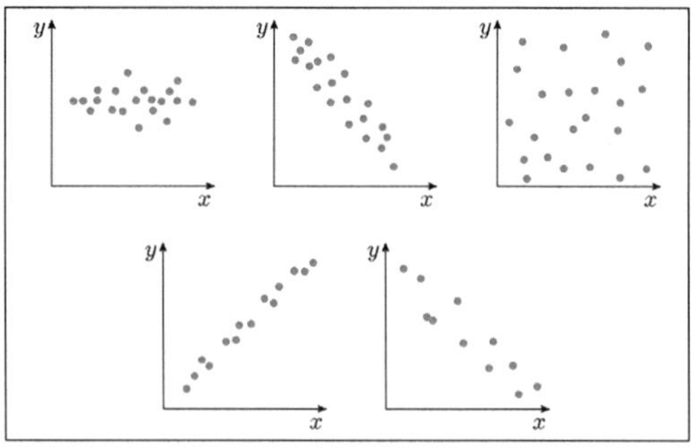

① 1개　② 2개
③ 3개　④ 4개

44 산점도는 읽기와 듣기를 각각 10점 만점으로 평가하는 영어 능력 시험에서 응시자 15명의 점수를 조사하여 나타낸 것이다. 읽기 점수와 듣기 점수가 모두 7점 이상인 사람을 합격시킨다고 할 때, 합격자는 모두 몇 명인가?

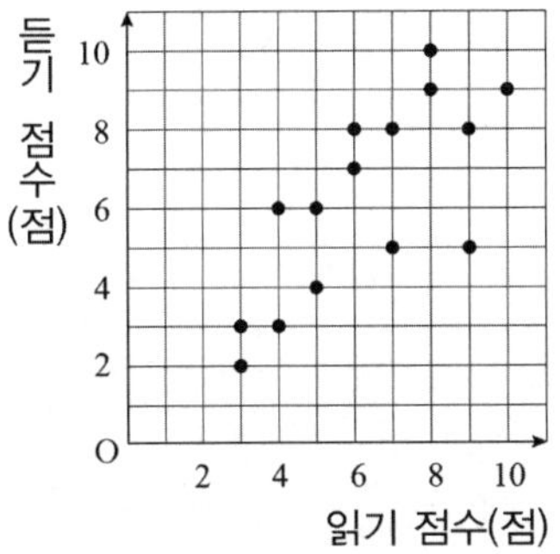

① 5명　　② 6명
③ 7명　　④ 8명

45 산점도는 우현이네 반 학생 10명의 국어 점수와 영어 점수를 조사하여 나타낸 것이다. 국어 점수가 영어 점수보다 높은 학생은 전체의 몇 %인가?

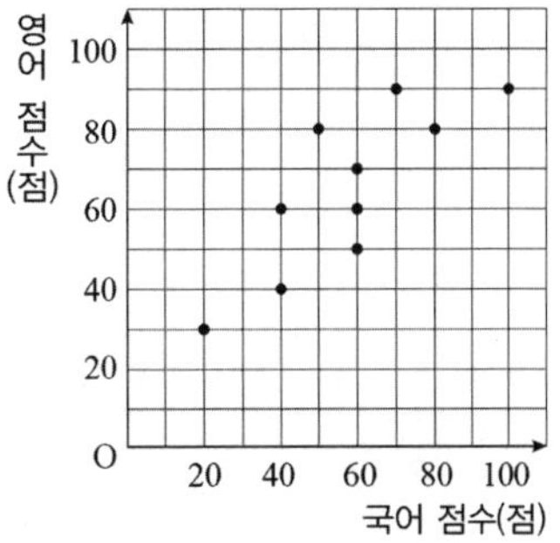

① 10%　　② 20%
③ 30%　　④ 40%

ABCD
1234567890

PART

X

2024년 기출문제

2024 제 1 회 수학

정답 및 해설 68p

01 다음은 24를 소인수분해하는 과정을 나타낸 것이다. 24를 소인수분해한 것은?

$$\begin{array}{r|l} 2 & 24 \\ \hline 2 & 12 \\ \hline 2 & 6 \\ \hline & 3 \end{array}$$

① 2×3　② 2×3^2
③ $2^3\times3$　④ $2^3\times3^2$

02 다음 수를 작은 수부터 차례대로 나열할 때, 세 번째 수는?

$-\frac{2}{3}$,　4,　3,　-5,　11

① -5　② $-\frac{2}{3}$
③ 3　④ 4

03 그림은 가로의 길이가 4 cm, 세로의 길이가 a cm인 직사각형이다. 이 직사각형의 넓이를 문자를 사용한 식으로 바르게 나타낸 것은?

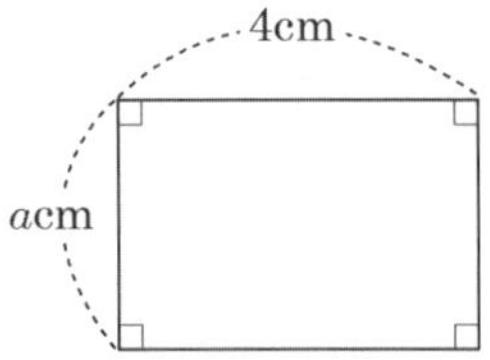

① $(2+a)\,\mathrm{cm}^2$　② $(4+a)\,\mathrm{cm}^2$
③ $(2\times a)\,\mathrm{cm}^2$　④ $(4\times a)\,\mathrm{cm}^2$

04 $a=5$일 때, $2a+3$의 값은?

① 11　② 13
③ 15　④ 17

05 다음 좌표평면 위에 있는 점 A의 좌표는?

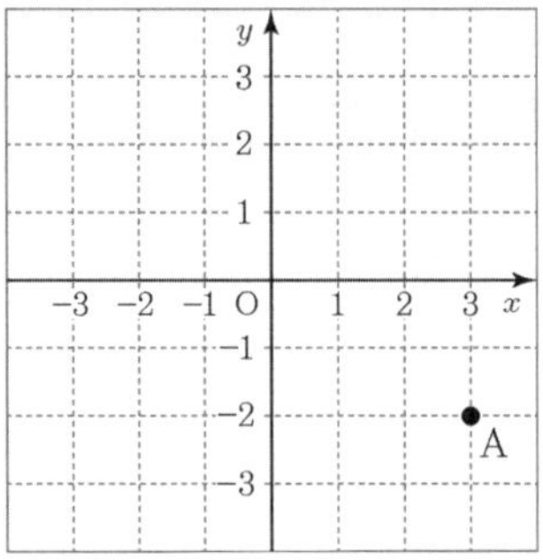

① A$(3,\ -2)$
② A$(2,\ 3)$
③ A$(-3,\ 2)$
④ A$(-3,\ -2)$

06 그림과 같이 평행한 두 직선 l, m이 다른 한 직선 n과 만날 때, $\angle x$의 크기는?

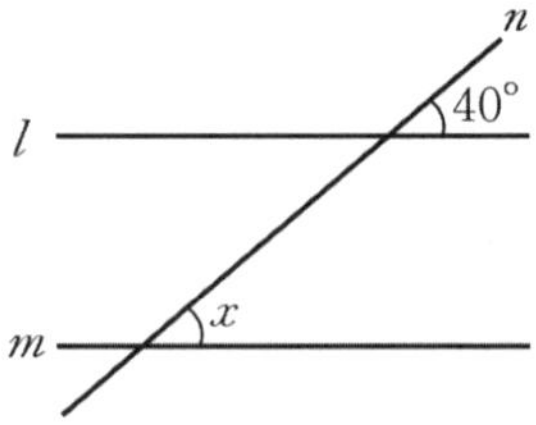

① 40°　② 60°
③ 80°　④ 100°

07 다음은 어느 반 학생 30명의 하루 수면 시간을 조사하여 나타낸 도수분포표이다. 하루 수면 시간이 6시간 미만인 학생 수는?

수면 시간(시간)	도수(명)
4이상 ~ 5미만	5
5 ~ 6	3
6 ~ 7	4
7 ~ 8	15
8 ~ 9	3
합계	30

① 5명 ② 6명
③ 7명 ④ 8명

08 순환소수 $0.\dot{2}$를 기약분수로 나타낸 것은?

① $\frac{1}{9}$ ② $\frac{2}{9}$
③ $\frac{1}{3}$ ④ $\frac{4}{9}$

09 $2a \times 3a^2$을 간단히 한 것은?

① $2a$ ② $3a^2$
③ $5a^3$ ④ $6a^3$

10 일차부등식 $20x \geq 40$을 풀면?

① $x > 2$ ② $x \geq 2$
③ $x \leq 2$ ④ $x < 2$

11 그림은 일차함수 $y = -\frac{3}{2}x + 3$의 그래프이다. 이 일차함수의 그래프의 y절편은?

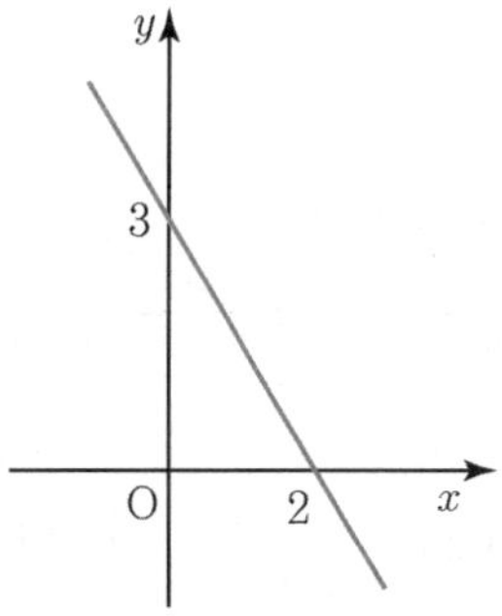

① -3 ② 2
③ 3 ④ 6

12 그림과 같이 $\overline{AB} = \overline{AC}$인 이등변삼각형 ABC에서 ∠A의 이등분선과 변 BC의 교점을 D라고 하자. $\overline{BD} = 4cm$일 때, $\overline{BC}$의 길이는?

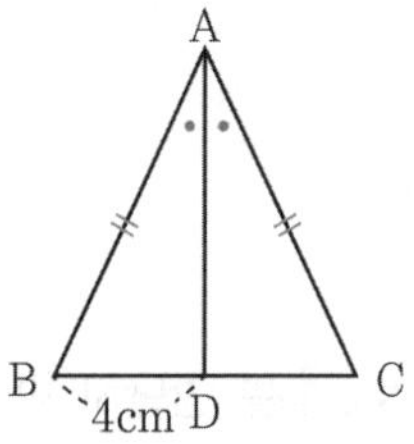

① 7 cm ② 8 cm
③ 9 cm ④ 10 cm

13 그림에서 $\triangle ABC \backsim \triangle DEF$일 때, $\overline{DE}$의 길이는?

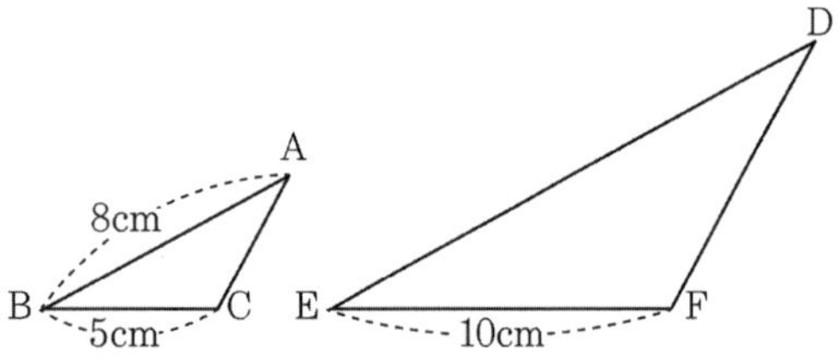

① 12 cm　　② 14 cm
③ 16 cm　　④ 18 cm

14 그림과 같이 주머니 속에 모양과 크기가 같은 흰 공 3개, 검은 공 5개가 들어 있다. 이 주머니에서 임의로 한 개의 공을 꺼낼 때, 흰 공이 나올 확률은?

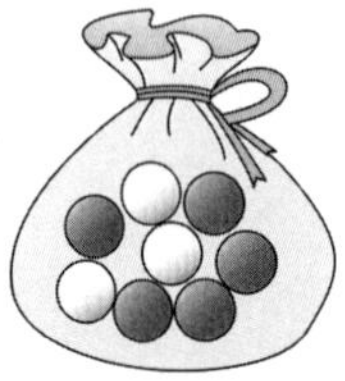

① $\frac{3}{8}$　　② $\frac{1}{2}$
③ $\frac{5}{8}$　　④ $\frac{3}{4}$

15 $2\sqrt{5}+3\sqrt{5}$를 간단히 한 것은?

① $5\sqrt{5}$　　② $6\sqrt{5}$
③ $7\sqrt{5}$　　④ $8\sqrt{5}$

16 이차방정식 $(x-7)^2=0$의 근은?

① 4　　② 5
③ 6　　④ 7

17 이차함수 $y=\frac{1}{4}x^2$의 그래프에 대한 설명으로 옳은 것은?

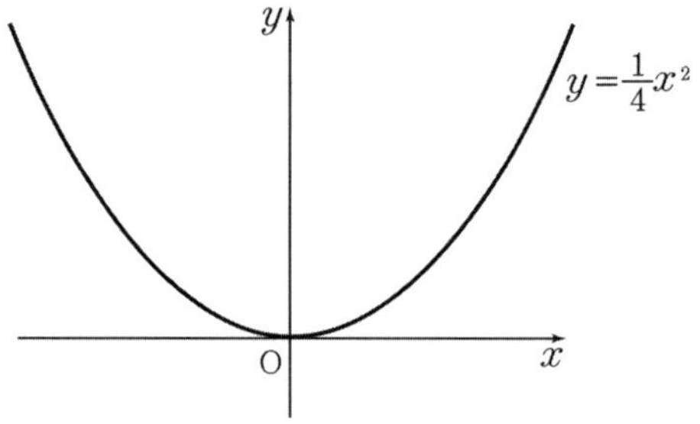

① 위로 볼록하다.
② y축을 축으로 한다.
③ 점 $(-1,\ 2)$를 지난다.
④ 꼭짓점의 좌표는 $\left(\frac{1}{4},\ 0\right)$이다.

18 그림과 같이 직각삼각형 ABC에서 $\overline{AB}=13$, $\overline{BC}=12$, $\overline{CA}=5$일 때, $\cos B$의 값은?

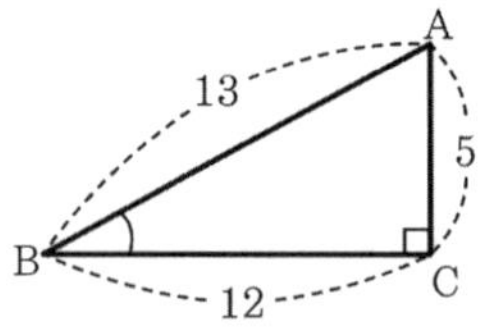

① $\frac{5}{13}$　　② $\frac{5}{12}$
③ $\frac{12}{13}$　　④ $\frac{12}{5}$

19 그림과 같이 원 O의 중심에서 두 현 AB, CD에 내린 수선의 발을 각각 M, N이라고 하자. $\overline{AB}=\overline{CD}=8\text{cm}$, $\overline{OM}=5\text{cm}$일 때, $\overline{ON}$의 길이는?

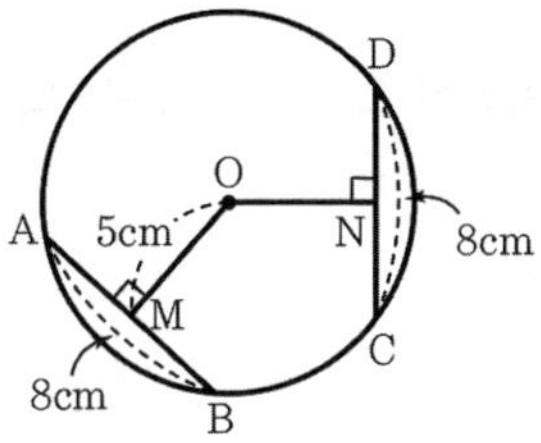

① 5 cm ② 6 cm
③ 7 cm ④ 8 cm

20 자료는 학생 5명의 수학 점수를 조사하여 나타낸 것이다. 이 자료의 중앙값은?

(단위 : 점)

80	75	85	95	90

① 75 ② 80
③ 85 ④ 90

2024 제2회 수학

정답 및 해설 72p

01 다음은 84를 소인수분해하는 과정을 나타낸 것이다. 84를 소인수분해한 것은?

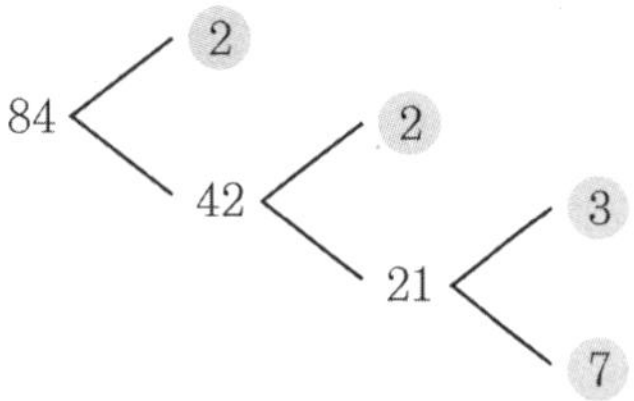

① 3×7　② $2\times3\times7$
③ $2^2\times3\times7$　④ $2^3\times3\times7$

02 다음 중 수의 대소 관계가 옳은 것은?

① $-4>-3$　② $-\frac{1}{2}<\frac{5}{2}$
③ $0>(-3)^2$　④ $5<4$

03 그림은 밑변의 길이가 6 cm, 높이가 a cm인 직각삼각형이다. 이 직각삼각형의 넓이를 문자를 사용하여 나타낸 식으로 옳은 것은?

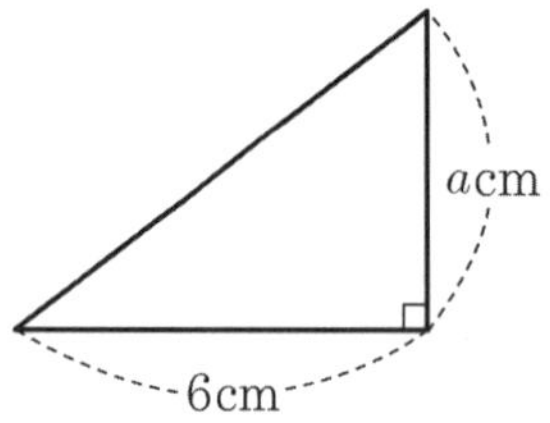

① $\frac{(6+a)}{2}\,\text{cm}^2$　② $\frac{(6\times a)}{2}\,\text{cm}^2$
③ $(6+a)\,\text{cm}^2$　④ $(6\times a)\,\text{cm}^2$

04 일차방정식 $3x-5=3+x$의 해는?

① 1　② 2
③ 3　④ 4

05 다음은 어느 학생이 집에서부터 5 km 떨어진 도서관까지 자전거를 타고 가는 동안 시간에 따른 이동 거리를 나타낸 그래프이다. 이 학생이 집을 출발한 후 10분 동안 이동한 거리는?

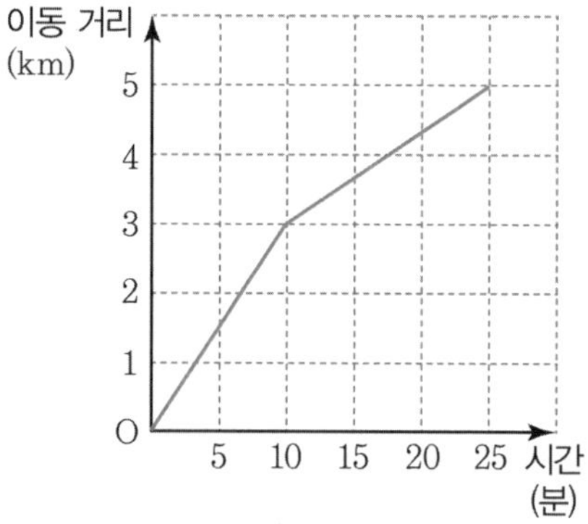

① 1 km　② 2 km
③ 3 km　④ 4 km

06 그림과 같이 평행한 두 직선 l, m이 다른 한 직선 n과 만날 때, $\angle x$의 크기는?

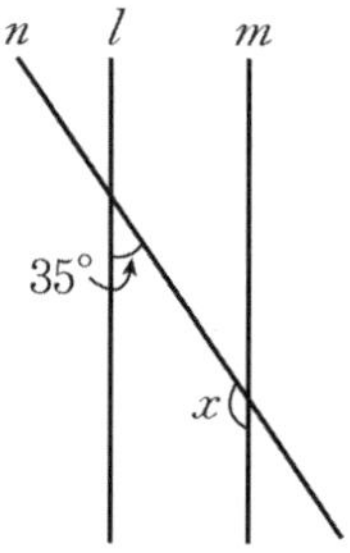

① 135°
② 140°
③ 145°
④ 150°

07 다음은 어느 반 학생 25명의 통학 시간을 조사하여 나타낸 히스토그램이다. 통학 시간이 30분 미만인 학생 수는?

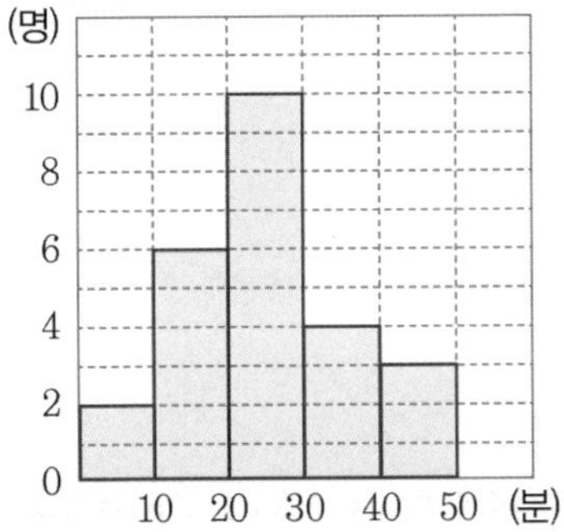

① 18명　　② 19명
③ 20명　　④ 21명

08 분수 $\frac{x}{2^2\times7}$를 유한소수로 나타낼 수 있을 때, x의 값이 될 수 있는 가장 작은 자연수는?

① 1　　② 3
③ 5　　④ 7

09 $(2x^3)^2$을 간단히 한 것은?

① $2x^5$　　② $2x^6$
③ $4x^5$　　④ $4x^6$

10 $(5a-2b)+(2a+3b)$를 간단히 한 것은?

① $7a-b$　　② $7a+b$
③ $8a-b$　　④ $8a+b$

11 일차부등식 $5x-20\ge0$의 해를 수직선 위에 나타낸 것은?

①
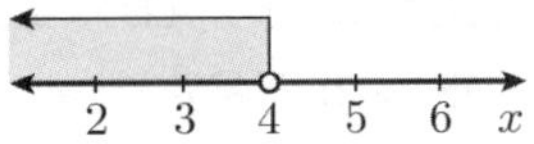

②
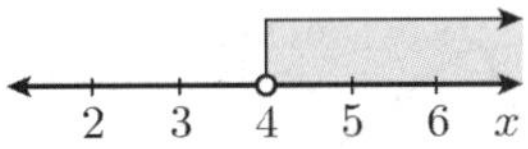

③
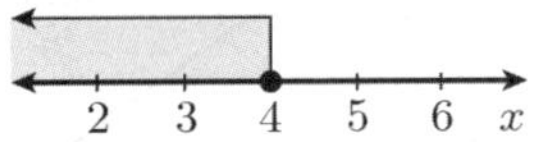

④
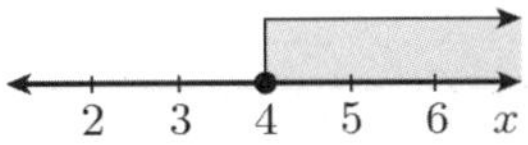

12 그림은 연립방정식 $\begin{cases}x+y=3\\3x-y=1\end{cases}$의 해를 구하기 위하여 두 일차방정식의 그래프를 좌표평면 위에 나타낸 것이다. 이 연립방정식의 해는?

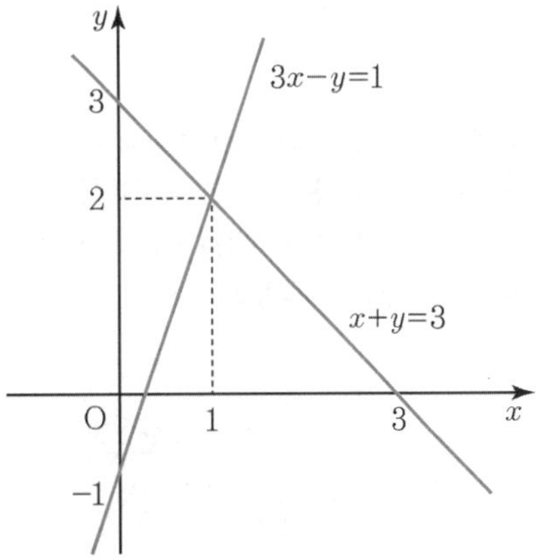

① $x=0,\ y=3$
② $x=1,\ y=0$
③ $x=1,\ y=2$
④ $x=2,\ y=1$

13 그림과 같이 삼각형 ABC에서 변 BC에 평행한 직선이 두 변 AB, AC와 만나는 점을 각각 D, E라고 하자. $\overline{AC}=15cm$, $\overline{AD}=4cm$, $\overline{AE}=6cm$일 때, x의 값은?

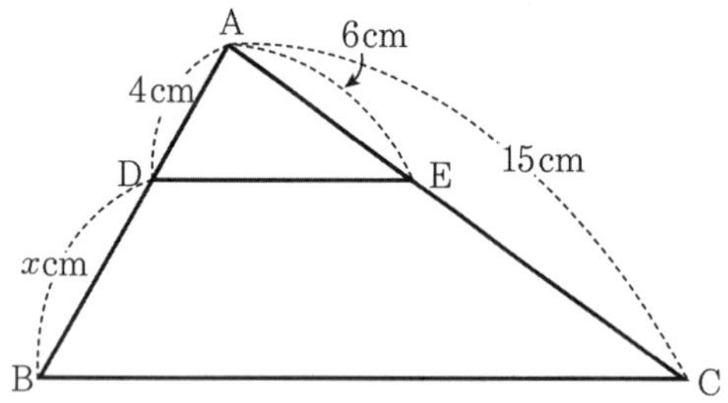

① 6 ② 7
③ 8 ④ 9

14 그림과 같이 1에서 10까지의 자연수가 각각 적힌 공 10개가 들어 있는 주머니가 있다. 이 주머니에서 공 한 개를 꺼낼 때, 4의 배수 또는 6의 배수가 나오는 경우의 수는?

① 1 ② 2
③ 3 ④ 4

15 $7\sqrt{5}-4\sqrt{5}$를 간단히 한 것은?

① $3\sqrt{5}$ ② $4\sqrt{5}$
③ $5\sqrt{5}$ ④ $6\sqrt{5}$

16 이차방정식 $(x-2)(x+5)=0$의 한 근이 -5일 때, 다른 한 근은?

① 1 ② 2
③ 3 ④ 4

17 이차함수 $y=(x-2)^2$의 그래프에 대한 설명으로 옳은 것은?

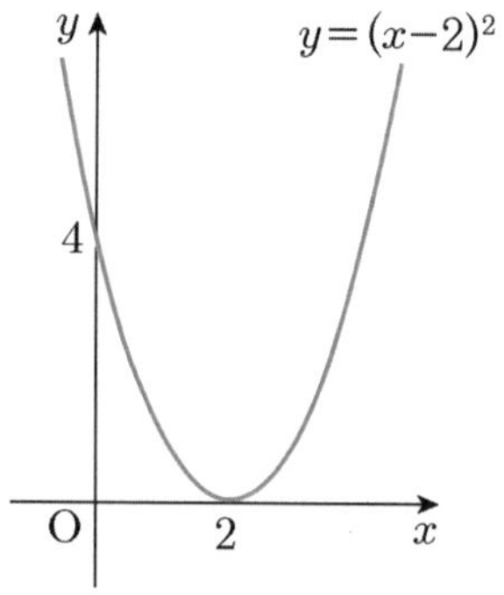

① 위로 볼록하다.
② 점 (4, 0)을 지난다.
③ 꼭짓점의 좌표는 (2, 0)이다.
④ 직선 $y=2$를 축으로 한다.

18 그림과 같이 직각삼각형 ABC 에서 $\overline{AB}=10$, $\overline{BC}=6$, $\overline{CA}=8$일 때, $\tan B$의 값은?

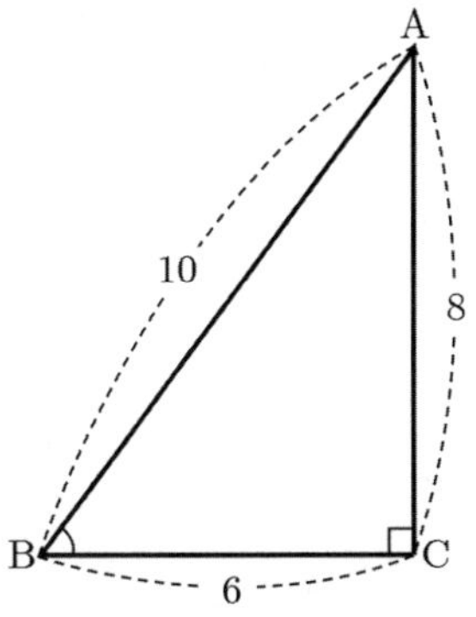

① $\frac{3}{5}$　　② $\frac{3}{4}$

③ $\frac{4}{5}$　　④ $\frac{4}{3}$

19 그림과 같이 원 O 위에 서로 다른 네 점 A, B, C, D가 있다. 호 AB에 대한 원주각 $\angle ACB=40°$일 때, $\angle ADB$의 크기는?

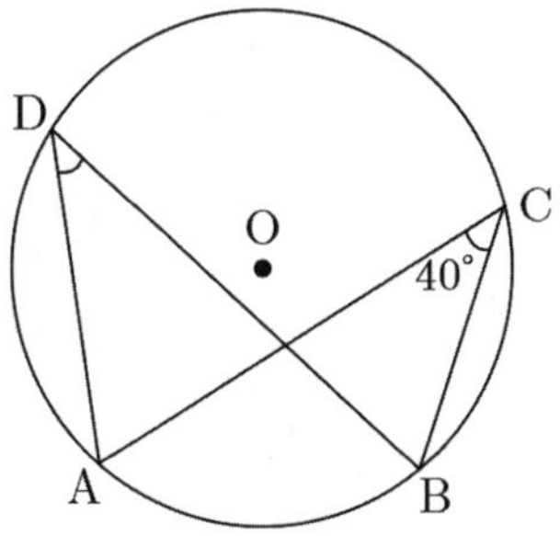

① 40°　　② 45°

③ 50°　　④ 55°

20 자료는 학생 4명이 주말 동안 봉사 활동에 참여한 시간을 조사하여 나타낸 것이다. 이 자료의 평균은?

(단위 : 시간)

4	5	7	8

① 5시간　　② 6시간

③ 7시간　　④ 8시간

EBS 교육방송교재

중졸 검정고시 수학

인터넷 강의
검스타트
www.gumstart.co.kr

2025
중졸 검정고시

수학

정답 및 해설

정답 및 해설

PART Ⅰ 수와 연산

적중 예상 문제 47~55p

01 ②	02 ④	03 ③	04 ②	05 ④
06 ③	07 ③	08 ③	09 ①	10 ②
11 ③	12 ④	13 ③	14 ③	15 ②
16 ③	17 ③	18 ②	19 ②	20 ①
21 ①	22 ④	23 ④	24 ④	25 ③
26 ③	27 ①	28 ①	29 ②	30 ①
31 ④	32 ③	33 ④	34 ②	35 ②
36 ③	37 ②	38 ③	39 ①	40 ①
41 ②	42 ③	43 ③	44 ①	45 ②
46 ①	47 ④	48 ②	49 ②	50 ④
51 ②	52 ③	53 ③	54 ②	55 ④

01 정답 ②

| 풀이 |

어떤 자연수를 소인수들만의 곱으로 나타내는 것을 소인수분해라 한다.

60을 소인수분해하면 $60 = 2\times30$

$= 2\times2\times15$

$= 2\times2\times3\times5$

$= 2^2\times3\times5$

방법1 방법2

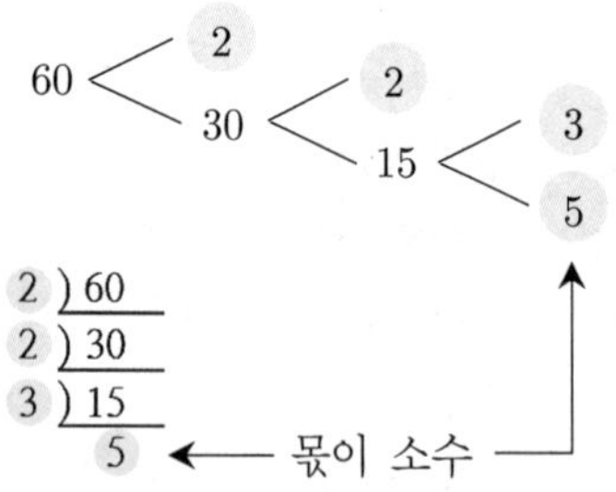

→ $2\times2\times3\times5 = 2^2\times3\times5$

02 정답 ④

| 풀이 |

어떤 자연수를 소인수들만의 곱으로 나타내는 것을 소인수분해라 한다.

140을 소인수분해하면 $140 = 2\times70$

$= 2\times2\times35$

$= 2\times2\times5\times7$

$= 2^2\times5\times7$

2) 140

2) 70

5) 35

7 → $2\times2\times5\times7 = 2^2\times5\times7$

03 정답 ③

| 풀이 |

어떤 자연수를 소인수들만의 곱으로 나타내는 것을 소인수분해라 한다.

45를 소인수분해하면 $45 = 5\times9$

$= 5\times3\times3$

$= 3^2\times5$

□ 안에 들어갈 수는 위에서부터 차례로 9와 3이다.

두 수의 합은 $9+3=12$ ∴ 12

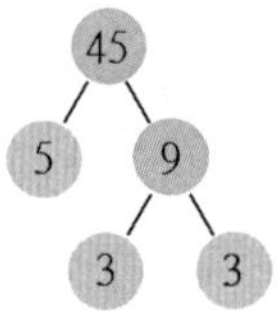

04 정답 ②

| 풀이 |

어떤 자연수를 소인수들만의 곱으로 나타내는 것을 소인수분해라 한다.

소인수분해한 결과는 크기가 작은 소인수부터 나타내고, 같은 소인수의 곱은 거듭제곱으로 나타낸다.

108을 소인수분해하면

$108 = 2\times2\times3\times3\times3 = 2^2\times3^3$이다.

05 정답 ④

| 풀이 |

어떤 자연수를 소인수들만의 곱으로 나타내는 것을 소인수분해라 하고, 소인수분해한 결과는 크기가 작은 소인수부터 나타내고, 같은 소인수의 곱은 거듭제곱으로 나타낸다.

50을 소인수분해하면

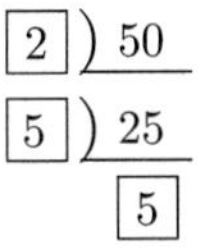

→ $2\times5\times5=2\times5^2$이다.

06 정답 ③

| 풀이 |

140의 약수를 인수라고 하고, 그중에서 소수인 인수를 소인수라고 한다.

140을 소인수분해하면

$140=2\times2\times5\times7=2^2\times5\times7$이다.

그러므로 140의 소인수는 2, 5, 7 모두 3개이다.

07 정답 ③

| 풀이 |

12를 소인수분해하면 $12=2^2\times3$

$12=2\times6=2\times2\times3=2^2\times3$ | $12=3\times4=3\times2\times2=2^2\times3$

08 정답 ③

| 풀이 |

자연수를 소인수만의 곱으로 나타내는 것을 소인수분해라고 하므로

$20=2\times2\times5=2^2\times5$이다. $\therefore 2^2\times5$

09 정답 ①

| 풀이 |

자연수를 소인수들만의 곱으로 나타내는 것을 소인수분해라고 한다.

72를 소인수분해하면 $72=2\times2\times2\times3\times3=2^3\times3^2$이므로 $a=3$, $b=2$이다.

$a-b=3-2=1$ $\therefore 1$

10 정답 ②

| 풀이 |

98을 소인수분해하면 $98=2\times7\times7=2\times7^2$이다.

그러므로 a의 값은 2이다. $\therefore a=2$

11 정답 ③

| 풀이 |

63의 약수는 모두 6개이다.

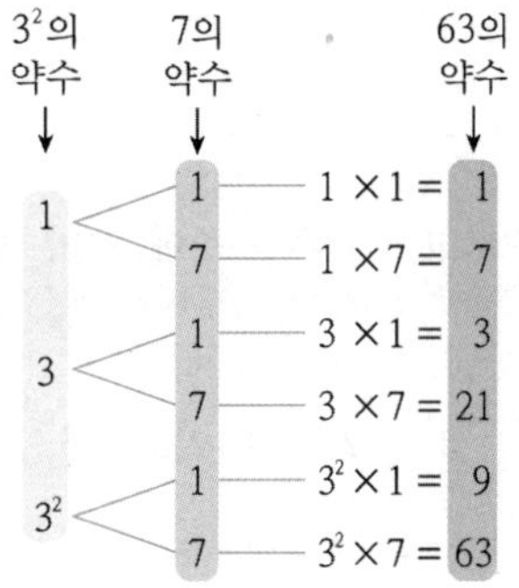

| 참고 |

1은 모든 수의 약수이다.

12 정답 ④

| 풀이 |

16을 소인수분해하면 $16=2\times2\times2\times2=2^4$이다.

그러므로 16의 약수는 1, 2, 2^2, 2^3, 2^4이다.

13 정답 ③

| 풀이 |

분자, 분모가 자연수인 분수에 양의 부호 +를 붙인 수를 양의 유리수

분자, 분모가 자연수인 분수에 음의 부호 −를 붙인 수를 음의 유리수

양의 유리수, 0, 음의 유리수를 통틀어 유리수라고 하므로

5, 0, -4는 정수이고 정수가 아닌 유리수는 ③ $-\frac{1}{3}$ 이다.

14 정답 ③

| 풀이 |

자연수에 양의 부호 +를 붙인 수를 양의 정수라 하고, 양의 부호를 생략하여 나타내기도 한다. 자연수에 음의 부호 −를 붙인 수를 음의 정수라 하고 양의 정수, 0, 음의 정수를 통틀어 정수라 한다.

양의 정수 3, 음의 정수 -4, 0 → 정수는 -4, 0, 3 모두 3개이다.

15 정답 ②

| 풀이 |

양수는 5, $\frac{2}{5}$이고, 이 수들 중에 양의 정수는 5

→ 1개

음수는 $-\frac{1}{3}$, -3, -2, -0.4이고, 이 수들 중에서 음의 정수는 -3, -2 → 2개

| 참고 |

0은 양의 정수도 음의 정수도 아니다.

16 정답 ③

| 풀이 |

수직선 위에서 원점으로부터 어떤 수를 나타내는 점까지의 거리를 그 수의 절댓값이라 한다.

① $|-10|=10$, ② $|-7|=7$, ③ $|2|=2$, ④ $|5|=5$이므로 절댓값이 가장 작은 수는 2이다.

17 정답 ③

| 풀이 |

① 양수끼리는 절댓값이 큰 수가 크다. → $\frac{1}{2}<2$

② 양수는 0보다 크므로 → $0<4$

③ 음수끼리는 절댓값이 큰 수가 작다.

→ $-\frac{4}{5}>-1$ (○)

④ 음수끼리는 절댓값이 큰 수가 작다. → $-5<-3$

18 정답 ②

| 풀이 |

① 양수끼리는 절댓값이 큰 수가 크다.

→ $5>2$ (○)

② 양수는 0보다 크고, 음수는 0보다 작다.

→ $0>-\frac{4}{7}$ (×)

③ 음수끼리는 절댓값이 큰 수가 작다.

→ $-\frac{1}{5}>-\frac{3}{5}$ (○)

④ 양수 > 0 > 음수 → $4>1$ (○)

19 정답 ②

| 풀이 |

수직선 위에 수를 나타낼 때, 양수는 원점의 오른쪽에, 음수는 원점의 왼쪽에 있다.

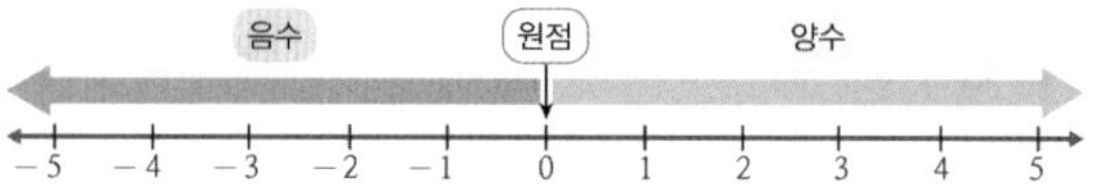

$-5<-\frac{1}{5}<\frac{1}{3}<2$

음수는 -5, $-\frac{1}{5}$, 양수는 2, $\frac{1}{3}$이고

양수 2, $\frac{1}{3}$ 중 더 큰 수는 2이므로 가장 오른쪽에 있는 수는 2이다.

20 정답 ①

| 풀이 |

$(+)+(-)$, $(-)+(+)$ → 절댓값이 큰 수의 부호를 쓴다.

$+5$와 -3의 절댓값의 차는 2이고, 절댓값이 큰 수는 $+5$이므로 부호는 +이다.

$(+5)+(-3)=+(5-3)=2$ $\therefore$ 2

21 정답 ①

| 풀이 |

$(+)+(-)$, $(-)+(+)$ ➡ 절댓값이 큰 수의 부호를 쓴다.

-8과 $+3$의 절댓값의 차는 5이고, 절댓값이 큰 수는 -8이므로 부호는 $-$이다.

$(-8)+(+3)=-(8-3)=(-5)$ $\quad\therefore -5$

22 정답 ④

| 풀이 |

부호가 같은 두 수의 합은 두 수의 절댓값의 합에 공통인 부호를 붙여서 계산한다.

$3+5=8$이므로

$(-3)+(-5)=-(3+5)=-8$ $\quad\therefore -8$

23 정답 ④

| 풀이 |

두 정수의 뺄셈은 빼는 수의 부호를 바꾸어 더한 후 계산하므로

$(+3)-(-4)=(+3)+(+4)=3+4=7$ $\quad\therefore 7$

24 정답 ④

| 풀이 |

정수의 곱셈에서 부호는

$(+)\times(+)$, $(-)\times(-)$ ➡ $+$, $(+)\times(-)$, $(-)\times(+)$ ➡ $-$ 이므로

$(-3)\times(-6)$의 부호는 $+$이다.

$3\times6=18$이므로 $(-3)\times(-6)=(+18)$ $\quad\therefore 18$

25 정답 ③

| 풀이 |

수직선 위에서 원점으로부터 어떤 수를 나타내는 점까지의 거리를 그 수의 절댓값이라 한다.

$|10|=10$, $|-5|=5$, $|3|=3$, $|0|=0$, $|-1|=1$, $|-2|=2$이므로

절댓값이 가장 큰 수는 10, 가장 작은 수는 0이다.

두 수의 합은 $10+0=10$ $\quad\therefore 10$

26 정답 ③

| 풀이 |

음의 정수 < 0 < 양의 정수

양의 정수는 1, 4, 6 이 수들 중 가장 큰 수는 6이고

음의 정수는 -2, -3, -5 이 수들 중 가장 작은 수는 -5이다.

6과 -5의 절댓값의 차는 1이고, 절댓값이 큰 수는 6이므로 부호는 $+$이다.

$6+(-5)=+(6-5)=1$ $\quad\therefore 1$

27 정답 ①

| 풀이 |

음의 정수 < 0 < 양의 정수

음의 정수 ➡ -5, -3 / 양의 정수 ➡ 2, 7, 4이므로

작은 수부터 차례로 나열하면

$-5<-3<0<2<4<7$이다.

두 번째 수는 -3, 네 번째 수는 2이므로

$(-3)+2=-1$ $\quad\therefore -1$

28 정답 ①

| 풀이 |

음의 정수 < 0 < 양의 정수

양의 정수는 1, 3, 6 이 수들 중 가장 큰 수는 6이고

음의 정수는 -2, -5 이 수들 중 가장 작은 수는 -5이다.

$6\times5=30$이고 두 수의 곱의 부호는

$(+)\times(-)$, $(-)\times(+)$ ➡ $-$ 이므로

$6\times(-5)=-30$ $\quad\therefore -30$

| 참고 |

모든 수와 0과의 곱은 0이다.

29 정답 ②

| 풀이 |

분모의 소인수가 2나 5뿐이면 그 분수는 유한소수로

나타낼 수 있다.

① $\frac{1}{2}$, ④ $\frac{1}{5}$ → 분모가 2, 5

③ $\frac{1}{4}$ → 분모가 $4=2\times2=2^2$이므로 소인수가 2

② $\frac{1}{3}$ → 분모가 3이므로 유한소수로 나타낼 수 없다.

30 정답 ①

| 풀이 |

분모의 소인수가 2나 5뿐이면 그 분수는 유한소수로 나타낼 수 있다.

그러므로 a에 들어갈 수 있는 수는 2이다.

| 참고 |

2, 5 이외의 소인수가 분모에 있으면 소수로 바꾸었을 때, 순환소수가 된다.

31 정답 ④

| 풀이 |

일정하게 되풀이되는 소수점 아래의 한 부분을 순환마디라 하고 순환소수는 순환마디의 양 끝의 숫자 위에 점을 찍어서 표현한다.

① $0.24444\cdots$의 순환마디는 4이므로 $0.2\dot{4}$

② $1.232323\cdots$의 순환마디는 23이므로 $1.\dot{2}\dot{3}$

③ $2.343434\cdots$의 순환마디는 34이므로 $2.\dot{3}\dot{4}$

④ $0.05555\cdots$의 순환마디는 5이므로 $0.0\dot{5}$

32 정답 ③

| 풀이 |

일정하게 되풀이되는 소수점 아래의 한 부분을 순환마디라고 한다.

$0.13131313131313\cdots$은 13이 반복되고 있으므로 순환마디는 13이다.

| 참고 |

순환소수는 순환마디의 양 끝의 숫자 위에 점을 찍어 간단히 나타낸다.

$0.13131313131313\cdots=0.\dot{1}\dot{3}$

33 정답 ④

| 풀이 |

일정하게 되풀이되는 소수점 아래의 한 부분을 순환마디라 한다.

$1.3\dot{4}\dot{1}=1.34141414141\cdots$은 41이 반복되고 있으므로 순환마디는 41이다.

34 정답 ②

| 풀이 |

순환하지 않는 무한소수로 표현되는 수, 유리수가 아닌 수를 무리수라고 한다.

유리수 → 3, 0.9, $\frac{1}{2}$, -2이므로 모두 4개

무리수 → $-\sqrt{3}$, $\sqrt{5}$이므로 모두 2개 ∴ 2개

35 정답 ②

| 풀이 |

어떤 수 x를 제곱하여 a가 될 때, $x^2=a$일 때, x를 a의 제곱근이라 한다.

5의 제곱근은 제곱해서 5가 되는 수인 $+\sqrt{5}$, $-\sqrt{5}$이다.

$x^2=5$ → $x=\pm\sqrt{5}$ ∴ $\pm\sqrt{5}$

36 정답 ③

| 풀이 |

어떤 수 x를 제곱하여 a가 될 때, x를 a의 제곱근이라고 한다.

제곱해서 3이 되는 수는 $+\sqrt{3}$, $-\sqrt{3}$이므로

3의 제곱근은 $\pm\sqrt{3}$이다.

| 참고 |

3의 양의 제곱근은 $+\sqrt{3}$, 음의 제곱근은 $-\sqrt{3}$이다.

37 정답 ②

| 풀이 |

(정사각형의 넓이)=(정사각형의 한 변의 길이)^{2}이므로

정사각형의 한 변의 길이를 x로 잡으면

$x^2=12 \rightarrow x=\pm\sqrt{12}$
변의 길이는 양수이므로 정사각형의 한 변의 길이는 $\sqrt{12}$이다.
근호 안의 수에 제곱인 인수가 있으면 이것을 근호 밖으로 꺼내어 나타낸다.
$\sqrt{12}=\sqrt{2\times2\times3}=\sqrt{2^2\times3}=\sqrt{2^2}\sqrt{3}=2\sqrt{3}$
$\therefore 2\sqrt{3}$

38 정답 ③

| 풀이 |

직사각형의 넓이는
(가로)×(세로)$=7\text{cm}\times5\text{cm}=35(\text{cm}^2)$이므로
정사각형의 넓이도 $35(\text{cm}^2)$이다.
정사각형의 한 변의 길이를 x라고 하면
$x^2=35 \rightarrow x=\pm\sqrt{35}$
정사각형의 변의 길이는 양수이므로 한 변의 길이는 $\sqrt{35}$이다.

39 정답 ①

| 풀이 |

직사각형의 넓이는 (가로)×(세로)$=2\times1=2$이다.
(정사각형의 넓이)=(정사각형의 한 변의 길이)^{2}이므로
정사각형의 한 변의 길이를 x로 잡으면
$x^2=2 \rightarrow x=\pm\sqrt{2}$
정사각형의 변의 길이는 양수이므로 한 변의 길이는 $\sqrt{2}$이다.

40 정답 ①

| 풀이 |

방법1 $(\sqrt{5})^2=5$, $(x)^2$, $(\sqrt{26})^2=26$이므로
$5<x^2<26$
$2^2=4$, $3^2=9$, $4^2=16$, $5^2=25$이므로
x에 들어갈 수 없는 수는 2이다.
방법2 $\sqrt{4}=2$, $\sqrt{9}=3$, $\sqrt{16}=4$, $\sqrt{25}=5$이므로
$\sqrt{5}<\sqrt{9}$, $\sqrt{16}$, $\sqrt{25}<\sqrt{26}$
x에 들어갈 수 없는 수는 $\sqrt{4}=\sqrt{2^2}=2$이다.

41 정답 ②

| 풀이 |

방법1 $(\sqrt{6})^2=6$, $(x)^2$, $(\sqrt{11})^2=11$이므로
$6<x^2<11$
$2^2=4$, $3^2=9$, $4^2=16$, $5^2=25$
x^2이 6과 11 사이에 있는 자연수는 3이다. $\therefore x=3$
방법2 $\sqrt{4}=2$, $\sqrt{9}=3$, $\sqrt{16}=4$이므로
$\sqrt{6}\le\sqrt{9}\le\sqrt{11}$
$x=\sqrt{9}=\sqrt{3^2}=3$

42 정답 ③

| 풀이 |

근호 안의 수에 제곱인 인수가 있으면 이것을 근호 밖으로 꺼내어 나타낸다.
$18=3\times3\times2=3^2\times2$이므로
$\sqrt{18}=\sqrt{9\times2}=\sqrt{3^2\times2}=3\sqrt{2}$ $\therefore 3\sqrt{2}$

43 정답 ③

| 풀이 |

$a>0$, $b>0$일 때, $a\sqrt{b}=\sqrt{a^2b}$이므로
$5\sqrt{2}=\sqrt{5^2}\times\sqrt{2}=\sqrt{25}\times\sqrt{2}=\sqrt{25\times2}=\sqrt{50}$
$\therefore \sqrt{50}$

44 정답 ①

| 풀이 |

① $\sqrt{2^2}=\sqrt{4}$, ③ $\sqrt{(-3)^2}=\sqrt{9}$,
④ $3\sqrt{2}=\sqrt{3^2}\times\sqrt{2}=\sqrt{9}\times\sqrt{2}=\sqrt{18}$
무리수의 크기 비교는 $a>0$, $b>0$일 때, $a<b$이면 $\sqrt{a}<\sqrt{b}$이므로 작은 수부터 나열하면
$\sqrt{4}<\sqrt{9}<\sqrt{10}<\sqrt{18}$이다.
그러므로 가장 작은 수는 $\sqrt{2^2}$이다.

45 정답 ②

| 풀이 |

$a>0$일 때, $\sqrt{(-a)^2}=a \rightarrow \sqrt{(-4)^2}=\sqrt{16}=4$,

$(\sqrt{a})^2=a$ → $(\sqrt{2})^2=\sqrt{2}\times\sqrt{2}=\sqrt{4}=2$이므로
$\sqrt{(-4)^2}-(\sqrt{2})^2=4-2=2$ $\quad\therefore 2$

46 정답 ①

| 풀이 |

$\sqrt{(-2)^2}=\sqrt{(-2)\times(-2)}=\sqrt{4}=2$,
$\sqrt{4}=\sqrt{2\times2}=\sqrt{2^2}=2$
$\sqrt{(-2)^2}+\sqrt{4}=2+2=4$ $\quad\therefore 4$

47 정답 ④

| 풀이 |

근호를 포함한 식의 덧셈은 다항식의 덧셈에서 동류항끼리 모아서 계산한 것과 같이 근호 안의 수가 같은 것끼리 모아서 계산한다.
$7\sqrt{5}+2\sqrt{5}=(7+2)\sqrt{5}=9\sqrt{5}$
$\therefore 9\sqrt{5}$

48 정답 ②

| 풀이 |

근호 안의 수에 제곱인 인수가 있으면 $\sqrt{a^2b}=a\sqrt{b}$ $(a>0,\ b>0)$임을 이용하여 간단히 한 후 계산한다. 또, 동류항끼리 모아서 계산한 것과 같이 근호 안의 수가 같은 것끼리 모아서 계산한다.
$\sqrt{28}=\sqrt{2\times2\times7}=\sqrt{2^2\times7}$
$=\sqrt{2^2}\times\sqrt{7}=2\sqrt{7}$ (← $\sqrt{a^2b}=a\sqrt{b}$)
$\sqrt{28}+5\sqrt{7}=2\sqrt{7}+5\sqrt{7}=(2+5)\sqrt{7}=7\sqrt{7}$
$\therefore 7\sqrt{7}$

| 참고 |

근호 안의 수가 같은 것을 다항식의 동류항과 같이 생각한다.

49 정답 ②

| 풀이 |

음의 무리수 < 0 < 양의 무리수이므로 보기의 수들을 작은 수부터 나열하면
$-3\sqrt{2}<-\sqrt{2}<0<\sqrt{2}<5\sqrt{2}$이다.
가장 큰 수는 $5\sqrt{2}$, 가장 작은 수는 $-3\sqrt{2}$이므로
가장 큰 수와 작은 수의 합은
$5\sqrt{2}+(-3\sqrt{2})=\{5+(-3)\}\sqrt{2}=2\sqrt{2}$ $\quad\therefore 2\sqrt{2}$

50 정답 ④

| 풀이 |

$a>0,\ b>0$일 때, $\sqrt{a}\sqrt{b}=\sqrt{ab}$이고, 유리수는 유리수끼리, 무리수는 무리수끼리 계산하여 정리한다.
$5\sqrt{2}\times3\sqrt{2}=(5\times3)\times(\sqrt{2}\times\sqrt{2})=15\sqrt{4}$
$=15\sqrt{2^2}=15\times2=30$
$\therefore 30$

51 정답 ②

| 풀이 |

제곱근의 곱셈은 $a>0,\ b>0$일 때,
$\sqrt{a}\sqrt{b}=\sqrt{ab}$이다.
$\sqrt{8}\times\sqrt{2}=\sqrt{8\times2}=\sqrt{16}=\sqrt{4\times4}=\sqrt{4^2}=4$
$\therefore 4$

52 정답 ③

| 풀이 |

$\sqrt{(-2)^2}=\sqrt{(-2)\times(-2)}=\sqrt{4}=2$,
$\sqrt{(-3)^2}=\sqrt{(-3)\times(-3)}=\sqrt{9}=3$
$\sqrt{(-2)^2}\times\sqrt{(-3)^2}=2\times3=6$ $\quad\therefore 6$

53 정답 ③

| 풀이 |

(직사각형의 넓이) = (가로)×(세로)이므로
두 직사각형의 넓이는 각각
$3\times\sqrt{10}=3\sqrt{10}$, $5\times\sqrt{10}=5\sqrt{10}$
넓이의 합은 $3\sqrt{10}+5\sqrt{10}=(3+5)\sqrt{10}=8\sqrt{10}$
$\therefore 8\sqrt{10}$

54 정답 ②

| 풀이 |

근호를 포함한 식에 괄호가 있는 경우에는 분배법칙과 곱셈 공식을 이용하여 괄호를 푼 후에 계산한다.

$$\sqrt{2}(2+\sqrt{3})=\sqrt{2}\times 2+\sqrt{2}\times\sqrt{3}$$
$$=2\sqrt{2}+\sqrt{2\times 3}$$
$$=2\sqrt{2}+\sqrt{6}$$

$\therefore 2\sqrt{2}+\sqrt{6}$

55 정답 ④

| 풀이 |

분수의 분모가 근호를 포함한 무리수일 때, 분모와 분자에 0이 아닌 같은 수를 곱하여 분모를 유리수로 고치는 것을 분모의 유리화라고 한다.

$\frac{1}{\sqrt{5}}$의 분모와 분자에 각각 $\sqrt{5}$를 곱하면

$$\frac{1}{\sqrt{5}}=\frac{1\times\sqrt{5}}{\sqrt{5}\times\sqrt{5}}=\frac{\sqrt{5}}{5}$$

$\therefore \frac{\sqrt{5}}{5}$

PART Ⅱ 문자와 식

적중 예상 문제

81~88p

01 ②	02 ③	03 ③	04 ④	05 ③
06 ④	07 ②	08 ③	09 ①	10 ③
11 ④	12 ②	13 ③	14 ②	15 ④
16 ③	17 ③	18 ④	19 ②	20 ③
21 ④	22 ①	23 ③	24 ②	25 ③
26 ④	27 ①	28 ③	29 ②	30 ④
31 ④	32 ②	33 ③	34 ③	35 ②
36 ①	37 ③	38 ①	39 ④	40 ①
41 ③	42 ①	43 ①	44 ③	

01 정답 ②

| 풀이 |

문자를 포함한 식에서 문자 대신 수로 바꾸어 넣는 것을 대입이라 한다.

문자를 포함한 식 $3x+2y$에

$x=1,\ y=-3$을 각각 대입하면

$3\times(1)+2\times(-3)=3+(-6)=-3$

$\therefore -3$

02 정답 ③

| 풀이 |

문자를 포함한 식 $3x-6$에서 x 자리에 4를 대입하면

$3\times(4)-6=12-6=6 \quad \therefore 6$

03 정답 ③

| 풀이 |

형의 나이보다 3살이 적으므로 형의 나이에서 3을 빼야 한다.

형의 나이$-3=a-3 \quad \therefore a-3$

04 정답 ④

| 풀이 |

딸기의 총 개수 = 딸기의 개수 × 사람 수 + 남은 개수

이므로

딸기의 총 개수 $= a$개$\times 4$명$+1$개 $= 4\times a+1 = 4a+1$

$\therefore\ 4a+1$

| 참고 |

문자를 사용한 식 $4\times a$는 곱셈 기호 $\times$를 생략하여 $4a$로 나타낸다.

05 정답 ③

| 풀이 |

한 권에 500원 하는 공책을 x권 샀으므로 총 공책의 금액은 ➜ $500\times x = 500x$

3000원을 내고 남은 거스름돈은 $3000-500x$(원)이다.

06 정답 ④

| 풀이 |

끈을 5등분하였으므로, 처음 길이 x cm를 5로 나누면 된다.

$\therefore\ x\div 5$(cm)

07 정답 ②

| 풀이 |

문자를 포함한 식 $-3x+4$에서

x 자리에 -2를 대입하면

$-3\times(-2)+4=6+4=10$

$\therefore\ 10$

08 정답 ③

| 풀이 |

$3x$, $x+3$, $-3x$, $x-3$에서 x의 값에 -1을 각각 대입하면

① $3x=3\times(-1)=-3$,

② $x+3=(-1)+3=2$,

③ $-3x=-3\times(-1)=3$,

④ $x-3=(-1)-3=-4$ 이므로

식의 값이 가장 큰 것은 $-3x$이다.

09 정답 ①

| 풀이 |

문자를 포함한 식 $2a+5b$에

$a=5$, $b=-4$를 각각 대입하면

$2\times(5)+5\times(-4)=10+(-20)=-10$

$\therefore\ -10$

10 정답 ③

| 풀이 |

동류항이 있는 다항식에서는 동류항끼리 모으고 분배법칙을 이용하여 식을 간단히 한다.

$-3x-4+5x$에서 $-3x$와 $5x$는 동류항이므로

$$-3x-4+5x=-3x+5x-4$$
$$=\{(-3)+5\}x-4=2x-4$$

$\therefore\ 2x-4$

11 정답 ④

| 풀이 |

일차식과 수의 곱셈은 분배법칙을 이용하여 일차식의 각 항에 그 수를 곱하여 계산한다.

$$-4(-3x+1)=(-4)\times(-3x)+(-4)\times(1)$$
$$=12x+(-4)=12x-4$$

$\therefore\ 12x-4$

12 정답 ②

| 풀이 |

단항식의 곱셈은 계수는 계수끼리, 문자는 문자끼리 계산한다.

지수법칙 ➜ 두 수 m, n이 자연수일 때

$a^m\times a^n=a^{m+n}$

즉, 두 수의 곱에서 지수는 더하는 것이므로

$$3x^2\times(-x^3)=3\times x^2\times(-1)\times x^3$$
$$=\{3\times(-1)\}\times(x^2\times x^3)$$
$$=-3\times(x^{2+3})=-3x^5$$

$\therefore\ -3x^5$

13 정답 ③

| 풀이 |

방법1 $x^3 \times x^4$에서 x^3은 x를 세 번 곱한 수이고, x^4은 x를 네 번 곱한 수이다.

$x^3 \times x^4 = (x \times x \times x) \times (x \times x \times x \times x) = x^7$

마찬가지로

$y^2 \times y^6 = (y \times y) \times (y \times y \times y \times y \times y \times y) = y^8$이다.

$x^3 \times y^2 \times x^4 \times y^6 = (x^3 \times x^4) \times (y^2 \times y^6)$

$= x^7 \times y^8 = x^7y^8$

방법2 지수법칙 $a^m \times a^n = a^{m+n}$에 의하여

$x^3 \times x^4 = x^{(3+4)} = x^7$, $y^2 \times y^6 = y^{(2+6)} = y^8$

$x^3 \times y^2 \times x^4 \times y^6 = x^{3+4} \times y^{2+6} = x^7 \times y^8 = x^7y^8$

$\therefore x^7y^8$

14 정답 ②

| 풀이 |

단항식의 곱셈은 계수는 계수끼리, 문자는 문자끼리 계산한다.

두 단항식의 곱 $5a^3 \times 2a^3$을 간단히 하면

$5a^3 \times 2a^3 = (5 \times a^3) \times (2 \times a^3) = (5 \times 2) \times (a^3 \times a^3)$

$= (10) \times (a^{3+3}) = 10 \times a^6 = 10a^6$

$\therefore 10a^6$

15 정답 ④

| 풀이 |

방법1 x^2은 x를 두 번, x^3은 x를 세 번, x^4은 x를 네 번 곱한 수이다.

$x^2 \times x^3 \times x^4 = (x \times x) \times (x \times x \times x) \times (x \times x \times x \times x)$

$= x^9$

$x^2 \times x^3 \times x^4$는 x를 아홉 번 곱한 수이다. $\therefore x^9$

방법2 지수법칙 $a^m \times a^n = a^{m+n}$에 의하여

$x^2 \times x^3 \times x^4 = x^{(2+3+4)} = x^9$ $\therefore x^9$

16 정답 ③

| 풀이 |

① $a \times a^2 = a^1 \times a^2 = a^{(1+2)} = a^3$

② $2a \times a^3 = 2 \times a \times 1 \times a^3 = (2 \times 1) \times (a \times a^3)$

$= (2) \times (a^{1+3}) = 2 \times a^4 = 2a^4$

③ $2a \times a^2 = 2 \times a \times 1 \times a^2 = (2 \times 1) \times (a \times a^2)$

$= (2) \times (a^{1+2}) = 2 \times a^3 = 2a^3$

④ $2a^2 \times a^2 = 2 \times a^2 \times 1 \times a^2 = (2 \times 1) \times (a^2 \times a^2)$

$= (2) \times (a^{2+2}) = 2 \times a^4 = 2a^4$

그러므로 식의 결과가 $2a^3$인 것은 $2a \times a^2$이다.

17 정답 ③

| 풀이 |

단항식의 곱셈은 계수는 계수끼리, 문자는 문자끼리 계산한다.

$-3a^4 \times 7a^6 = (-3) \times a^4 \times 7 \times a^6$

$= \{(-3) \times 7\} \times (a^4 \times a^6)$

$= (-21) \times (a^{4+6}) = -21 \times a^{10} = -21a^{10}$

$\therefore -21a^{10}$

18 정답 ④

| 풀이 |

$2x^2 \times x^3y^2 \times x^4y^3$을 같은 문자끼리 모아서 정리하면 $2 \times (x^2 \times x^3 \times x^4) \times (y^2 \times y^3)$이다.

지수법칙 $a^m \times a^n = a^{m+n}$에 의하여

$2 \times (x^{2+3+4}) \times (y^{2+3}) = 2 \times x^9 \times y^5 = 2x^9y^5$

$a = 9$, $b = 5$

그러므로 $a + b = 9 + 5 = 14$

$\therefore 14$

19 정답 ②

| 풀이 |

$(-2ab)^2 = (-2ab) \times (-2ab)$

$= (-2) \times a \times b \times (-2) \times a \times b$

$= (-2) \times (-2) \times a \times a \times b \times b$

$= (-2)^2 \times a^2 \times b^2 = 4a^2b^2$

$$(ab)^2 = a^2b^2$$

$$\left(\frac{a}{b}\right)^2 = \frac{a^2}{b^2}$$

20 정답 ③

| 풀이 |

지수법칙 $a^m \times a^n = a^{m+n}$에 의하여

① $x^2 \times x^4 = x^{2+4} = x^6$

지수법칙 $a^m \div a^n = a^{m-n}$에 의하여

② $x^8 \div x^4 = x^{8-4} = x^4$

지수법칙 $(a^m)^n = a^{m \times n}$에 의하여

③ $(x^2)^4 = x^{2\times 4} = x^8$

④ $x^2 + x^3 \neq x^5$

| 참고 |

지수법칙은 두 수의 곱과 나눗셈에서만 성립한다.

21 정답 ④

| 풀이 |

곱셈 공식 $x^m \times x^n = x^{m+n}$에 의하여

x^7의 지수 7은 $x^{\square} \times x^3$의 두 지수 □와 3의 합과 같다.

$\square + 3 = 7$ ➜ $\square = 7 - 3 = 4$

$\therefore$ 4

22 정답 ①

| 풀이 |

문자가 2개 이상인 다항식의 덧셈, 뺄셈은 일차식의 덧셈, 뺄셈과 같이 괄호가 있으면 괄호를 먼저 풀고 동류항끼리 모아서 계산한다.

$$(3x+2y)+(2x-5y) = 3x+2y+2x-5y$$
$$= (3x+2x)+(2y-5y)$$
$$= 5x+(-3y) = 5x-3y$$

$\therefore 5x-3y$

23 정답 ③

| 풀이 |

방법1 (직사각형의 넓이) = (가로)×(세로)이고, 가로의 길이는 $3a+b$이고, 세로의 길이는 $2a$이므로

$$(\text{가로})\times(\text{세로}) = (3a+b)\times 2a$$
$$= 3a\times 2a + b\times 2a = 6a^2+2ab$$

방법2 (직사각형의 넓이) = (가로)×(세로)이고,

□ABFE의 넓이$=(3a)\times(2a)$

$$=(3\times 2)\times(a\times a) = 6\times a^2 = 6a^2$$

□EFCD의 넓이 $=(b)\times(2a)=2ab$이므로

두 직사각형의 합을 구하면 $6a^2+2ab$

$\therefore 6a^2+2ab$

24 정답 ②

| 풀이 |

다항식과 다항식의 곱셈을 전개할 때, 분배법칙을 이용하여 정리하고, 동류항이 있으면 동류항끼리 모아서 계산한다.

$(a+b)(c+d) = \underset{❶}{ac} + \underset{❷}{ad} + \underset{❸}{bc} + \underset{❹}{bd}$ 이므로

$$(a+2)(a+6) = a\times a + a\times 6 + 2\times a + 2\times 6$$
$$= a^2+6a+2a+12$$
$$= a^2+(6+2)a+12$$
$$= a^2+8a+12$$

25 정답 ③

| 풀이 |

곱셈 공식 $(a+b)^2 = a^2+2ab+b^2$에 의하여

$a=a$, $b=5$라고 하면

$(a+5)^2 = a^2+2\times a\times 5+(5)^2 = a^2+10a+25$

$\therefore (a+5)^2 = a^2+10a+25$

26 정답 ④

| 풀이 |

방법1 $(a+5)(a-5)$를 분배법칙을 이용하여 전개하면

$$(a+5)(a-5) = a\times a + a\times(-5)+5\times a+5\times(-5)$$
$$= a^2+(-5)a+5a+(-25) = a^2-25$$

방법2 곱셈 공식 $(a+b)(a-b)=a^2-b^2$을 이용하여 전개하면

$a=a$, $b=5$라 하고 위의 곱셈 공식에 대입하면

$(a+5)(a-5) = a^2-(5)^2 = a^2-25$

27 정답 ①

| 풀이 |

방법1 $(a+4)^2$을 분배법칙을 이용하여 전개하면

$(a+4)^2=(a+4)(a+4)=a\times a+a\times 4+4\times a+4\times 4$

$=a^2+4a+4a+16=a^2+8a+16$

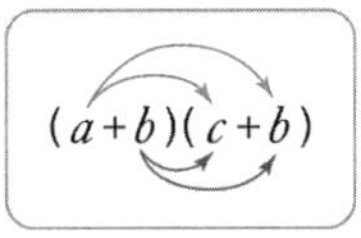

방법2 곱셈 공식 $(a+b)^2=a^2+2ab+b^2$을 이용하여 전개하면

$a=a$, $b=4$라 하고 위의 곱셈 공식에 대입하면

$(a+4)^2=a^2+2\times a\times 4+4^2=a^2+8a+16$

28 정답 ③

| 풀이 |

일반적으로 $(x+a)(x+b)$를 전개하면

$(x+a)(x+b)=x^2+bx+ax+ab=x^2+(a+b)x+ab$

그러므로 $x=a$, $a=1$, $b=-5$를 각각 위의 공식에 대입하면

$(a+1)(a-5)=a^2+\{1+(-5)\}a+(1)\times(-5)$

$=a^2-4a-5$

$(x+a)(x+b)=x^2+(\underbrace{a+b}_{\text{합}})x+\underbrace{a\times b}_{\text{곱}}$

29 정답 ②

| 풀이 |

다항식 $ab+3ac$에서 a는 ab와 $3ac$에 공통으로 들어 있는 인수이고, 분배법칙을 이용하여 공통인수 a로 묶어 내어 인수분해한다.

$ab+3ac=a(b+3c)$

$\therefore a(b+3c)$

30 정답 ④

| 풀이 |

인수분해 공식 $a^2-2ab+b^2=(a-b)^2$에 의하여

$a=x$, $b=3$이라 하면

$(x)^2-2\times(x)\times(3)+(3)^2=(x-3)^2$

$\therefore (x-3)^2$

| 참고 |

$(a+b)^2$, $(a-b)^2$과 같이 다항식의 제곱으로 된 식을 완전제곱식이라 한다.

31 정답 ④

| 풀이 |

하나의 다항식을 두 개 이상의 인수의 곱으로 나타내는 것을 인수분해라 한다.

곱이 6이고 합이 -5인 두 정수는 -2와 -3이므로

x^2-5x+6을 인수분해하면

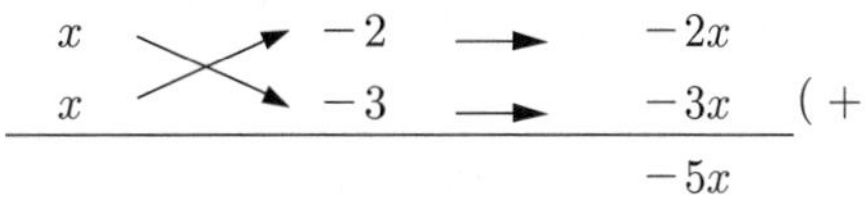

← $x^2-5x+6=(x-2)(x-3)$

$\therefore (x-2)(x-3)$

32 정답 ②

| 풀이 |

방법1 식 $x^2+10x+25$의 x에 5를 대입하면

$x^2+10x+25=(5)^2+10\times(5)+25=25+50+25=100$

$\therefore 100$

방법2 식 $x^2+10x+25$를 인수분해하면

인수분해 공식 $a^2+2ab+b^2=(a+b)^2$에 의하여

$a=x$, $b=5$라 하면

$(x)^2+2\times(x)\times(5)+(5)^2=(x+5)^2$이므로

식 $(x+5)^2$의 x에 5를 대입하면

$\{(5)+5\}^2=10^2=100$ $\therefore 100$

33 정답 ③

| 풀이 |

인수분해 공식 $a^2-b^2=(a+b)(a-b)$에 의하여

$a=x$, $b=2$라고 하면 $(x)^2-(2)^2=(x+2)(x-2)$이다.

$\therefore (x+2)(x-2)$

34 정답 ③

| 풀이 |

$a=x$, $b=3$이라 하고 인수분해 공식

$a^2+2ab+b^2=(a+b)^2$에 대입하면

$(x)^2+2\times x\times 3+(3)^2=(x+3)^2$이다.

그러므로 □ 안에 알맞은 수는 3이다.

$\therefore 3$

35 정답 ②

| 풀이 |

인수분해 공식 $a^2-b^2=(a+b)(a-b)$에 의하여

$x^2-81=x^2-(9)^2$

$a=x$, $b=9$를 위의 인수분해 공식에 대입하면

$(x)^2-(9)^2=(x+9)(x-9)$이다.

그러므로 □ 안에 공통으로 들어가는 수는 9이다.

36 정답 ①

| 풀이 |

곱해서 -6, 더해서 1이 되는 수는 -2와 3이므로

x^2+x-6을 인수분해하면

$x \quad -2 \rightarrow -2x$

$x \quad 3 \rightarrow +3x$ (+

x

← $x^2+x-6=(x-2)(x+3)$

$\therefore (x-2)(x+3)$

37 정답 ③

| 풀이 |

인수분해 공식 $a^2-b^2=(a+b)(a-b)$이므로

$a=a$, $b=1$이라 하면

$a^2-1=(a)^2-(1)^2=(a+1)(a-1)$

□ 안에 들어갈 식은 $a-1$이다.

38 정답 ①

| 풀이 |

곱해서 8, 더해서 -6이 되는 수는 -2와 -4이므로

x^2-6x+8을 인수분해하면

$x^2-6x+8=(x-2)(x-4)$이다.

그러므로 x^2-6x+8의 인수는 $(x-2)$, $(x-4)$, $(x-2)(x-4)$이고

인수인 것은 ① $x-2$이다.

39 정답 ④

| 풀이 |

하나의 다항식을 두 개 이상의 다항식의 곱으로 나타낼 때, 각각의 다항식을 처음 다항식의 인수라 한다.

$x^2-7x+10$을 인수분해하면

$x^2-7x+10=(x-2)(x-5)$이므로

$x^2-7x+10$의 인수는 $(x-2)$, $(x-5)$, $(x-2)(x-5)$

| 참고 |

하나의 다항식을 두 개 이상의 인수의 곱으로 나타내는 것을 인수분해라 한다.

40 정답 ①

| 풀이 |

x^2+3x+2를 인수분해하면

$x^2+3x+2=(x+1)(x+2)$이다.

그러므로 인수는 $(x+1)$, $(x+2)$, $(x+1)(x+2)$이다.

41 정답 ③

| 풀이 |

(직사각형의 넓이) = (가로)×(세로)이고,

x^2+4x+3을 인수분해하면

$x^2+4x+3=(x+3)(x+1)$

(가로)×(세로) = (가로) $\times(x+1)=(x+3)(x+1)$이다.

그러므로 가로의 길이는 $x+3$이다.

42 정답 ①

| 풀이 |

(직사각형의 넓이) = (가로)×(세로)이고,

x^2-7x+6을 인수분해하면

$x^2-7x+6=(x-1)(x-6)$이므로

(가로)×(세로) = (넓이)

→ (가로) $\times(x-6)=x^2-7x+6$

그러므로 가로의 길이는 $x-1$이다.

43 정답 ①

| 풀이 |

직사각형의 둘레의 길이는

$2\times$[(가로의 길이)+(세로의 길이)]이다.

직사각형의 가로의 길이가 5, 세로의 길이가 $x-3$이므로

(가로의 길이)+(세로의 길이)$=5+(x-3)=x+2$이다.

그러므로 둘레의 길이는

$2\times(x+2)=2\times x+2\times 2=2x+4$이다.

44 정답 ③

| 풀이 |

제시된 사각형의 둘레의 길이는 네 변의 길이를 모두 더하면 된다.

$a+b+8+6=a+b+14$(cm)이다.

$\therefore\ a+b+14$

PART Ⅲ 방정식과 부등식

적중 예상 문제 115~123p

01 ④	02 ②	03 ①	04 ②	05 ④
06 ③	07 ④	08 ②	09 ③	10 ④
11 ③	12 ③	13 ④	14 ②	15 ①
16 ③	17 ③	18 ②	19 ③	20 ①
21 ②	22 ④	23 ②	24 ④	25 ②
26 ③	27 ④	28 ②	29 ③	30 ④
31 ①	32 ②	33 ②	34 ②	35 ④
36 ③	37 ④	38 ①	39 ③	40 ③
41 ②	42 ③	43 ②	44 ④	45 ②
46 ①	47 ③	48 ①	49 ③	50 ①

01 정답 ④

| 풀이 |

일차방정식의 해를 구할 때는 미지수 x를 포함한 항은 좌변으로, 상수항은 우변으로 이항하여 $ax=b$의 꼴로 고쳐서 해를 구한다.

일차방정식 $3x+4=x-2$의 4를 우변으로, x를 좌변으로 이항하면

$3x-x=-2-4$ ➜ $(3-1)x=-6$ ➜ $2x=-6$

양변을 2로 나누면 $\frac{2x}{2}=\frac{-6}{2}$

$\therefore\ x=-3$

02 정답 ②

| 풀이 |

일차방정식 $5x-4=-2x+10$의 $-2x$를 좌변으로, -4를 우변으로 이항하면

$5x+2x=10+4$

동류항끼리 모아서 정리하면

$(5+2)x=10+4$ ➜ $7x=14$

양변을 7로 나누면 $\frac{7x}{7}=\frac{14}{7}$

$\therefore\ x=2$

03 정답 ①

| 풀이 |

방법1 일차방정식의 해를 직접 구한다.

① $2x+1=7$ ➔ $2x=7-1$ ➔ $2x=6$ ➔ $x=3$

② $x-3=5$ ➔ $x=5+3$ ➔ $x=8$

③ $2x-1=3$ ➔ $2x=3+1$ ➔ $2x=4$ ➔ $x=2$

④ $x+1=3$ ➔ $x=3-1$ ➔ $x=2$

방법2 $x=3$을 주어진 일차방정식의 x 자리에 대입하여 참인 식을 찾는다.

$2x+1=7$에 $x=3$을 대입하면

$2\times(3)+1=6+1=7$ (참)

04 정답 ②

| 풀이 |

일차방정식 $-3x=2x+10$의 $2x$를 좌변으로 이항하면

$-3x-2x=10$ ➔ $\{(-3)+(-2)\}x=10$ ➔ $-5x=10$

양변을 -5로 나누면 $\frac{-5x}{-5}=\frac{10}{-5}$

$\therefore x=-2$

05 정답 ④

| 풀이 |

일차방정식 $5x-5=15$의 -5를 우변으로 이항하면

$5x-5=15$ ➔ $5x=5+15$ ➔ $5x=20$

양변을 5로 나누면 $\frac{5x}{5}=\frac{20}{5}$

$\therefore x=4$

06 정답 ③

| 풀이 |

주어진 일차방정식 $3(x-2)=x+8$의 괄호를 풀면

$3\times x-3\times 2=x+8$ ➔ $3x-6=x+8$

-6을 우변, x를 좌변으로 각각 이항하여 정리하면

$3x-x=8+6$ ➔ $(3-1)x=14$ ➔ $2x=14$

양변을 2로 나누면 $\frac{2x}{2}=\frac{14}{2}$

$\therefore x=7$

07 정답 ④

| 풀이 |

일차방정식 $5x=14-2x$의 $-2x$를 좌변으로 이항하여 정리하면

$5x+2x=14$ ➔ $(5+2)x=14$ ➔ $7x=14$

양변을 7로 나누면 $\frac{7x}{7}=\frac{14}{7}$

$\therefore x=2$

08 정답 ②

| 풀이 |

민호의 몸무게를 $x$kg이라고 하면

민호의 몸무게의 2배에 10kg을 빼면 100kg이므로

$x(\text{kg})\times 2-10(\text{kg})=100(\text{kg})$ ➔ $2x-10=100$

$2x-10=100$ ➔ $2x=100+10$ ➔ $2x=110$ ➔ $x=55$

따라서 민호의 몸무게는 55kg이다.

09 정답 ③

| 풀이 |

학생 수를 x명이라고 하면 연필의 개수는

연필을 2개씩 나누어 주면 6개가 남고

➔ $2\times x+6=2x+6$(개)

3개씩 나누어 주면 9개가 모자란다.

➔ $3\times x-9=3x-9$(개)

그러므로 $2x+6=3x-9$이다.

일차방정식의 해를 구하면

$2x-3x=-9-6$ ➔ $-x=-15$

$\therefore x=15$

따라서 학생 수는 15명이다.

10 정답 ④

| 풀이 |

어떤 수를 x라 하고 방정식을 세우면

어떤 수와 12의 합 ➔ $x+12$,

어떤 수의 4배보다 3만큼 작다 ➔ $x\times 4-3=4x-3$

$x+12=4x-3$ ➔ $x-4x=-3-12$ ➔ $-3x=-15$

➔ $x=5$

따라서 어떤 수는 5이다.

11 정답 ③

| 풀이 |

음료수 1개의 가격을 x원이라 하면
음료수를 8개 사면 600원이 남으므로
(지현이가 가진 돈)$=8\times x+600=8x+600$
음료수를 10개 사면 800원이 부족하므로
(지현이가 가진 돈)$=10\times x-800=10x-800$
이때 지현이가 가진 돈은 일정하므로
$8x+600=10x-800$ ➔ $8x-10x=-800-600$
➔ $-2x=-1400$ ➔ $x=700$
따라서 음료수 1개의 가격은 700원이다.

12 정답 ③

| 풀이 |

① $3x-5y$는 등호(=)가 없으므로 방정식이 아니다.
② $y=-2$는 미지수가 y 하나뿐이다.
③ $2x+y=5$는 미지수가 x, y 2개인 일차방정식이다.
④ $y=-3x^2+4$는 $-3x^2$이므로 이차식이다.

13 정답 ④

| 풀이 |

방정식 $3x+y=12$의 x에 자연수 1을 대입하여 y의 값을 구하면
$x=1$일 때, $3\times(1)+y=12$ ➔ $3+y=12$
➔ $y=12-3$ ➔ $y=9$
마찬가지로 $x=2$, $x=3$, $x=4$를 대입하면

x	1	2	3	4	…
y	9	6	3	0	…

이므로 방정식 $3x+y=12$를 만족하는 해는
$x=1$, $y=9$이다.

14 정답 ②

| 풀이 |

방정식 $2x+y=10$의 x에 자연수 1, 2, 3, …을 차례로 대입하여 y의 값을 구하면

x	1	2	3	4	…
y	8	6	4	2	…

이므로 방정식 $2x+y=10$의 해는
$x=1$, $y=8$ 또는 $x=2$, $y=6$ 또는 $x=3$, $y=4$ 또는 $x=4$, $y=2$이다.

15 정답 ①

| 풀이 |

미지수가 2개인 두 일차방정식으로 이루어진 연립방정식의 해는 각 방정식의 일차함수의 그래프로 나타나는 두 직선의 교점의 좌표와 같다.
그러므로 두 직선의 교점 (3, 1)이 두 방정식의 공통인 해를 나타낸다.
연립방정식 $\begin{cases} x+y=4 \\ x-y=2 \end{cases}$ 의 해는 $x=3$, $y=1$이다.

연립일차방정식의 해 $x=a$, $y=b$	← ➔	두 그래프의 교점의 좌표 (a, b)

16 정답 ③

| 풀이 |

x, y에 관한 연립일차방정식의 해는 각 방정식의 그래프의 교점의 x좌표, y좌표와 같다.
일차방정식 $3x+y=3$ ➔ $y=3-3x$ ➔ $y=-3x+3$
일차방정식 $x-y=1$ ➔ $-y=1-x$ ➔ $y=-1+x$
➔ $y=x-1$이므로
두 직선의 교점 (1, 0)이 두 방정식의 공통인 해를 나타낸다.
그러므로 주어진 연립일차방정식의 해는
$x=1$, $y=0$ 이다.

17 정답 ③

| 풀이 |

연립방정식의 해는 각 방정식의 그래프의 교점의 x좌표, y좌표와 같다.
두 직선의 교점의 좌표가 (4, 2)이므로 연립방정식
$\begin{cases} x-y=2 \\ ax+y=3 \end{cases}$ 의 해는 $x=4$, $y=2$이다.

$x=4$, $y=2$를 $ax+y=3$에 각각 대입하여 정리하면

$a\times4+2=3$ ➜ $4a+2=3$ ➜ $4a=3-2$ ➜ $4a=1$

양변을 4로 나누면 $\frac{4a}{4}=\frac{1}{4}$ ➜ $a=\frac{1}{4}$

$\therefore a=\frac{1}{4}$

18 정답 ②

| 풀이 |

미지수가 2개인 연립방정식을 풀 때는 두 방정식을 변끼리 더하거나 빼서 미지수가 1개인 일차방정식으로 만들어서 해를 구한다.

연립방정식 $\begin{cases}4x+y=6 \cdots\cdots ㉠\\2x+y=4 \cdots\cdots ㉡\end{cases}$ 이라고 하자.

㉠에서 ㉡을 변끼리 빼면 $2x=2$, 즉 $x=1$이고

위에서 구한 $x=1$을 ㉠에 대입하면

$4+y=6$, 즉 $y=2$ 이다.

그러므로 연립방정식 $\begin{cases}4x+y=6\\2x+y=4\end{cases}$ 의 해는 $x=1$, $y=2$

$$\begin{array}{rr} & 4x+y=6\\ -) & 2x+y=4\\ \hline & 2x \quad =2\end{array}$$

19 정답 ③

| 풀이 |

연립방정식 $\begin{cases}-x+y=2 \cdots\cdots ㉠\\x+3y=6 \cdots\cdots ㉡\end{cases}$ 이라고 하자.

x를 소거하기 위하여 ㉠과 ㉡을 변끼리 더하면 각각 $4y=8$이고

양변을 4로 나누면 $\frac{4y}{4}=\frac{8}{4}$ ➜ $y=2$

$y=2$를 ㉡의 식에 대입하면

$x+3\times2=6$ ➜ $x+6=6$ ➜ $x=6-6$ ➜ $x=0$

그러므로 연립방정식 $\begin{cases}-x+y=2\\x+3y=6\end{cases}$ 의 해는

$x=0$, $y=2$

20 정답 ①

| 풀이 |

연립방정식 $\begin{cases}2x+y=1 \cdots\cdots ㉠\\-2x+3y=-5 \cdots\cdots ㉡\end{cases}$ 이라고 하자.

x를 소거하기 위하여 ㉠과 ㉡을 변끼리 각각 더하면

$(2x+y)+(-2x+3y)=1+(-5)$ ➜ $4y=-4$

양변을 4로 나누면 $\frac{4y}{4}=\frac{-4}{4}$ ➜ $y=-1$

$y=-1$을 ㉠에 대입하면

$2x+(-1)=1$ ➜ $2x=2$ ➜ $x=1$

그러므로 연립방정식 $\begin{cases}2x+y=1\\-2x+3y=-5\end{cases}$ 의 해는

$x=1$, $y=-1$이므로 $a=1$, $b=-1$이다.

$\therefore a+b=1+(-1)=0$

$$\begin{array}{rr} & 2x+y=1\\ +) & -2x+3y=-5\\ \hline & 4y=-4\end{array}$$

| 참고 |

$y=-1$을 대입할 때 ㉠, ㉡의 식 중 계산하기 쉬운 식에 대입한다.

21 정답 ②

| 풀이 |

$y=3x$를 $x+y=8$의 y 자리에 대입하여 x에 관한 식으로 나타내면

$x+3x=8$ ➜ $4x=8$

양변을 4로 나누어 x의 값을 구하면 $\frac{4x}{4}=\frac{8}{4}$ ➜ $x=2$

$x=2$를 방정식 $y=3x$에 대입하여 y의 값을 구하면

$y=3\times2$ ➜ $y=6$

그러므로 연립방정식 $\begin{cases}x+y=8\\y=3x\end{cases}$ 의 해는

$x=2$, $y=6$이다.

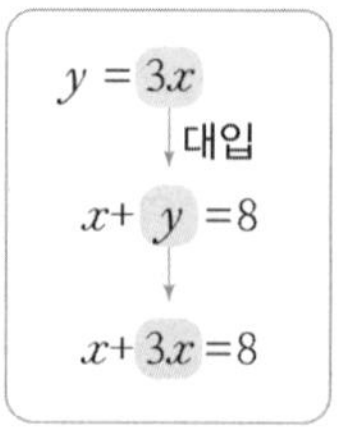

22 정답 ④

| 풀이 |

연립방정식 $\begin{cases} 3x+2y=11 \cdots\cdots ㉠ \\ 4x-3y=9 \quad \cdots\cdots ㉡ \end{cases}$ 이라고 하자.

y를 소거하기 위하여 ㉠의 양변에 3을 곱하고, ㉡의 양변에 2를 곱하여 y의 계수를 같게 하면

$\begin{cases} 9x+6y=33 \cdots\cdots ㉢ \\ 8x-6y=18 \cdots\cdots ㉣ \end{cases}$

㉢과 ㉣을 변끼리 더하면

$(9x+6y)+(8x-6y)=33+18$

→ $(9x+8x)+(6y-6y)=51$ → $17x=51$

양변을 17로 나누면 $\frac{17x}{17}=\frac{51}{17}$ → $x=3$

$x=3$을 ㉠에 대입하면

$3\times3+2y=11$ → $9+2y=11$ → $2y=11-9$

→ $2y=2$

양변을 2로 나누면 $\frac{2y}{2}=\frac{2}{2}$ → $y=1$

그러므로 연립방정식 $\begin{cases} 3x+2y=11 \\ 4x-3y=9 \end{cases}$ 의 해는

$x=3$, $y=1$이다.

$$\begin{array}{rrcr} & 9x+6y & = & 33 \\ +) & 8x-6y & = & 18 \\ \hline & 17x & = & 51 \end{array}$$

23 정답 ②

| 풀이 |

연립방정식 $\begin{cases} x+y=6 \quad \cdots\cdots ㉠ \\ 3x+y=10 \cdots\cdots ㉡ \end{cases}$ 이라고 하자.

y를 소거하기 위하여 ㉠과 ㉡을 빼면

$(x+y)-(3x+y)=6-10$ → $(x-3x)+(y-y)=-4$

→ $-2x=-4$

양변을 -2로 나누면 $\frac{-2x}{-2}=\frac{-4}{-2}$ → $x=2$

$\therefore x=2$

24 정답 ④

| 풀이 |

지우개 → 300원 × 3개 = 900원

연필의 개수를 x라고 하면

연필 → 500원 × x개 = $500x$원이므로

$900+500x=2900$이고, 900을 우변으로 이항하면

$500x=2900-900$ → $500x=2000$

양변을 500으로 나누면 $\frac{500x}{500}=\frac{2000}{500}$

$\therefore x=4$

그러므로 연필은 4개이다.

25 정답 ②

| 풀이 |

청소년 1명의 입장료를 x(원)이라고 하면

어른 1명의 입장료는 청소년 1명의 입장료의 3배이므로 $3\times x=3x$(원)이다.

어른 5명과 청소년 2명의 입장료의 합이 17000원이므로

$5\times3x+2\times x=17000$이다.

$15x+2x=17000$ → $(15+2)x=17000$

→ $17x=17000$ $\therefore x=1000$

그러므로 청소년 1명의 입장료는 1000원이다.

26 정답 ③

| 풀이 |

부등식의 양변에 같은 수를 더하거나 양변에서 같은 수를 빼어도 부등호의 방향은 바뀌지 않고, 부등식의 양변에 같은 양수를 곱하거나 양변을 같은 양수로 나누어도 부등호의 방향은 바뀌지 않는다.

그러나, 부등식의 양변에 같은 음수를 곱하거나 양변을 같은 음수로 나누면 부등호의 방향이 바뀐다.

③ $x\times(-3)$ □ $y\times(-3)$은 양변에 음수 -3을 곱하였으므로 부등호의 방향이 바뀌고,

나머지 ① $x+1$ □ $y+1$, ② $x-5$ □ $y-5$, ④ $x\div4$ □ $y\div4$는 방향이 바뀌지 않는다.

$\therefore x\times(-3) < y\times(-3)$

27 정답 ④

| 풀이 |

부등식의 양변을 같은 음수로 나누었을 때는 부등호의 방향이 바뀐다.

④ $a \div (-2) \le b \div (-2)$은 양변을 음수 -2로 나누었으므로 부등호의 방향이 바뀌어야 한다.

$\therefore a \div (-2) \ge b \div (-2)$

28 정답 ②

| 풀이 |

-7보다 작고, -7은 포함되지 않으므로 $x < -7$이다.

| 참고 |

수직선에서 '○'에 대응하는 수는 부등식의 해에 포함되지 않고, '●'에 대응하는 수는 부등식의 해에 포함된다.

29 정답 ③

| 풀이 |

-3보다 크고, -3은 포함되지 않으므로 $x > -3$이다.

| 참고 |

수직선에서 '○'에 대응하는 수는 부등식의 해에 포함되지 않고, '●'에 대응하는 수는 부등식의 해에 포함된다.

30 정답 ④

| 풀이 |

부등식의 양변에 같은 양수를 곱하거나 양변을 같은 양수로 나누어도 부등호의 방향은 바뀌지 않으므로

부등식 $3x \ge 9$의 양변을 3으로 나누면

$\frac{3x}{3} \ge \frac{9}{3}$ ➜ $x \ge 3$

31 정답 ①

| 풀이 |

일차부등식에서도 방정식을 풀 때와 마찬가지로 미지수를 포함한 항은 좌변으로, 상수항은 우변으로 이항한 후에 동류항끼리 정리하여 푼다.

일차부등식 $4x+1 \le 3x+5$ 의 $3x$는 좌변으로, 1은 우변으로 각각 이항하면

$4x+1 \le 3x+5$ ➜ $4x-3x \le 5-1$ ➜ $x \le 4$

32 정답 ②

| 풀이 |

일차부등식 $4x < -x+15$의 $-x$를 좌변으로 이항하여 정리하면

$4x < -x+15$ ➜ $4x+x < 15$ ➜ $5x < 15$

양변을 5로 나누면 $\frac{5x}{5} < \frac{15}{5}$ ➜ $x < 3$

자연수는 양의 정수이므로 3보다 작은 양의 정수는 1, 2이다. $\therefore$ 2개

33 정답 ②

| 풀이 |

일차부등식 $6+2x < 3+5x$의 $5x$를 좌변으로, 6을 우변으로 각각 이항하여 정리하면

$6+2x < 3+5x$ ➜ $2x-5x < 3-6$ ➜ $-3x < -3$

➜ $x > 1$(음수로 나누면 부등호 방향 바뀜)

x는 1보다 크다. ➜ 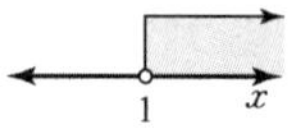 이다.

| 참고 |

해를 수직선 위에 나타낼 때 '○'은 그에 대응하는 수가 해에 포함되지 않고, '●'는 그에 대응하는 수가 해에 포함된다.

34 정답 ②

| 풀이 |

일차부등식 $3x-1 < -2x+9$의 $-2x$를 좌변으로, -1을 우변으로 각각 이항하여 정리하면

$3x-1 < -2x+9$ ➜ $3x+2x < 9+1$ ➜ $5x < 10$

➜ $x < 2$

x는 2보다 작다. ➜ 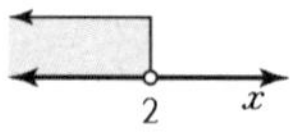 이다.

35 정답 ④

| 풀이 |

일차부등식 $3x-2<x+8$의 x는 좌변으로, -2는 우변으로 각각 이항하여 정리하면

$3x-2<x+8$ → $3x-x<8+2$ → $2x<10$

양변을 2로 나누면 $\frac{2x}{2}<\frac{10}{2}$ → $x<5$

5보다 작고, 5는 포함되지 않으므로

→ 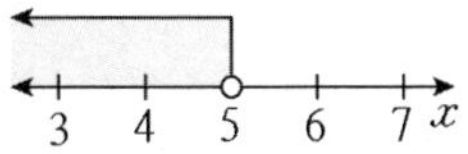

36 정답 ③

| 풀이 |

일차부등식 $x-4\le -1$의 -4를 우변으로 이항하여 정리하면

$x-4\le -1$ → $x\le -1+4$ → $x\le 3$

3보다 작고, 3은 포함되므로

→ 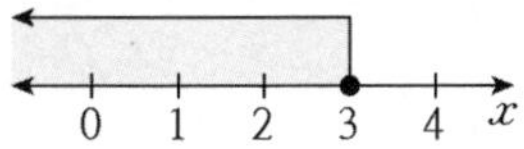

37 정답 ④

| 풀이 |

일차부등식 $2x+1\le 5x+7$ 의 $5x$를 좌변으로, 1을 우변으로 각각 이항하면

$2x+1\le 5x+7$ → $2x-5x\le 7-1$ → $-3x\le 6$

양변을 -3으로 나누면

$\frac{-3x}{-3}\ge\frac{6}{-3}$ ← 부등호 방향이 바뀐다.(중요)

부등식의 양변을 같은 음수로 나누면 부등호의 방향이 바뀐다.

그러므로 해는 $x\ge -2$이다.

38 정답 ①

| 풀이 |

일차부등식 $3x-1>5$의 -1을 우변으로 이항하여 정리하면

$3x-1>5$ → $3x>5+1$ → $3x>6$

양변을 3으로 나누면 $\frac{3x}{3}>\frac{6}{3}$ → $x>2$

2보다 크고, 2는 포함되지 않는다.

→ 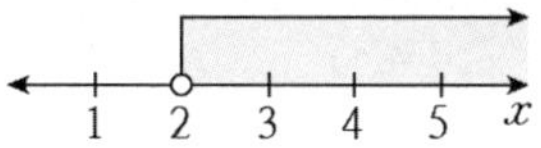

그러므로 들어갈 수 없는 수는 ① 1이다.

39 정답 ③

| 풀이 |

이차방정식을 참이 되게 하는 x의 값을 이차방정식의 해 또는 근이라 한다.

그러므로 이차방정식 $x^2-5x+a=0$의 x 자리에 3을 대입하여 정리하면

$(3)^2-5\times(3)+a=0$ → $9-15+a=0$ → $-6+a=0$

$\therefore a=6$

40 정답 ③

| 풀이 |

이차방정식을 참이 되게 하는 x의 값을 근이라고 한다.

이차방정식 $x^2+ax-10=0$의 x 자리에 5를 대입하여 정리하면

$(5)^2+a\times 5-10=0$ → $25+5a-10=0$ → $15+5a=0$

→ $5a=0-15$

$5a=-15$의 양변을 5로 나누면

$\frac{5a}{5}=\frac{-15}{5}$ → $a=-3$

그러므로 상수 a의 값은 -3이다.

41 정답 ②

| 풀이 |

이차방정식 $(x+4)(x-5)=0$은 $x+4=0$ 또는 $x-5=0$이므로

$x+4=0$ → $x=-4$, $x-5=0$ → $x=5$

두 근은 $x=-4$ 또는 $x=5$ → 한 근이 -4이므로 다른 한 근은 5이다.

42 정답 ③

| 풀이 |

이차방정식 $(x-2)(x+5)=0$은 $x-2=0$ 또는 $x+5=0$이므로

$x-2=0$ ➜ $x=2$, $x+5=0$ ➜ $x=-5$

이차방정식 $(x-2)(x+5)=0$의 두 근은 $x=2$ 또는 $x=-5$이다.

그러므로 다른 한 근은 -5이다.

43 정답 ②

| 풀이 |

이차방정식 $(x-4)(x-5)=0$은 $x-4=0$ 또는 $x-5=0$이므로

$x-4=0$ ➜ $x=4$, $x-5=0$ ➜ $x=5$

이차방정식 $(x-4)(x-5)=0$의 두 근은 $x=4$ 또는 $x=5$이다.

그러므로 두 근의 합은 $4+5=9$

$\therefore 9$

44 정답 ④

| 풀이 |

이차방정식 $(x+3)(x+7)=0$은 $x+3=0$ 또는 $x+7=0$이므로

$x+3=0$ ➜ $x=-3$, $x+7=0$ ➜ $x=-7$

이차방정식 $(x+3)(x+7)=0$의 두 근은 $x=-3$ 또는 $x=-7$ 이다.

| 참고 |

이차방정식 $(x-a)(x-b)=0$의 해는 $x=a$ 또는 $x=b$이다.

45 정답 ②

| 풀이 |

이차방정식 $3x(x-7)=0$은 $3x=0$ 또는 $x-7=0$이므로 해는 $x=0$ 또는 $x=7$이다.

46 정답 ①

| 풀이 |

두 근이 중복되어 서로 같을 때, 이 근을 주어진 이차방정식의 중근이라고 한다.

이차방정식 $(x-5)^2=0$은 $(x-5)(x-5)=0$이므로 $x-5=0$ 또는 $x-5=0$

그러므로 해는 $x=5$ 또는 $x=5$이다.

두 근이 서로 같으므로 이차방정식 $(x-5)^2=0$은 중근을 가진다.

이차방정식 $(x-5)^2=0$의 해는 $x=5$(중근)이다.

| 참고 |

(완전제곱식)$=0$ 꼴인 이차방정식은 항상 중근을 가진다.

47 정답 ③

| 풀이 |

이차방정식 $(x+6)(x-4)=0$은 $x+6=0$ 또는 $x-4=0$이므로

$x+6=0$ ➜ $x=-6$, $x-4=0$ ➜ $x=4$

이차방정식 $(x+6)(x-4)=0$의 두 근은 $x=-6$ 또는 $x=4$이다.

$a=-6$, $b=4$라고 하면

$a^2+b^2=(-6)^2+(4)^2=36+16=52$

$\therefore 52$

48 정답 ①

| 풀이 |

이차방정식의 좌변을 두 일차식의 곱으로 인수분해할 수 있는 경우에는 그 식을 인수분해하여 이차방정식을 푼다.

이차방정식 $x^2-7x+10=0$의 좌변을 인수분해하면 $(x-2)(x-5)=0$ ➜ $x-2=0$ 또는 $x-5=0$이다.

이차방정식 $x^2-7x+10=0$의 해는 $x=2$ 또는 $x=5$이다.

49 정답 ③

| 풀이 |

이차방정식 $x^2+4x+3=0$의 좌변을 인수분해하면 $(x+1)(x+3)=0$이므로 $x+1=0$ 또는 $x+3=0$이다.

이차방정식 $x^2+4x+3=0$의 해는

$x=-1$ 또는 $x=-3$이다.

50 정답 ①

| 풀이 |

방법1 이차방정식 $x^2-x-6=0$의 좌변을 인수분해하면

$(x+2)(x-3)=0$ ➜ $x+2=0$ 또는 $x-3=0$이므로

$x+2=0$ ➜ $x=-2$, $x-3=0$ ➜ $x=3$

두 근은 $x=-2$ 또는 $x=3$이므로 두 근의 합은

$(-2)+3=1$

$\therefore 1$

방법2 심화 과정

이차방정식 $ax^2+bx+c=0$의 두 근을 α, β라고 할 때 두 근의 합 $\alpha+\beta=-\frac{b}{a}$, 두 근의 곱 $\alpha\beta=\frac{c}{a}$이므로

이차방정식 $x^2-x-6=0$에서 두 근의 합은

$-\frac{-1}{1}=-(-1)=1$

$\therefore 1$

PART Ⅳ 함수

적중 예상 문제 157~168p

01 ③	02 ①	03 ②	04 ②	05 ③
06 ④	07 ②	08 ②	09 ③	10 ②
11 ④	12 ④	13 ③	14 ③	15 ③
16 ②	17 ①	18 ③	19 ③	20 ①
21 ②	22 ④	23 ②	24 ①	25 ③
26 ④	27 ③	28 ②	29 ④	30 ③
31 ④	32 ①	33 ④	34 ③	35 ③
36 ③	37 ②	38 ③	39 ④	40 ②
41 ③	42 ④	43 ③	44 ①	45 ④
46 ③	47 ②	48 ①	49 ④	50 ③
51 ②	52 ④	53 ①	54 ②	

01 정답 ③

| 풀이 |

점 A의 x좌표는 3, y좌표는 3이므로 ➜ A(3, 3)

점 B의 x좌표는 -3, y좌표는 2이므로 ➜ B(−3, 2)

점 C의 x좌표는 -1, y좌표는 -2이므로

➜ C(−1, −2)

점 D의 x좌표는 2, y좌표는 -3이므로 ➜ D(2, −3)

| 참고 |

원점 O의 좌표는 (0, 0)이다.

02 정답 ①

| 풀이 |

좌표평면 위의 점 A에서 x축, y축에 각각 수선을 내려 x축, y축과 만나는 점이 나타내는 수는 각각 1, 3이다. 그러므로 점 A의 x좌표는 1, y좌표는 3이므로 점 A의 좌표는 (1, 3)이다.

| 참고 |

점 B의 좌표는 (−2, 2), 점 C의 좌표는 (−3, −3), 점 D의 좌표는 (3, −1)이다.

03 정답 ②

| 풀이 |

점 P의 x좌표는 2, y좌표는 -3이므로 → 점 P의 좌표는 P$(2,\ -3)$

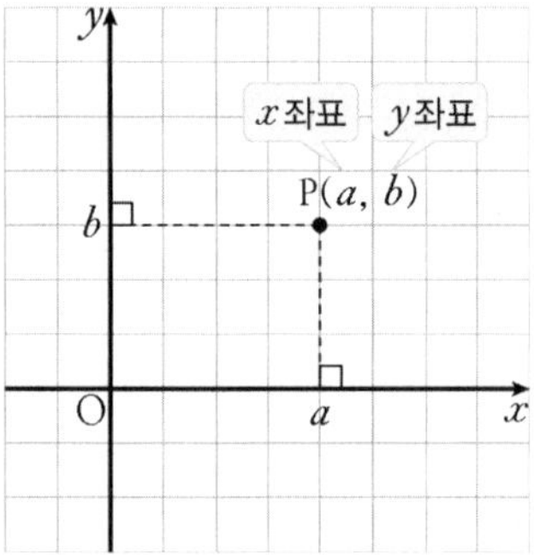

04 정답 ②

| 풀이 |

좌표평면 위의 점 A에서 x축, y축에 각각 수선을 내려 x축, y축과 만나는 점이 나타내는 수는 각각 4, 3이다. 그러므로 A의 좌표는 A$(4,\ 3)$이다.

좌표평면 위의 점 B에서 x축, y축에 각각 수선을 내려 x축, y축과 만나는 점이 나타내는 수는 각각 -2, 1이다. 그러므로 B의 좌표는 B$(-2,\ 1)$이다.

좌표평면 위의 점 C는 y축 위에 있고 y축과 -3에서 만난다. 그러므로 점 C의 좌표는 C$(0,\ -3)$이다.

$\therefore$ A$(4,\ 3)$, B$(-2,\ 1)$, C$(0,\ -3)$

05 정답 ③

| 풀이 |

약국 Q의 위치는 제3사분면에 있고, 좌표평면 위의 점 Q에서 x축에 수선을 내려 만나는 점은 -1, y축에 수선을 내려 만나는 점은 -3이므로 Q의 좌표는 Q$(-1,\ -3)$이다.

06 정답 ④

| 풀이 |

좌표평면은 좌표축에 의하여 네 부분으로 나누어지고 제1사분면, 제2사분면, 제3사분면, 제4사분면이라 한다.

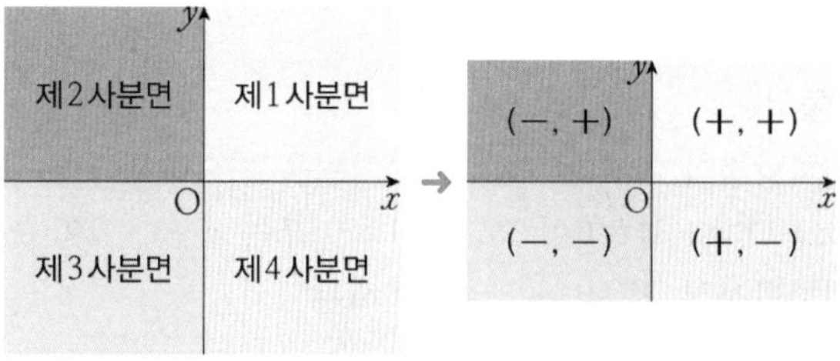

x좌표 1는 양수, y좌표 -4 음수 → 점 $(1,\ -4)$는 제4사분면에 있다.

07 정답 ②

| 풀이 |

제2사분면의 점은 x좌표는 음수, y좌표는 양수이므로 $(-2,\ 5)$이다.

① $(1,\ 4)$ → $(+,\ +)$ 제1사분면 위의 점

③ $(4,\ -2)$ → $(+,\ -)$ 제4사분면 위의 점

④ $(-4,\ -1)$ → $(-,\ -)$ 제3사분면 위의 점

08 정답 ②

| 풀이 |

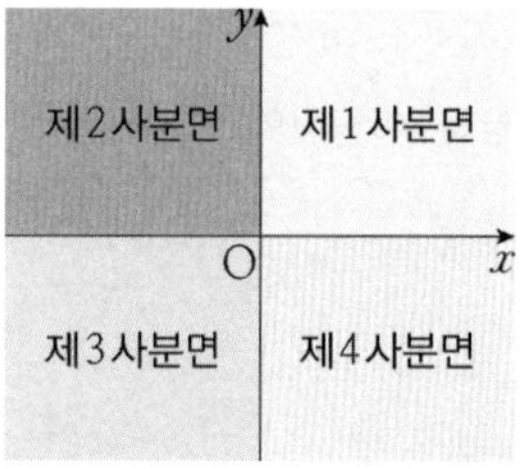

제3사분면 위의 점의 개수는 모두 3개다.

제1사분면 → 2개, 제2사분면 → 3개, 제4사분면 → 1개

| 참고 |

x축, y축 위에 점은 어느 사분면에도 속하지 않는다.

09 정답 ③

| 풀이 |

두 변수 x, y에 대하여 x의 값이 변함에 따라 y의 값이 하나씩 정해질 때, y를 x의 함수라고 하며, x와 y의 관계식은

1개에 500원, 2개에 2×500원, 3개에 3×500원

➜ x개에 $x\times500$원$=500x$원이므로

x와 y의 관계식은 $y=500x$이다.

| 참고 |

위와 같이 변하는 값을 나타내는 문자 x, y를 변수라고 한다.

10 정답 ②

| 풀이 |

제시된 그래프에서 함수 $y=ax$의 그래프가

점 $(10,\ -5)$를 지나므로 함수 $y=ax$에 $x=10$,

$y=-5$를 각각 대입하면 $-5=a\times10$ ➜ $-5=10a$

양변을 10으로 나누면 $\frac{-5}{10}=\frac{10a}{10}$ ➜ $\frac{-1}{2}=a$

$\therefore\ a=-\frac{1}{2}$

11 정답 ④

| 풀이 |

x에 2를 대입하면 $f(2)=24\times2=48$이다.

이때 $f(2)$를 $x=2$일 때의 함숫값이라고 하므로

$\therefore\ f(2)=48$

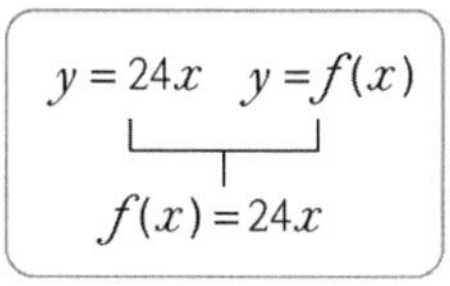

12 정답 ④

| 풀이 |

x에 -2를 대입하면 $f(-2)=1-3\times(-2)=1+6=7$

$\therefore\ f(-2)=7$

| 참고 |

$f(-2)$의 값을 $x=-2$에서의 함수 $f(x)=1-3x$의 함숫값이라 한다.

13 정답 ③

| 풀이 |

x에 1을 대입하면 $f(1)=2\times(1)+5=2+5=7$

$\therefore\ f(1)=7$

x에 2를 대입하면 $f(2)=2\times(2)+5=4+5=9$

$\therefore\ f(2)=9$

그러므로 $f(1)+f(2)=7+9=16$

14 정답 ③

| 풀이 |

일차함수 $y=ax+b$에서 x의 값의 증가량에 대한 y의 값의 증가량의 비율은 항상 일정하고,

그 비율은 x의 계수인 a와 같다.

이 증가량의 비율 a를 일차함수 $y=ax+b$의 그래프의 기울기라고 한다.

그러므로 $y=-2x-3$의 증가량의 비율 -2가 일차함수 $y=-2x-3$의 기울기이다.

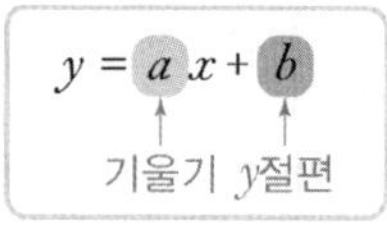

15 정답 ③

| 풀이 |

기울기는 x의 값의 증가량에 대한 y의 값의 증가량의 비율이고 x의 계수이다.

그러므로 $y=-3x+3$의 증가량의 비율 -3, 즉 x의 계수 -3이 일차함수 $y=-3x+3$의 기울기이다.

16 정답 ②

| 풀이 |

방법1 y축과 만나는 점의 좌표가 $(0,\ 4)$이므로

일차함수 $y=-2x+b$의 x와 y 자리에 각각 $x=0$, $y=4$를 대입하면

$4=-2\times(0)+b$ ➜ $b=4$

방법2 x축과 만나는 점의 x좌표를 x절편, y축과 만나는 점의 y좌표를 y절편,

$y=ax+b$에서 기울기는 a, y절편은 b이다.

y축과 4에서 만나고 있으므로 y절편은 4

그러므로 $b=4$이다.

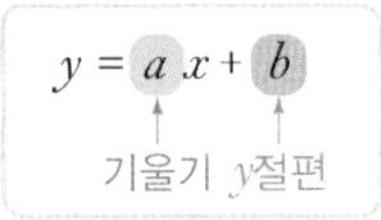

17 정답 ①

| 풀이 |

방법1 그래프 위의 점 $(3,\ 0)$을 일차함수 $y=ax-4$에 대입하면

$0=a\times3-4$ ➜ $0=3a-4$ ➜ $3a=4$

양변을 3으로 나누면 $\dfrac{3a}{3}=\dfrac{4}{3}$ ➜ $a=\dfrac{4}{3}$

방법2 $y=ax+b$에서 기울기는 a, y절편은 b이므로 기울기 a를 구하면

$(\text{기울기})=\dfrac{(y\text{의 값의 증가량})}{(x\text{의 값의 증가량})}=a$이므로

점 $(0,\ -4)$에서 점 $(3,\ 0)$까지 x축의 방향으로 3만큼 증가, y축의 방향으로 4만큼 증가하였으므로

기울기$=\dfrac{4}{3}$이므로 $a=\dfrac{4}{3}$이다.

18 정답 ③

| 풀이 |

일차함수 $y=ax+4$는 두 점 $(-2,\ 0)$, $(0,\ 4)$를 지나므로

$$(\text{기울기})=\frac{(y\text{의 값의 증가량})}{(x\text{의 값의 증가량})}=\frac{4-0}{0-(-2)}=\frac{4}{2}=2$$

일차함수 $y=ax+4$의 기울기는 a이므로 $a=2$이다.

| 참고 |

일차함수 $y=2x+4$는 x절편이 -2, y절편이 4이다.

19 정답 ③

| 풀이 |

일차함수 $y=ax+2$의 그래프가 두 점 $(2,\ 1)$, $(4,\ 0)$을 지나므로

점 $(2,\ 1)$을 일차함수 $y=ax+2$에 대입하면

$1=a\times2+2$ ➜ $1=2a+2$ ➜ $1-2=2a$ ➜ $-1=2a$

양변을 2로 나누면 $\dfrac{-1}{2}=\dfrac{2a}{2}$ ➜ $-\dfrac{1}{2}=a$

$\therefore a=-\dfrac{1}{2}$

| 참고 |

점 $(4,\ 0)$을 대입해도 같은 결과 $a=-\dfrac{1}{2}$이 나온다.

20 정답 ①

| 풀이 |

방법1 y축과 만나는 점의 좌표가 $(0,\ 10)$이므로 일차함수 $y=-x+a$의 x 자리에 $x=0$, y 자리에 $y=10$을 대입하면 $10=-(0)+a$ ➜ $a=10$

방법2 그래프가 y축과 만나는 점을 y절편이라 하고 $y=-x+a$에서 기울기는 -1, y절편은 a이므로 y축과 10에서 만나고 있으므로 y절편은 10

그러므로 $a=10$이다.

21 정답 ②

| 풀이 |

일차함수 $y=x-2$의 그래프가 점 $(5,\ a)$를 지나므로 $y=x-2$에 $x=5$, $y=a$를 각각 대입하면 $a=5-2$

$\therefore a=3$

22 정답 ④

| 풀이 |

일차함수 $y=ax-5$에서 기울기는 a, y절편은 -5이므로

x의 값이 5만큼 증가 ➜ $+5$, y의 값이 15만큼 감소 ➜ -15이고 기울기를 구하면

$(\text{기울기})=\dfrac{(y\text{의 값의 증가량})}{(x\text{의 값의 증가량})}=\dfrac{-15}{+5}=-3$이다.

그러므로 기울기가 -3이므로 $a=-3$

23 정답 ②

| 풀이 |

일차함수 $y=ax+b$에서 기울기는 a, y절편은 b이고, 이 직선이 점 $(0,\ 2)$를 지나므로 이 직선의 y절편은 2이다. 기울기가 4, y절편이 2인 일차함수의 식은 $y=4x+2$이다.

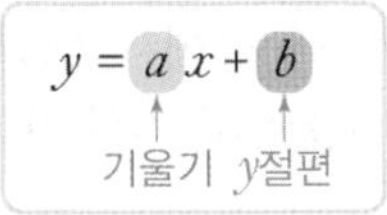

24 정답 ①

| 풀이 |

일차함수 $y=ax+b$에서 기울기는 a이므로 $a=-3$이다.

$a=-3$을 대입하면 $y=-3x+b$이다.

이 직선이 점 $(2,\ 1)$을 지나므로

$x=2$, $y=1$을 $y=-3x+b$에 대입하면

$1=-3\times(2)+b$ ➜ $1=-6+b$ ➜ $1+6=b$ ➜ $7=b$

$b=7$을 대입하면 $y=-3x+7$이다.

25 정답 ③

| 풀이 |

일차함수 $y=ax+b$에서 기울기는 a, y절편은 b이므로 기울기가 -5 ➜ $a=-5$이고,

y절편이 3 ➜ $b=3$이다.

그러므로 일차함수의 식은 $y=-5x+3$

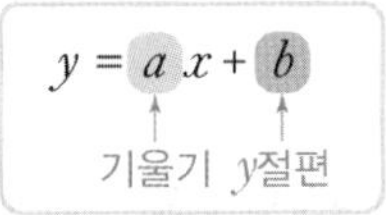

26 정답 ④

| 풀이 |

일차함수 $y=ax+b$에서 기울기는 a이므로 기울기가 2 ➜ $a=2$

일차함수의 식은 $y=2x+b$이다.

x절편이 -4이므로 점 $(-4,\ 0)$을 지난다.

$y=2x+b$의 x 자리에 $x=-4$, y 자리에 $y=0$을 각각 대입하면

$0=2\times(-4)+b$ ➜ $0=-8+b$ ➜ $b=8$

그러므로 $a=2$, $b=8$이므로 일차함수의 식은 $y=2x+8$이다.

27 정답 ③

| 풀이 |

x축과 만나는 점의 x좌표가 이 그래프의 x절편, y축과 만나는 점의 y좌표가 이 그래프의 y절편이므로 일차함수 $y=2x+4$의 그래프가 x축과 만나는 점의 좌표는 $(-2,\ 0)$이고, 이 점의 x좌표는 -2이다.

이 그래프가 y축과 만나는 점의 좌표는 $(0,\ 4)$이고, 이 점의 y좌표는 4이다.

그러므로 일차함수 $y=2x+4$의 x절편은 -2, y절편은 4이다.

28 정답 ②

| 풀이 |

방법1 $y=-3x+6$에 $y=0$을 대입하면

$0=-3x+6$ ➜ $3x=6$ ➜ $x=2$

$y=-3x+6$에 $x=0$을 대입하면

$y=-3\times(0)+6$ ➜ $y=6$

그러므로 x절편은 2, y절편은 6이다.

방법2 $y=ax+b$에서 x절편은 $-\dfrac{b}{a}$, y절편은 b이다.

$y=-3x+6$에서 $a=-3$, $b=6$이라고 하면

x절편은 $-\dfrac{b}{a}=-\dfrac{6}{-3}=2$, y절편은 $b=6$이다.

29 정답 ④

| 풀이 |

두 점 (1, 0), (0, 2)를 지나는 직선이므로

x의 값이 1에서 0까지 1만큼 감소할 때, y의 값은 0에서 2까지 2만큼 증가한다.

이 그래프의 기울기는

$\frac{(y\text{의 값의 증가량})}{(x\text{의 값의 증가량})}=\frac{2-0}{0-1}=\frac{2}{-1}=-2$이고

이 직선이 점 (0, 2)를 지나므로 이 그래프의 y절편은 2이다.

그러므로 기울기 -2, y절편 2인

일차함수의 식은 $y=-2x+2$

30 정답 ③

| 풀이 |

좌표평면 위에서 함수의 그래프가 x축과 만나는 점의 x좌표를 그 그래프의 x절편이라 하고, y축과 만나는 점의 y좌표를 그 그래프의 y절편이라 한다. 일차함수 $y=\frac{3}{2}x-2$의 그래프가 y축과 만나는 점이 (0, -2)이므로 y절편은 -2이다.

31 정답 ④

| 풀이 |

일차함수 $y=ax+b$에서 기울기는 a, y절편은 b이므로 b는 -6이다.

x절편이 -3이므로 점 (-3, 0)을 지나고, y절편이 -6이므로 점 (0, -6)을 지난다.

두 점 (-3, 0), (0, -6)을 지나는 직선의 기울기 a는

$$a(\text{기울기})=\frac{(y\text{의 값의 증가량})}{(x\text{의 값의 증가량})}=\frac{-6-(0)}{0-(-3)}=\frac{-6}{3}=-2$$

이므로 $a=-2$이다.

$a=-2$, $b=-6$을 일차함수 $y=ax+b$에 대입하면 $y=-2x-6$이다.

32 정답 ①

| 풀이 |

y절편은 y축과 만나는 점의 좌표가 (0, a)일 때, a이다. 그래프에서 y축과 만나는 점의 좌표는 (0, 2)이므로 y절편은 2이다.

| 참고 |

그래프의 일차함수의 식은 $y=\frac{2}{3}x+2$이고, x절편은 -3이다.

33 정답 ④

| 풀이 |

①, ② 일차함수 $y=ax+b$에서 기울기는 a, y절편은 b이므로 일차함수 $y=3x-2$의 기울기는 3, y절편은 -2이다.

③ 일차함수 $y=3x-2$에 $x=1$, $y=1$을 대입하면 $1=3\times(1)-2$ ➜ $1=3-2$ ➜ $1=1$이므로 점 (1, 1)을 지난다.

④ 기울기가 양수 $3>0$이므로 오른쪽 위로 향하는 직선이다.

34 정답 ③

| 풀이 |

①, ② 일차함수 $y=ax+b$에서 기울기는 a, y절편은 b이므로 일차함수 $y=-x+6$의 기울기는 -1, y절편은 6이다.

③ 점 (-1, 7)을 대입하면 $y=-x+6$ ➜ $7=-(-1)+6$ 이므로 일차함수 $y=-x+6$은 점 (-1, 7)을 지난다.

④ $y=-x+6$은 기울기가 음수, y절편은 양수이므로 제1, 2, 4사분면을 지난다.

35 정답 ③

| 풀이 |

기울기가 같은 두 일차함수의 그래프는 서로 평행하거나 일치한다.

$y=ax+b$에서 기울기는 a이므로

일차함수 $y=2x-1$의 기울기는 2이다.
① $y=2x$ 기울기 ➜ 2,
② $y=2x+1$ 기울기 ➜ 2,
③ $y=-2x-1$ 기울기 ➜ -2,
④ $y=2x-3$ 기울기 ➜ 2이므로
일차함수 $y=2x-1$과 기울기가 같지 않은 식은 $y=-2x-1$이다.

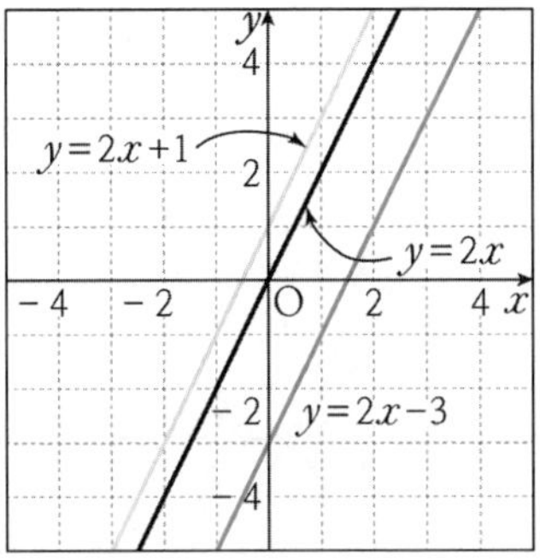

36 정답 ③

| 풀이 |
기울기가 같은 두 일차함수의 그래프는 서로 평행하다.
$y=ax+b$에서 기울기는 a이므로
일차함수 $y=-5x+2$의 기울기는 -5이다.
① $y=5x$의 기울기 ➜ 5,
② $y=-\frac{1}{5}x$의 기울기 ➜ $-\frac{1}{5}$,
③ $y=-5x$의 기울기 ➜ -5,
④ $y=\frac{1}{5}x$의 기울기 ➜ $\frac{1}{5}$이므로
기울기가 같은 일차함수의 식은 ③ $y=-5x$이다.

37 정답 ②

| 풀이 |
일차함수 $y=ax+b$에서
먼저 a는 기울기$=\frac{(y\text{의 값의 증가량})}{(x\text{의 값의 증가량})}$
x의 값이 -2에서 1까지 3만큼 증가할 때,
y의 값은 -1에서 5까지 6만큼 증가하므로
이 그래프의 기울기
$a=\frac{(y\text{의 값의 증가량})}{(x\text{의 값의 증가량})}=\frac{5-(-1)}{1-(-2)}=\frac{6}{3}=2$이다.
$a=2$를 대입하여 $y=2x+b$라고 하면
이 직선은 점 (1, 5)를 지나므로 $x=1$, $y=5$를 $y=2x+b$에 대입하면
$5=2\times1+b$ ➜ $5=2+b$ ➜ $5-2=b$ ➜ $b=3$
그러므로 일차함수의 식은 $y=2x+3$이다.

38 정답 ③

| 풀이 |
① 이차함수 $y=ax^2$의 그래프는 $a>0$이면 아래로 볼록하고, $a<0$이면 위로 볼록한 곡선이다.
$y=4x^2$은 $a=4$ 양수 ➜ 아래로 볼록
② 제1, 2사분면을 지난다.
③ 이차함수 $y=ax^2$의 그래프의 꼭짓점의 좌표는 (0, 0)이다.
④ 점 (2, -4)를 $y=4x^2$의 x, y에 각각 대입하면
좌변은 -4, 우변은 $4\times(2)^2=4\times4=16$
➜ $-4\neq16$이므로 점 (2, -4)를 지나지 않는다.

39 정답 ④

| 풀이 |
이차함수 $y=a(x-b)^2+c$의 그래프에서
$a>0$이면 아래로 볼록한 포물선이고,
$a<0$이면 위로 볼록한 포물선이다.
꼭짓점의 좌표는 (b, c)이고, 축의 방정식은 $x=b$이다.
이차함수 $y=-(x-3)^2+5$에서
① $a=-1$ ➜ 음수이므로 위로 볼록한 포물선이다.
② 제시된 그래프에서 제1, 3, 4사분면을 지난다.
③ 꼭짓점의 좌표는 (3, 5)이고 최댓값은 5이다.
④ 축의 방정식은 꼭짓점의 x좌표인 $x=3$이다.

40 정답 ②

| 풀이 |
① $a=-2$ ➜ 음수이므로 위로 볼록한 포물선이다.
② 이차함수 $y=-2x^2+2$에 점 (1, 0)을 대입하면
$0=-2\times(1)^2+2$ ➜ $0=-2+2$ ➜ $0=0$이므로
점 (1, 0)을 지난다.

③, ④ 이차함수 $y=-2x^2+2$의 그래프는 $y=-2x^2$의 그래프를 y축의 방향으로 2만큼 평행이동한 것이다.

그러므로 축은 y축$(x=0)$이고, 꼭짓점의 좌표는 $(0,\ 2)$이다.

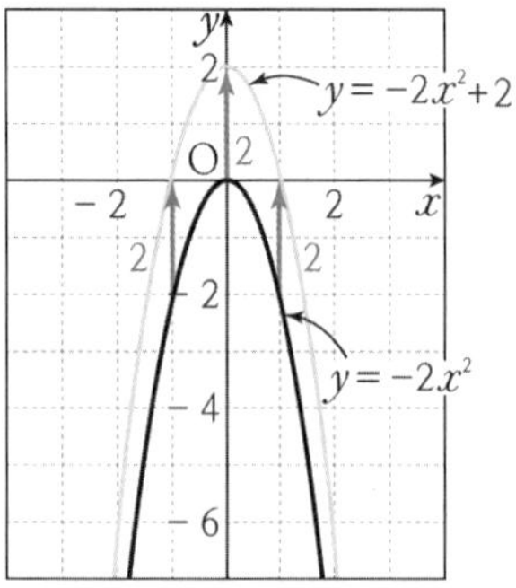

41 정답 ③

| 풀이 |

이차함수 $y=-(x-2)^2+3$의 그래프는 이차함수 $y=-x^2$의 그래프를 x축의 방향으로 2만큼, y축의 방향으로 3만큼 평행이동한 것이다.

축의 방정식 ➜ $x=2$

꼭짓점의 좌표 ➜ $(2,\ 3)$

42 정답 ④

| 풀이 |

① 축의 방정식은 y축$(x=0)$이다.

② 이차함수 $y=ax^2$의 그래프는 $a<0$이면 위로 볼록한 곡선이다.

③ a의 절댓값이 클수록 폭이 좁아지므로

$\left|-\frac{1}{2}\right|<|-3|$이므로

$y=-3x^2$이 폭이 더 좁다.

④ $y=ax^2$의 꼭짓점의 좌표는 $(0,\ 0)$이다.

43 정답 ③

| 풀이 |

이차함수 $y=ax^2$에서 a의 절댓값이 클수록 그래프의 폭이 좁아진다.

① $y=-\frac{1}{2}x^2$ ➜ $\left|-\frac{1}{2}\right|=\frac{1}{2}$, ② $y=x^2$ ➜ $|1|=1$

③ $y=-2x^2$ ➜ $|-2|=2$, ④ $y=-x^2$ ➜ $|-1|=1$

a의 절댓값이 가장 큰 것은 $y=-2x^2$이다.

| 참고 |

$y=ax^2$의 그래프와 $y=-ax^2$의 그래프는 x축에 대하여 서로 대칭이다.

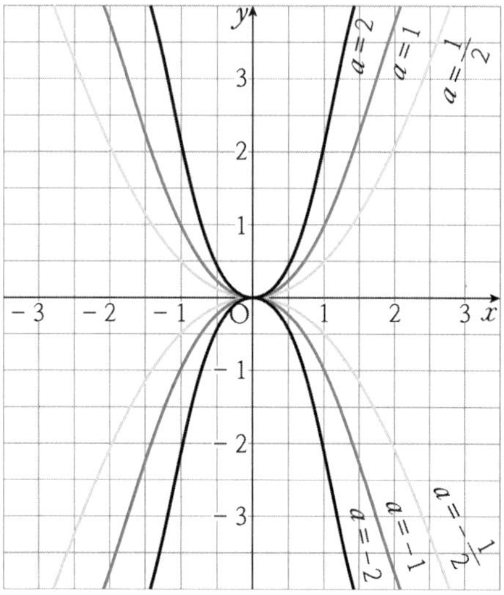

44 정답 ①

| 풀이 |

이차함수 $y=a(x-p)^2+q$의 그래프는 이차함수 $y=ax^2$의 그래프를 x축의 방향으로 p만큼, y축의 방향으로 q만큼 평행이동한 것이다.

이 그래프는 직선 $x=p$를 축으로 하고, 점 $(p,\ q)$를 꼭짓점으로 하는 포물선이다.

그러므로 이차함수 $y=3(x-4)^2+5$의 그래프는 $x=4$를 축으로 하고, 꼭짓점의 좌표는 $(4,\ 5)$이다.

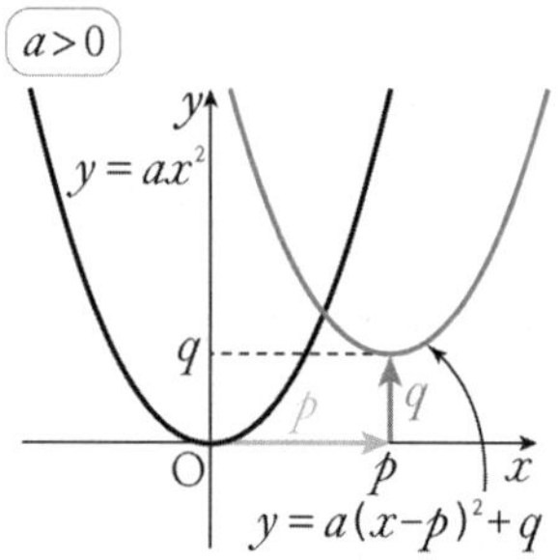

45 정답 ④

| 풀이 |

이차함수 $y=a(x-p)^2$의 그래프는 이차함수 $y=ax^2$의 그래프를 x축의 방향으로 p만큼 평행이동한 것이고 직선 $x=p$를 축으로 하고, 점 $(p,\ 0)$을 꼭짓점으로 하는 포물선이다.

$a>0$이면 아래로 볼록한 포물선이고, $a<0$이면 위로 볼록한 포물선이다.

① 축의 방정식은 $x=2$이다.

② $\frac{1}{2}>0$이므로 아래로 볼록한 포물선이다.

③ 이차함수 $y=\frac{1}{2}(x-2)^2$의 그래프에 점 $(2,\ 2)$를 대입하면 좌변은 2, 우변은 $\frac{1}{2}\times(2-2)^2=\frac{1}{2}\times 0=0$, $2\neq 0$이므로 점 $(2,\ 2)$를 지나지 않는다.

④ 꼭짓점의 좌표는 $(2,\ 0)$이다.

46 정답 ③

| 풀이 |

이차함수 $y=-\frac{1}{3}x^2+3$의 그래프는 $y=-\frac{1}{3}x^2$의 그래프를 y축의 방향으로 3만큼 평행이동한 그래프이다.

① $y=-\frac{1}{3}x^2+3$은 $-\frac{1}{3}<0$이므로 위로 볼록한 포물선이다.

② $|-4|>\left|-\frac{1}{3}\right|$이므로 이차함수 $y=-4x^2+3$보다 폭이 넓다.

③ 꼭짓점의 좌표는 $(0,\ 3)$이다.

④ 축의 방정식은 $x=0$(y축)이다.

47 정답 ②

| 풀이 |

그래프의 폭은 $\frac{3}{2}$이고 꼭짓점의 좌표가 $(2,\ -3)$이다.

그래프는 이차함수 $y=\frac{3}{2}x^2$의 그래프를 x축의 방향으로 2만큼, y축의 방향으로 -3만큼 평행이동한 그래프이다.

그러므로 $y=\frac{3}{2}(x-2)^2-3$이다.

48 정답 ①

| 풀이 |

이차함수 $y=-x^2+1$의 그래프는 $y=-x^2$의 그래프를 y축의 방향으로 1만큼 평행이동한 그래프이므로 위로 볼록한 그래프 ①, ④이고 꼭짓점의 좌표는 $(0,\ 1)$이므로 결국 ①이 해당한다.

49 정답 ④

| 풀이 |

이차함수 $y=ax^2$의 그래프는 $a<0$이면 위로 볼록한 곡선이므로 이차함수 $y=-\frac{1}{4}x^2$은 $-\frac{1}{4}<0$이므로 위로 볼록한 포물선이고 꼭짓점의 좌표는 $(0,\ 0)$이다.

제3, 4사분면을 지난다.

$y=ax^2$의 그래프와 $y=-ax^2$의 그래프는 x축에 대하여 서로 대칭이므로

$y=\frac{1}{4}x^2$과 $y=-\frac{1}{4}x^2$은 x축에 대칭이다.

50 정답 ③

| 풀이 |

점 $(4,\ a)$를 지나므로 $x=4$, $y=a$를 이차함수 $y=2(x-3)^2+1$에 대입하면

$a=2(4-3)^2+1$ ➜ $a=2\times 1^2+1$ ➜ $a=2\times 1+1$ ➜ $a=3$

51 정답 ②

| 풀이 |

이차함수 $y=-(x+3)^2-4$의 그래프는 이차함수 $y=-x^2$의 그래프를 x축의 방향으로 -3만큼, y축의 방향으로 -4만큼 평행이동한 것이다.

그러므로 $a=-3$, $b=-4$이고

$a+b=(-3)+(-4)=-7$이다.

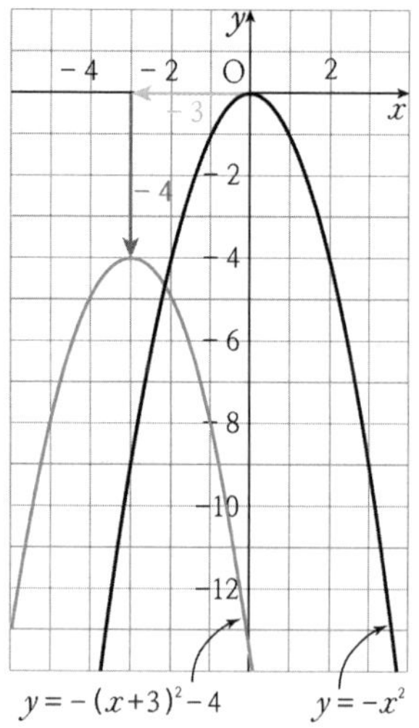

52 정답 ④

| 풀이 |

① 이차함수 $y=-\frac{1}{2}x^2$ 은 $-\frac{1}{2}<0$이므로 위로 볼록하다.

② 제3, 4사분면을 지난다.

③ 그래프에서 보면 점 $(-2, -2)$를 지난다.

점 $(-2, 2)$를 이차함수 $y=-\frac{1}{2}x^2$ 에 대입하면

좌변은 2, 우변은 $-\frac{1}{2}\times(-2)^2=-\frac{1}{2}\times 4=-2$

이므로 $2\neq-2$

④ 이차함수 $y=-\frac{1}{2}x^2$ 의 꼭짓점의 좌표는 $(0, 0)$이다.

53 정답 ①

| 풀이 |

이차함수 $y=a(x-p)^2$는 이차함수 $y=ax^2$의 그래프를 x축의 방향으로 p만큼 평행이동한 것이고,
점 $(p, 0)$을 꼭짓점으로 하는 포물선이다.
이차함수 $y=-2(x+1)^2$은 $y=-2x^2$을 x축의 방향으로 -1만큼 평행이동한 것이고,
꼭짓점의 좌표는 $(-1, 0)$이다.
그러므로 $n=-1$, $a=-1$, $b=0$이고
$n+a+b=(-1)+(-1)+0=-2$

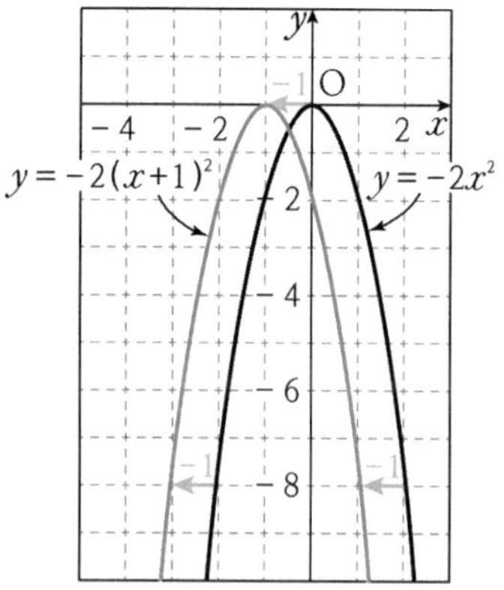

54 정답 ②

| 풀이 |

$y=\frac{1}{3}x^2$의 그래프는 y축을 축으로 하고, 원점을 꼭짓점으로 하는 포물선이고, 폭은 $\frac{1}{3}$이므로 평행이동하여 완전히 포갤 수 있는 것은 $\frac{1}{3}$, 즉 폭이 같은 그래프이다.

$y=\frac{1}{3}x^2$과 폭이 같은 것은 $y=\frac{1}{3}(x-4)^2+2$이다.

① $y=-3x^2-5$ ➜ 폭 $=-3$

② $y=\frac{1}{3}(x-4)^2+2$ ➜ 폭 $=\frac{1}{3}$

③ $y=3x^2$ ➜ 폭 $=3$

④ $y=-\frac{1}{3}x^2+1$ ➜ 폭 $=-\frac{1}{3}$

PART V 기본 도형

적중 예상 문제 219~224p

01 ③	02 ①	03 ③	04 ④	05 ③
06 ③	07 ①	08 ②	09 ①	10 ④
11 ②	12 ③	13 ②	14 ③	15 ③
16 ②	17 ④	18 ③	19 ②	20 ④
21 ③	22 ③	23 ②		

01 정답 ③

| 풀이 |

서로 마주 보는 각을 맞꼭지각이라 하고 맞꼭지각의 크기는 서로 같다.

$\angle a$와 $110°$는 서로 맞꼭지각이므로 크기가 같다.

→ $\angle a=110°$

그리고 평각의 크기는 $180°$이다.

$\angle b+110°=180°$ → $\angle b=180°-110°$

→ $\angle b=70°$

$\therefore \angle a=110°,\ \angle b=70°$

02 정답 ①

| 풀이 |

서로 다른 두 직선이 한 직선과 만날 때 같은 위치에 있는 각을 각각 서로 동위각이라 하고, 두 직선이 평행하면 동위각의 크기는 같다.

$\angle a$와 $45°$는 서로 동위각이고, 직선 l과 m이 평행하므로 두 각의 크기는 서로 같다.

$\therefore \angle a=45°$

$\angle a+\angle b=180°$이므로 $\angle a=45°$를 대입하면

$45°+\angle b=180°$ → $\angle b=180°-45°$

→ $\angle b=135°$ $\therefore \angle b=135°$

03 정답 ③

| 풀이 |

서로 같은 위치에 있는 각을 각각 서로 동위각이라고 한다.

제시된 직선에서 서로 같은 위치에 있는 각은 $\angle a$와 $\angle e$, $\angle b$와 $\angle f$, $\angle c$와 $\angle g$, $\angle d$와 $\angle h$이다. 그러므로 $\angle a$의 동위각은 $\angle e$이다.

동위각 →

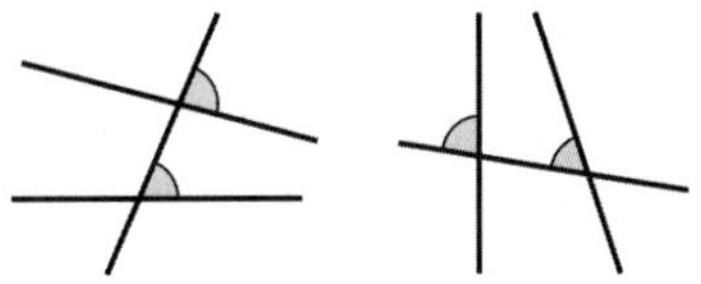

04 정답 ④

| 풀이 |

서로 엇갈린 위치에 있는 두 각을 각각 서로 엇각이라고 한다.

제시된 직선에서 서로 엇각의 위치에 있는 각은 $\angle b$와 $\angle h$, $\angle c$와 $\angle e$이다. 그러므로 $\angle b$의 엇각은 $\angle h$이다.

엇각 →

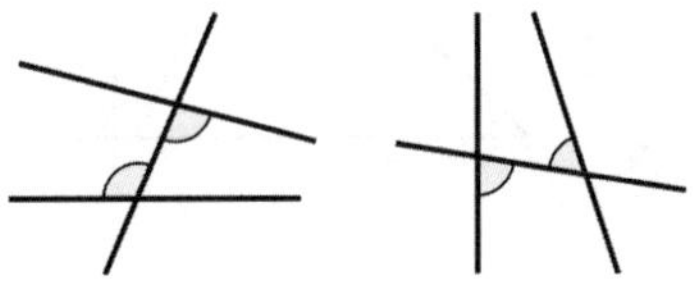

05 정답 ③

| 풀이 |

평행한 두 직선이 다른 한 직선과 만날 때, 동위각의 크기는 서로 같다.

$70°$와 $\angle x$는 서로 같은 위치에 있는 동위각이므로 $\angle x=70°$이다.

$\angle x$와 $\angle y$는 마주 보고 있으므로 서로 맞꼭지각이다. 맞꼭지각의 크기는 서로 같으므로 $\angle x=\angle y$이고 $\angle y=70°$이다.

$\therefore \angle x+\angle y=70°+70°=140°$

06 정답 ③

| 풀이 |

방법1 삼각형의 한 외각의 크기는 그와 이웃하지 않는 두 내각의 크기의 합과 같으므로

$80°+35°=\angle x$ → $115°=\angle x$ $\therefore \angle x=115°$

방법2 삼각형의 세 내각의 합은 $180°$이므로

$80°+35°+(\text{나머지 한 내각})=180°$

➜ 115° + (나머지 한 내각) = 180°
(나머지 한 내각) = 180° − 115°
➜ (나머지 한 내각) = 65°
평각은 180°이므로 $\angle x + 65° = 180°$
➜ $\angle x = 180° - 65°$ ➜ $\angle x = 115°$
$\therefore \angle x = 115°$

07 정답 ①

| 풀이 |

삼각형의 한 외각의 크기는 그와 이웃하지 않는 두 내각의 크기의 합과 같으므로

$60° + 45° = \angle x$ ➜ $105° = \angle x$

$\therefore \angle x = 105°$

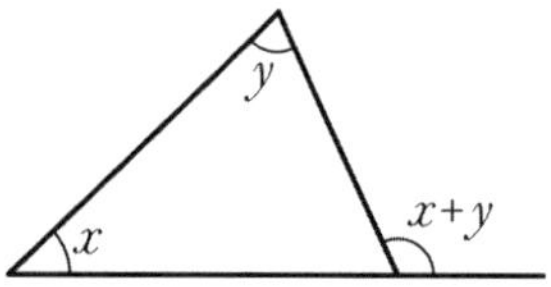

08 정답 ②

| 풀이 |

삼각형의 세 내각의 합은 180°이므로

$35° + (40° + \angle x) + 60° = 180°$이다.

$35° + (40° + \angle x) + 60° = 180°$ ➜ $135° + \angle x = 180°$
➜ $\angle x = 180° - 135°$ ➜ $\angle x = 45°$

09 정답 ①

| 풀이 |

삼각형의 한 외각의 크기는 그와 이웃하지 않는 두 내각의 크기의 합과 같으므로

두 내각 40°, $\angle x + 10°$의 합은 140°이다.

$40° + (\angle x + 10°) = 140°$ ➜ $50° + \angle x = 140°$
➜ $\angle x = 140° - 50°$ ➜ $\angle x = 90°$

10 정답 ④

| 풀이 |

사각형의 내각의 크기의 합은 항상 360°이므로

100° + □ + 80° + 50° = 360° ➜ 230° + □ = 360°
➜ □ = 360° − 230° ➜ □ = 130°

11 정답 ②

| 풀이 |

삼각형, 사각형, 오각형, 육각형, …에서 외각의 크기의 합은 항상 360°이다.

사각형의 네 외각 130°, 100°, 70°, x의 합도 마찬가지로 360°이다.

$130° + 100° + 70° + \angle x = 360°$ ➜ $300° + \angle x = 360°$
➜ $\angle x = 360° - 300°$ ➜ $\angle x = 60°$

| 참고 |

한 꼭짓점에서의 외각과 내각의 크기의 합은 항상 180°이다.

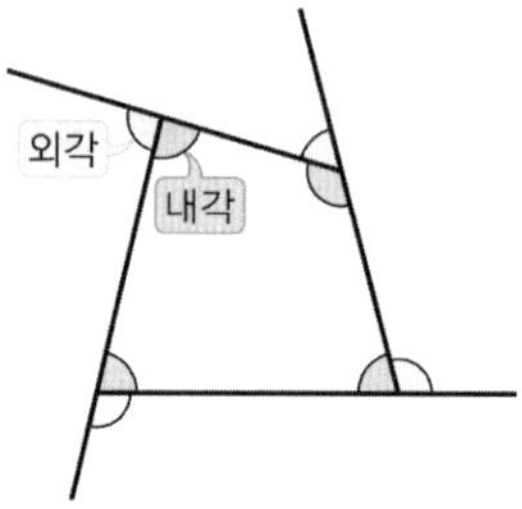

12 정답 ③

| 풀이 |

삼각형에서 외각의 크기의 합은 360°이다.

$\angle x + 120° + 135° = 360°$ ➜ $\angle x + 255° = 360°$
➜ $\angle x = 360° - 255°$ ➜ $\angle x = 105°$

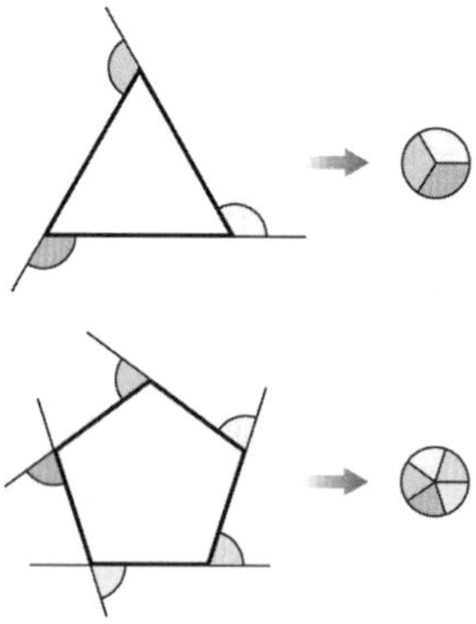

13 정답 ②

| 풀이 |

두 부채꼴의 호의 길이가 각각 3cm, 9cm 이므로
호의 길이의 비는 3cm : 9cm = 1 : 3이고
한 원에서 부채꼴의 호의 길이는 중심각의 크기에 정비례하므로
중심각의 크기의 비도 1 : 3 이다.

$1:3 = 25° : x$ ➜ $1 \times x = 3 \times 25°$

➜ $x = 75°$

14 정답 ③

| 풀이 |

두 부채꼴의 중심각의 크기가 각각 50°, 150°이므로
중심각의 크기의 비는 50° : 150° = 1 : 3이고
한 원에서 부채꼴의 넓이는 중심각의 크기에 정비례하므로 부채꼴의 넓이의 비도 1 : 3 이다.

$1:3 = x\text{cm}^2 : 9\text{cm}^2$ ➜ $3 \times x = 1 \times 9$ ➜ $3x = 9$

➜ $x = 3$

$\therefore x = 3(\text{cm}^2)$

15 정답 ③

| 풀이 |

한 원 O의 두 부채꼴 AOB와 BOC의 중심각의 크기가 같으면 두 부채꼴은 완전히 포갤 수 있다. 그러므로 호 AB와 BC도 완전히 포갤 수 있다.
중심각의 크기가 같은 두 부채꼴의 호의 길이는 같다.

$\overset{\frown}{AB} = 6\text{cm}$ ➜ $\overset{\frown}{BC} = 6\text{cm}$ 이다.

그러므로 $\overset{\frown}{AC} = 6\text{cm} + 6\text{cm} = 12\text{cm}$ 이다.

$\therefore x = 12$

16 정답 ②

| 풀이 |

중심각의 크기가 같은 두 부채꼴의 호의 길이는 같다.

$\angle AOB = \angle BOC = \angle COD = \angle DOE$

➜ $\overset{\frown}{AB} = \overset{\frown}{BC} = \overset{\frown}{CD} = \overset{\frown}{DE}$ 이다.

$\overset{\frown}{AB} = 2\text{cm}$ ➜ $\overset{\frown}{AB} = \overset{\frown}{BC} = \overset{\frown}{CD} = \overset{\frown}{DE} = 2\text{cm}$

$\overset{\frown}{AE} = \overset{\frown}{AB} + \overset{\frown}{BC} + \overset{\frown}{CD} + \overset{\frown}{DE}$

$= 2\text{cm} + 2\text{cm} + 2\text{cm} + 2\text{cm} = 8\text{cm}$

$\therefore \overset{\frown}{AE} = 8\text{cm}$

17 정답 ④

| 풀이 |

한 평면에서 두 직선 l, m이 서로 만나지 않을 때, 두 직선 l, m은 서로 평행이라 한다.
모서리 BC와 한 평면에 있으면서 만나지 않는 모서리는 모서리 EF이다.

| 참고 |

공간에서 두 직선이 서로 만나지도 않고 평행하지도 않을 때, 두 직선은 꼬인 위치에 있다고 한다.

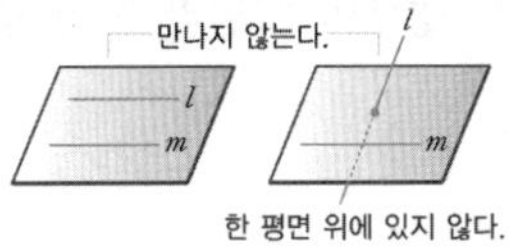

18 정답 ③

| 풀이 |

한 평면에서 두 직선이 서로 만나지 않을 때, 두 직선을 서로 평행이라 하므로
모서리 AC와 한 평면에 있으면서 만나지 않는 모서리는 모서리 DF이다.

① 모서리 BC ➜ 모서리 AC와 한 점 C에서 만난다.
② 모서리 AB ➜ 모서리 AC와 한 점 A에서 만난다.
④ 모서리 EF ➜ 모서리 AC와 만나지 않지만 같은 평면에 있지 않다. (꼬인 위치)

19 정답 ②

| 풀이 |

공간에서 두 직선이 서로 만나지도 않고 평행하지도 않을 때, 두 직선은 꼬인 위치에 있다고 한다. 모서리 AB와 평행하지 않으면서 만나지 않는 모서리는
모서리 DF, 모서리 EF, 모서리 CF이다.

① 모서리 AC ➜ 모서리 AB와 한 점 A에서 만난다.
③ 모서리 DE ➜ 모서리 AB와 평행하다.
④ 모서리 BC ➜ 모서리 AB와 한 점 B에서 만난다.

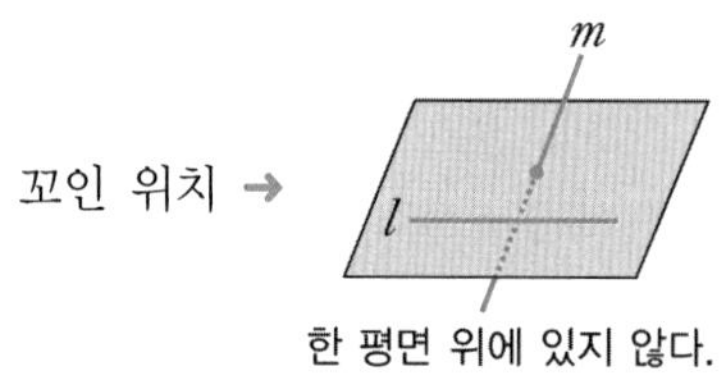

20 정답 ④

| 풀이 |

한 평면 위에 있는 두 직선이 서로 만나지 않을 때, 평행이라 한다.
모서리 AD, 모서리 FG, 모서리 EH, 모서리 EF가 모두 모서리 BC와 만나지 않지만 모서리 EF는 모서리 BC와 같은 평면 위에 있지 않으므로, 두 모서리 EF, BC의 위치 관계는 평행이 아니라 꼬인 위치이다.

21 정답 ③

| 풀이 |

삼각뿔을 이루고 있는 다각형을 면, 다각형의 변을 삼각뿔의 모서리, 다각형의 꼭짓점을 삼각뿔의 꼭짓점이라 한다.
꼭짓점의 개수 → 4개, 모서리의 개수 → 6개, 면의 개수 → 4개
$a=4$, $b=6$, $c=4$이므로
$a+b+c=4+6+4=14$

다면체에서 면, 모서리, 꼭짓점 →

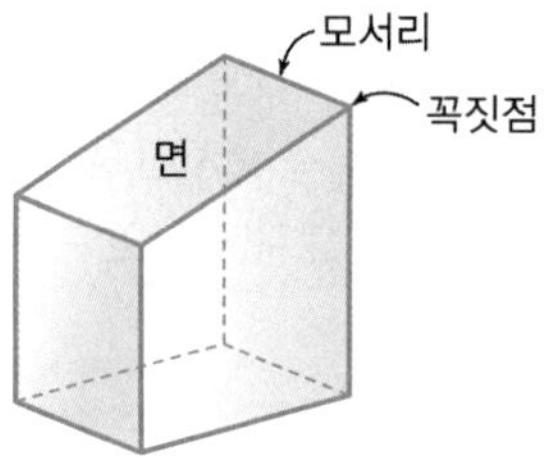

22 정답 ③

| 풀이 |

원뿔을 그 밑면에 평행한 평면으로 잘라서 생기는 두 입체도형 중에서 원뿔이 아닌 쪽의 도형을 원뿔대라고 한다.
사다리꼴을 직선 l을 축으로 하여 1회전하면 원뿔대가 된다.

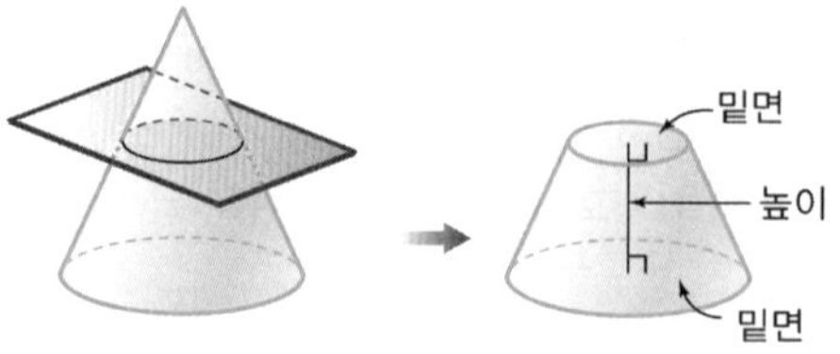

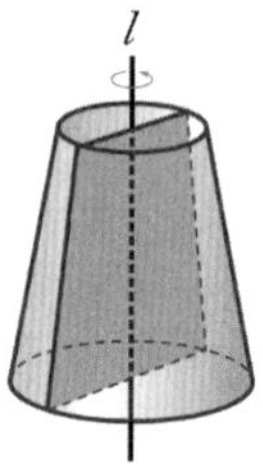

23 정답 ②

| 풀이 |

회전체를 회전축에 수직인 평면으로 자른 단면의 모양은 항상 원이고, 회전체를 회전축을 포함하는 평면으로 자른 단면의 모양은 모두 합동이고 회전축을 대칭축으로 하는 선대칭도형이다.
제시된 그림은 직사각형을 직선 l을 축으로 1회전하여 얻은 회전체이다.

회전축에 수직인 평면으로 자른 단면의 모양 →

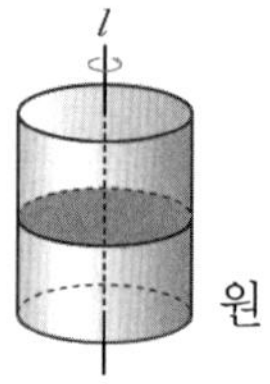

회전축을 포함하는 평면으로 자른 단면의 모양 →

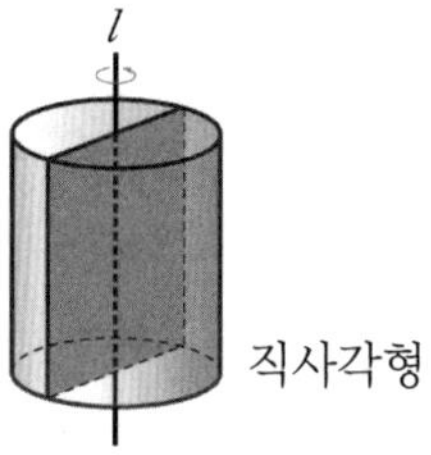

PART Ⅵ 도형의 성질과 닮음

적중 예상 문제

260~274p

01 ④	02 ②	03 ①	04 ④	05 ②
06 ③	07 ②	08 ②	09 ③	10 ②
11 ④	12 ④	13 ②	14 ③	15 ③
16 ②	17 ③	18 ④	19 ②	20 ③
21 ①	22 ③	23 ①	24 ④	25 ②
26 ③	27 ③	28 ③	29 ④	30 ④
31 ①	32 ④	33 ③	34 ④	35 ④
36 ③	37 ③	38 ②	39 ①	40 ③
41 ④	42 ①	43 ①	44 ②	45 ④
46 ③	47 ②	48 ③	49 ①	50 ①
51 ③	52 ③	53 ②	54 ④	55 ③
56 ④	57 ③	58 ③		

01 정답 ④

| 풀이 |

이등변삼각형의 두 밑각의 크기는 서로 같고,

삼각형의 내각의 합은 180°이다.

➜ 두 밑각의 크기$+40°=180°$

두 밑각의 크기$=180°-40°=140°$

➜ 한 밑각의 크기$=140°\div 2=70°$

평각의 크기는 180°이므로 $\angle x+70°=180°$

➜ $\angle x=180°-70°=110°$

02 정답 ②

| 풀이 |

이등변삼각형의 꼭지각의 이등분선은 밑변을 수직이등분한다.

그러므로 $\overline{BD}=\overline{CD}$이다.

➜ $\overline{BC}=\overline{BD}+\overline{CD}=2\times\overline{CD}$

$2\overline{CD}=8\text{cm}$ ➜ $\overline{CD}=4\text{cm}$

이등변삼각형의 두 밑각의 크기는 서로 같으므로

$\angle B=65°$ ➜ $\angle ACB=65°$이다.

03 정답 ①

| 풀이 |

이등변삼각형의 두 밑각의 크기는 서로 같다.

➜ $\angle B=\angle C$

$\angle B=53°$이므로 $\angle x=53°$이다.

삼각형의 내각의 크기의 합은 180°이다.

➜ $53°+\angle x+\angle y=180°$

$\angle x=53°$를 대입하여 정리하면

$53°+53°+\angle y=180°$ ➜ $106°+\angle y=180°$

➜ $\angle y=180°-106°$

➜ $\angle y=74°$

$\therefore \angle x=53°,\ \angle y=74°$

04 정답 ④

| 풀이 |

두 내각의 크기가 같은 삼각형은 이등변삼각형이다.

$\angle B=\angle C$이므로 $\triangle ABC$는 $\overline{AB}=\overline{AC}$인 이등변삼각형이다.

$\overline{AB}=\overline{AC}$이므로 $x+4=2x-4$이다.

이 식의 $2x$를 좌변으로, 4를 우변으로 이항하여 정리하면

$x-2x=-4-4$ ➜ $-x=-8$ ➜ $x=8$

05 정답 ②

| 풀이 |

$\overline{AB}=\overline{AC}$ 이므로 $\overline{AC}=6$ 이다.

이등변삼각형의 꼭지각의 이등분선은 밑변을 수직이등분하므로 $\overline{BD}=\overline{CD}$이다.

➜ $\overline{BC}=\overline{BD}+\overline{CD}=2\times\overline{BD}$

$2\overline{BD}=10\text{cm}$ ➜ $\overline{BD}=5\text{cm}$

$\overline{AC}+\overline{BD}=6+5=11$

06 정답 ③

| 풀이 |

이등변삼각형의 두 밑각의 크기는 서로 같으므로

$\angle ABC=\angle ACB$이다.

$\angle ABC=40°$ ➜ $\angle ACB=40°$

삼각형의 세 내각의 크기의 합은 180°이다.

→ $40° + \angle ACB + \angle x = 180°$

$40° + 40° + \angle x = 180°$ → $80° + \angle x = 180°$

→ $\angle x = 180° - 80°$

→ $\angle x = 100°$

방법1 삼각형의 한 외각의 크기는 그와 이웃하지 않는 두 내각의 크기의 합과 같다.

→ $40° + \angle x = \angle y$

$\angle x = 100°$를 대입하여 정리하면 $40° + 100° = \angle y$

→ $\angle y = 140°$

방법2 평각의 크기는 180°이다.

→ $\angle ACB + \angle y = 180°$

$\angle ACB = 40°$를 대입하여 정리하면

$40° + \angle y = 180°$ → $\angle y = 180° - 40°$ → $\angle y = 140°$

$\therefore \angle x + \angle y = 100° + 140° = 240°$

07 정답 ②

| 풀이 |

삼각형의 모든 내각의 합은 180°이다.

$60° + 60° +$ (나머지 한 내각)$= 180°$

→ $120° +$(나머지 한 내각)$= 180°$

(나머지 한 내각)$= 180° - 120° = 60°$이므로

주어진 삼각형은 세 각의 크기가 모두 같은 정삼각형이다.

정삼각형의 세 변의 길이는 모두 같으므로 세 변은 모두 5cm 이다.

아래 삼각형은 두 밑각의 크기가 30°로 같으므로 이등변삼각형이다.

이등변삼각형은 두 변의 길이가 같으므로 $x = 5$이다.

08 정답 ②

| 풀이 |

이등변삼각형의 두 밑각의 크기는 서로 같으므로

$\triangle DBC$에서 $\angle DBC = \angle DCB$이다.

→ $\angle DCB = 35°$

삼각형의 한 외각의 크기는 그와 이웃하지 않는 두 내각의 크기의 합과 같으므로

$\angle DBC + \angle DCB = \angle CDA$ → $35° + 35° = \angle CDA$

→ $\angle CDA = 70°$

마찬가지로 이등변삼각형의 두 밑각의 크기는 서로 같으므로

$\triangle CAD$에서 $\angle CDA = \angle CAD$이다. $\angle CAD = 70°$

$\therefore \angle x = 70°$

삼각형의 세 내각의 합은 180°이므로

$\angle CDA + \angle x + \angle y = 180°$

$\angle CDA = 70°$, $\angle x = 70°$를 각각 대입하면

$70° + 70° + \angle y = 180°$ → $140° + \angle y = 180°$

→ $\angle y = 180° - 140°$ $\therefore y = 40°$

$\therefore \angle x + \angle y = 70° + 40° = 110°$

09 정답 ③

| 풀이 |

이등변삼각형은 두 밑각의 크기가 서로 같으므로

$\angle CBA = \angle BAC$이다.

삼각형의 모든 내각의 합은 180°이므로

$\angle x + \angle x + 90° = 180°$이다.

이 식을 정리하면 $2\angle x + 90° = 180°$

→ $2\angle x = 180° - 90°$ → $2\angle x = 90°$ → $\angle x = 45°$

10 정답 ②

| 풀이 |

외심에서 삼각형의 세 꼭짓점에 이르는 거리가 같다.

그러므로 $\overline{OA} = \overline{OB} = \overline{OC}$이고 $\overline{OC} = 5cm$

→ $\overline{OA} = 5cm$, $\overline{OB} = 5cm$이다.

$\triangle OAB$의 둘레의 길이

$= \overline{OA} + \overline{OB} + \overline{AB} = 5cm + 5cm + 8cm = 18cm$

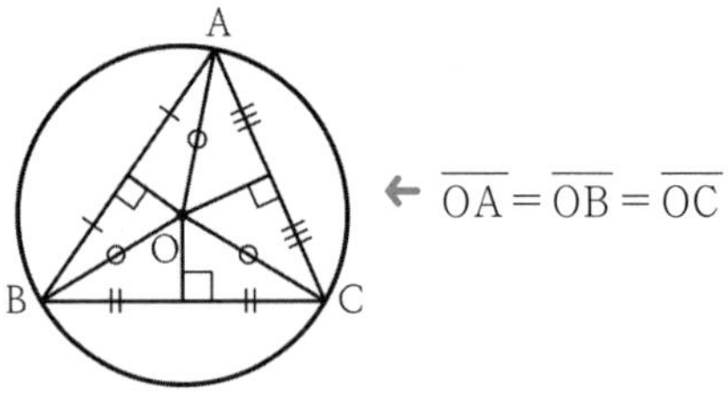

11 정답 ④

| 풀이 |

점 O가 삼각형 ABC의 내심이므로

$\overline{AD}=\overline{AF}$, $\overline{CF}=\overline{CE}$, $\overline{BD}=\overline{BE}$이다.

$\overline{AD}=\overline{AF}$이므로 $\overline{AD}=2\text{cm}$ → $\overline{AF}=2\text{cm}$

$\overline{CF}=\overline{CE}$이므로 $\overline{CF}=3\text{cm}$ → $\overline{CE}=3\text{cm}$

$\overline{BD}=\overline{BE}$이므로 $\overline{BE}=5\text{cm}$ → $\overline{BD}=5\text{cm}$

삼각형의 둘레의 길이는 모든 변의 길이의 합이므로

$\overline{AD}+\overline{AF}+\overline{CF}+\overline{CE}+\overline{BD}+\overline{BE}$

$=2+2+3+3+5+5=20$

$\therefore$ 20cm

12 정답 ④

| 풀이 |

삼각형의 세 변의 수직이등분선의 교점을 외심이라고 한다.

점 O가 삼각형 ABC의 외심일 때, $\angle BOC=2\angle BAC$이다.

$\angle BAC=60°$이므로 $\angle BOC=2\times60°=120°$이다.

$\therefore\ \angle x=120°$

13 정답 ②

| 풀이 |

점 O가 삼각형 ABC의 외심일 때, 외심에서 삼각형의 꼭짓점까지의 거리가 모두 같다.

$\overline{OA}=\overline{OB}=\overline{OC}$

그러므로 △OAB, △OBC, △OCA는 모두 이등변삼각형이다.

이등변삼각형의 두 밑각의 크기는 각각 같으므로

$\angle OCA=\angle OAC=40°$, $\angle OAB=\angle OBA=\angle x$,

$\angle OBC=\angle OCB=25°$

삼각형 ABC에서 세 내각의 크기의 합은 180°이므로

$40°\times2+\angle x\times2+25°\times2=180°$

→ $80°+2\angle x+50°=180°$ → $130°+2\angle x=180°$

→ $2\angle x=180°-130°$ → $2\angle x=50°$

→ $\angle x=25°$

| 참고 |

점 O가 삼각형 ABC의 외심이면

$\angle OAB+\angle OBC+\angle OCA=90°$이다.

14 정답 ③

| 풀이 |

점 O가 삼각형 ABC의 외심일 때, 외심에서 삼각형의 꼭짓점까지의 거리가 모두 같다.

$\overline{OA}=\overline{OB}=\overline{OC}$이므로

$\overline{OB}=4\text{cm}$이므로 $\overline{OC}=4\text{cm}$이다. $\therefore x=4$

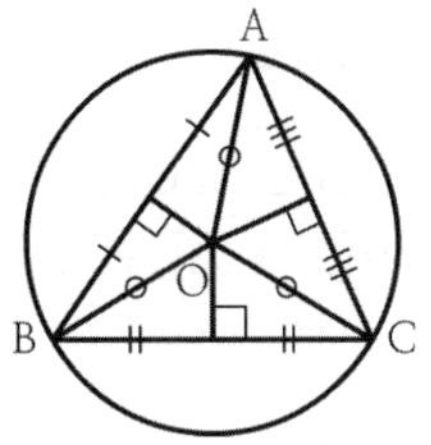

← 외심에서 삼각형의 세 꼭짓점까지의 거리는 같다.

15 정답 ③

| 풀이 |

원 I가 △ABC에 내접하므로 점 I는 삼각형 ABC의 내심이다.

내심은 삼각형 ABC의 각의 이등분선이고, 내심에서 세 변까지의 거리가 같다.

그러므로 △IAD ≡ △IAF, △ICE ≡ △ICF, △IBD ≡ △IBE이다.

△IAD ≡ △IAF이므로 $\overline{AD}=\overline{AF}=2(\text{cm})$

→ $\overline{AF}=2(\text{cm})$

△IBD ≡ △IBE이므로 $\overline{BD}=\overline{BE}$이고

$\overline{BD}=\overline{AB}-\overline{AD}=6-2=4(\text{cm})$ → $\overline{BE}=4(\text{cm})$

△ICE ≡ △ICF이므로 $\overline{CE}=\overline{CF}$이고

$\overline{CF}=\overline{AC}-\overline{AF}=5-2=3(\text{cm})$ → $\overline{CE}=3(\text{cm})$

$\overline{BC}=\overline{BE}+\overline{CE}=4+3=7(\text{cm})$ $\therefore$ 7cm

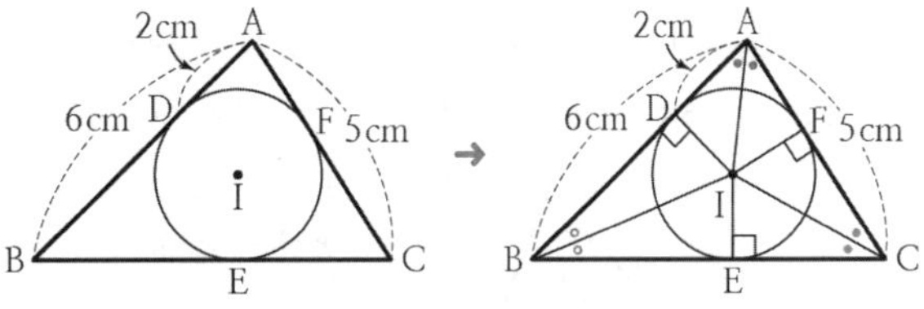

16 정답 ②

| 풀이 |

원 I가 $\triangle ABC$의 내접원이므로 점 I는 삼각형 ABC의 내심이다.

내심은 $\triangle ABC$의 각의 이등분선이므로

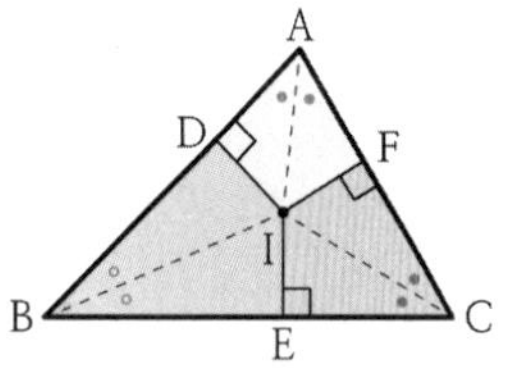

$\rightarrow \triangle AID \equiv \triangle AIF$, $\triangle BID \equiv \triangle BIE$, $\triangle CIE \equiv \triangle CIF$

$\triangle BID \equiv \triangle BIE$이므로 $\overline{BD} = \overline{BE}$ $\rightarrow$ $\overline{BD} = 4cm$이므로 $\overline{BE} = 4cm$이다.

$\overline{EC} = \overline{BC} - \overline{BE} = 9cm - 4cm = 5cm$

$\therefore \overline{EC} = 5cm$

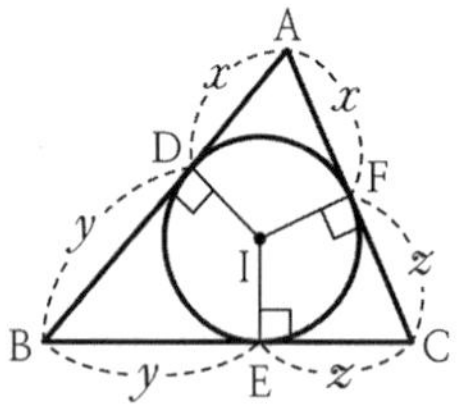

$\uparrow$ $\overline{AD} = \overline{AF}$, $\overline{BD} = \overline{BE}$, $\overline{CE} = \overline{CF}$

17 정답 ③

| 풀이 |

삼각형의 세 각의 이등분선의 교점을 내심이라고 한다.

점 I가 삼각형 ABC의 내심이므로

$\angle IAB = \angle IAC = \angle x$, $\angle IBA = \angle IBC = 25°$

$\angle ICB = \angle ICA = 50°$

삼각형의 세 내각의 합은 180°이므로

$2 \times \angle x + 25° \times 2 + 50° \times 2 = 180°$

$2\angle x + 50° + 100° = 180°$ $\rightarrow$ $2\angle x + 150° = 180°$

$\rightarrow$ $2\angle x = 180° - 150°$ $\rightarrow$ $2\angle x = 30°$ $\rightarrow$ $\angle x = 15°$

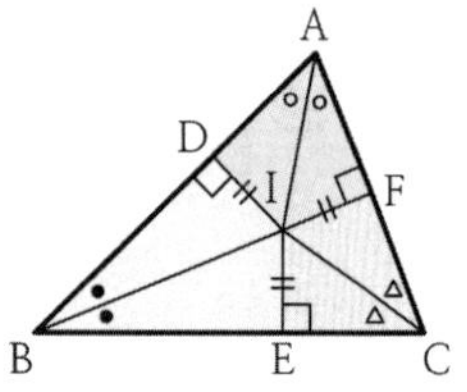

$\leftarrow$ 내심은 각의 이등분선의 교점이다.

| 참고 |

점 I가 삼각형 ABC의 내심이면

$\angle IAB + \angle IBC + \angle ICA = 90°$이다.

18 정답 ④

| 풀이 |

삼각형의 세 각의 이등분선의 교점을 내심이라고 한다.

내심의 성질은 $\angle BIC = 90° + \frac{1}{2}\angle BAC$이므로

$\angle BIC = 90° + \frac{1}{2} \times 50°$ $\rightarrow$ $\angle BIC = 90° + 25°$

$\rightarrow$ $\angle BIC = 115°$

$\therefore \angle x = 115°$

19 정답 ②

| 풀이 |

평행사변형의 성질은 두 쌍의 대변의 길이는 각각 같고, 두 쌍의 대각의 크기는 각각 같다.

$\angle ADC$와 마주 보는 각은 $\angle ABC$이고

평행사변형에서 마주 보는 두 각의 크기는 같으므로

$y = 65$

$\overline{AB}$와 마주 보는 변은 $\overline{CD}$이고

평행사변형에서 마주 보는 두 변의 길이도 같으므로

$x = 5$이다.

그러므로 $x + y = 5 + 65 = 70$

| 참고 |

대변 $\rightarrow$ 마주 보는 변, 대각 $\rightarrow$ 마주 보는 각

20 정답 ③

| 풀이 |

평행사변형의 성질은 대각선이 다른 대각선을 이등분하므로

$\overline{AO} = \overline{CO}$, $\overline{DO} = \overline{BO}$이다.

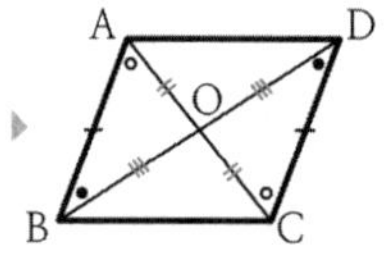

$\overline{AO} = 3cm$이므로

$\overline{CO} = x cm = 3cm$

$\therefore x = 3$

$\overline{DO} = 4cm$이므로

$\overline{BO} = y\text{cm} = 4\text{cm}$ $\therefore y = 4$

$\therefore x + y = 3 + 4 = 7$

21 정답 ①

| 풀이 |

사각형은 다음 조건 중에서 어느 하나를 만족시키면 평행사변형이 된다.

두 쌍의 마주보는 변이 각각 평행할 때 (평행사변형의 정의)

두 쌍의 마주 보는 각의 크기가 각각 같을 때 ➔ ②

두 쌍의 마주 보는 변의 길이가 각각 같을 때 ➔ ④

두 대각선이 서로 다른 것을 이등분할 때 ➔ ③

한 쌍의 마주 보는 변이 서로 평행하고, 그 길이가 같을 때

①은 마주 보는 변의 길이가 서로 다르고 이웃하는 변의 길이가 같으므로 평행사변형이 될 수 없다.

22 정답 ③

| 풀이 |

평행사변형의 성질은 마주 보는 각의 크기가 서로 같으므로

$\angle B = \angle D$이고 $\angle D = 60°$이다.

삼각형의 세 내각의 합은 $180°$이므로

➔ $\angle x + \angle D + 80° = 180°$

$\angle D = 60°$를 대입하여 정리하면

$\angle x + 60° + 80° = 180°$ ➔ $\angle x + 140° = 180°$

➔ $\angle x = 180° - 140°$ ➔ $\angle x = 40°$

그러므로 $\angle x$의 크기는 $40°$이다.

23 정답 ①

| 풀이 |

평행사변형은 한 대각선이 다른 대각선을 이등분한다.

$\overline{AO} = \overline{OC}$이므로 $\overline{AO} = 4\text{cm}$, $\overline{OC} = 4\text{cm}$이다.

➔ $y = 4$

평행한 두 직선이 다른 한 직선과 만날 때, 엇각의 크기는 서로 같다.

평행사변형은 마주 보는 두 쌍의 대변이 각각 평행이고

➔ $\overline{AB} /\!/ \overline{CD}$,

$\angle ABD$와 $\angle BDC$는 서로 엇각이므로 두 각의 크기는 같다.

$\angle ABD = 30°$이므로 $\angle BDC = 30°$이다. ➔ $x = 30$

$\therefore x = 30,\ y = 4$

24 정답 ④

| 풀이 |

평행사변형에서 두 쌍의 대변의 길이는 각각 같으므로

$\overline{AB} = \overline{CD}$, $\overline{AD} = \overline{BC}$

$\overline{AB} = \overline{CD}$이므로 $2x - 4 = x$ ➔ $2x - x = 4$ ➔ $x = 4$

$\overline{AD} = \overline{BC}$이므로 $y + 3 = 2y + 1$ ➔ $y - 2y = 1 - 3$

➔ $-y = -2$ ➔ $y = 2$

$\therefore x = 4,\ y = 2$

25 정답 ②

| 풀이 |

평행사변형에서 두 쌍의 대변의 길이는 각각 같다.

$\overline{AB} = \overline{CD}$, $\overline{AD} = \overline{BC}$ ➔ $\overline{AD} = 6\text{cm}$이므로 $x = 6$,

$\overline{AB} = 4\text{cm}$이므로 $y = 4$

평행사변형에서 두 쌍의 대각의 크기는 각각 같다.

$\angle B = \angle D$ ➔ $\angle B = 50°$이므로 $z = 50$

$\therefore x + y + z = 6 + 4 + 50 = 60$

26 정답 ③

| 풀이 |

직사각형의 두 대각선은 길이가 같다. ➔ $\overline{AC} = \overline{BD}$

직사각형의 두 대각선은 서로 다른 것을 이등분한다.

➔ $\overline{AO} = \overline{OC}$, $\overline{BO} = \overline{OD}$

$\overline{AO} = \overline{OC}$이므로 $\overline{OC} = 4\text{cm}$,

$\overline{AC} = \overline{AO} + \overline{OC} = 4\text{cm} + 4\text{cm} = 8\text{cm}$,

$\overline{AC} = \overline{BD}$이므로 $\overline{BD} = 8\text{cm}$

27 정답 ③

| 풀이 |

직사각형에서 두 대각선의 길이는 같고, 한 대각선이 다른 대각선을 이등분한다.

$\overline{AC}=\overline{BD}$이고, $\overline{AO}=\overline{CO}$, $\overline{BO}=\overline{DO}$이므로

→ $\overline{AO}=\overline{BO}=\overline{CO}=\overline{DO}$이다.

$\overline{AO}=\overline{DO}$이므로 $\triangle AOD$는 이등변삼각형이다.

이등변삼각형의 두 밑각의 크기는 서로 같으므로

$\angle ADO=\angle DAO=30°$이다.

삼각형의 세 내각의 합은 180°이므로

$\triangle AOD$에서

$30°+30°+\angle AOD=180°$ → $60°+\angle AOD=180°$

→ $\angle AOD=180°-60°=120°$

평각의 크기는 180°이므로

$\angle x+\angle AOD=180°$ → $\angle x+120°=180°$

→ $\angle x=180°-120°$ → $\angle x=60°$

28 정답 ③

| 풀이 |

직사각형의 네 각의 크기는 모두 같고, 한 내각의 크기는 90°이다. → $y=90$

직사각형의 대각선의 길이는 같으므로 두 대각선의 길이는 모두 16cm이다.

또, 한 대각선이 다른 대각선을 이등분하므로

$16\text{cm}\times\frac{1}{2}=8\text{cm}$ → $x=8$

그러므로 $x=8$, $y=90$이다.

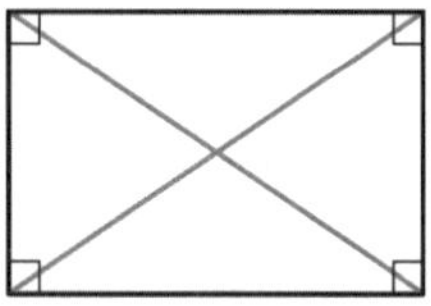

← 직사각형의 두 대각선의 길이는 같다.

29 정답 ④

| 풀이 |

정사각형의 성질은 두 대각선의 길이가 서로 같고, 서로 다른 것을 수직이등분한다.

정사각형의 한 대각선의 길이가 10cm이고 두 대각선의 길이가 서로 같으므로 다른 대각선의 길이도 10cm이다. → $\overline{AC}=\overline{BD}=10\text{cm}$

한 대각선이 다른 대각선을 수직이등분하므로

$\overline{AC}\perp\overline{BD}$ → $\angle x=90°$, $10\text{cm}\div 2=5\text{cm}$ → $y=5$

$\therefore x=90$, $y=5$

30 정답 ④

| 풀이 |

정사각형의 성질은 두 대각선의 길이가 같고 한 대각선이 다른 대각선을 수직이등분한다.

그러므로 대각선으로 나누어진 4개의 삼각형의 넓이는 모두 같다.

$48\text{cm}^2\div 4=12\text{cm}^2$이므로 1개의 삼각형의 넓이는 12cm^2이다.

어두운 부분의 넓이는 $12\text{cm}^2\times 2=24\text{cm}^2$이다.

$\therefore 24\text{cm}^2$

31 정답 ①

| 풀이 |

$\angle DAC$와 $\angle ACB$는 엇각이고, $\overline{AD}$와 $\overline{BC}$는 평행하므로 평행한 두 직선이 다른 한 직선과 만날 때 엇각의 크기는 같으므로 $\angle DAC=\angle ACB$

$\angle ACB=40°$이므로 $\angle DAC=40°$이다.

이등변삼각형의 두 밑각의 크기는 같으므로

$\triangle ADC$에서 $\angle DAC=\angle DCA$

$\angle DAC=40°$이므로 $\angle DCA=40°$이다.

삼각형의 세 내각의 크기의 합은 180°이므로

$\angle DAC+\angle DCA+\angle x=180°$

$40°+40°+\angle x=180°$ → $80°+\angle x=180°$

→ $\angle x=180°-80°$ → $\angle x=100°$

32 정답 ④

| 풀이 |

서로 닮은 두 도형에서 대응하는 변의 길이의 비를 닮음비라고 한다.

닮음비는 대응하는 두 변의 길이를 이용하여 닮음비를 구한다.

$\overline{BC}$와 $\overline{EF}$는 서로 대응하는 변이므로 닮음비는

$\overline{BC}:\overline{EF}=6:8=3:4$

그러므로 $\triangle ABC$와 $\triangle DEF$의 닮음비는 3:4이다.

33 정답 ③

| 풀이 |

두 닮은 입체도형에서 대응하는 모서리의 길이의 비가 닮음비이다.

$\overline{AB}$에 대응하는 모서리가 $\overline{GH}$이므로

$\overline{AB}=6$, $\overline{GH}=9$, $\overline{AB}:\overline{GH}=6:9=2:3$

두 모서리의 길이의 비가 2 : 3이므로 두 삼각기둥의 닮음비도 2 : 3이다.

34 정답 ④

| 풀이 |

서로 닮은 두 삼각형에서 대응하는 각의 크기는 각각 같으므로 $\angle A$와 대응하는 각은 $\angle D$,

$\angle B$와 대응하는 각은 $\angle E$이므로 $\angle B=60°$

➔ $\angle E=60°$이고

삼각형의 세 내각의 크기의 합은 $180°$이다.

➔ $\angle D+45°+\angle E=180°$

$\angle E=60°$를 대입하여 정리하면

$\angle D+45°+60°=180°$ ➔ $\angle D+105°=180°$

➔ $\angle D=180°-105°=75°$

그러므로 $\angle D$의 크기는 $75°$이다.

35 정답 ④

| 풀이 |

서로 닮은 두 도형에서 대응하는 변의 길이의 비가 닮음비이므로

□ABCD에서 $\overline{AB}=6\text{cm}$, □EFGH에서 $\overline{EF}=9\text{cm}$

두 사각형의 닮음비는 $\overline{AB}:\overline{EF}=6\text{cm}:9\text{cm}=2:3$이다.

□ABCD의 $\overline{BC}$에 대응하는 □EFGH의 변은 $\overline{FG}$이므로

$2:3=8\text{cm}:\overline{FG}$ ➔ $2\times\overline{FG}=3\times 8\text{cm}$

➔ $2\overline{FG}=24\text{cm}$ ➔ $\overline{FG}=12\text{cm}$

36 정답 ③

| 풀이 |

서로 닮은 두 도형에서 대응하는 각의 크기는 각각 같으므로

$\angle A$에 대응하는 각은 $\angle E$,

$\angle D$에 대응하는 각은 $\angle H$이므로

$\angle D=130°$ ➔ $\angle H=130°$

사각형의 내각의 크기의 합은 $360°$이므로

$65°+80°+130°+\angle E=360°$

➔ $275°+\angle E=360°$ ➔ $\angle E=360°-275°=85°$

37 정답 ③

| 풀이 |

서로 닮은 두 삼각형에서 대응하는 각의 크기는 각각 같으므로 $\angle A$와 대응하는 각은 $\angle D$

$\angle B$와 대응하는 각은 $\angle E$ ➔ $\angle E=80°$이면

$\angle B=80°$이고,

삼각형의 세 내각의 크기의 합은 $180°$이다.

➔ $35°+\angle B+\angle C=180°$

$\angle B=80°$를 대입하여 정리하면

$35°+80°+\angle C=180°$ ➔ $115°+\angle C=180°$

➔ $\angle C=180°-115°=65°$

38 정답 ②

| 풀이 |

닮음인 두 삼각형의 대응하는 변의 길이의 비가 두 삼각형의 닮음비이므로

△ABC의 변 $\overline{AB}$에 대응하는 △DEF의 변은 $\overline{DE}$이고, $\overline{AB}:\overline{DE}=5:10=1:2$이다.

두 삼각형의 닮음비가 1 : 2 이고, $\overline{BC}$에 대응하는 변은 $\overline{EF}$이므로

$1:2=7\text{cm}:\overline{EF}$ ➔ $1\times\overline{EF}=2\times 7\text{cm}$ ➔ $\overline{EF}=14\text{cm}$

39 정답 ①

| 풀이 |

닮음인 두 삼각형에서는 대응하는 변의 길이의 비가 각각 일정하고, 대응하는 각의 크기는 각각 같다.

$\overline{BC}:\overline{B'C'}=12cm:8cm=3:2$이므로 두 삼각형의 닮음비는 3 : 2

그러므로 $\overline{AC}:\overline{A'C'}=3:2$이다.

$3:2=\overline{AC}:10cm$ → $2\times\overline{AC}=3\times10cm$

→ $2\overline{AC}=30cm$ → $\overline{AC}=15cm$

삼각형의 세 내각의 크기의 합은 180°이다.

$53°+37°+\angle B=180°$ → $90°+\angle B=180°$

→ $\angle B=180°-90°=90°$

△ABC의 ∠B에 대응하는 △A′B′C′의 각이 ∠B′이고, 대응하는 각의 크기는 같으므로 $\angle B'=90°$이다.

∴ $\angle B'=90°$, $\overline{AC}=15cm$

40 정답 ③

| 풀이 |

두 삼각형 ABC와 삼각형 DEF의 닮음비는

$\overline{AB}:\overline{DE}=12:4=3:1$이다.

삼각형 ABC의 변 $\overline{BC}$에 대응하는 삼각형 DEF 변은 $\overline{EF}$이므로

$3:1=9:x$ → $3\times x=1\times9$ → $3x=9$ → $x=3$

41 정답 ④

| 풀이 |

△ABC와 △DEF는 닮음비가 1:2이므로 대응하는 변의 길이의 비도 1:2이다.

△DEF의 변인 $\overline{DF}$와 대응하는 △ABC의 변은 $\overline{AC}$이므로

$1:2=4cm:\overline{DF}$ → $1\times\overline{DF}=2\times4cm$ → $\overline{DF}=8cm$

그러므로 $\overline{DF}$의 길이는 8cm이다.

42 정답 ①

| 풀이 |

닮음인 두 삼각형의 대응하는 변의 길이의 비가 두 삼각형의 닮음비이므로

△ABC의 변 $\overline{BC}$에 대응하는 △DFE의 변은 $\overline{FE}$이고, $\overline{BC}:\overline{FE}=15:9=5:3$이다.

그러므로 두 삼각형의 닮음비가 5:3이고, $\overline{AB}$에 대응하는 변은 $\overline{DF}$이므로

$5:3=\overline{AB}:6$ → $3\times\overline{AB}=5\times6$ → $3\overline{AB}=30$

→ $\overline{AB}=10$

43 정답 ①

| 풀이 |

모든 정삼각형, 정사각형, 정오각형, 정육각형, …은 항상 닮은 도형이다.

방법1 큰 정삼각형의 한 변은 작은 정삼각형의 한 변의 2배이고 서로 닮은 두 도형에서 대응하는 변의 길이의 비가 닮음비이므로 두 정삼각형의 닮음비는 1:2이다.

방법2 큰 정삼각형은 작은 정삼각형 4개로 이루어져 있으므로 넓이의 비는 1:4

넓이의 비가 $1:4=1^2:2^2$이면 길이의 비는 1:2이므로 닮음비도 1:2이다.

44 정답 ②

| 풀이 |

두 닮은 입체도형에서 대응하는 모서리의 길이의 비가 닮음비이다.

$\overline{DE}=2cm$이고 $\overline{D'E'}=3cm$이므로

$\overline{DE}:\overline{D'E'}=2:3$이고,

두 입체도형의 닮음비는 2:3이다.

$\overline{C'F'}$의 길이를 x라 하면

$2:3=6cm:x$ → $2\times x=3\times6cm$ → $2x=18cm$

→ $x=9cm$

그러므로 $\overline{C'F'}$의 길이는 9cm이다.

45 정답 ④

| 풀이 |

두 닮은 입체도형에서 대응하는 모서리의 길이의 비가 닮음비이므로 밑면인 정사각형의 한 변의 길이의 비가 두 정사각뿔의 닮음비이다. ➜ 12 : 18 = 2 : 3

큰 정사각뿔의 높이를 h라 하고, 두 정사각뿔의 닮음비가 2 : 3이므로

$2:3=15:h$ ➜ $2\times h=3\times 15$ ➜ $2h=45$

➜ $h=\frac{45}{2}$

그러므로 큰 정사각뿔의 높이는 $\frac{45}{2}$이다.

46 정답 ③

| 풀이 |

두 닮은 원뿔에서 대응하는 밑면의 반지름의 길이의 비가 닮음비이고, 3cm : 4cm = 3 : 4이다.

두 원뿔의 반지름의 길이가 3cm, 4cm이므로 두 원뿔의 닮음비는 작은 원뿔의 높이를 x라고 하면

$3:4=x:8\text{cm}$ ➜ $4\times x=3\times 8\text{cm}$ ➜ $4x=24\text{cm}$

➜ $x=6\text{cm}$

그러므로 작은 원뿔의 높이는 6cm이다.

47 정답 ②

| 풀이 |

$\overline{BC}$와 $\overline{DE}$가 평행이므로 $\overline{AD}:\overline{DB}=\overline{AE}:\overline{EC}$이다.

$6:2=x:3$ ➜ $2\times x=6\times 3$ ➜ $2x=18$ ➜ $x=9$

| 참고 |

$\overline{AD}:\overline{AE}=\overline{DB}:\overline{EC}$로 계산하여도 같은 결과가 나온다.

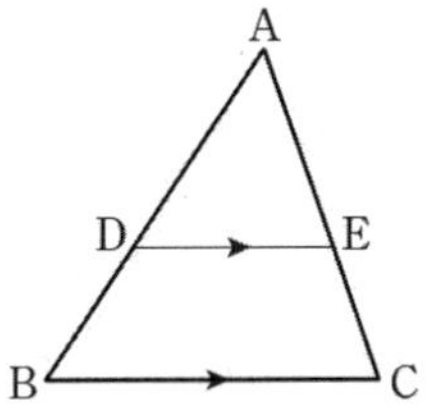

← $\overline{AD}:\overline{DB}=\overline{AE}:\overline{EC}$

48 정답 ③

| 풀이 |

$\overline{BC}$와 $\overline{DE}$가 평행이므로 $\overline{AD}:\overline{DE}=\overline{AB}:\overline{BC}$이다.

$6:x=6+3:12$ ➜ $6:x=9:12$ ➜ $9\times x=6\times 12$

➜ $9x=72$ ➜ $x=8$ $\therefore x=8$

| 주의 |

x의 값을 구할 때 $\overline{AD}:\overline{DB}=\overline{DE}:\overline{BC}$ 또는 $\overline{AD}:\overline{DE}=\overline{DB}:\overline{BC}$로 계산하면 절대 안 된다. $(\overline{AD}:\overline{DB}\neq\overline{DE}:\overline{BC})$

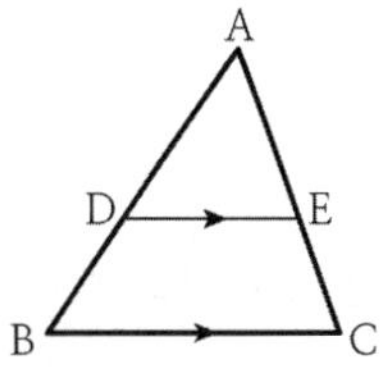

← $\overline{AD}:\overline{DE}=\overline{AB}:\overline{BC}$

49 정답 ①

| 풀이 |

$\overline{BC}$와 $\overline{DE}$가 평행이므로 △ADE와 △ABC는 서로 닮음이다.

닮음인 두 삼각형의 길이의 비는 일정하므로 $\overline{AC}:\overline{AE}=\overline{BC}:\overline{DE}$이다.

$2:3=4:x$ ➜ $2\times x=3\times 4$ ➜ $2x=12$ ➜ $x=6$

| 참고 |

$\overline{AC}:\overline{BC}=\overline{AE}:\overline{DE}$로 계산하여도 같은 결과가 나온다.

50 정답 ①

| 풀이 |

세 개의 평행선이 다른 두 직선과 만나서 생기는 선분의 길이의 비는 같으므로

4cm : 10cm = 2 : 5이므로 6cm : $x$cm = 2 : 5이다.

$6:x=2:5$ ➜ $2\times x=6\times 5$ ➜ $2x=30$ ➜ $x=15$

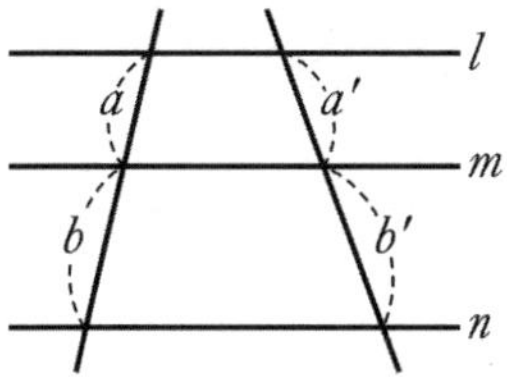

← $a:b=a':b'$

51 정답 ③

| 풀이 |

삼각형의 두 변의 중점을 연결한 선분은 나머지 변과 평행하고, 그 길이는 나머지 변의 길이의 $\frac{1}{2}$이다.

➜ $\overline{DE}=\frac{1}{2}\overline{BC}$

$\overline{DE}$의 길이가 5cm이므로

$\overline{DE}=\frac{1}{2}\overline{BC}$ ➜ $2\times\overline{DE}=\overline{BC}$

➜ $2\times5\text{cm}=\overline{BC}$

$\therefore \overline{BC}=10\text{cm}$

| 참고 |

위의 정리를 삼각형의 중점 연결 정리라고 한다.

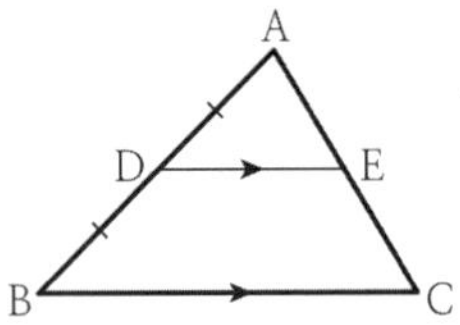

← $\overline{DE}$와 $\overline{BC}$는 평행, $\overline{DE}=\frac{1}{2}\overline{BC}$

52 정답 ③

| 풀이 |

삼각형의 세 중선은 한 점에서 만나고 그 점을 삼각형의 무게중심이라고 한다.

그리고 이 한 점(무게중심)은 세 중선의 길이를 삼각형의 꼭짓점으로부터 각각 2 : 1로 나눈다.

$\overline{AM}=18\text{cm}$를 점 G가 2 : 1로 나누므로

$\overline{AG}=\frac{2}{3}\times\overline{AM}=\frac{2}{3}\times18\text{cm}=12\text{cm}$

$\therefore \overline{AG}=12\text{cm}$

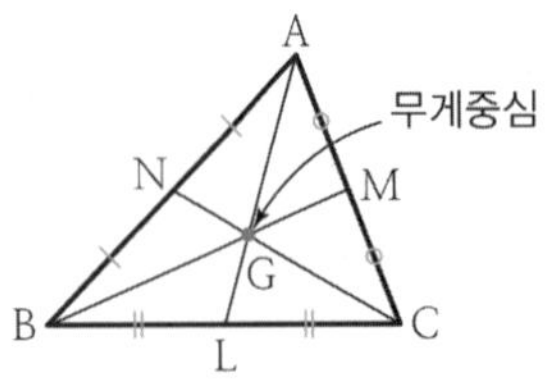

↑ $\overline{AG}:\overline{GL}=\overline{BG}:\overline{GM}=\overline{CG}:\overline{GN}=2:1$

53 정답 ②

| 풀이 |

서로 닮은 두 도형에서 대응하는 변의 길이의 비가 닮음비이므로 두 삼각형의 길이의 비가

$\overline{BC}:\overline{EF}=4:6=2:3$

➜ 두 삼각형의 닮음비도 2 : 3이다.

두 닮은 도형의 넓이의 비는 두 도형의 닮음비의 제곱과 같다.

닮음비가 $a:b$이면 넓이의 비는 $a^2:b^2$이다.

➜ 두 삼각형의 넓이의 비는 $2^2:3^2=4:9$

$\triangle$DEF의 넓이를 x라고 하면

$4:9=20\text{cm}^2:x$ ➜ $4\times x=9\times20\text{cm}^2$

➜ $4x=180\text{cm}^2$ ➜ $x=45\text{cm}^2$

그러므로 $\triangle$DEF의 넓이는 45cm^2이다.

54 정답 ④

| 풀이 |

방법1 두 닮은 도형의 넓이의 비는 두 도형의 닮음비의 제곱과 같다.

닮음비가 $a:b$이면 넓이의 비는 $a^2:b^2$이다.

두 정사각형의 닮음비가 3 : 1이므로 넓이의 비는

$3^2:1^2=9:1$

방법2 큰 정사각형 1개와 작은 정사각형 9개를 더한 크기가 같으므로

9개 : 1개 ➜ 9 : 1

55 정답 ③

| 풀이 |

모든 정삼각형, 정사각형, 정오각형, 정육각형, …은 항상 닮은 도형이다.

처음 정삼각형의 한 변은 지워진 정삼각형의 한 변의 2배이므로 서로 닮은 두 도형에서 대응하는 변의 길이의 비가 닮음비이므로 두 정삼각형의 닮음비는 2 : 1이고 넓이의 비는 $2^2:1^2=4:1$이다.

56 정답 ④

| 풀이 |

두 닮은 도형의 넓이의 비는 두 도형의 닮음비의 제곱과 같다.

닮음비가 $a:b$이면 넓이의 비는 $a^2:b^2$이다.

$\triangle$ABC와 $\triangle$DEF의 닮음비가 $1:3$이므로 두 삼각형의 넓이의 비는 $1^2:3^2=1:9$

그러므로 $\triangle$DEF의 넓이는 $\triangle$ABC의 넓이의 9배이다.

57 정답 ③

| 풀이 |

입체도형에서 서로 닮은 두 도형의 부피의 비는 닮음비의 세제곱과 같다.

닮음비가 $a:b$이면 부피의 비는 $a^3:b^3$이다.

두 삼각뿔의 닮음비가 $1:3$이므로 두 삼각뿔의 부피의 비는 $1^3:3^3=1:27$이다.

큰 삼각뿔의 부피를 x라고 하면

$1:27=2\text{cm}^3:x$ ➔ $1\times x=27\times 2\text{cm}^3$ ➔ $x=54\text{cm}^3$

그러므로 큰 삼각뿔의 부피는 54cm^3이다.

58 정답 ③

| 풀이 |

입체도형에서 서로 닮은 두 도형의 부피의 비는 닮음비의 세제곱과 같다.

닮음비가 $a:b$이면 부피의 비는 $a^3:b^3$이다.

두 입체도형 A, B의 닮음비가 $1:2$이므로 A, B의 부피의 비는 $1^3:2^3=1:8$이다.

A의 부피가 1일 때, B의 부피는 8이므로 B는 A부피의 8배이다.

PART Ⅶ 피타고라스 정리와 삼각비

적중 예상 문제 298~307p

01 ①	02 ③	03 ④	04 ④	05 ②
06 ②	07 ②	08 ③	09 ③	10 ③
11 ④	12 ②	13 ④	14 ①	15 ①
16 ③	17 ②	18 ①	19 ②	20 ②
21 ④	22 ③	23 ④	24 ④	25 ①
26 ②	27 ②	28 ②	29 ③	30 ④
31 ①	32 ③	33 ②	34 ④	35 ②
36 ④	37 ③	38 ②	39 ②	40 ③

01 정답 ①

| 풀이 |

정사각형 ABED의 넓이는 $\overline{AB}\times\overline{AB}=\overline{AB}^2$이므로

$\overline{AB}^2=144=12^2$ ➔ $\overline{AB}=12$

정사각형 BFGC의 넓이는 $\overline{BC}\times\overline{BC}=\overline{BC}^2$이므로

$\overline{BC}^2=169=13^2$ ➔ $\overline{BC}=13$

직각삼각형 ABC에서 피타고라스 정리에 의하여

$\overline{AB}^2+\overline{AC}^2=\overline{BC}^2$

$12^2+\overline{AC}^2=13^2$ ➔ $144+\overline{AC}^2=169$

➔ $\overline{AC}^2=169-144$ ➔ $\overline{AC}^2=25$ $\therefore \overline{AC}=5$

한 변의 길이가 5cm인 정사각형의 넓이는

$5\times 5=25(\text{cm}^2)$이다.

□ACHI의 넓이는 25cm^2이다.

02 정답 ③

| 풀이 |

삼각형 EBF에서 피타고라스 정리에 의하여

$\overline{EB}^2+\overline{BF}^2=\overline{EF}^2$이므로

$3^2+4^2=\overline{EF}^2$ ➔ $9+16=\overline{EF}^2$

➔ $25=\overline{EF}^2$ $\therefore \overline{EF}=5$

제시된 그림에서 $\triangle$EBF, $\triangle$FCG, $\triangle$GDH, $\triangle$HAE 네 개의 삼각형은 모두 합동이다. 그러므로

사각형 EFGH는 변의 길이가 모두 같고 네 각의 크기가 모두 같다.

→ 사각형 EFGH는 정사각형이다.
정사각형의 한 변의 길이가 5cm 이므로 사각형 EFGH 의 넓이는 25cm^2이다.

03 정답 ④

| 풀이 |

피타고라스 정리 $a^2+b^2=c^2$에 의하여 직각삼각형의 빗변을 한 변으로 하는 정사각형의 넓이는 직각삼각형의 나머지 두 변을 각각 한 변으로 하는 정사각형의 넓이의 합과 같다.

$18+x=30$ → $x=30-18$ → $x=12$

04 정답 ④

| 풀이 |

방법1 직각삼각형 ABC 에서 피타고라스 정리에 의하여 $\overline{AC}^2+\overline{BC}^2=\overline{AB}^2$

$3^2+4^2=\overline{AB}^2$ → $9+16=\overline{AB}^2$ → $25=\overline{AB}^2$

$\therefore \overline{AB}=5$

그러므로 $\overline{AB}$를 한 변으로 하는 정사각형의 넓이는 $\overline{AB}\times\overline{AB}=\overline{AB}^2=5^2=25$이다.

방법2 그림에서 모눈 한 칸의 크기를 1이라고 하면 칸을 세어서 더해 보면 $\overline{AB}$를 한 변으로 하는 정사각형의 넓이는 25이다.

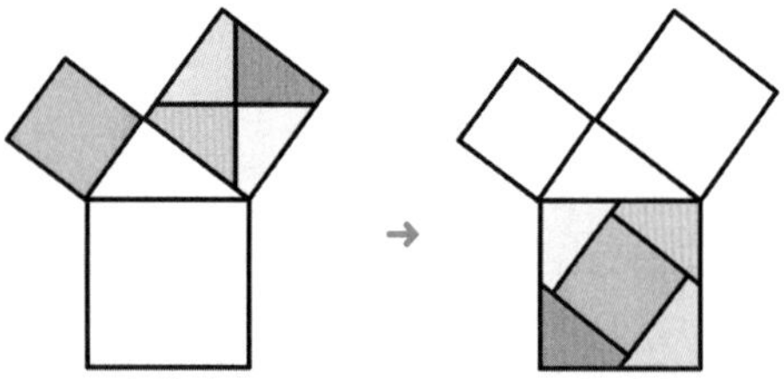
〈그림 1〉 〈그림 2〉

05 정답 ②

| 풀이 |

넓이가 130cm^2인 정사각형의 넓이는 $\overline{AB}^2$이고, 넓이가 49cm^2인 정사각형의 넓이는 $\overline{AC}^2$이다.
직각삼각형 ABC 에서 피타고라스 정리에 의하여

$\overline{BC}^2+\overline{AC}^2=\overline{AB}^2$

$\overline{BC}^2+49=130$ → $\overline{BC}^2=130-49$ → $\overline{BC}^2=81$

색칠한 정사각형의 넓이는 $\overline{BC}^2$이므로 $\overline{BC}=9$

$\therefore \overline{BC}=9\text{cm}$

06 정답 ②

| 풀이 |

정사각형 $\square ABIH=36\text{cm}^2$이므로 $\overline{AB}^2=36\text{cm}^2$

→ $\overline{AB}=6\text{cm}$

정사각형 $\square ACFG=25\text{cm}^2$이므로 $\overline{AC}^2=25\text{cm}^2$

→ $\overline{AC}=5\text{cm}$

△ABC 에서 피타고라스 정리에 의하여

$\overline{BC}^2+\overline{AC}^2=\overline{AB}^2$

$\overline{BC}^2+5^2=6^2$ → $\overline{BC}^2+25=36$ → $\overline{BC}^2=36-25$

→ $\overline{BC}^2=11$ → $\overline{BC}=\sqrt{11}$

□BDEC 의 한 변의 길이는 $\overline{BC}$ 이므로 $\sqrt{11}$ cm 이다.

07 정답 ②

| 풀이 |

△ABC 는 직각삼각형이므로 피타고라스 정리에 의하여 $\overline{AB}^2+\overline{BC}^2=\overline{AC}^2$

$x^2+2^2=(\sqrt{10})^2$ → $x^2+4=10$ → $x^2=10-4=6$

→ $x=\pm\sqrt{6}$

삼각형의 변의 길이는 양수이므로 $x=\sqrt{6}$ 이다.

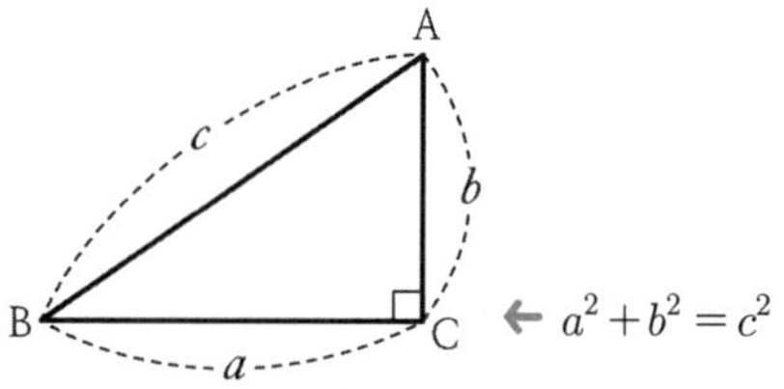

08 정답 ③

| 풀이 |

직각삼각형에서 직각을 낀 두 변의 길이의 각각의 제곱의 합은 빗변의 길이의 제곱과 같다.
직각삼각형에서 직각을 낀 두 변의 길이를 각각 a, b, 빗변의 길이를 c라고 하면

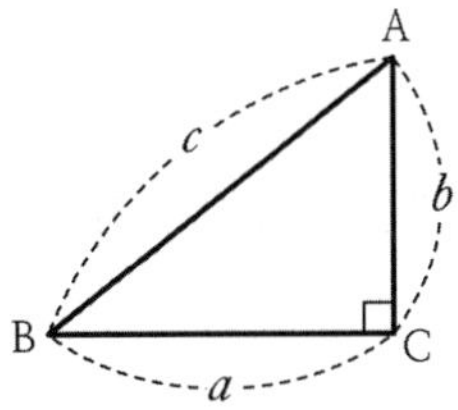

← $a^2+b^2=c^2$이므로

① 6cm, 8cm, 9cm → $6^2+8^2=36+64=100$, $9^2=81$ → $100 \neq 81$

② 6cm, 7cm, 9cm → $6^2+7^2=36+49=85$, $9^2=81$ → $85 \neq 81$

③ 6cm, 8cm, 10cm → $6^2+8^2=36+64=100$, $10^2=100$ → $100=100$

④ 5cm, 7cm, 9cm → $5^2+7^2=25+49=74$, $9^2=81$ → $74 \neq 81$

그러므로 직각삼각형인 것은 ③ 6cm, 8cm, 10cm 이다.

09 정답 ③

| 풀이 |

피타고라스 정리에 의하여

$7^2+x^2=9^2$ → $49+x^2=81$ → $x^2=81-49$

→ $x^2=32$ → $x=\pm\sqrt{32}$

삼각형의 변의 길이는 양수이므로

$\sqrt{32}=\sqrt{2\times2\times2\times2\times2}=\sqrt{4^2\times2}=4\sqrt{2}$

$\therefore x=4\sqrt{2}$

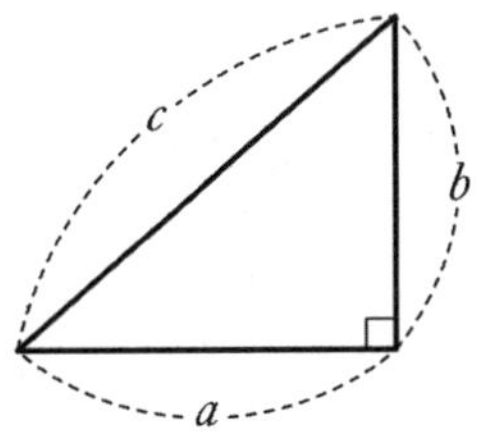

↑ $a=\sqrt{c^2-b^2}$, $b=\sqrt{c^2-a^2}$, $c=\sqrt{a^2+b^2}$

10 정답 ③

| 풀이 |

피타고라스 정리에 의하여 $\overline{BC}^2+\overline{AC}^2=\overline{AB}^2$

$x^2+3^2=6^2$ → $x^2+9=36$ → $x^2=36-9$

→ $x^2=27$ → $x=\pm\sqrt{27}$

$\overline{BC}$의 길이는 양수이므로

$\sqrt{27}=\sqrt{3\times3\times3}=\sqrt{3^2\times3}=3\sqrt{3}$

$\therefore x=3\sqrt{3}$

11 정답 ④

| 풀이 |

두 개의 삼각형은 모두 직각삼각형이므로 피타고라스 정리에 의하여

$1^2+2^2=x^2$ → $1+4=x^2$ → $5=x^2$ → $x=\pm\sqrt{5}$

변의 길이는 양수이므로 $x=\sqrt{5}$ 이다.

피타고라스 정리에 의하여 $2^2+x^2=y^2$

$x^2=5$를 대입하여 정리하면 $4+5=y^2$ → $y^2=9$

→ $y=\pm\sqrt{9}$

마찬가지로 y도 양수이고,

$\sqrt{9}=\sqrt{3\times3}=\sqrt{3^2}=3$이므로 $y=3$

$\therefore x=\sqrt{5}$, $y=3$

12 정답 ②

| 풀이 |

$\triangle ABC$는 직각삼각형이므로 피타고라스 정리에 의하여 $\overline{AB}^2+\overline{AC}^2=\overline{BC}^2$

$12^2+x^2=13^2$ → $144+x^2=169$ → $x^2=169-144$

→ $x^2=25$ → $x=\pm5$

삼각형의 변의 길이는 양수이므로 $x=5$이다.

$\triangle ADC$도 직각삼각형이므로 피타고라스 정리에 의하여 $\overline{AD}^2+\overline{DC}^2=\overline{AC}^2$

$3^2+y^2=x^2$이고, $x=5$를 대입하여 정리하면

$3^2+y^2=5^2$ → $9+y^2=25$ → $y^2=25-9$ → $y^2=16$

→ $y=\pm4$

삼각형의 변의 길이는 양수이므로 $y=4$이다.

그러므로 $x+y=5+4=9$

13 정답 ④

| 풀이 |

$\triangle ABD$는 직각삼각형이므로 피타고라스 정리에 의하여 $\overline{AB}^2+\overline{AD}^2=\overline{BD}^2$

$5^2+5^2=x^2$ ➔ $25+25=x^2$ ➔ $50=x^2$ ➔ $x=\pm\sqrt{50}$
삼각형의 변의 길이는 양수이므로
$x=\sqrt{50}=\sqrt{5^2\times2}=5\sqrt{2}$ $\therefore x=5\sqrt{2}$
△BCD는 직각삼각형이므로 피타고라스 정리에 의하여 $\overline{BC}^2+\overline{CD}^2=\overline{BD}^2$
$(\sqrt{14})^2+y^2=x^2$이므로 $x^2=50$을 대입하여 정리하면
$(\sqrt{14})^2+y^2=50$ ➔ $14+y^2=50$ ➔ $y^2=50-14$
➔ $y^2=36$ ➔ $y=\pm6$
위와 마찬가지로 삼각형의 변의 길이는 양수이므로
$y=6$

14 정답 ①

| 풀이 |
△ABD는 직각삼각형이므로 피타고라스 정리에 의하여 $\overline{BD}^2+\overline{AD}^2=\overline{AB}^2$
$3^2+x^2=5^2$ ➔ $9+x^2=25$ ➔ $x^2=25-9$ ➔ $x^2=16$
➔ $x^2=4^2$ ➔ $x=4$
△ACD는 직각삼각형이므로 피타고라스 정리에 의하여 $\overline{CD}^2+\overline{AD}^2=\overline{AC}^2$
$6^2+x^2=y^2$이고 $x^2=16$을 대입하여 정리하면
$6^2+16=y^2$ ➔ $36+16=y^2$ ➔ $y^2=52$ ➔ $y=\pm\sqrt{52}$
삼각형의 변의 길이는 양수이고,
$\sqrt{52}=\sqrt{2\times2\times13}=\sqrt{2^2\times13}=2\sqrt{13}$ 이므로
$y=2\sqrt{13}$ 이다. $\therefore x=4,\ y=2\sqrt{13}$

15 정답 ①

| 풀이 |
방법1 정사각형의 네 변의 길이는 같으므로
$\overline{CD}=10\text{cm}$ 이고
△DBC는 직각삼각형이므로 피타고라스 정리에 의하여
$\overline{BC}^2+\overline{CD}^2=\overline{BD}^2$
$10^2+10^2=x^2$ ➔ $100+100=x^2$ ➔ $200=x^2$
➔ $x=\pm\sqrt{200}$
정사각형의 대각선의 길이는 양수이므로
$x=\sqrt{200}=\sqrt{100\times2}=\sqrt{10^2\times2}=10\sqrt{2}$
$\therefore x=10\sqrt{2}$

방법2 한 변의 길이가 a인 정사각형의 대각선의 길이는 $a\sqrt{2}$ 이므로
제시된 정사각형 ABCD는 한 변의 길이가 10cm 이고,
대각선의 길이는 $10\sqrt{2}$cm
그러므로 $x=10\sqrt{2}$ 이다.

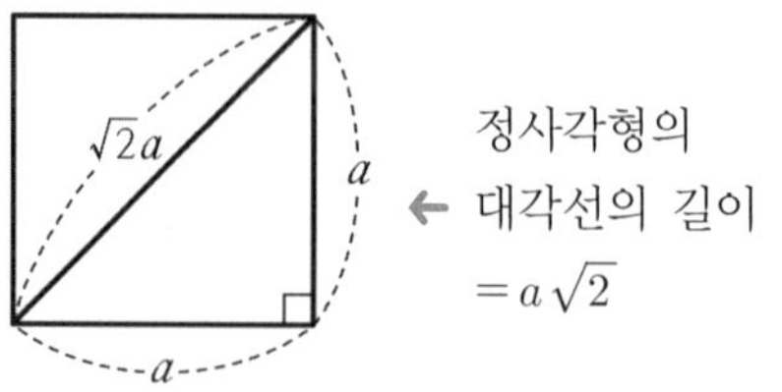

16 정답 ③

| 풀이 |
방법1 △BCD는 직각삼각형이므로 피타고라스 정리에 의하여 $\overline{BC}^2+\overline{CD}^2=\overline{BD}^2$
$8^2+4^2=x^2$ ➔ $64+16=x^2$ ➔ $80=x^2$ ➔ $x=\pm\sqrt{80}$
대각선의 길이는 양수이므로 $x=\sqrt{80}$ 이고
$\sqrt{80}=\sqrt{2\times2\times2\times2\times5}$
$=\sqrt{2^4\times5}=\sqrt{4^2\times5}=4\sqrt{5}$
$\therefore x=4\sqrt{5}$

방법2 가로의 길이가 a, 세로의 길이가 b인 직사각형의 대각선의 길이는 $\sqrt{a^2+b^2}$
□ABCD의 대각선의 길이
$=\sqrt{8^2+4^2}=\sqrt{64+16}=\sqrt{80}=4\sqrt{5}$
그러므로 대각선의 길이는 $4\sqrt{5}$ 이다.

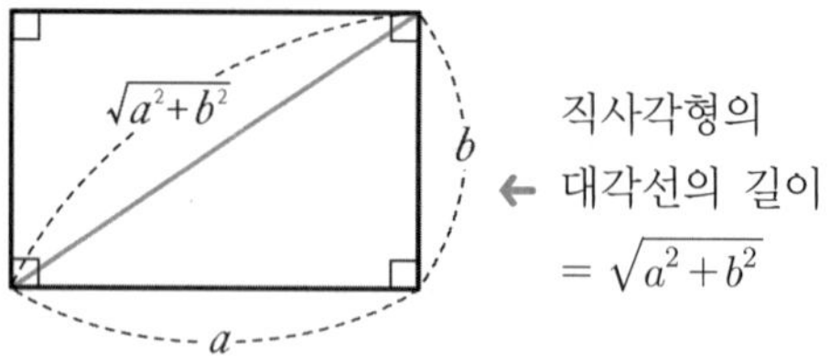

17 정답 ②

| 풀이 |
제시된 직사각형에서 두 삼각형은 모두 직각삼각형이므로 피타고라스 정리에 의하여
$x^2+5^2=(5\sqrt{3})^2$ ➔ $x^2+25=75$ ➔ $x^2=75-25$

→ $x^2=50$ → $x=\pm\sqrt{50}$

직사각형의 변의 길이는 양수이므로 $x=\sqrt{50}$ 이고

$\sqrt{50}=\sqrt{25\times2}=\sqrt{5^2\times2}=5\sqrt{2}$ $\therefore x=5\sqrt{2}$

18 정답 ①

| 풀이 |

(직사각형의 넓이)=(가로)×(세로)이므로

$\overline{BC}\times\overline{CD}=48cm^2$이다.

$\overline{BC}=8cm$를 대입하여 정리하면 $8cm\times\overline{CD}=48cm^2$

→ $\overline{CD}=6cm$ 이다.

△BCD는 직각삼각형이므로 피타고라스 정리에 의하여 $\overline{BC}^2+\overline{CD}^2=\overline{BD}^2$

$8^2+6^2=\overline{BD}^2$ → $64+36=\overline{BD}^2$ → $\overline{BD}^2=100$

→ $\overline{BD}=\pm\sqrt{100}=\pm\sqrt{10^2}=\pm10$

대각선 $\overline{BD}$의 길이는 양수이므로 $\overline{BD}=10$

$\therefore$ 10cm

19 정답 ②

| 풀이 |

가로의 길이가 a, 세로의 길이가 b인 직사각형의 대각선의 길이는 $\sqrt{a^2+b^2}$

대각선의 길이= $\sqrt{6^2+4^2}=\sqrt{36+16}=\sqrt{52}$

→ $\sqrt{52}=\sqrt{2\times2\times13}=\sqrt{2^2\times13}=2\sqrt{13}$

그러므로 대각선의 길이는 $2\sqrt{13}$ 이다.

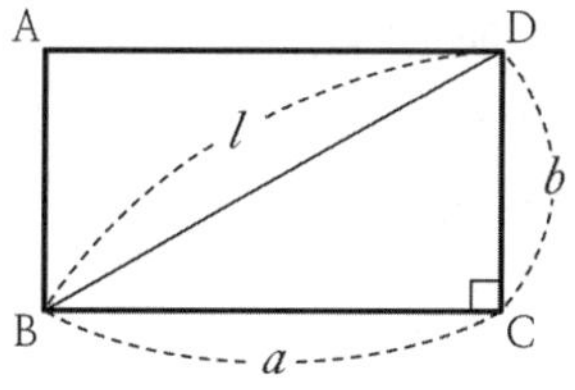

← 대각선의 길이 $l=\sqrt{a^2+b^2}$

20 정답 ②

| 풀이 |

방법1 정사각형 안의 삼각형은 직각삼각형이고 피타고라스 정리에 의하여

$x^2+x^2=(2\sqrt{6})^2$ → $2x^2=24$ → $x^2=12$

→ $x=\pm\sqrt{12}$

변의 길이는 양수이므로

$\sqrt{12}=\sqrt{2\times2\times3}=\sqrt{2^2\times3}=2\sqrt{3}$

$\therefore x=2\sqrt{3}$

방법2 한 변의 길이가 x인 정사각형의 대각선의 길이는 $x\sqrt{2}$ 이므로

$x\sqrt{2}=2\sqrt{6}$ → $x=\frac{2\sqrt{6}}{\sqrt{2}}=2\sqrt{3}$ $\therefore x=2\sqrt{3}$

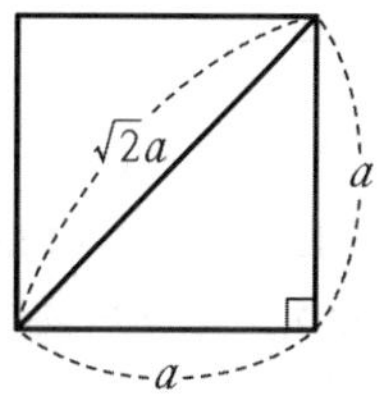

↑ $\sqrt{a^2+a^2}=\sqrt{2a^2}=\sqrt{a^2\times2}=a\sqrt{2}$

21 정답 ④

| 풀이 |

△ABC는 직각삼각형이므로 피타고라스 정리에 의하여 $\overline{AB}^2+\overline{BC}^2=\overline{AC}^2$

$3^2+4^2=\overline{AC}^2$ → $9+16=\overline{AC}^2$ → $\overline{AC}^2=25$

정사각형 ACDE의 넓이

=(한 변의 길이)$^2=\overline{AC}^2=25$

$\therefore 25cm^2$

22 정답 ③

| 풀이 |

△ACD는 직각삼각형이므로 피타고라스 정리에 의하여 $\overline{CD}^2+\overline{AC}^2=\overline{AD}^2$

$6^2+\overline{AC}^2=10^2$ → $36+\overline{AC}^2=100$

→ $\overline{AC}^2=100-36$ → $\overline{AC}^2=64$ → $\overline{AC}=\pm8$

삼각형의 변의 길이는 양수이므로 $\overline{AC}=8cm$

$\overline{BC}=\overline{BD}+\overline{DC}=4cm+6cm=10cm$ 이고,

△ABC는 직각삼각형이므로 피타고라스 정리에 의하여 $\overline{BC}^2+\overline{AC}^2=\overline{AB}^2$

$10^2+8^2=\overline{AB}^2$ → $100+64=\overline{AB}^2$ → $\overline{AB}^2=164$

→ $\overline{AB}=\pm\sqrt{164}$

삼각형의 변의 길이는 양수이므로

$\sqrt{164} = \sqrt{2\times2\times41} = \sqrt{2^2\times41} = 2\sqrt{41}$

$\therefore\ \overline{AB} = 2\sqrt{41}$ cm

23 정답 ④

| 풀이 |

$\triangle$AHC는 직각삼각형이므로 피타고라스 정리에 의하여 $\overline{AH}^2 + \overline{CH}^2 = \overline{AC}^2$

$\overline{AH}^2 + 5^2 = 13^2 \rightarrow \overline{AH}^2 + 25 = 169$

$\rightarrow \overline{AH}^2 = 169 - 25 \rightarrow \overline{AH}^2 = 144$

$\overline{AH}^2 = 12^2 \rightarrow \overline{AH} = 12 \quad \therefore \overline{AH} = 12$cm

$\triangle$ABH는 직각삼각형이므로 피타고라스 정리에 의하여 $\overline{AH}^2 + \overline{BH}^2 = \overline{AB}^2$

$\overline{AH}^2 = 144$를 대입하여 정리하면

$144 + 16^2 = \overline{AB}^2 \rightarrow 144 + 256 = \overline{AB}^2 \rightarrow \overline{AB}^2 = 400$

$\overline{AB}^2 = 20^2 \rightarrow \overline{AB} = 20 \quad \therefore \overline{AB} = 20$cm

그러므로 $\overline{AB} + \overline{AH} = 20$cm $+ 12$cm $= 32$cm 이다.

24 정답 ④

| 풀이 |

$\triangle$ABO는 직각삼각형이므로 피타고라스 정리에 의하여 $\overline{BO}^2 + \overline{AO}^2 = \overline{AB}^2$

$5^2 + h^2 = 13^2 \rightarrow 25 + h^2 = 169 \rightarrow h^2 = 169 - 25$

$\rightarrow h^2 = 144 \rightarrow h = \pm 12$

원뿔의 높이 h는 양수이므로 $h = 12$

25 정답 ①

| 풀이 |

원뿔에서 모선의 길이는 $\overline{AB}$ 이다.

$\triangle$ABO는 직각삼각형이므로 피타고라스 정리에 의하여 $\overline{BO}^2 + \overline{AO}^2 = \overline{AB}^2$

$4^2 + (2\sqrt{5})^2 = \overline{AB}^2 \rightarrow 16 + 20 = \overline{AB}^2 \rightarrow \overline{AB}^2 = 36$

$\rightarrow \overline{AB}^2 = 6^2 \rightarrow \overline{AB} = 6$

그러므로 모선의 길이는 6cm 이다.

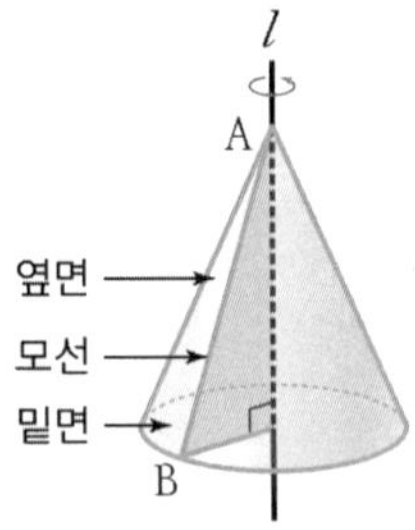

26 정답 ②

| 풀이 |

원뿔의 높이는 $\overline{AO}$ 이고, $\overline{AO} = x$라 하면

$\triangle$ABO는 직각삼각형이므로 피타고라스 정리에 의하여 $\overline{BO}^2 + \overline{AO}^2 = \overline{AB}^2$

$2^2 + x^2 = (\sqrt{7})^2 \rightarrow 4 + x^2 = 7 \rightarrow x^2 = 7 - 4 \rightarrow x^2 = 3$

$\rightarrow x = \pm\sqrt{3}$

원뿔의 높이는 양수이므로 $x = \sqrt{3}$

그러므로 원뿔의 높이는 $\sqrt{3}$ cm 이다.

27 정답 ②

| 풀이 |

원뿔 안에 그려지는 삼각형은 직각삼각형이고 밑면의 반지름의 길이를 x라고 하면

피타고라스 정리에 의하여 $x^2 + 12^2 = 13^2$

$\rightarrow x^2 + 144 = 169 \rightarrow x^2 = 169 - 144 = 25$

$x^2 = 25 \rightarrow x^2 = 5^2 \rightarrow x = 5$

밑면의 반지름의 길이는 5cm 이다.

원뿔의 밑면은 원이고 원의 넓이 $= \pi \times$ (반지름)^{2}이므로 $\pi \times 5^2 = \pi \times 25 = 25\pi(\text{cm}^2)$

28 정답 ②

| 풀이 |

$\angle C = 90°$인 직각삼각형 ABC 에서 $\cos A = \dfrac{\overline{AC}}{\overline{AB}}$ 이고,

$\overline{AB} = 5$, $\overline{AC} = 4$이므로 $\cos A = \dfrac{4}{5}$ 이다.

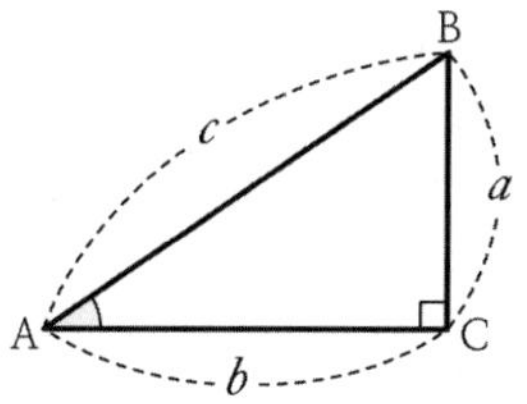

↑ $\sin A = \dfrac{\overline{BC}}{\overline{AB}} = \dfrac{a}{c}$, $\cos A = \dfrac{\overline{AC}}{\overline{AB}} = \dfrac{b}{c}$,

$\tan A = \dfrac{\overline{BC}}{\overline{AC}} = \dfrac{a}{b}$

29 정답 ③

| 풀이 |

제시된 직각삼각형 ABC에서 $\sin A = \dfrac{\overline{BC}}{\overline{AB}}$ 이므로

$\overline{AB} = 13$, $\overline{BC} = 5$이므로 $\sin A = \dfrac{5}{13}$이다.

30 정답 ④

| 풀이 |

△ABC는 직각삼각형이므로 피타고라스 정리에 의하여 $\overline{AB}^2 + \overline{BC}^2 = \overline{AC}^2$

$(\sqrt{6})^2 + \overline{BC}^2 = 4^2$ → $6 + \overline{BC}^2 = 16$ → $\overline{BC}^2 = 16 - 6$

→ $\overline{BC}^2 = 10$ → $\overline{BC} = \pm\sqrt{10}$

$\overline{BC}$의 길이는 양수이므로 $\overline{BC} = \sqrt{10}$

△ABC에서 $\sin A = \dfrac{\overline{BC}}{\overline{AC}}$ 이고, $\overline{AC} = 4$,

$\overline{BC} = \sqrt{10}$ 이므로

$\therefore \sin A = \dfrac{\sqrt{10}}{4}$

31 정답 ①

| 풀이 |

△ABC는 직각삼각형이므로 피타고라스 정리에 의하여 $\overline{AB}^2 + \overline{BC}^2 = \overline{AC}^2$

$\overline{AB}^2 + 2^2 = 3^2$ → $\overline{AB}^2 + 4 = 9$ → $\overline{AB}^2 = 9 - 4$

→ $\overline{AB}^2 = 5$ → $\overline{AB} = \pm\sqrt{5}$

$\overline{AB}$의 길이는 양수이므로 $\overline{AB} = \sqrt{5}$

△ABC에서 $\cos A = \dfrac{\overline{AB}}{\overline{AC}}$ 이고, $\overline{AC} = 3$,

$\overline{AB} = \sqrt{5}$ 이므로 $\cos A = \dfrac{\sqrt{5}}{3}$

32 정답 ③

| 풀이 |

△ABC에서 $\sin A = \dfrac{\overline{BC}}{\overline{AB}}$, $\cos A = \dfrac{\overline{AC}}{\overline{AB}}$,

$\tan A = \dfrac{\overline{BC}}{\overline{AC}}$ 이므로

① $\sin A = \dfrac{\overline{BC}}{\overline{AB}} = \dfrac{8}{17}$, ④ $\tan A = \dfrac{\overline{BC}}{\overline{AC}} = \dfrac{8}{15}$ 이다.

△ABC에서 $\sin B = \dfrac{\overline{AC}}{\overline{AB}}$, $\cos B = \dfrac{\overline{BC}}{\overline{AB}}$,

$\tan B = \dfrac{\overline{AC}}{\overline{BC}}$ 이므로

② $\sin B = \dfrac{\overline{AC}}{\overline{AB}} = \dfrac{15}{17}$,

③ $\tan B = \dfrac{\overline{AC}}{\overline{BC}} = \dfrac{15}{8}$ 이다.

따라서 옳지 않은 것은 ③이다.

33 정답 ②

| 풀이 |

△ABC에서 $\tan B = \dfrac{\overline{AC}}{\overline{BC}}$ 이고, $\overline{BC} = 1$,

$\overline{AC} = \sqrt{3}$ 이므로 $\tan B = \dfrac{\sqrt{3}}{1} = \sqrt{3}$ 이다.

34 정답 ④

| 풀이 |

△ABC에서 $\tan A = \dfrac{\overline{BC}}{\overline{AB}}$ 이고, $\overline{AB} = 5$, $\overline{BC} = 12$

이므로 $\tan A = \dfrac{12}{5}$ 이다.

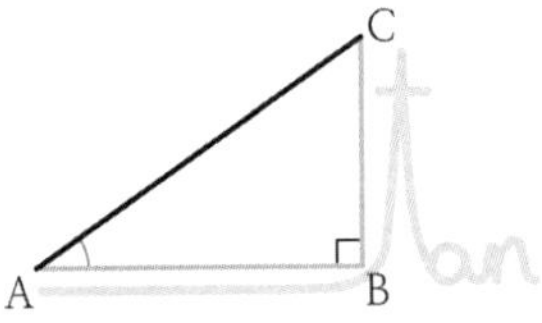

$\leftarrow \tan A = \dfrac{\overline{BC}}{\overline{AB}}$

35 정답 ②

| 풀이 |

△ABC는 직각삼각형이므로 피타고라스 정리에 의하여 $\overline{AC}^2 + \overline{BC}^2 = \overline{AB}^2$

$2^2 + 3^2 = \overline{AB}^2 \rightarrow 4 + 9 = \overline{AB}^2 \rightarrow \overline{AB}^2 = 13$

$\rightarrow \overline{AB} = \pm\sqrt{13}$

$\overline{AB}$의 길이는 양수이므로 $\overline{AB} = \sqrt{13}$이다.

$\sin B = \dfrac{\overline{AC}}{\overline{AB}} = \dfrac{2}{\sqrt{13}}$, $\cos B = \dfrac{\overline{BC}}{\overline{AB}} = \dfrac{3}{\sqrt{13}}$이므로

$\sin B \times \cos B = \dfrac{2}{\sqrt{13}} \times \dfrac{3}{\sqrt{13}} = \dfrac{6}{13}$

36 정답 ④

| 풀이 |

△ABC는 직각삼각형이므로 피타고라스 정리에 의하여 $\overline{AC}^2 + \overline{BC}^2 = \overline{AB}^2$

$\overline{AC}^2 + 5^2 = 13^2 \rightarrow \overline{AC}^2 + 25 = 169$

$\rightarrow \overline{AC}^2 = 169 - 25 \rightarrow \overline{AC}^2 = 144 \rightarrow \overline{AC} = \pm\sqrt{144}$

$\overline{AC}$의 길이는 양수이고,

$\sqrt{144} = \sqrt{12 \times 12} = \sqrt{12^2} = 12$이므로 $\overline{AC} = 12$

$\cos A = \dfrac{\overline{AC}}{\overline{AB}} = \dfrac{12}{13}$, $\cos B = \dfrac{\overline{BC}}{\overline{AB}} = \dfrac{5}{13}$이므로

$\cos A - \cos B = \dfrac{12}{13} - \dfrac{5}{13} = \dfrac{7}{13}$

37 정답 ③

| 풀이 |

△ABC는 직각삼각형이므로 피타고라스 정리에 의하여 $\overline{AC}^2 + \overline{BC}^2 = \overline{AB}^2$

$8^2 + \overline{BC}^2 = 10^2 \rightarrow 64 + \overline{BC}^2 = 100$

$\rightarrow \overline{BC}^2 = 100 - 64 \rightarrow \overline{BC}^2 = 36 \rightarrow \overline{BC} = \pm\sqrt{36}$

$\overline{BC}$의 길이는 양수이고,

$\sqrt{36} = \sqrt{6 \times 6} = \sqrt{6^2} = 6$이므로 $\overline{BC} = 6$

$\sin A = \dfrac{\overline{BC}}{\overline{AB}} = \dfrac{6}{10} = \dfrac{3}{5}$, $\cos A = \dfrac{\overline{AC}}{\overline{AB}} = \dfrac{8}{10} = \dfrac{4}{5}$이므로

$\sin A + \cos A = \dfrac{3}{5} + \dfrac{4}{5} = \dfrac{7}{5}$

38 정답 ②

| 풀이 |

△ABC에서 $\cos A = \dfrac{\overline{AC}}{\overline{AB}} = \dfrac{\overline{AC}}{10}$이고,

분수의 분자와 분모에 같은 수를 곱하여도 비율은 변하지 않으므로

$\dfrac{3}{5}$의 분자와 분모에 2를 곱하면 $\dfrac{3}{5} = \dfrac{3 \times 2}{5 \times 2} = \dfrac{6}{10}$이다.

$\dfrac{\overline{AC}}{10} = \dfrac{6}{10} \rightarrow \overline{AC} = 6 \quad \therefore \overline{AC} = 6\text{cm}$

39 정답 ②

| 풀이 |

△ABC는 직각삼각형이므로 피타고라스 정리에 의하여 $\overline{AC}^2 + \overline{BC}^2 = \overline{AB}^2$

$\overline{AC}^2 + 4^2 = 5^2 \rightarrow \overline{AC}^2 + 16 = 25 \rightarrow \overline{AC}^2 = 25 - 16$

$\rightarrow \overline{AC}^2 = 9 \rightarrow \overline{AC} = \pm\sqrt{9}$

$\overline{AC}$의 길이는 양수이고,

$\sqrt{9} = \sqrt{3 \times 3} = \sqrt{3^2} = 3$이므로

$\overline{AC} = 3$

$\therefore \tan B = \dfrac{\overline{AC}}{\overline{BC}} = \dfrac{3}{4}$

40 정답 ③

| 풀이 |

방법1 정삼각형은 세 변의 길이가 같으므로

$\overline{BC} = 10\text{cm}$이고

꼭짓점 A에서 변 BC에 내린 수선은 밑변 BC를 수직이등분하므로 $\overline{DC} = 5\text{cm}$

정삼각형의 높이는 $\overline{AD}$이므로

$\triangle ADC$에서 피타고라스 정리에 의하여

$\overline{DC}^2+\overline{AD}^2=\overline{AC}^2$이므로

$5^2+\overline{AD}^2=10^2$ → $25+\overline{AD}^2=100$

→ $\overline{AD}^2=100-25=75$ → $\overline{AD}=\pm\sqrt{75}$

$\overline{AD}$의 길이는 양수이고,

$\sqrt{75}=\sqrt{5\times5\times3}=\sqrt{5^2\times3}=5\sqrt{3}$이므로

정삼각형 ABC의 높이는 $5\sqrt{3}$cm이다.

방법2 한 변의 길이가 a인 정삼각형의 높이는

$\frac{\sqrt{3}}{2}\times a$이므로

한 변의 길이가 10cm인 정삼각형의 높이는

$\frac{\sqrt{3}}{2}\times 10\text{cm}=5\sqrt{3}\text{ cm}$

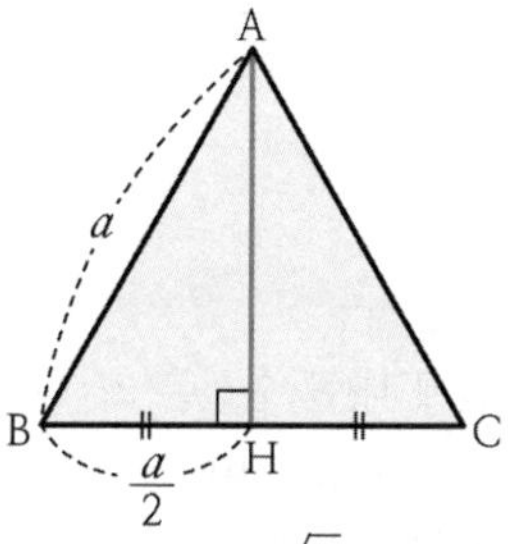

↑ 정삼각형의 높이 $=\frac{\sqrt{3}}{2}a$, 넓이 $=\frac{\sqrt{3}}{4}a^2$

PART Ⅷ 원의 성질

적중 예상 문제 325~331p

01 ③	02 ①	03 ②	04 ③	05 ④
06 ②	07 ③	08 ④	09 ③	10 ①
11 ③	12 ①	13 ③	14 ④	15 ③
16 ②	17 ②	18 ①	19 ④	20 ③
21 ②	22 ①	23 ④	24 ②	25 ②
26 ③	27 ①			

01 정답 ③

| 풀이 |

$\triangle OAM$은 직각삼각형이므로 피타고라스 정리에 의하여 $\overline{AM}^2+\overline{OM}^2=\overline{OA}^2$

$\overline{AM}^2+6^2=10^2$ → $\overline{AM}^2+36=100$

→ $\overline{AM}^2=100-36$ → $\overline{AM}^2=64$

$\overline{AM}$은 양수이고, $\sqrt{64}=\sqrt{8\times8}=\sqrt{8^2}=8$이므로

$\overline{AM}=8$cm이다.

원의 중심에서 현에 내린 수선은 그 현을 이등분하므로

$\overline{AB}=2\overline{AM}$

$\overline{AB}=2\times8\text{cm}=16\text{cm}$ ∴ 16cm

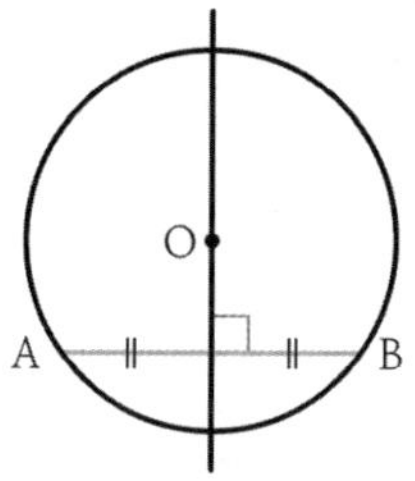

← O에서 내린 수선은 $\overline{AB}$를 이등분한다.

02 정답 ①

| 풀이 |

원의 중심에서 현에 내린 수선은 그 현을 이등분한다.
현의 길이가 24cm이므로 점 O에서 내린 수선으로 만들어진 두 직각삼각형의 밑변은 길이가 각각

$24\text{cm}\times\frac{1}{2}=12\text{cm}$이다.

피타고라스 정리에 의하여

$5^2+12^2=x^2$ ➜ $25+144=x^2$ ➜ $x^2=169$

➜ $x=\pm\sqrt{169}$

삼각형의 변의 길이는 양수이고,

$\sqrt{169}=\sqrt{13\times13}=\sqrt{13^2}=13$이므로 $x=13$

03 정답 ②

| 풀이 |

원의 중심에서 현에 내린 수선은 그 현을 이등분한다.

➜ $\overline{AB}=2\overline{AM}$

$6cm=2\times\overline{AM}$ ➜ $\overline{AM}=\frac{6cm}{2}=3cm$

$\therefore \overline{AM}=3cm$

$\triangle OAM$은 직각삼각형이므로 피타고라스 정리에 의하여 $\overline{AM}^2+\overline{OM}^2=\overline{OA}^2$

$3^2+3^2=x^2$ ➜ $9+9=x^2$ ➜ $x^2=18$ ➜ $x=\pm\sqrt{18}$

$\overline{OA}$의 길이는 양수이고,

$\sqrt{18}=\sqrt{3\times3\times2}=\sqrt{3^2\times2}=3\sqrt{2}$이므로

$\overline{OA}=3\sqrt{2}$ $\therefore x=3\sqrt{2}$

04 정답 ③

| 풀이 |

원의 중심에서 현에 내린 수선은 그 현을 이등분한다.

점 O에서 그은 수선이 $\overline{AB}$와 만나는 점을 M이라 하면

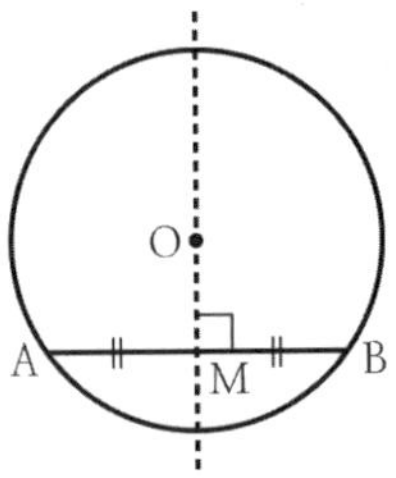

← $\overline{AM}=\overline{BM}$, $\overline{AB}=2\overline{AM}$

$\overline{AB}=10cm$이므로 $10cm=2\times\overline{AM}$ ➜ $\overline{AM}=5cm$

$\therefore x=5$

05 정답 ④

| 풀이 |

원의 중심에서 현에 내린 수선은 그 현을 이등분한다.

$\overline{DN}=7cm$이므로 $\overline{CN}=7cm$이다.

➜ $\overline{CD}=\overline{DN}+\overline{CN}=7cm+7cm=14cm$

$\overline{AB}=14cm$, $\overline{CD}=14cm$로 두 현의 길이는 같다.

한 원에서 길이가 같은 두 현은 원의 중심으로부터 서로 같은 거리에 있으므로 $\overline{ON}=\overline{OM}$

$\overline{ON}$의 길이가 6cm이므로 $\overline{OM}$의 길이도 6cm이다.

$\therefore x=6$

06 정답 ②

| 풀이 |

원의 중심에서 현에 내린 수선은 그 현을 이등분한다.

➜ $\overline{AM}=\overline{MB}$, $\overline{AB}=2\overline{AM}$

$30cm=2\times\overline{AM}$ ➜ $\overline{AM}=15cm$

$\therefore \overline{AM}=15cm$

07 정답 ③

| 풀이 |

원의 중심에서 현에 내린 수선은 그 현을 이등분하므로

현의 길이는 $5cm+5cm=10cm$

한 원에서 중심으로부터 같은 거리에 있는 두 현의 길이는 같다.

중심으로부터 거리가 두 현 모두 2cm이므로 두 현의 길이는 같다. $\therefore x=10$

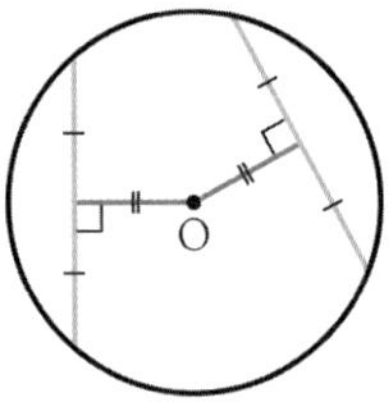

08 정답 ④

| 풀이 |

원의 중심에서 현에 내린 수선은 그 현을 이등분하므로

$\overline{AM}=\overline{BM}$이고,

$\overline{BM}=4cm$ ➜ $\overline{AB}=4cm+4cm=8cm$

한 원에서 중심으로부터 같은 거리에 있는 두 현의 길이는 같으므로 $\overline{AB}=\overline{CD}$

$\overline{AB}=8cm$이므로 $\overline{CD}=8cm$이다.

09 정답 ③

| 풀이 |

원 O의 외부에 있는 한 점 P에서 원 O에 그을 수 있는 접선은 2개이고,

점 P에서 원 O에 그은 두 접선의 길이는 서로 같다.

$\overline{PB}=12cm$, $\overline{PA}=\overline{PB}$ 이므로 $\overline{PA}=12cm$

$\therefore x=12$

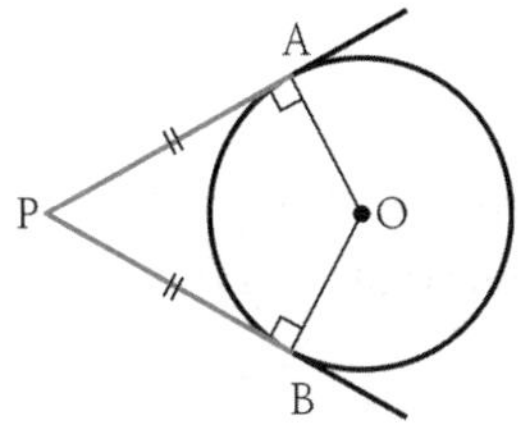

← $\triangle PAO \equiv \triangle PBO$, $\overline{PA}=\overline{PB}$

10 정답 ①

| 풀이 |

원 O의 외부에 있는 두 점 P, Q에서 원 O에 그을 수 있는 접선은 각각 2개이고,

점 P에서 원 O에 그은 두 접선의 길이는 서로 같다.

→ $\overline{AP}=\overline{BP}$

마찬가지로 점 Q에서 원 O에 그은 두 접선의 길이는 같다. → $\overline{CQ}=\overline{BQ}$

$\overline{AP}=\overline{BP}$, $\overline{AP}=3cm$ 이므로 $\overline{BP}=3cm$,

$\overline{CQ}=\overline{BQ}$, $\overline{CQ}=x cm$ 이므로 $\overline{BQ}=x cm$ 이다.

$\overline{PQ}=\overline{BP}+\overline{BQ}=3cm+x cm=7cm$

→ $x=7cm-3cm=4cm$

$\therefore x=4$

11 정답 ③

| 풀이 |

원 O의 외부에 있는 한 점 A에서 원 O에 그은 접선은 $\overline{AD}$, $\overline{AF}$ 이다.

이 2개의 접선의 길이는 서로 같으므로 $\overline{AD}=\overline{AF}$ 이다.

$\overline{AF}=\overline{AC}-\overline{FC}=15cm-9cm=6cm$

$\overline{AF}$ 의 길이가 6cm 이므로 $\overline{AD}$ 의 길이도 6cm 이다.

$\therefore \overline{AD}=6cm$

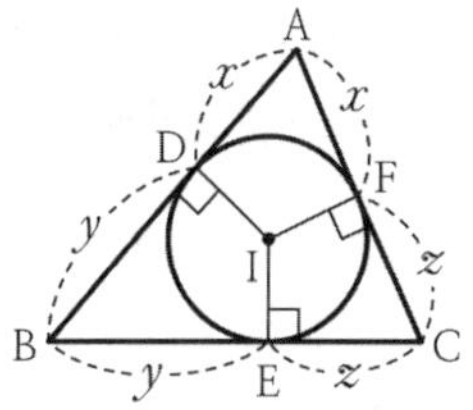

↑ $\overline{AD}=\overline{AF}$, $\overline{CF}=\overline{CE}$, $\overline{BD}=\overline{BE}$

12 정답 ①

| 풀이 |

원 I 의 외부에 있는 한 점 A에서 원 O에 그은 접선은 $\overline{AD}$, $\overline{AF}$ 이다.

이 2개의 접선의 길이는 서로 같으므로 $\overline{AD}=\overline{AF}$ 이다.

$\overline{AD}=2cm$ 이므로 $\overline{AF}=2cm$ 이다.

$\overline{FC}=\overline{AC}-\overline{AF}=6cm-2cm=4cm$

$\therefore \overline{FC}=4cm$

13 정답 ③

| 풀이 |

한 호에 대한 원주각의 크기는 그 호에 대한 중심각의 크기의 $\frac{1}{2}$ 이므로

호 AB에 대한 중심각 $\angle AOB$는 호 AB에 대한 원주각 $\angle APB$의 2배이다.

$\angle AOB=2\angle APB=2\times 52°=104°$

$\therefore \angle AOB=104°$

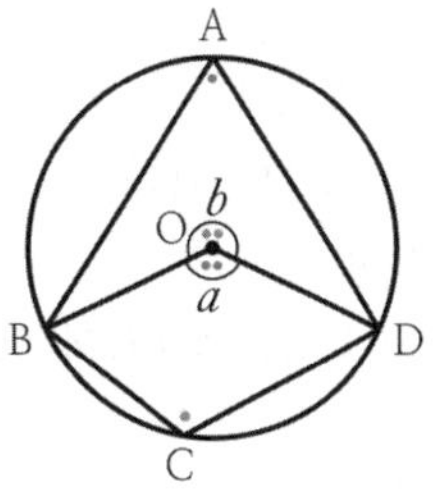

← $\angle BOD(\angle a)=2\angle BAD$, $\angle BOD(\angle b)=2\angle BCD$

14 정답 ④

| 풀이 |

한 호에 대한 중심각의 크기는 그 호에 대한 원주각의 크기의 2배이므로

제시된 원주각 $\angle x$에 대한 중심각의 크기는 $2\angle x$이다.

$2\angle x + 150° = 360°$ ➜ $2\angle x = 360° - 150°$

➜ $2\angle x = 210°$

➜ $\angle x = 105°$

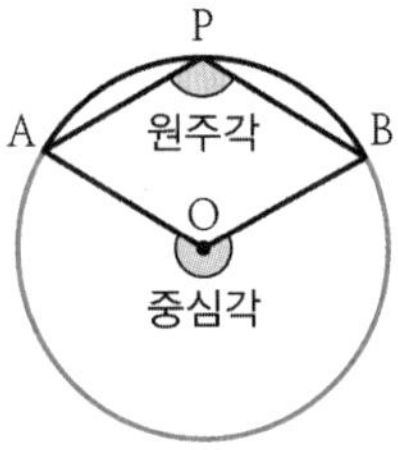

← $\angle AOB = 2\angle APB$

15 정답 ③

| 풀이 |

한 호에 대한 원주각의 크기는 그 호에 대한 중심각의 크기의 $\frac{1}{2}$이므로

$\angle APB = \frac{1}{2}\angle AOB = \frac{1}{2} \times 120° = 60°$

$\therefore \angle APB = 60°$

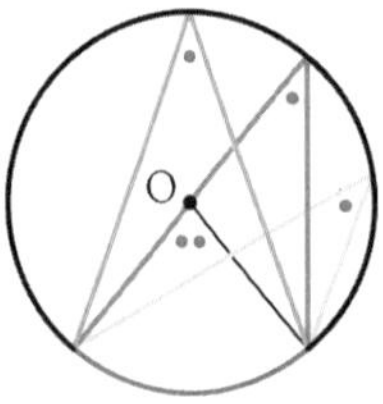

16 정답 ②

| 풀이 |

한 호에 대한 원주각의 크기는 모두 같으므로 호 BC에 대한 원주각 $\angle BAC$와 $\angle BDC$의 크기도 같다.

$\angle BDC = 30°$이므로 $\angle BAC = 30°$이다.

그리고 호 BC에 대한 중심각 $\angle BOC$는 호 BC에 대한 원주각 $\angle BDC$의 2배이므로

$\angle BOC = 2\angle BDC = 2 \times 30° = 60°$

그러므로 $\angle x = 30°$, $\angle y = 60°$이다.

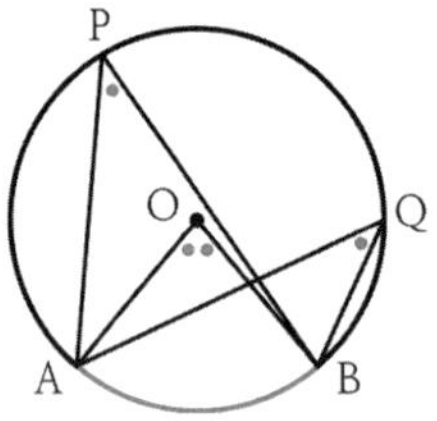

← $\angle APB = \frac{1}{2}\angle AOB$,

$\angle APB = \angle AQB$

17 정답 ②

| 풀이 |

길이가 같은 호에 대한 원주각의 크기는 같다.

$\overset{\frown}{CD} = \overset{\frown}{AB}$이므로 각각의 호에 대한 원주각 $\angle AEB = \angle CFD$이다.

$\angle AEB = 35°$이므로 $\angle x = \angle CFD = 35°$

$\therefore \angle x = 35°$

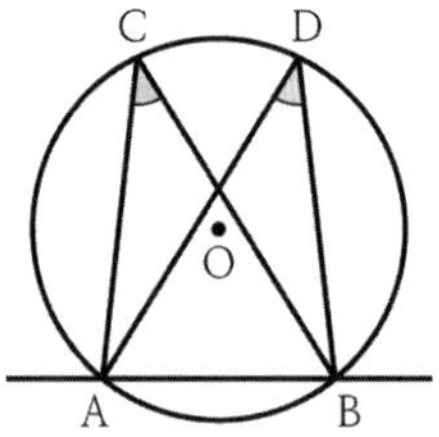

← $\angle ACB = \angle ADB$

18 정답 ①

| 풀이 |

선분 AB가 원 O의 지름이므로 호 AB에 대한 중심각의 크기는 180°이다.

그러므로 원주각의 성질로부터 반원에 대한 원주각의 크기는 90°이다.

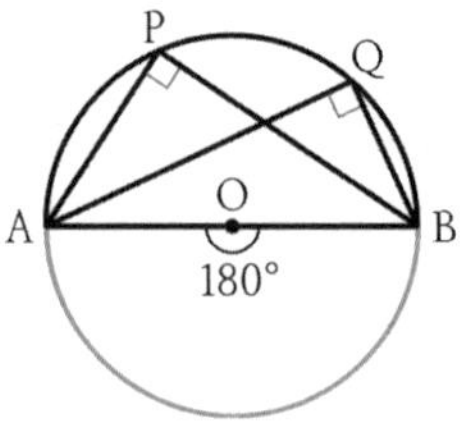

↑ $\angle APB = \angle AQB = \frac{1}{2}\angle AOB = 90°$

19 정답 ④

| 풀이 |

반원인 호에 대한 원주각의 크기는 항상 90°이므로 호 AB에 대한 원주각 ∠APB는 90°이다.
삼각형의 세 내각의 크기의 합은 180°이므로
△APB에서 $\angle x+90°+55°=180°$
➜ $\angle x+145°=180°$ ➜ $\angle x=180°-145°$
➜ $\angle x=35°$
∴ $\angle x=35°$

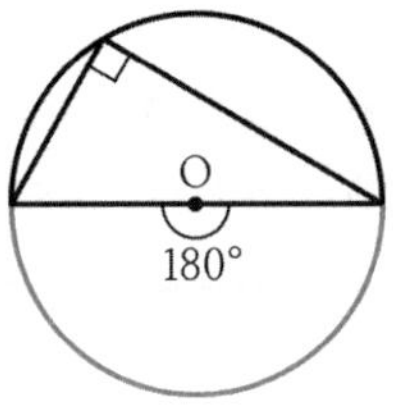

20 정답 ③

$\overline{BC}$가 원의 중심 O를 지나므로 $\overline{BC}$는 지름이다. 그러므로 반원인 호 BC에 대한 원주각 ∠BAC는 90°이다.
삼각형의 세 내각의 크기의 합은 180°이므로
△ABC에서
$32°+90°+\angle x=180°$ ➜ $122°+\angle x=180°$
➜ $\angle x=180°-122°$ ➜ $\angle x=58°$
∴ $\angle x=58°$

21 정답 ②

| 풀이 |

∠APB와 ∠AQB는 모두 호 AB에 대한 원주각이다. 한 호에 대한 원주각의 크기는 모두 같으므로 호 AB에 대한 원주각 ∠APB와 ∠AQB의 크기도 같다.
∠APB =50°이므로 ∠AQB =50°이다.
∴ $\angle x=50°$

22 정답 ①

| 풀이 |

호 AB에 대한 중심각 ∠AOB는 호 AB에 대한 원주각 ∠APB의 2배이다.
$\angle AOB=2\angle APB=2\times72°=144°$,
$\angle AOB+\angle x=360°$이므로
$\angle x+144°=360°$ ➜ $\angle x=360°-144°$
➜ $\angle x=216°$
∴ $\angle x=216°$

23 정답 ④

| 풀이 |

호 AB에 대한 중심각 ∠AOB는 호 AB에 대한 원주각 ∠ACB의 2배이므로
$\angle AOB=2\angle ACB=2\times40°=80°$
∴ $\angle x=80°$

24 정답 ②

| 풀이 |

호 AB에 대한 원주각 ∠APB는 호 AB의 중심각 ∠AOB의 $\frac{1}{2}$이므로
$\angle APB=\frac{1}{2}\angle AOB=\frac{1}{2}\times100°=50°$
∴ $\angle x=50°$

25 정답 ②

| 풀이 |

$\overline{AB}$가 원의 중심 O를 지나므로 $\overline{AB}$는 원의 지름이다. 그러므로 반원인 호 AB에 대한 원주각 ∠ACB는 90°이다.
삼각형의 세 내각의 크기의 합은 180°이므로
△ABC에서
$\angle x=180°-(\angle CAB+\angle ACB)=180°-(20°+90°)$
$=180°-110°=70°$
∴ $\angle x=70°$

26 정답 ③

| 풀이 |

방법1 원 O에 내접하는 사각형에서 마주 보는 두 내각의 크기의 합은 180°이므로
$\angle A+\angle C=180°$ ➜ $100°+\angle C=180°$

→ $\angle C = 180° - 100°$ → $\angle C = 80°$

∴ $\angle C = 80°$

방법2 원주각 $\angle A$에 대한 중심각은 $\angle a$, $\angle C$에 대한 중심각은 $\angle c$이다.

호 BCD에 대한 중심각 $\angle a$는 호 BCD의 원주각 $\angle A$의 2배이므로

$\angle a = 2\angle A = 2 \times 100° = 200°$이고,

$\angle c = 360° - 200° = 160°$이다.

마찬가지로 호 BAD에 대한 원주각 $\angle C$는 호 BCD의 중심각 $\angle c$의 $\frac{1}{2}$이므로

$\angle C = \frac{1}{2}\angle c = \frac{1}{2} \times 160° = 80°$ ∴ $\angle C = 80°$

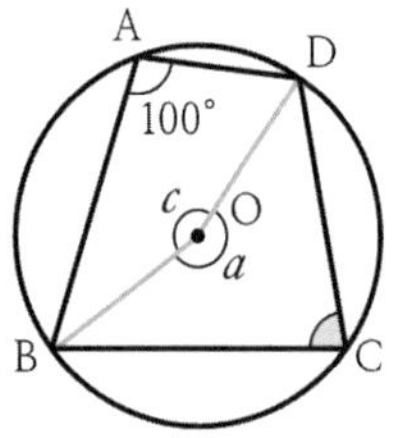

↑ $\angle A + \angle C = 180°$, $\angle B + \angle D = 180°$

27 정답 ①

| 풀이 |

원 O에 내접하는 사각형에서 마주 보는 두 내각의 크기의 합은 180°이므로

$70° + x° = 180°$ → $x° = 180° - 70°$ → $x° = 110°$

$80° + y° = 180°$ → $y° = 180° - 80°$ → $y° = 100°$

∴ $x = 110$, $y = 100$

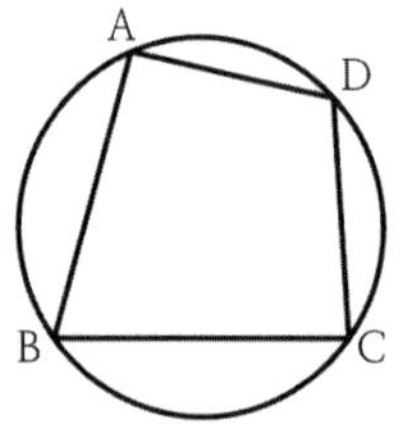

↑ $\angle A + \angle C = 180°$, $\angle B + \angle D = 180°$

PART Ⅸ 확률과 통계

적중 예상 문제

356~367p

01 ②	02 ①	03 ②	04 ③	05 ②
06 ②	07 ③	08 ③	09 ②	10 ③
11 ③	12 ①	13 ③	14 ④	15 ③
16 ④	17 ②	18 ②	19 ③	20 ③
21 ④	22 ②	23 ②	24 ①	25 ①
26 ③	27 ①	28 ①	29 ③	30 ③
31 ③	32 ①	33 ③	34 ③	35 ③
36 ②	37 ④	38 ②	39 ②	40 ③
41 ④	42 ④	43 ①	44 ①	45 ②

01 정답 ②

| 풀이 |

줄기가 2 → 잎이 4개, 줄기가 3 → 잎이 7개,
줄기가 4 → 잎이 6개, 줄기가 5 → 잎이 3개이므로
잎이 가장 많은 줄기는 3이다.

02 정답 ①

| 풀이 |

줄기와 잎 그림은 세로선의 왼쪽에 있는 십의 자리의 숫자를 줄기, 오른쪽에 있는 일의 자리의 숫자를 잎이라고 하므로 학생 13명의 봉사 활동 시간은 모두 11, 14, 17, 20, 25, 25, 26, 27, 29, 29, 31, 32, 42시간이다.

30시간 이상은 31, 32, 42시간이므로 학생 수는 모두 3명이다.

03 정답 ②

| 풀이 |

줄기와 잎 그림은 세로선의 왼쪽에 있는 십의 자리의 숫자를 줄기, 오른쪽에 있는 일의 자리의 숫자를 잎이라고 하므로

21, 23, 25세 → 3명,

31, 32, 35, 38, 39, 39세 → 6명,

41, 41, 42, 43, 44, 46, 47세 → 7명,

53, 55, 55, 58세 → 4명
조사한 사람은 모두 $3+6+7+4=20$(명)이다.

04 정답 ③

| 풀이 |

세로선의 왼쪽에 있는 줄기는 십의 자리의 숫자, 오른쪽에 있는 잎은 일의 자리의 숫자이므로

줄기가 1 → 등교 시간이 10분대인 학생은 잎이 10개이므로 10명
줄기가 2 → 등교 시간이 20분대인 학생은 잎이 7개이므로 7명
줄기가 3 → 등교 시간이 30분대인 학생은 잎이 9개이므로 9명
줄기가 4 → 등교 시간이 40분대인 학생은 잎이 4개이므로 4명

지효네 반 학생들은 모두 $10+7+9+4=30$(명)이다.

05 정답 ②

| 풀이 |

등교할 때 걸리는 시간이 30분대인 학생들은 세로선의 왼쪽에 있는 줄기가 3인 부분의 오른쪽에 있는 잎의 개수를 구한다.
줄기가 3인 부분의 잎은 모두 1 2 5 6 6 7 7 8 8이므로 잎의 개수는 9개이고 모두 9명이다.

06 정답 ②

| 풀이 |

자료를 일정한 간격으로 나눈 구간을 계급, 구간의 너비를 계급의 크기, 각 계급에 속하는 자료의 수를 그 계급의 도수라고 하므로 충치의 수 7개가 속하는 계급은 $6 \sim 8$이고, 그 계급의 도수는 3이다.

07 정답 ③

| 풀이 |

도수분포표에서 유기견이 모두 20마리이므로 도수의 총합은 20이다.
$1+3+A+8+3=20$ → $15+A=20$ → $A=20-15$
→ $A=5$
$\therefore$ 5(마리)

08 정답 ③

| 풀이 |

영화를 8편 이상 10편 미만 관람한 학생 수는 10명, 영화를 10편 이상 12편 미만 관람한 학생 수는 5명이므로 영화를 8편 이상 관람한 학생 수는
10명 + 5명 = 15명이다.

09 정답 ②

| 풀이 |

각 계급에 속하는 자료의 수를 그 계급의 도수라고 하므로 도수분포표에서 도수가 가장 큰 계급은 학생 수가 제일 많은 계급이다.
가장 큰 학생 수(도수)가 14명이고, 그 계급은 $16^{\text{이상}} \sim 18^{\text{미만}}$인 계급이다.

10 정답 ③

| 풀이 |

도수의 총합이 20이므로
$3+A+5+4=20$ → $12+A=20$ → $A=20-12=8$
$\therefore A=8$

11 정답 ③

| 풀이 |

기록이 $13^{\text{이상}} \sim 14^{\text{미만}}$인 학생은 2명, $14^{\text{이상}} \sim 15^{\text{미만}}$인 학생은 A명이므로
기록이 15초 미만인 학생은 모두 $2+A$(명)이다.
$2+A=10$ → $A=10-2$ → $A=8$

12 정답 ①

| 풀이 |

주어진 문제에서 $A=8$이고 보든 도수의 총합이 30이므로

$2+8+12+B+6=30$ → $28+B=30$ → $B=30-28$ → $B=2$

13 정답 ③

| 풀이 |

가로축에 각 계급의 양 끝값, 세로축에 도수를 쓰고 각 계급의 크기를 가로로, 도수를 세로로 하는 직사각형을 차례로 그린 그래프가 히스토그램이므로 도수분포표를 그리면

수학 성적(점)	학생 수(명)
40^이상^ ~ 50^미만^	2
50 ~ 60	3
60 ~ 70	10
70 ~ 80	12
80 ~ 90	5
90 ~ 100	3
합계	35

70점 ~ 80점은 12명, 80점 ~ 90점은 5명, 90점 ~ 100점은 3명이므로 $12+5+3=20$(명)

수학 성적이 70점 이상인 학생 수는 20명이다.

14 정답 ④

| 풀이 |

히스토그램은 각 계급의 크기를 가로로, 도수를 세로로 하는 직사각형을 그린 그래프이다.

10분 ~ 30분 → 2명, 30분 ~ 50분은 → 8명이므로

$2+8=10$(명)

핸드폰 사용 시간이 50분 미만인 학생은 모두 10명이다.

15 정답 ③

| 풀이 |

히스토그램은 각 계급의 크기를 가로로, 도수를 세로로 하는 직사각형을 그린 그래프이다.

가로가 15점 이상 20점 미만인 계급의 직사각형의 높이는 10이다. 그러므로 15점 이상 20점 미만인 계급의 도수는 10명이다.

16 정답 ④

| 풀이 |

사건이 일어나는 가짓수를 '경우의 수'라고 한다.

떡볶이를 먹는 경우의 수는 3가지,

어묵을 먹는 경우의 수는 2가지이고

떡볶이와 어묵을 먹는 두 사건이 동시에 일어나지 않으므로 $3+2=5$

그러므로 모든 경우의 수는 5이다.

17 정답 ②

| 풀이 |

사건이 일어나는 가짓수를 '경우의 수'라고 한다.

중식을 선택하는 경우의 수는 5가지이고, 그 각각에 대하여 한식을 선택하는 경우의 수가 4이므로 중식과 한식을 각각 한 가지씩 선택하는 경우, 즉 동시에 일어나는 경우의 수는 $5\times4=20$(가지)이다.

그러므로 모든 경우의 수는 20이다.

18 정답 ②

| 풀이 |

자음을 선택하는 경우의 수가 4가지, 그 각각에 대하여 모음을 선택하는 경우의 수가 2가지

자음과 모음을 각각 한 개씩 선택하는 경우의 수는 $4\times2=8$(가지)

글자를 만드는 것은 두 사건이 동시에 일어나는 경우의 수이므로 8(가지)이다.

(사건 A와 사건 B가 동시에 일어나는 경우의 수)
$=a\times b$(가지)

19 정답 ③

| 풀이 |

김밥, 샌드위치, 삶은 달걀 중에서 한 가지를 선택하는 경우의 수 3가지

오렌지 주스, 우유, 생수 중에서 한 가지를 선택하는 경우의 수 3가지

각각 한 가지씩 선택하는 경우의 수이므로 동시에 선택

하는 경우이다.
동시에 선택하는 경우의 수는 3가지×3가지=9가지
∴ 9가지

20 정답 ③

| 풀이 |

사건이 일어나는 가짓수를 '경우의 수'라고 한다.
김밥이 6종류이므로 김밥을 고르는 경우의 수는 6가지, 만두는 2종류이므로 만두를 고르는 경우의 수는 2가지이고, 임의로 한 가지를 골라 주문하는 경우의 수는 두 사건이 동시에 일어나지 않는 경우의 수이므로 $6+2=8$이다.
한 가지를 임의로 골라서 주문하는 경우의 수는 8이다.

> (사건 A 또는 사건 B가 일어나는 경우의 수)
> $=a+b$(가지)

21 정답 ④

| 풀이 |

상의를 입는 경우의 수 ➜ 흰색, 노란색을 입는 2가지
하의를 입는 경우의 수 ➜ 흰색, 파란색, 검은색을 입는 3가지 경우가 있다.
상의와 하의를 짝지어서 입을 수 있는 경우의 수는 두 사건이 동시에 일어나는 경우이므로 모든 경우의 수는 $2\times3=6$ ∴ 6가지

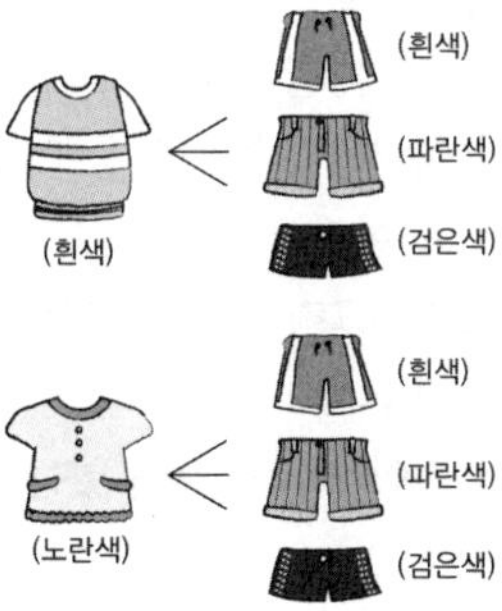

22 정답 ②

| 풀이 |

집에서 문구점까지 가는 길은 3가지, 문구점에서 도서관까지 가는 길은 4가지이므로
집에서 문구점을 거쳐 도서관까지 가는 경우의 수는 두 사건이 서로 동시에 일어나는 사건이므로
3(가지) × 4(가지) = 12(가지)
모든 경우의 수는 12가지이다.

23 정답 ②

| 풀이 |

어떤 사건이 일어날 가능성을 수로 나타낸 것을 '확률'이라고 한다.
일어날 수 있는 모든 경우의 수 ➜ 구슬의 개수 15
3의 배수가 나올 경우의 수 ➜ 3의 배수 3, 6, 9, 12, 15이므로 5
(3의 배수가 나올 확률)

$$=\frac{(\text{3의 배수가 나올 경우의 수})}{(\text{모든 경우의 수})}=\frac{5}{15}=\frac{1}{3}$$

$\therefore \frac{1}{3}$

24 정답 ①

| 풀이 |

어떤 사건이 일어날 가능성을 수로 나타낸 것을 '확률'이라고 한다.
일어날 수 있는 모든 경우의 수
➜  6가지
소수가 나올 경우의 수 ➜  3가지
(소수가 나올 확률)

$$=\frac{(\text{소수가 나올 경우의 수})}{(\text{모든 경우의 수})}=\frac{3}{6}=\frac{1}{2}$$

$\therefore \frac{1}{2}$

25 정답 ①

| 풀이 |

방법1 일어날 수 있는 모든 경우의 수는
(가위, 가위), (가위, 바위), (가위, 보),
(바위, 가위), (바위, 바위), (바위, 보),
(보, 가위), (보, 바위), (보, 보) → 9가지
비길 수 있는 경우의 수는
(가위, 가위), (바위, 바위), (보, 보) → 3가지

$(\text{비길 확률})=\dfrac{(\text{비길 경우의 수})}{(\text{모든 경우의 수})}=\dfrac{3}{9}=\dfrac{1}{3}\quad\therefore\ \dfrac{1}{3}$

방법2 모든 경우의 수 → 이기거나 비기거나 지거나 모두 3가지
비길 경우의 수 → 비길 경우 1가지

$(\text{비길 확률})=\dfrac{(\text{비길 경우의 수})}{(\text{모든 경우의 수})}=\dfrac{1}{3}\quad\therefore\ \dfrac{1}{3}$

26 정답 ③

| 풀이 |

한 개의 주사위를 던져서 나올 수 있는 수는
1, 2, 3, 4, 5, 6이므로 모든 경우의 수는 6가지
5보다 작은 눈의 수는
1, 2, 3, 4이므로 경우의 수는 4가지
(5보다 작은 눈이 나올 확률)

$=\dfrac{(\text{5보다 작은 눈이 나올 경우의 수})}{(\text{모든 경우의 수})}=\dfrac{4}{6}=\dfrac{2}{3}$

$\therefore\ \dfrac{2}{3}$

27 정답 ①

| 풀이 |

검은 구슬이 7개, 흰 구슬이 3개이므로 모든 경우의 수는 $3+7=10$(가지)
검은 구슬이 7개이므로 검은 구슬이 나올 경우의 수는 7(가지)
흰 구슬이 3개이므로 흰 구슬이 나올 경우의 수는 3(가지)
(흰 구슬이 나올 확률)

$=\dfrac{(\text{흰 구슬이 나올 경우의 수})}{(\text{모든 경우의 수})}=\dfrac{3}{10}\quad\therefore\ \dfrac{3}{10}$

28 정답 ①

| 풀이 |

모든 경우의 수는 1부터 9까지 카드가 모두 9장이므로
→ 9가지
짝수가 나올 경우의 수는 2, 4, 6, 8 모두 4장이므로
→ 4가지

$(\text{짝수가 나올 확률})=\dfrac{(\text{짝수가 나올 경우의 수})}{(\text{모든 경우의 수})}=\dfrac{4}{9}$

$\therefore\ \dfrac{4}{9}$

29 정답 ③

| 풀이 |

모든 경우의 수는 2학년 3반 학생이 모두 30명이므로 30(가지)이다.
혈액형이 AB형인 학생은 모두 3명이므로 경우의 수는 3(가지)이다.
(AB형일 확률)

$=\dfrac{(\text{혈액형이 AB형이 나올 경우의수})}{(\text{모든 경우의 수})}=\dfrac{3}{30}=\dfrac{1}{10}$

$\therefore\ \dfrac{1}{10}$

30 정답 ③

| 풀이 |

자료를 작은 값부터 크기순으로 나열하여 중앙에 위치하는 값을 중앙값이라 한다.
주어진 자료의 개수가 짝수이면 중앙에 있는 두 값의 평균을 중앙값으로 한다.
자료를 작은 값부터 크기순으로 나열하면
→ 13 14 14 15 16 18
자료의 개수가 짝수이므로 중앙에 있는 두 값 14, 15의 평균을 구하면

$\dfrac{14+15}{2}=\dfrac{29}{2}=14.5\quad\therefore\ 14.5$

31 정답 ③

| 풀이 |

자료를 작은 값부터 크기순으로 나열하여 중앙에 위치하는 값을 중앙값이라 한다.
주어진 자료의 개수가 홀수이면 중앙에 있는 값을 중앙값으로 하므로
작은 수부터 크기순으로 나열하면
→ 1, 2, 2, 2, 6, 8, 8, 8, 9, 9, 10
중앙값은 8이다. $\therefore 8$

32 정답 ①

| 풀이 |

자료 중에서 가장 많이 나타나는 값을 최빈값이라 한다.
자료에서 0 → 1개, 1 → 4개, 2 → 2개,
3 → 2개이므로 가장 많이 나타난 값은 1이다.
그러므로 최빈값은 1이다.

| 참고 |

최빈값은 1개일 경우도 있고, 2개 이상인 경우도 있으며, 존재하지 않는 경우도 있다.

33 정답 ③

| 풀이 |

자료 중에서 가장 많이 나타나는 값이 최빈값이므로
자료에서 90 → 2명, 95 → 4명, 100 → 6명, 105 → 3명, 110 → 1명
가장 많은 운동복 치수는 100이므로 최빈값은 100이다.

34 정답 ③

| 풀이 |

제시된 자료를 작은 수부터 차례로 나열하면
3, 5, 5, 5, 6, 7, 10이다. 중앙에 있는 값은 5이므로 중앙값은 5이다. $\therefore a=5$
제시된 자료에서 3, 6, 7, 10 → 각 1개, 5 → 3개이므로 가장 많이 나타나는 자료는 5이다. 그러므로 최빈값은 5이다. $\therefore b=5$
$a+b=5+5=10$

35 정답 ③

| 풀이 |

자료 중에서 가장 많이 나타나는 값이 최빈값이므로
1점 → 1발, 2점 → 2발, 3점 → 4발, 4점 → 2발, 5점 → 1발
가장 많이 나타난 값은 3이므로 최빈값은 3이다.

36 정답 ②

| 풀이 |

자료의 값 중에서 가장 많이 나타난 값, 즉 도수가 가장 큰 값을 자료의 최빈값이라 한다.
줄기와 잎 그림에서 수학 점수는
51, 54, 55, 57, 57, 59점
70, 73, 73, 73, 73, 74, 77점
81, 85, 86, 88점
92, 96, 96점
가장 많이 있는 수학 점수는 73점이 4개로 가장 많다.
그러므로 수학 점수의 최빈값은 73이다.

37 정답 ④

| 풀이 |

① 영어 점수와 수학 점수 사이에 양의 상관관계가 있다.
② A 학생은 영어에 비해 수학을 잘하는 편이다.
③ B 학생은 영어 점수가 높은 편이다.
④ B 학생은 영어에 비해 수학을 못하는 편이다.

38 정답 ②

| 풀이 |

두 변량 x, y에 대한 산점도에서 x의 값이 커짐에 따라 y의 값은 대체로 작아지는 관계를 음의 상관관계라고 한다. 제시된 산점도는 음의 상관관계이다. 자동차의 이동 거리가 길어질수록 남은 기름의 양은 대체로 작아지므로 두 변량 사이에는 음의 상관관계가 있다.

오답 피하기

① 여름철 기온과 냉방비 → 양의 상관관계
③ 몸무게와 수학 성적 → 상관관계가 없다.
④ 운동량과 심장 박동의 수 → 양의 상관관계

39 정답 ②

| 풀이 |

감자의 생산량이 많을수록 그해의 감자 가격은 떨어지므로 두 변량 사이에는 음의 상관관계가 있다.

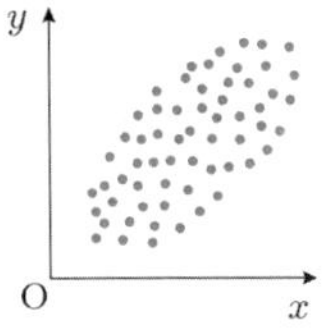

← 양의 상관관계

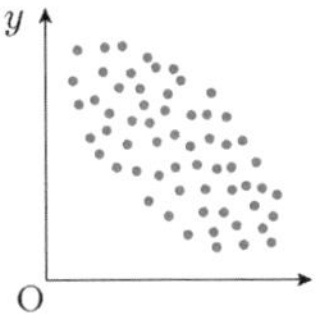

← 음의 상관관계

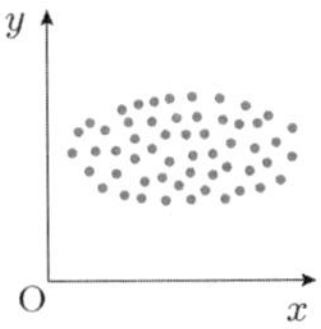

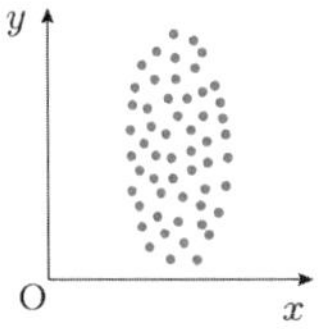

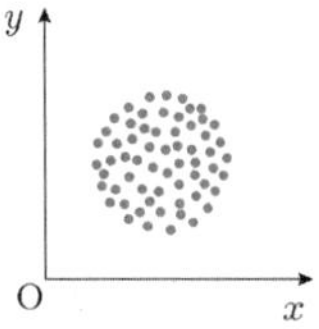

→ 상관관계가 없다.

40 정답 ③

| 풀이 |

자동차의 중량이 커짐에 따라 연료 효율이 대체로 낮아지므로 두 변량 사이에는 음의 상관관계가 있다.

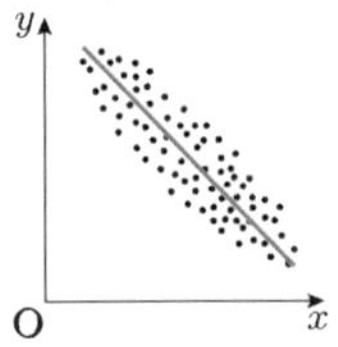

← 음의 상관관계

41 정답 ④

| 풀이 |

제시된 보기에서 양의 상관관계인 것은

① 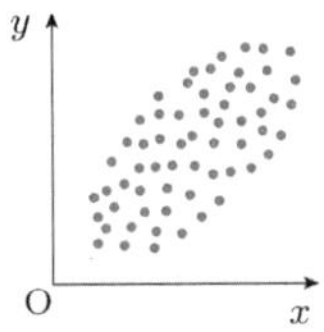

④ 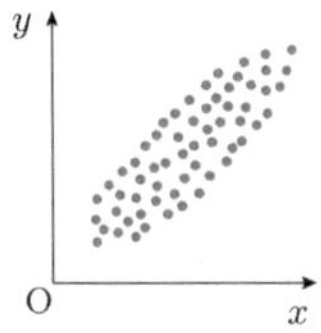

이고, 산점도에서 점들이 한 직선 주위에 가까이 몰려 있을수록 상관관계가 강하므로 두 양의 상관관계의 산점도 중 가장 강한 것은 ④이다.

42 정답 ④

| 풀이 |

두 변량 x, y에 대한 산점도에서 x의 값이 커짐에 따라 y의 값이 증가하는지 감소하는지 분명하지 않은 관계를 '상관관계가 없다'라고 한다.

그러므로 제시된 보기에서 상관관계가 없는 것은 ④이다.

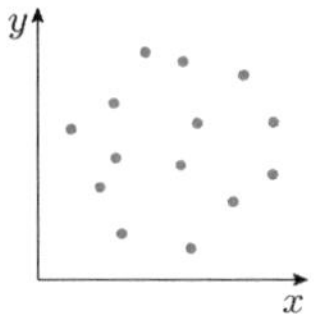

오답 피하기

① 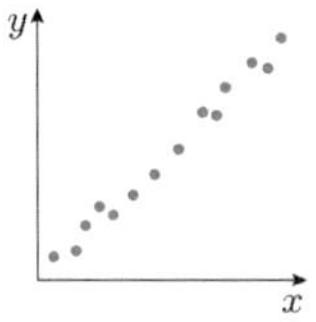

← 양의 상관관계

② 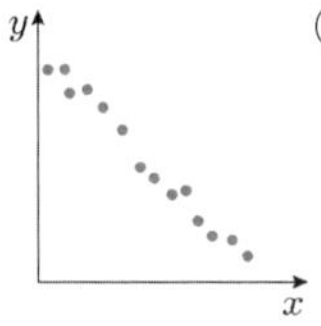

③ 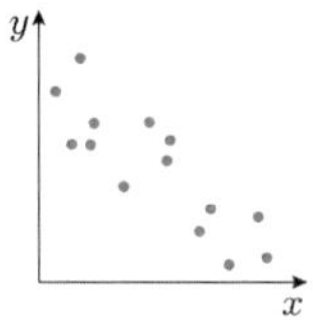

← 음의 상관관계

43 정답 ①

| 풀이 |

두 변량 x, y에 대한 산점도에서 x의 값이 커짐에 따라 y의 값도 대체로 커지는 관계를 양의 상관관계라고 한다. 그러므로 양의 상관관계는

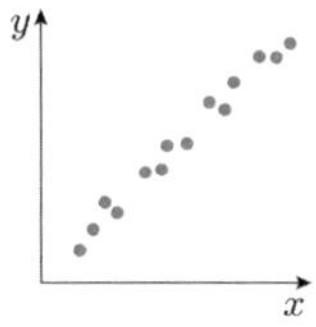

← 1개이다.

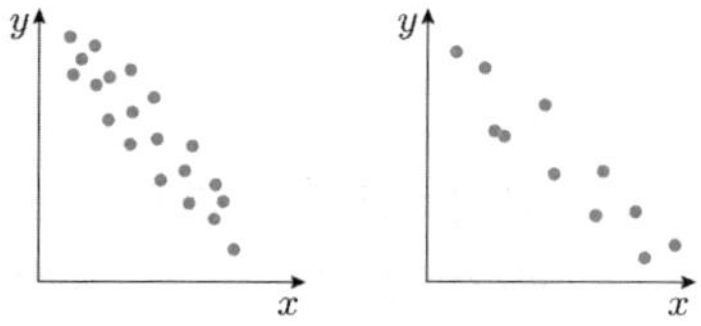

↑ 음의 상관관계

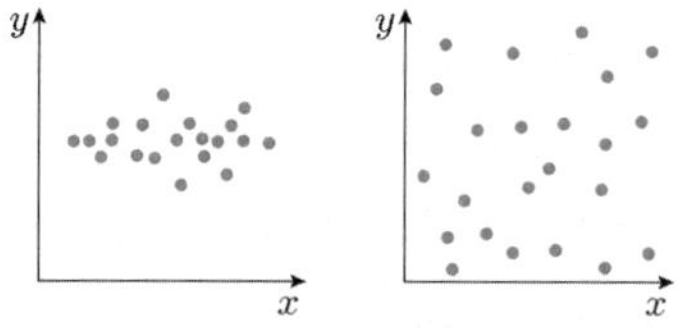

↑ 상관관계가 없다.

44 정답 ①

| 풀이 |

듣기 점수 7점과 읽기 점수 7점에 각각 가로선과 세로선을 그으면

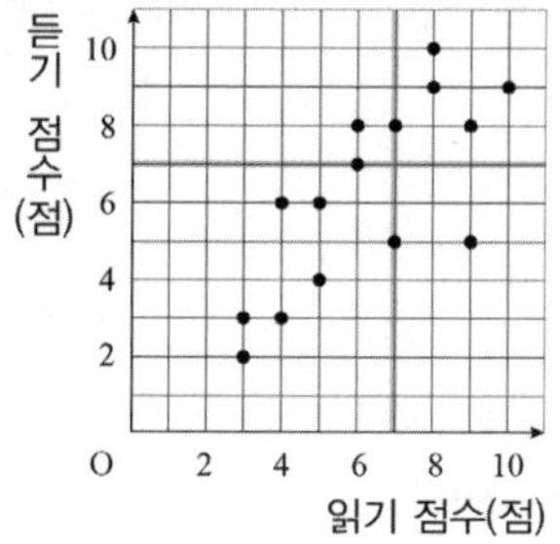

이다. 위의 그림에서 읽기 점수와 듣기 점수가 모두 7점 이상인 사람은 5명이다.

45 정답 ②

| 풀이 |

국어 점수와 영어 점수가 같은 부분을 직선을 그어보면

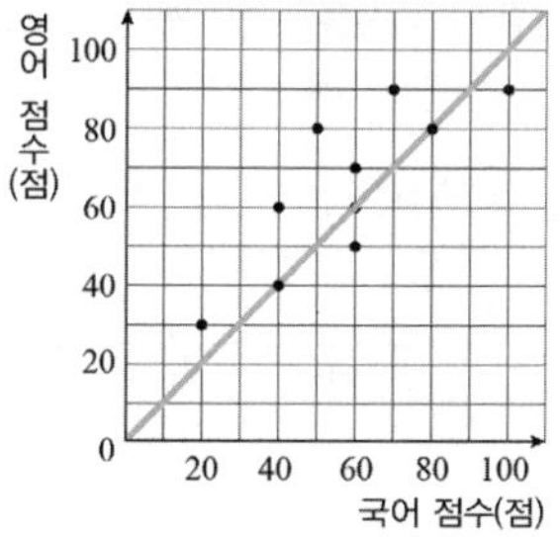

이고, 직선보다 아래쪽에 있는 점에 해당하는 학생은 국어 점수가 영어 점수보다 높다. 따라서 국어 점수가 영어 점수보다 높은 학생은 2명이므로,

그 비율은 $\frac{2}{10} \times 100 = 20(\%)$이다.

PART X 2024년 기출문제

제1회 정답 본문 370~373p

01 ③	02 ③	03 ④	04 ②	05 ①
06 ①	07 ④	08 ②	09 ④	10 ②
11 ③	12 ②	13 ③	14 ①	15 ①
16 ④	17 ②	18 ③	19 ①	20 ③

01 정답 ③

| 풀이 |

문제의 그림을 참고하면, 24는 $2\times2\times2\times3$과 같이 나타내어지고,

같은 수의 곱을 거듭제곱을 이용하여 나타내면, $2^3\times3$이 된다.

| 참고 | 거듭제곱

같은 수 또는 문자를 여러 번 곱할 때, 거듭제곱을 이용하여 나타낸다.

이때, 밑은 곱하여 지는 수, 지수는 곱한 횟수를 뜻한다.

예 $3\times3\times3\times3=3^4$ (4 ← 지수, 3 ← 밑)

02 정답 ③

| 풀이 |

음수는 절댓값이 클수록 작은 수이고, 양수는 절댓값이 클수록 큰 수이다. 또한 항상 (음수) < 0 < (양수)이다.

따라서 주어진 수를 작은 수부터 차례로 나열하면,

$-5,\ -\frac{2}{3},\ 3,\ 4,\ 11$이므로, 세 번째 수는 3이다.

03 정답 ④

| 풀이 |

주어진 직사각형의 가로의 길이는 4 cm, 세로의 길이는 a cm이고,

(직사각형의 넓이)=(가로)×(세로)

그러므로 (직사각형의 넓이)=$(4\times a)$ cm^2

04 정답 ②

| 풀이 |

$a=5$를 $2a+3$에 대입하면 식의 값을 구할 수 있다.

$2a+3=2\times a+3$과 같으므로 $a=5$를 대입하면,

$=2\times(5)+3=10+3=13$이다.

오답 피하기

$2a+3=2\times a+3$과 같다.

※ 곱셈 기호를 생략한 채로 대입하여 $25+3=28$과 같이 잘못 대입하지 않도록 주의하여야 한다.

| 참고 | 식의 값 구하기

문자를 사용한 식에서 문자에 수를 대입하여 계산한 결과를 그 식의 값이라고 한다.

❶ 생략된 곱셈 기호가 있는 식의 경우 곱셈 기호를 다시 쓴다.

❷ 문자에 주어진 수를 대입하여 계산한다.
(대입 : 문자를 사용한 식에서 문자 대신 수를 넣는 것을 문자에 수를 대입한다고 한다.)

05 정답 ①

| 풀이 |

좌표평면 위의 점 A에서 x축, y축에 각각 수선을 긋고 이 수선이 x축, y축과 만나는 점에 대응하는 수를 읽으면, 각각 3, -2이다.

이것을 순서쌍으로 표현하면, $(3, -2)$이므로 점 A의 좌표는 $(3, -2)$이다.

| 참고 |

좌표평면 위의 한 점 P에서 x축, y축에 각각 수선을 긋고 이 수선이 x축, y축과 만나는 점에 대응하는 수를 각각 a, b라고 할 때, 순서쌍 (a, b)를 점 P의 좌표라 하고, 이것을 기호로 $P(a, b)$와 같이 나타낸다.

이때, a를 점 P의 x좌표, b를 점 P의 y좌표라 한다.

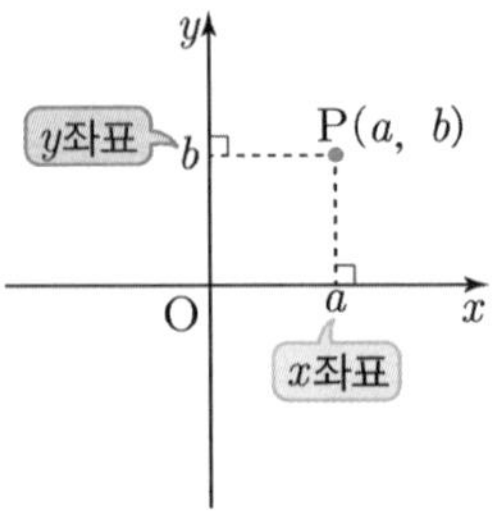

06 정답 ①

| 풀이 |

두 직선이 평행하면 동위각의 크기가 같다.
그림에서 주어진 각 $40°$와 $\angle x$는 서로 동일한 위치에 있으므로 동위각이다.
$\therefore \angle x = 40°$

07 정답 ④

| 풀이 |

주어진 도수분포표에서 하루 수면 시간이 6시간 미만인 계급은 4시간 이상 ~ 5시간 미만인 계급과 5시간 이상 ~ 6시간 미만인 계급이 해당된다.
그러므로 하루 수면 시간이 6시간 미만인 학생 수는 두 계급의 도수의 합인 $5+3=8$(명)임을 알 수 있다.

오답 피하기

하루 수면 시간이 6시간 미만인 계급은 두 개의 계급이 해당되므로 두 계급의 도수의 합을 구해야 한다. 5시간 이상 ~ 6시간 미만인 계급의 도수인 3만 읽지 않도록 주의한다.

08 정답 ②

| 풀이 |

순환소수를 분수로 바꾸는 공식을 이용하면,

$$\frac{\text{분자}}{\text{분모}} = \frac{\text{전체의 수} - \text{순환하지 않는 부분}}{\text{순환마디 9, 순환하지 않는 자리만큼 0을 쓴다.}}$$

$0.\dot{2}$는 순환마디가 2 한 자리이므로 분모는 9이고, 분자는 전체의 수가 2이고, 순환하지 않는 부분이 없으므로 $2-0=2$이다.
그러므로

$$0.\dot{2} = \frac{\text{전체의 수} - \text{순환하지 않는 부분}}{\text{순환마디 9, 순환하지 않는 자리만큼 0을 쓴다.}} = \frac{2}{9}$$

09 정답 ④

| 풀이 |

단항식의 곱셈은 계수는 계수끼리, 문자는 문자끼리 계산한다.
또한 같은 문자를 여러 번 곱한 것은 거듭제곱을 이용하여 간단히 표현한다.
$2a \times 3a^2$을 풀어서 표현하면,
$2a \times 3a^2 = 2 \times a \times 3 \times a \times a = 2 \times 3 \times a \times a \times a$이고,
거듭제곱을 이용하여 표현하면 $6a^3$이다.

| 다른 풀이 |

지수법칙 $a^n \times a^m = a^{n+m}$을 이용하여 간단히 할 수 있다.
이때, 계수는 계수끼리, 문자는 문자끼리 계산한다.
$2a \times 3a^2 = 2 \times 3 \times a \times a^2 = 6a^{1+2} = 6a^3$이다.

10 정답 ②

| 풀이 |

부등식의 성질에 따라 부등식의 양변을 같은 양수로 나누어도 부등호 방향은 그대로이다.
그러므로 일차부등식 $20x \geq 40$의 양변을 20으로 나누면, $x \geq 2$이다.

| 참고 | 일차부등식의 풀이

❶ x를 포함한 항은 좌변으로, 상수항은 우변으로 이항한다.
❷ 양변을 간단히 하여 $ax > b$, $ax < b$, $ax \geq b$, $ax \leq b$ $(a \neq 0)$의 꼴로 만든다.
❸ x의 계수 a로 양변을 나눈다. (단, $a < 0$이면 부등호의 방향을 바꾼다.)

11 정답 ③

| 풀이 |

y절편이란 그래프가 y축과 만나는 점의 y좌표를 뜻하므로, 3임을 알 수 있다.

| 참고 | 일차함수

일차함수 $y=ax+b$에서 x의 계수인 a를 일차함수의 기울기라 하고, 상수항 b를 y절편이라 한다.

$$y = ax + b$$

a ↑ 기울기, b ↑ y절편

12 정답 ②

| 풀이 |

이등변삼각형의 꼭지각의 이등분선은 밑변을 수직 이등분한다.

그러므로 $\overline{BD}=\overline{CD}$ 이고, $\overline{BD}=4$cm 이므로,

$\overline{BD}=\overline{CD}=4$cm 이다.

$\therefore \overline{BC}=8$ cm

> | 참고 |
>
> $\angle BAD=\angle CAD$
>
> $\overline{AD}$는 공통
>
> $\overline{AB}=\overline{AC}$ 이므로,
>
> $\triangle ABD \equiv \triangle ACD$ (SAS 합동)
>
> 따라서, $\overline{BD}=\overline{CD}$ 이다.
>
> 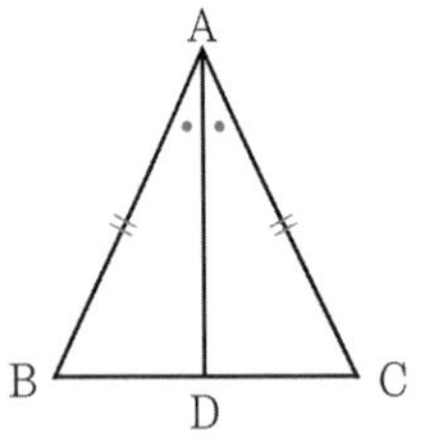
>

13 정답 ③

| 풀이 |

두 삼각형이 서로 닮음이므로 대응변의 길이의 비는 항상 일정하며, 그 대응변의 비를 닮음비라 한다.

대응변의 비를 구하면, $\overline{BC}:\overline{EF}=5:10=1:2$이므로 두 도형의 닮음비는 $1:2$이다.

이때, $8:\overline{DE}=1:2$이므로, 내항의 곱과 외항의 곱이 같음을 이용하면,

$1\times\overline{DE}=8\times2$ ➜ $\overline{DE}=16$(cm)이다.

> | 참고 |
>
> ❶ 닮음의 기호(∽) : □ABCD와 □EFGH가 서로 닮은 도형일 때, 기호 ∽를 사용하여 □ABCD∽□EFGH라고 표현한다.
>
> ❷ 닮음비 : 닮음도형의 대응하는 변의 길이의 비는 일정하고, 대응하는 각의 크기는 각각 같다. 이 때, 일정한 길이의 비를 닮음비라 한다.

14 정답 ①

| 풀이 |

주머니의 공은 모두 8개이므로,

주머니에서 공 한 개를 꺼내는 전체 경우의 수는 8가지이고, 주머니에서 한 개의 공을 꺼낼 때 흰 공이 나오는 경우는 3가지이다.

$(\text{확률})=\dfrac{(\text{사건의 경우의 수})}{(\text{전체 경우의 수})}$ 이므로

$(\text{흰 공이 나올 확률})=\dfrac{3}{8}$ 이다.

> | 참고 | **확률**
>
> $(\text{사건 A가 일어날 확률})=\dfrac{(\text{사건 A가 일어나는 경우의 수})}{(\text{모든 경우의 수})}$

15 정답 ①

| 풀이 |

$2\sqrt{5}+3\sqrt{5}$ 는 분배법칙을 이용하여 계산할 수 있다.

$2\sqrt{5}+3\sqrt{5}=(2+3)\sqrt{5}=5\sqrt{5}$

> | 참고 |
>
> $a>0$, m, n이 유리수일 때,
>
> $m\sqrt{a}-n\sqrt{a}=(m-n)\sqrt{a}$

16 정답 ④

| 풀이 |

$(x-7)^2=(x-7)(x-7)=0$

$AB=0$이면 $A=0$ 또는 $B=0$에 의해

$x-7=0$ 또는 $x-7=0$이다.

그러므로 이차방정식의 근은 $x=7$(중근)이다.

> | 참고 |
>
> 인수분해를 이용하여 이차방정식의 해 구하기
>
> $AB=0$ ➜ $A=0$ 또는 $B=0$
>
> 중근 : 중복된 근을 중근이라 한다.

17 정답 ②

| 풀이 |

① 위로 볼록하다. ➜ 이차항의 계수가 양수이므로 아래로 볼록하다.

② y축을 축으로 한다. ➜ 대칭축은 $x=0$이므로 y축이다.

③ 점 $(-1, 2)$를 지난다. ➜ 주어진 그래프가 점 $(-1, 2)$를 지나면, 주어진 식에 대입하였을 때 식이 참이 되어야 한다.

식에 $(-1, 2)$를 대입하면, $2 \neq \frac{1}{4} \times (-1)^2 = \frac{1}{4}$이므로 그래프는 점 $(-1,\ 2)$를 지나지 않는다.

④ 꼭짓점의 좌표는 $\left(\frac{1}{4},\ 0\right)$이다. ➜ 꼭짓점의 좌표는 $(0, 0)$이다.

18 정답 ③

| 풀이 |

$\cos B = \frac{(\text{밑변})}{(\text{빗변})}$이므로, $\cos B = \frac{\overline{BC}}{\overline{AB}} = \frac{12}{13}$이다.

| 참고 |

$\angle C = 90°$인 직각삼각형 ABC에서 $\angle B$의 크기가 정해지면 직각삼각형의 크기에 관계없이

$\frac{\overline{AC}}{\overline{AB}}$, $\frac{\overline{BC}}{\overline{AB}}$, $\frac{\overline{AC}}{\overline{BC}}$의 값은 항상 일정하다.

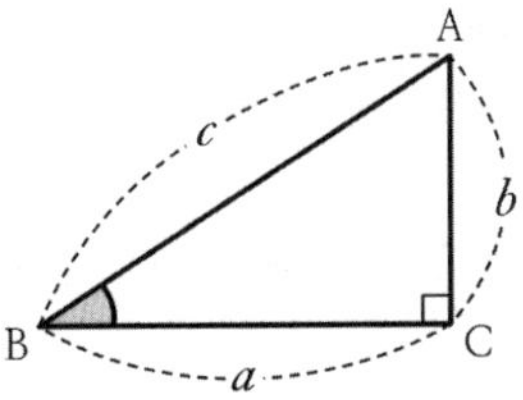

➜ $\sin B = \frac{b}{c}$, $\cos B = \frac{a}{c}$, $\tan B = \frac{b}{a}$

19 정답 ①

| 풀이 |

한 원에서 길이가 같은 두 현은 원의 중심으로부터 같은 거리에 있으므로,

$\overline{OM} = \overline{ON} = 5$ cm이다.

| 참고 |

현의 길이

❶ 한 원에서 원의 중심으로부터 같은 거리에 있는 두 현의 길이는 같다.

❷ 한 원에서 길이가 같은 두 현은 원의 중심으로부터 같은 거리에 있다.

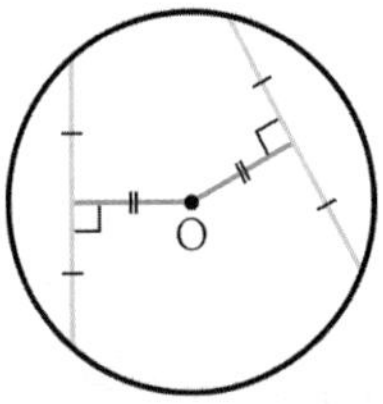

20 정답 ③

| 풀이 |

중앙값이란 자료를 크기대로 나열하였을 때, 중앙에 위치한 값을 말한다.

문제의 자료를 크기대로 나열하면, 75, 80, 85, 90, 95가 되고, 자료의 개수가 5개이므로 중앙값은 3번째 수인 85가 된다.

따라서 중앙값은 85(점)이다.

제2회 정답

본문 374~377p

01 ③	02 ②	03 ②	04 ④	05 ③
06 ③	07 ①	08 ④	09 ④	10 ②
11 ④	12 ③	13 ①	14 ③	15 ①
16 ②	17 ③	18 ④	19 ①	20 ②

01 정답 ③

| 풀이 |

문제의 그림을 참고하면, 84는 $2\times2\times3\times7$과 같이 나타내어지고,
같은 수의 곱을 거듭제곱을 이용하여 나타내면,
$2^2\times3\times7$이 된다.
따라서 정답은 ③이다.

| 참고 | 거듭제곱

같은 수 또는 문자를 여러 번 곱할 때, 거듭제곱을 이용하여 나타낸다.
이때, 밑은 곱하여지는 수, 지수는 곱한 횟수를 뜻한다.

예 $3\times3\times3\times3=3^4$

02 정답 ②

| 풀이 |

음수는 절댓값이 클수록 작은 수이고, 양수는 절댓값이 클수록 큰 수이다. 또한 항상 (음수) < 0 < (양수)이다.

② $-\frac{1}{2}<\frac{5}{2}$ → 음수 < 양수이므로 참이다.

따라서 정답은 ②이다.

오답 피하기

① $-4>-3$ → 음수는 절댓값이 클수록 작은 수이므로 $-4<-3$이다.

③ $0>(-3)^2$ → $(-3)^2=+9$, $0<$양수이므로 $0<(-3)^2$이다.

④ $5<4$ → 양수는 절댓값이 클수록 큰 수이므로 $5>4$이다.

03 정답 ②

| 풀이 |

주어진 직각삼각형의 밑변의 길이는 6 cm, 높이는 a cm이고,

직각삼각형의 넓이$=\frac{1}{2}\times$밑변$\times$높이이다.

그러므로 직각삼각형의 넓이는

$\frac{1}{2}\times6\times a=\frac{(6\times a)}{2}$ cm^{2}로 나타낼 수 있다.

따라서 정답은 ②이다.

04 정답 ④

| 풀이 |

일차방정식의 풀이는 다음과 같은 순서로 계산한다.

$3x-5=3+x$ ← 우변의 x를 좌변으로 이항
$3x-5-x=3$ ← 좌변의 -5를 우변으로 이항
$3x-x=3+5$ ← 동류항끼리 정리한다.
$2x=8$ ← 양변을 2로 나눈다.
$x=4$

따라서 정답은 ④이다.

| 참고 | 일차방정식의 풀이

(일차식)$=0$ —(이항 / 등식의 성질)→ $x=$(수)

❶ 일차항은 좌변, 상수항은 우변으로 각각 이항하여 정리한다.
❷ 등식의 양변을 간단히 하여 $ax=b$ $(a\neq0)$의 꼴로 만든다.
❸ 등식의 양변을 x의 계수 a로 나눈다.

05 정답 ③

| 풀이 |

x축은 시간(분), y축은 이동 거리(km)를 뜻하므로 이동 시간과 거리를 순서쌍으로 표현하면 (시간, 거리)이다.
학생이 출발한 지 10분 동안 이동한 거리를 a라 하여 좌표로 나타내면 $(10,\ a)$이다.
그래프에서 $x=10$인 점을 찾으면 $(10,\ 3)$을 지남을 알 수 있다.

그러므로 $a=3$, 즉 10분 동안 이동한 거리는 3 km 이다.
따라서 정답은 ③이다.

06 정답 ③

| 풀이 |

두 직선이 평행하면 동위각의 크기가 같다.
그림에서 주어진 각 35°와 동위각을 찾아 표시하면 오른쪽 그림과 같고,

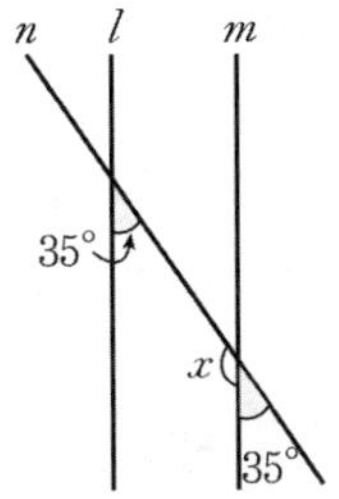

$x=180°-35°=145°$

$\therefore\ \angle x=145°$

따라서 정답은 ③이다.

07 정답 ①

| 풀이 |

주어진 히스토그램에서 통학 시간이 30분 미만인 계급은 (0분 이상 ~ 10분 미만)인 계급과 (10분 이상 ~ 20분 미만)인 계급, (20분 이상 ~ 30분 미만)인 계급 세 개가 해당된다.
그러므로 통학 시간이 30분 미만인 학생 수는 세 계급의 도수 합인
$2+6+10=18$(명)임을 알 수 있다.
따라서 정답은 ①이다.

오답 피하기

통학 시간이 30분 미만인 계급은 세 개의 계급이 해당되므로 세 계급의 도수 합을 구해야 한다. (20분 이상 ~ 30분 미만)인 계급의 도수인 10만 읽지 않도록 주의한다.

08 정답 ④

| 풀이 |

정수가 아닌 유리수를 기약분수로 나타내었을 때, 분모의 소인수가 2나 5뿐이면 그 분수는 유한소수로 나타낼 수 있고, 그 이외의 소인수가 있으면 유한소수로 나타낼 수 없다.
문제의 분모에 7이 있으므로, 주어진 분수가 유한소수가 되려면, 7은 약분되어야 한다. 그러므로 x는 7의 배수이고, x의 값이 될 수 있는 가장 작은 자연수는 7이다.
따라서 정답은 ④이다.

09 정답 ④

| 풀이 |

단항식의 곱셈은 계수는 계수끼리, 문자는 문자끼리 계산한다.
또한 같은 문자를 여러 번 곱한 것은 거듭제곱을 이용하여 간단히 표현한다.
$(2x^3)^2=2x^3\times2x^3$이므로,

$$\begin{aligned}(2x^3)^2&=2x^3\times2x^3=2\times x^3\times2\times x^3=2\times2\times x^3\times x^3\\&=2\times2\times x\times x\times x\times x\times x\times x\\&=4x^6\end{aligned}$$

따라서 정답은 ④이다.

| 다른 풀이 |

지수 법칙 $a^n\times a^m=a^{n+m}$을 이용하여 간단히 할 수 있다.
이때, 계수는 계수끼리, 문자는 문자끼리 계산한다.

$$\begin{aligned}(2x^3)^2&=2x^3\times2x^3=2\times x^3\times2\times x^3=2\times2\times x^3\times x^3\\&=4\times x^{3+3}=4x^6\end{aligned}$$

10 정답 ②

| 풀이 |

다항식의 덧셈과 뺄셈은 동류항끼리 계산한다.

$(5a-2b)+(2a+3b)$ ← 괄호를 풀고, 동류항끼리 정리
$=5a+2a-2b+3b$
$=(5+2)a+(-2+3)b$ ← 동류항끼리 계산
$=7a+b$

따라서 정답은 ②이다.

11 정답 ④

| 풀이 |

일차부등식의 풀이는 다음과 같은 순서로 계산한다.

$5x-20\ge0$ ← 좌변의 -20을 우변으로 이항
$5x\ge20$ ← 양변을 5로 나눈다.
$x\ge4$

부등식의 성질에 따라 부등식의 양변을 같은 양수로 나누어도 부등호 방향은 그대로이다.
따라서 해를 수직선 위에 나타낸 것은 ④이다.

오답 피하기

① $x<4$, ② $x>4$, ③ $x\le 4$

| 참고 | 일차부등식의 풀이

❶ x를 포함한 항은 좌변으로, 상수항은 우변으로 이항한다.

❷ 양변을 간단히 하여 $ax>b$, $ax<b$, $ax\ge b$, $ax\le b\ (a\ne 0)$의 꼴로 만든다.

❸ x의 계수 a로 양변을 나눈다. (단 $a<0$이면 부등호의 방향을 바꾼다.)

12 정답 ③

| 풀이 |

연립방정식의 해는 두 일차방정식의 그래프를 좌표평면 위에 나타내었을 때, 두 직선의 교점의 좌표와 같다.
따라서 두 직선의 교점의 좌표는 $(1, 2)$이므로,
$x=1$, $y=2$이다.
따라서 정답은 ③이다.

13 정답 ①

| 풀이 |

$\overline{EC}=\overline{AC}-\overline{AE}=15-6=9\text{cm}$이고,
$\overline{BC}//\overline{DE}$이므로, $\overline{AD}:\overline{DB}=\overline{AE}:\overline{EC}$이다.
$4:x=6:9$이므로, 비례식의 내항과 외항의 곱이 서로 같음을 이용하면,
$6\times x=4\times 9$
$6x=36$
$x=6$
따라서 정답은 ①이다.

| 참고 | 평행선과 선분의 길이의 비

$\triangle$ABC에서 $\overline{BC}//\overline{DE}$이면, $\overline{AD}:\overline{DB}=\overline{AE}:\overline{EC}$

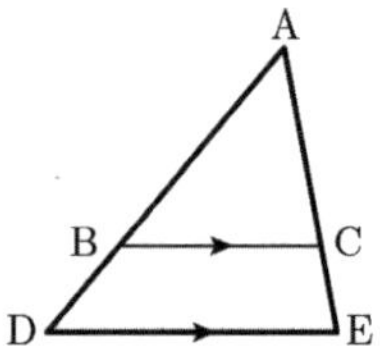

14 정답 ③

| 풀이 |

1에서 10까지의 자연수가 각각 적힌 공 10개가 들어있는 주머니에서 공 한 개를 꺼낼 때,
4의 배수가 나오는 경우는 4, 8이고,
6의 배수가 나오는 경우는 6이다.
그러므로 4의 배수 또는 6의 배수가 나오는 경우의 수는 3가지이다.
따라서 정답은 ③이다.

15 정답 ①

| 풀이 |

$7\sqrt{5}-4\sqrt{5}$는 분배법칙을 이용하여 계산할 수 있다.
$7\sqrt{5}-4\sqrt{5}=(7-4)\sqrt{5}=3\sqrt{5}$
따라서 정답은 ①이다.

| 참고 |

$a>0$, m, n이 유리수일 때,
$m\sqrt{a}-n\sqrt{a}=(m-n)\sqrt{a}$

16 정답 ②

| 풀이 |

$AB=0$이면 $A=0$ 또는 $B=0$에 의해
$(x-2)(x+5)=0$이면, $x-2=0$ 또는 $x+5=0$이다.
이차방정식의 근이 $x=2$ 또는 $x=-5$이므로 다른 한 근은 $x=2$이다.
따라서 정답은 ②이다.

| 참고 | 인수분해를 이용하여 이차방정식의 해 구하기

$$AB=0 \rightarrow A=0 \text{ 또는 } B=0$$

17 정답 ③

| 풀이 |

① 위로 볼록하다.
→ 이차항의 계수가 양수이므로 아래로 볼록하다.

② 점 (4, 0)을 지난다.

→ 주어진 그래프가 점 (4, 0)을 지나면, 주어진 식에 대입하였을 때 식이 참이 되어야 한다. 식에 점 (4, 0)을 대입하면, $0 \neq (4-2)^2$이므로 그래프는 점 (4, 0)을 지나지 않는다.

③ 꼭짓점의 좌표는 (2, 0)이다.

→ 꼭짓점의 좌표는 (2, 0)이다.

④ 직선 $y=2$를 축으로 한다.

→ 대칭축은 $x=2$이다.

따라서 정답은 ③이다.

18 정답 ④

| 풀이 |

$\tan B = \dfrac{높이}{밑변}$이므로, $\tan B = \dfrac{\overline{AC}}{\overline{BC}} = \dfrac{8}{6} = \dfrac{4}{3}$이다.

따라서 정답은 ④이다.

| 참고 |

$\angle C = 90°$인 직각삼각형 ABC에서 $\angle B$의 크기가 정해지면 직각삼각형의 크기에 관계없이

$\dfrac{\overline{AC}}{\overline{AB}}$, $\dfrac{\overline{BC}}{\overline{AB}}$, $\dfrac{\overline{AC}}{\overline{BC}}$의 값은 항상 일정하다.

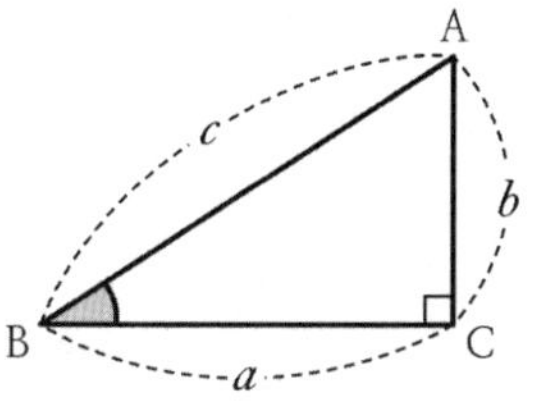

→ $\sin B = \dfrac{b}{c}$, $\cos B = \dfrac{a}{c}$, $\tan B = \dfrac{b}{a}$

19 정답 ①

| 풀이 |

한 호에 대한 원주각의 크기는 모두 같다.

$\angle ACB$와 $\angle ADB$는 모두 호 AB에 대한 원주각이므로, 그 크기가 같다.

그러므로 $\angle ADB = 40°$

따라서 정답은 ①이다.

| 참고 | 원주각의 성질

한 호에 대한 원주각은 여러 개이지만 그 호에 대한 중심각은 하나이므로 한 호에 대한 원주각의 크기는 모두 같다.

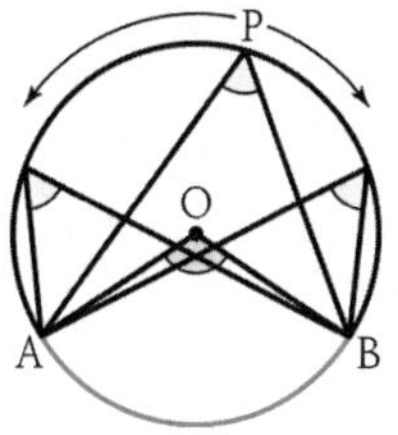

20 정답 ②

| 풀이 |

평균이란 자료의 총합을 자료의 개수로 나눈 값을 말한다.

$(평균) = \dfrac{4+5+7+8}{4} = \dfrac{24}{4} = 6$시간

따라서 정답은 ②이다.

memo

EBS 교육방송교재

중졸 검정고시 수학